田径

TIANJING

融媒体版

体育类专业系列教材

主　编： 孟　刚　丁先琼

副主编： 张国华　杨永芬　许雪冬

编　委：（以姓氏笔画为序）

王植镯　王兆谦　王开雨　龙　岭
付　阳　冉孟刚　冯光徽　任　贵
李延武　李伦华　李长东　李　黔
辛衍波　吴　阳　宋　涛　宋　娜
肖龙玲　肖庆群　张　杰　张道荣
杨光会　罗文富　郑权升　赵天平
洪邦辉　徐东富　覃　波　董如豹
赖小玉

北京师范大学出版集团
BEIJING NORMAL UNIVERSITY PUBLISHING GROUP
北京师范大学出版社

图书在版编目(CIP)数据

田径 / 孟刚，丁先琼主编．—北京：北京师范大学出版社，2025.8

(体育类专业系列教材)

ISBN 978-7-303-28677-5

Ⅰ.①田…　Ⅱ.①孟…　②丁…　Ⅲ.①田径运动—教材　Ⅳ.①G820.2

中国国家版本馆 CIP 数据核字(2023)第 016313 号

出版发行：北京师范大学出版社 https://www.bnupg.com
北京市西城区新街口外大街 12-3 号
邮政编码：100088

印　　刷：保定市中画美凯印刷有限公司
经　　销：全国新华书店
开　　本：787 mm×1092 mm　1/16
印　　张：26.25
字　　数：517 千字
版　　次：2024 年 7 月第 1 版
印　　次：2025 年 8 月第 2 次印刷
定　　价：58.00 元

策划编辑：王则灵　　　　责任编辑：马力敏
美术编辑：焦　丽　李向昕　　　　装帧设计：焦　丽　李向昕
责任校对：陈　民　　　　责任印制：赵　龙

丛书总序

20世纪初，南京高等师范学校和北京高等师范学校相继成立了体育专修科，标志着我国现代高等体育教育制度的确立。同期，首批体育教材与学术著作随之出现。经过百余年发展，我国高等体育教育已经形成较完整的体系，高等体育教材也不断得到丰富与完善。为了适应当前高等体育教学的新形势与新要求，西南区体育教材教法研究会组织编写了本套教材，以期进一步推动高校体育教学与科研。

西南区体育教材教法研究会成立于2007年，十几年来陆续组织出版体育类专业教材60余种，在高校体育教育领域有较大的影响力，对提高体育专业教学质量起到了积极的作用。本套教材由西南区体育教材教法研究会牵头和组织，由一批教材编写经验丰富的体育专家、教学经验丰富的骨干教师，以及有热情、精于现代教育技术的青年教师共同编写而成。

本套教材主要特点如下。

第一，架构呈现科学性与系统性。本套教材的编写严格按照《普通高等学校本科专业类教学质量国家标准》《全国普通高等学校体育教育本科专业课程方案》《普通高等学校体育教育本科专业各类主干课程教学指导纲要》等文件的相关要求，以“致力于立德树人、致力于教书育人、致力于提升内涵”为主要目标，依据专业课程体系，整体架构科学合理，内容系统全面。

第二，内容体现专业性与前瞻性。在专业基础课程、专业方向课程、专业拓展课程教材的编写过程中，坚持“厚基础、强素质，重实用、强能力”的原则，遵循体育运动的基本规律，强调将专业知识和技能应用于专业实践，将学科研究新进展、实践发展新经验、社会需求新变化及时纳入教材。

第三，教材突出实用性与区域性。遵循专业课程体系“7＋3＋X”模式建设的同时，在“X”专业课程教材的建设上，以本地区教育教学的特点为基础，坚持原则性与灵活性相统一，发挥区域高校的各自优势。结合西南区高校的特点，系列教材在普及性的基础上，融入区域高校发展，彰显区域高校体育的特色，将区域性体育研究成果进行创新，更加符合实际教学和实践。

第四，资源呈现丰富性与立体化。为了适应“互联网＋”和信息技术发展的新要求，本套教材切实将融合媒体与纸质图书相结合，深度开发数字资源，教材配套示范视频、讲解微课、电子课件、电子教案等丰富的数字资源，利用“京师E课”教学平台，学生可以轻松获取与教材配套的融合媒体资源，教师可以登录平台下载与教学相关的教学资源，同时实现在线测评。传统教材与互联网有机融合，能够有效解决授课教师资源不足、学生拓展资源有限等问题，相对于传统纸质教材，配套数字资源具有丰富性与立体化的特点。

本套教材凝聚着诸多高校体育教师的心血，希望本套教材能够为高校体育教与学提供经典参照。书中难免有疏漏之处，敬请各位读者批评指正。

是为序。

西南区体育教材教法研究会

前　言

《田径》是体育教育专业的必修课程和主干课程，在体育专业课程中占有重要地位。本教材是在西南区体育教材教法研究会牵头和组织下，由《田径》教材编写组，依据西南区体育院校体育教育专业本科教学计划、培养目标和田径课程教学大纲规定的具体教学任务、教学时数、教学内容及考核要求，在充分考虑西南区的地域特征、经济发展水平等实际情况和因地制宜、因材施教的基础上，总结了区域内学生生源特点、田径技术技能、田径理论知识、专业能力技巧以及各体育院校田径课程教学实践经验，梳理并继承了不同时期已出版的《田径》教材的优点，分工合作编撰而成。

本教材以习近平新时代中国特色社会主义思想为指导，贯彻落实党的二十大精神，助力体育强国建设。教材着眼于21世纪培养体育专门人才的实际需要，坚持继承与创新、改革与发展；坚持实事求是，从普修田径教学实际出发；突出教学性、针对性、实用性、系统性、科学性和时代性，力求从教材体系与专业发展、课程目标与教学内容、教学步骤与练习方法、教学提示与注意事项等方面进行有效改进、合理完善、适度拓展，以使学生能更好地适应未来社会的需要和中学体育教学的实际。

《田径》教材第1版于2008年2月第1次印刷出版，2011年3月发行第2版。2015年6月，《田径》编写组对教材进行了部分修订。

为了更好地适应21世纪田径专业人才培养的新特点和新标准，适应现代教材建设的新变化和新格局，适应当下“互联网+”和信息技术发展的新趋势和新动态，2018年6月—2019年3月，《田径》编写组对教材进行了重新编写。新版《田径》教材，合作院校拓宽，覆盖区域更广，参与人员增加，编委构成优化，不仅部分章节内容有较大幅度的调整与修订，同时根据“融媒体”的教材体系编写思路与修订要求，解决传统纸质教材呈现知识不全面、学生阅读课本较枯燥及课后自学有困难等诸多问题，重点突出数字资源的深度开发，切实为学生提供与教材配套的融合媒体相关拓展性学习及实训资源，凸显教材在视频化与数字化、网络化与立体化、直观性与趣味性、便利性与充实性、时代性与前瞻性等方面具有的特点与特色。

新版《田径》教材，由孟刚、丁先琼任主编，由张国华、杨永芬、许雪冬任副主编，由孟刚、丁先琼完成串编、审改和统稿。具体编写分工：第一章，孟刚、李延武、肖庆群；第二章，丁先琼、杨永芬；第三章，洪邦辉、孟刚；第四章，张道荣、罗文富；第五章，孟刚、赖小玉、辛衍波；第六章，龙岭、孟刚；第七章，张杰、许雪冬；第八章，任贵；第九章，丁先琼、付阳、杨永芬；第十章，李延武、肖庆群；第十一章，徐东富、吴阳、肖龙玲；第十二章，辛衍波、赵天平、王兆谦、孟刚；第十三章，冉孟刚；第十四章，李长东、郑权升；第十五章，杨光会、王植镯；第十六章，杨光会、王植镯；第十七章，李伦华、宋娜；第十八章，徐东富、吴阳、肖龙玲；第十九章，张国华、冯光徽；第二十章，宋娜；第二十一章，董如豹、李黔；第二十二章，张道荣、罗文富；第二十三章，许雪冬；第二十四章，覃波；第二十五章，覃波、王开雨。

参与《田径》教材编写的成员如下。

贵州师范大学：孟刚、罗建新、张国华、徐宏、魏晓微、辛衍波、赖小玉、龙岭、赵天平、洪邦辉、覃波、董如豹

曲靖师范学院：吕金江、晏端琴

楚雄师范学院：刘云

云南师范大学：丁先琼、付阳、王植镯、杨光会

贵州师范学院：李延武、肖庆群、冯光徽

昆明学院：杨永芬

哈尔滨体育学院：许雪冬

贵州大学：冉孟刚、任贵

四川师范大学：李伦华

成都体育学院：宋涛

山东工艺美术学院：王兆谦

云南工商学院：罗文富

中国民用航空飞行学院：宋娜

淮阴师范学院：张道荣

文山学院：王萍、徐东富、吴阳、肖龙玲

南京晓庄学院：张杰

遵义师范学院： 李长东

六盘水师范学院： 李黔

贵州商学院： 郑权升

贵州体育职业学院： 王开雨

本教材是北京师范大学出版社联合西南区体育教材教法研究会策划出版的系列教程之一。本教材的编写得到了各相关学校和部门的支持与帮助，得到了众多专家的鼓励与指导，北京师范大学出版社的部分编辑人员为此也付出了艰辛的劳动，新版《田径》编写组分享了原版《田径》的所有内容资源，在此一并致谢。本教材在编写过程中，参阅了许多文献，引用了部分非常有价值的资料，对在本教材中被直接或间接引用资料的作者、编委表示衷心的感谢，对未标明的被引用资料的作者和出版单位，表示深深歉意，并同样表示诚挚的感谢！

我们真诚地希望广大师生和专家对本教材提出宝贵意见，以便我们今后对教材进行修订，并逐步加以完善和提高。

西南区体育教材教法研究会《田径》编写组

目　录

技　术　篇

拓　展　篇

理论篇

第一章 田径运动概述

本章要点与导学

本章阐明了田径运动的重要性，从竞技和健身新视角给田径运动下了简明的定义，介绍了田径运动的分类、特点和功能，田径运动的起源与发展，田径组织机构和重大赛事。

通过本章学习，学生能够全面理解田径运动的概念、内涵，熟悉田径运动的分类方法和比赛项目，了解田径运动的起源与发展，我国田径运动发展概况，田径组织机构和国内外重大赛事，提高对田径运动特点和各种功能的认识。本章学习重点是田径运动的定义、分类、特点和功能，学习难点是对田径运动概念的认识和对其内涵的理解。

第一节 田径运动的定义、分类、特点和功能

一、田径运动的定义

国际田径协会联合会将田径运动定义为：田径运动包括径赛和田赛、公路赛跑、竞走、越野赛跑、山地赛跑。我国传统田径理论认为：田径运动包括竞走、跑、跳跃、投掷和全

能5个部分，以时间计算成绩的竞走和跑的项目叫径赛，以高度和远度计算成绩的跳跃、投掷项目叫田赛，由跑、跳、投部分项目组成的且用评分办法计算成绩的组合项目叫全能运动。这一定义也概括了田径运动的竞赛特征。

然而，随着田径运动的普及和全民健身运动的深入开展，应该更准确、全面、深刻地理解田径运动的概念，重新定义田径运动，而不能仅从竞技体育方面来狭义地认识田径运动，不能仅把田径竞技视为田径运动的全部内涵和最终目的。田径运动在增强体能、增进健康、培养意志品质和提高社会适应性等方面已发挥出越来越大的作用。只有扩大田径运动的内涵，扩充田径运动的内容，才能更好地发挥田径运动的功能与作用，也才能有效地推动田径运动的普及与开展。

走、跑、跳、投是原始人类的生产手段和自卫方法，也是人类最基本的运动技能和自然动作。田径运动是在人类同大自然做斗争中和生产劳动实践中演变和发展起来的。田径运动指人们用于健身、竞技的走、跑、跳、投的身体练习和竞技项目，或指人体以走、跑、跳、投等基本活动技能组成的、以个体为主的健身运动和竞技运动的总称。田径运动包括田径竞技运动和田径健身运动，具有双重属性，即竞技属性和健身属性。因此，田径运动不仅是竞技运动项目，而且也是增强人们体能、提高人们健康素质和开展全民健身运动的重要手段。

二、田径运动的分类

田径运动的分类主要是根据性别、年龄、比赛项目和比赛场地(室内与室外)等并结合实际情况进行的。不同国家对田径运动的分类，也可根据各自的需要和使用的方便进行调整。一般将田径运动分为走、跑、跳跃、投掷和全能五大类，或分为径赛、田赛和全能三大类。

(一)国际田径比赛项目

1. 国际田联承认世界纪录的田径比赛项目(表1-1)

表1-1　国际田联承认世界纪录的田径比赛项目

男子项目	女子项目
跑、全能和竞走项目	
只承认全自动电子计时成绩的项目	
100 m、200 m、400 m、800 m、110 m栏、400 m栏、4×100 m接力、4×200 m接力、4×400 m接力、十项全能	100 m、200 m、400 m、800 m、100 m栏、400 m栏、4×100 m接力、4×200 m接力、4×400 m接力、七项全能、十项全能

续表

男子项目	女子项目
全自动电子计时成绩或手计时均可的项目	
1 000 m、1 500 m、1 mile（约 1609.3 m）、2 000 m、3 000 m、5 000 m、10 000 m、20 000 m、1 h、25 000 m、30 000 m、3 000 m 障碍、4×800 m 接力、长距离异程接力、4×1 500 m 接力 场地竞走：20 000 m、30 000 m、50 000 m	1 000 m、1 500 m、1 mile、2 000 m、3 000 m、5 000 m、10 000 m、20 000 m、1 h、25 000 m、30 000 m、3 000 m 障碍、4×800 m 接力、长距离异程接力、4×1 500 m 接力 场地竞走：10 000 m、20 000 m
全自动电子计时成绩、手计时成绩、感应计时成绩、芯片计时成绩均可的项目	
公路跑：5 km、10 km、半程马拉松、马拉松、100 km、公路接力(只限马拉松距离) 公路竞走：20 km、50 km 跳跃项目：跳高、撑竿跳高、跳远、三级跳远 投掷项目：推铅球、掷铁饼、掷链球、掷标枪	公路跑：5 km、10 km、半程马拉松、马拉松、100 km、公路接力（只限马拉松距离） 公路竞走：20 km、50 km 跳跃项目：跳高、撑竿跳高、跳远、三级跳远 投掷项目：推铅球、掷铁饼、掷链球、掷标枪

注：除竞走比赛外，国际田联承认两项女子公路跑世界纪录，即男女混合跑世界纪录和单一性别跑世界纪录。

2. 国际田联承认世界青年 U20 纪录的项目(表 1-2)

表 1-2　国际田联承认世界青年 U20 纪录的项目

男子项目	女子项目
跑、全能和竞走项目	
只承认全自动电子计时成绩的项目	
100 m、200 m、400 m、800 m、110 m 栏、400 m 栏、4×100 m 接力、4×400 m 接力、十项全能	100 m、200 m、400 m、800 m、100 m 栏、400 m 栏、4×100 m 接力、4×400 m 接力、七项全能、十项全能(如超过 7 300 分，承认世界纪录)
全自动电子计时成绩或手计时成绩均可的项目	
1 000 m、1 500 m、1 mile、3 000 m、5 000 m、10 000 m、3 000 m 障碍 场地竞走：10 000 m	1 000 m、1 500 m、1 mile、3 000 m、5 000 m、10 000 m、3 000 m 障碍 场地竞走：10 000 m
全自动电子计时成绩、手计时成绩、感应计时成绩、芯片计时成绩均可的项目	
公路竞走：10 km 跳跃项目：跳高、撑竿跳高、跳远、三级跳远 投掷项目：推铅球、掷铁饼、掷链球、掷标枪	公路竞走：10 km 跳跃项目：跳高、撑竿跳高、跳远、三级跳远 投掷项目：推铅球、掷铁饼、掷链球、掷标枪

注：在公路项目比赛中由传感器系统提供的计时不能被承认为纪录。

3. 国际田联承认世界室内纪录的项目(表 1-3)

表 1-3 国际田联承认世界室内纪录的项目

男子项目	女子项目
跑、全能和竞走项目	
只承认全自动电子计时成绩的项目	
50 m、60 m、200 m、400 m、800 m、50 m 栏、60 m 栏、4×200 m 接力、4×400 m 接力、七项全能	50 m、60 m、200 m、400 m、800 m、50 m 栏、60 m 栏、4×200 m 接力、4×400 m 接力、五项全能
全自动电子计时成绩或手计时成绩均可的项目	
1 000 m、1 500 m、1 mile、3 000 m、5 000 m、4×800 m 竞走：5 000 m 跳跃项目：跳高、撑竿跳高、跳远、三级跳远 投掷项目：推铅球	1 000 m、1 500 m、1 mile、3 000 m、5 000 m、4×800 m 竞走：3 000 m 跳跃项目：跳高、撑竿跳高、跳远、三级跳远 投掷项目：推铅球

(二)我国田径比赛项目

各国为了参加世界性和国际性的田径比赛，以使本国的训练和竞赛与国际接轨，都较多地沿用或参照国际田联承认的世界田径纪录比赛项目制订赛事计划。同时，各国也都根据各自的国情，为便于更广泛地举行田径比赛而设立相应的田径比赛项目。我国田径运动分类和比赛项目见表 1-4。

三、田径运动的特点

(一)田径运动包括人体最基本的运动技能

走、跑、跳、投是人类生活和劳动的基本技能，也是人类重要的生存技能，同样也是人体运动最基本、最普遍、最自然的活动形式。通过田径运动技术手段与方式进行健身锻炼，可以有效地提高人体的生理机能、基本活动能力和适应外部自然环境变化的能力，从而增强体质、增进健康。

(二)田径运动具有广泛的群众性

1. 针对性强，可选择余地大

田径运动是最普及、参与人数最多的运动项目，也是最受人们欢迎、最容易被人们接受的身体练习。参加田径运动的人可根据自己的兴趣和爱好去选择不同的项目，并可根据个体的身体状况和需求确定适合个人的身体练习，通过有计划、有目的的田径健身锻炼，可以明显提高个体的健康水平。

表 1-4　我国田径运动分类和比赛项目

类别		项目	成人		少年			
			男子组	女子组	男子甲组	男子乙组	女子甲组	女子乙组
径赛	走	竞走	20 km、50 km	5 km、10 km、20 km	—	—	—	—
径赛	跑	短距离跑	100 m、200 m、400 m	100 m、200 m、400 m	100 m、200 m、400 m	60 m、100 m、200 m、400 m	100 m、200 m、400 m	60 m、100 m、200 m、400 m
径赛	跑	中距离跑	800 m、1 500 m、3 000 m	800 m、1 500 m、3 000 m	800 m、1 500 m、3 000 m	800 m	800 m、1 500 m、3 000 m	800 m
径赛	跑	长距离跑	5 000 m、10 000 m	5 000 m、10 000 m	—	—	—	—
径赛	跑	跨栏跑	110 m栏（1.067 m） 400 m栏（0.914 m）	100 m栏（0.84 m） 400 m栏（0.762 m）	110 m栏（0.914 m）	100 m栏（0.914 m）	100 m栏（0.84 m）	100 m栏（0.762 m）
径赛	跑	障碍跑	3 000 m	—	—	—	—	—
径赛	跑	马拉松	42 195 m	42 195 m	—	—	—	—
径赛	跑	接力跑	4×100 m 4×400 m	4×100 m 4×400 m	4×100 m	4×100 m	4×100 m	4×100 m

续表

类别		项目	成人		少年			
			男子组	女子组	男子甲组	男子乙组	女子甲组	女子乙组
田赛	跳跃	高度项目	跳高 撑竿跳高	跳高 撑竿跳高	跳高 撑竿跳高	跳高 撑竿跳高	跳高	跳高
		远度项目	跳远 三级跳远	跳远 三级跳远	跳远 三级跳远	跳远 三级跳远	跳远	跳远
	投掷	推铅球	7.26 kg	4 kg	6 kg	5 kg	4 kg	1 kg
		掷标枪	800 g	600 g	700 g	600 g	600 g	—
		掷铁饼	2 kg	1 kg	1.5 kg	1 kg	1 kg	—
		掷链球	7.26 kg	4 kg	—	—	—	—
全能运动			十项全能 （100 m、跳远、推铅球、跳高、400 m、110 m栏、掷铁饼、撑竿跳高、掷标枪、1 500 m）	七项全能 （跳高、推铅球、200 m、跳远、110 m栏、掷标枪、800 m）	七项全能 （100 m栏、跳高、掷标枪、400 m、掷铁饼、撑竿跳高、1 500 m）	四项全能 （110 m栏、跳高、掷标枪、1 500 m）	五项全能 （100 m栏、推铅球、跳高、跳远、800 m）	四项全能 （100 m栏、跳高、掷标枪、800 m）

2. 田径运动属于户外运动，受条件限制因素小

从事田径运动通常只要在户外有一定的活动空间，如在田野、公路、公园、广场、草地、沙滩等地，就可进行健身锻炼，而且该运动受时间、气候影响小，可安排在任何余暇时间进行。田径项目的器材设备比较简单，参加运动时可根据条件，因陋就简，还可自行制作。除室内竞技比赛项目外，大多数田径运动都是户外活动，因而能使人体更多地受到日光、空气等自然条件的影响，以提高人体对外界环境的适应能力。

3. 可参与性强

田径运动适合不同年龄和性别的人，不同身体状况和健康水平的人也都能够选择适合自己的项目。在运动锻炼时，可自行调控运动负荷，掌握运动强度，也不受参加人数的影响，大部分田径项目在短期训练后即可参加比赛。

(三)田径运动是各项竞技运动的基础

与其他竞技运动项目相比，田径运动的历史最长，田径运动的发展为其他运动项目的发展奠定了基础。竞技运动项目一般离不开走、跑、跳、投等基本动作的训练，也需要发展速度、力量、耐力、柔韧性和灵敏性等身体素质，而田径运动能有效地、全面地发展人体的各种身体素质。因此，很多竞技运动项目都把田径运动作为体能训练的重要手段，田径运动已成为提高各竞技运动项目运动水平的基础。

(四)田径运动是奥运会金牌最多的项目

田径运动是世界上最重要的竞赛项目之一，也是体育运动中最大的一个项目，它包括很多单项，是任何大型运动会中比赛项目最多、参赛运动员最多的项目，在奥运会比赛中被称为金牌大户。

(五)田径运动具有激烈的竞争性

田径运动竞赛是体能、技能、智能和心理等多方面因素的较量，在高水平的竞赛中更为明显，运动员的成绩越来越接近，你追我赶，相持不下，经常以微弱之差决定胜负。田径运动竞赛在严格的规则制约下，在激烈的竞争过程中，追求高、精、尖的技术动作，追求技术动作实效性与技术动作经济性的有机组合，追求更快、更高、更强的竞争和竞技效果。

(六)田径运动具有严格的技术性

田径运动项目有周期性、非周期性和混合性动作结构，不同类别的运动项目具有不同的技术特点，即使是同一类别的运动也存在不同的特点。田径运动各项目动作结构不是很复杂，但对技术动作要求特别高。人的潜能是有限的，要在比赛中创造更好的成绩，必须依靠先进的合理技术，即能充分发挥个人各运动环节的高度协调配合的能力，调动各运动

器官的最大潜力，节约体能，在时间、空间和肌肉用力上达到高度统一。因此，不断改进自身技术，使其既符合运动生物力学的合理性，又能与个人特点相结合，并形成个人的技术风格，这是田径运动竞技制胜的关键。

四、田径运动的功能

(一)健身功能

田径运动的走、跑、跳、投等运动形式和身体练习与人的基本生活、劳动、工作能力高度相关，是简单、便捷、实效性高并易于实施的健身方法和锻炼手段。经常参加田径运动，不仅能提高人的走、跑、跳、投等基本活动能力，而且能促进人体正常生长发育和各器官、系统机能的发展，还能培养坚强的意志品质。田径运动的项目较多，内容丰富，运动方式和特点各不相同，对人体的影响也各有区别。通过短跑和跨栏跑的锻炼，可以有效地发展快速运动能力，提高人体在极限运动条件下机体器官系统的机能水平，提高人体动作的灵活性和柔韧性，明显改善中枢神经系统控制和支配肌肉活动的能力，提高人体运动的节奏感。参加长距离走和跑的锻炼，能明显增强人体有氧工作的能力，发展耐力素质，提高心肺功能，培养顽强拼搏的精神。通过跳跃项目的运动，能有效地改善人体的空间本体感觉机能，提高身体的控制和平衡能力以及方位感觉和集中用力的能力，发展弹跳力、力量、速度和协调性。参加投掷项目锻炼，能明显提高肌肉力量，增强人体整体用力的协调性和能力，可以有效地发展人体的速度、灵敏性等身体素质。由此可见，田径运动是一项可行性强、健身价值高的运动项目，是人们增强体质、增进健康、延年益寿的重要手段。

(二)竞技功能

在大型综合性运动会中，因田径运动项目多、奖牌数多、参加人数多、影响最大，故它是衡量一个国家竞技体育整体实力的重要项目。“田径运动是基础”“得田径者得天下”等，都肯定了田径运动对增强人们体质、对竞技运动所具有的积极意义，都表明了田径运动在体育运动中的重要性。田径竞技运动主要是通过走、跑、跳、投的角逐或竞争，来比速度、力量和灵敏。由于它很少要与他人合作，竞技结果全凭个人的体能、智能、技能和意志力的充分发挥，以及在这样的竞争中敢于挑战极限，超越自我和争当强者的信心与勇气。因而它既是最公平的竞争，又是追求更快、更高、更强的典范，也是从事各项竞技运动的基础。田径竞技运动的功能在于推动田径运动的普及，提高国家威望，振奋民族精神。作为一种运动文化，田径竞技运动可供人们观赏、消遣和娱乐。此外，田径运动训练条件要求相对不高，参加人数多，而且大多是个人项目，项目投资比较少，因此一直被列为发展竞技体育重点选择的项目。

(三)教育功能

田径运动的各个项目都要求参加者承受一定的生理负荷，在各种条件限制下表现出最高的运动能力水平，始终保持必胜的信念和克服一切困难、挑战极限、超越自我、实现自我及追求更快、更高、更强的勇气和决心。因此，田径运动能培养参加者的竞争意识和勇敢顽强、积极进取、吃苦耐劳的优良品质，促进参加者身心的全面发展。田径运动多为个人运动项目，需要以不同方式和方法不断地完善自己，提高运动技术水平，独立完成比赛任务。田径竞技运动可变因素多，竞赛环境瞬息万变。参加者要有适应外界环境的能力、随机应变的能力以及调整自我情绪和排除干扰的能力。田径竞技运动有着严格的规则和要求，个人比赛和团队比赛的成绩、名次紧密联系在一起。因此，它能培养参加者的合作精神、责任感和集体主义思想，也有利于形成正确的世界观、人生观和价值观。田径运动是各级学校体育课程的必修内容和重要教学内容。田径类课程作为全国普通高等学校体育教育专业的 9 门主干课程之一，在体育教育专业课程中占有重要地位。

第二节 田径运动的起源与发展

一、田径运动的起源

远古时代，人类为了延续生命和获得生活资料，在进行渔猎或与猛兽搏斗以及和大自然斗争的时候，必须要走、跑相当的距离，跨越各种障碍，掷击石块等。由于在日常生活中不断地重复这些动作，逐步演变和形成了快速奔跑、敏捷跳跃、准确投掷等技能，并有意识地把这些技能传授给下一代。另外，人们在紧张的劳动之余，也进行娱乐活动以抒发情感，获得乐趣，走、跑、跳跃、投掷的娱乐和竞赛，正是在这种环境中逐步萌发的。人们最初的娱乐(游戏、竞技)动作和生活动作是没有多大区别的，而且是自然地表现在人们生活之中的。例如，出于生存需要进行渔猎时，有时采取在同伴之间比赛的方式，即看谁渔猎的成果多，看谁动作快，看谁赶得上，看谁掷得远和准等，进而附加一些条件，将走、跑、跳跃、投掷等直接的生活动作发展成为竞赛，这就是田径运动的雏形。

据史料记载，公元前 776 年在古希腊奥林匹亚村举行的第一届古代奥运会上，就已有短跑项目。公元前 708 年，由铁饼、跳跃、绕运动场跑、掷标枪、摔跤组成的五项全能就已出现。马拉松比赛是为了纪念雅典战士菲迪皮茨而设置的，他为了把希腊战胜波斯的消息尽快送到雅典，从马拉松镇一直跑到雅典，传达了胜利的消息后便力竭而死。1896年在第一届现代奥运会上，举行了从马拉松镇跑到雅典的比赛。现代长跑的发祥地是英国，18世纪时，英国已有一些职业赛跑选手进行长跑比赛。跨栏跑项目也源于英国。1864年，在首届牛津、剑桥校际对抗赛上，第一次正式举行了跨栏跑。

公元前8世纪的古希腊奥运会上，已有跳跃比赛，跳远就是当时五项全能之一。现代跳远始于19世纪中叶。1896年在雅典举行第一届现代奥运会时，跳远就是正式项目。三级跳远是由多次跳演变而来的，古代日耳曼人和克尔特人已有多次跳这种运动方式。公元前200年，克尔特人运动会上就有类似三级跳远的比赛，现代三级跳远起源于爱尔兰和苏格兰。19世纪中叶以后，逐步形成了三级跳技术的几种流派。跳高作为田径比赛的项目源于爱尔兰和苏格兰，1800年跳高已是苏格兰高地运动会的比赛项目之一。撑竿跳高项目初期是由以撑杆或投枪作为支撑物越过深沟、水溪和围墙演变过来的，爱尔兰的塔里蒂安运动会一直举行到公元554年，撑竿跳高就是这个传统运动会上的项目之一，后来撑竿跳高又被传到苏格兰和英格兰。1866年撑竿跳高作为正式竞技运动项目进入比赛中。

链球项目起源于爱尔兰和苏格兰。19世纪中叶，英国的一些大学里出现了链球这个田径项目。1890年前后，美国人把链球的木柄改为铁柄，后来改为钢链。铅球比赛是由炮兵投掷炮弹比赛演变而来的。炮弹的重量为16磅，即7.26 kg，此重量一直沿用至今。掷铁饼是一项古老的田径项目，古代奥林匹克运动会五项全能中的“投盘”指的就是掷铁饼，当时使用的是石制圆盘，后来演变成了金属制圆盘。

1896年第一届现代奥林匹克运动会上，田径比赛是核心项目，其中包括100 m、400 m、800 m、1 500 m、马拉松、110 m栏、跳高、撑竿跳高、跳远、三级跳远、铅球和铁饼，共12个男子项目。这些项目有代表性地体现出了现代奥林匹克格言——更快、更高、更强。

二、田径运动的发展

古希腊时期是有组织的田径运动的开创和发展时期。公元前776年，在希腊奥林匹亚村举行了第一届古代奥林匹克运动会，以后每隔4年召开一次。最初奥林匹克运动会只有短跑比赛，以后有了长跑、跳远、掷铁饼、掷标枪等项目，这是有组织的田径运动竞赛的开始。后来人们总是把田径运动发展的历史追溯到古代奥林匹克运动会。另外，走、跑、跳跃、投掷等身体练习在古希腊也成为增强人们体质的手段。在古希腊的山岩上曾刻着：“你想强壮吗？跑步吧！你想健美吗？跑步吧！你想聪明吗？跑步吧！”的格言。由此可见，在古代人们就已把走、跑、跳跃、投掷等身体练习作为增强体质和增进健康的重要手段。

19—20 世纪是现代田径运动的形成和发展时期。公元 394 年，古代奥林匹克运动会被罗马皇帝狄奥多西废止，田径运动竞赛也被中断。经过大约 14 个世纪，田径运动竞赛又重新在英国兴起。19 世纪初，职业性的赛跑、竞走和有组织的苏格兰田径运动会相继在英国出现。1850 年以后，业余田径竞赛也在英国各所大学相继展开，并且逐步设立了正式的田径竞赛项目。1896 年，经法国社会活动家皮埃尔·德·顾拜旦倡议，恢复和召开了以田径运动项目为主要内容的、仅限男子参加的第一届现代奥林匹克运动会。第一届奥运会的田径比赛是现代田径运动开始的标志。进入 20 世纪，田径运动竞赛在世界一些国家内部和国际上广泛地开展起来。1912 年，国际业余田径联合会成立，并做出了设立田径竞赛项目世界纪录的决定。国际业余田径联合会的成立，对田径运动的发展起了积极的推动作用。其他世界性和国际性的田径运动竞赛也层出不穷，如 1983 年设立的每 4 年一届的世界田径锦标赛(20 世纪 90 年代以后改为每两年一届)、1985 年开始每年举行的 15 场田径系列大奖赛、每两年或 4 年举行一次的各种洲际田径锦标赛以及世界室内田径赛等，为各国田径运动员提供了很多比赛机会。一方面，世界田径比赛规模逐步扩大，参赛国家、地区和运动员越来越多，竞赛裁判组织工作越来越规范和严格，比赛竞争更加激烈，使田径竞技运动得到了空前的发展。另一方面，20 世纪以来，走、跑、跳跃、投掷等田径运动项目在世界各国的学校体育和群众体育中，也被广泛地采用，作为促进健康和增强体质的重要手段。

近年来，学科理论知识的引进，使田径运动训练不断科学化，运动能力和比赛能力不断增强，新技术不断出现，加上重视选材，突出专项化训练，不断加大训练负荷强度，重视营养和恢复，运动员的职业化和比赛次数增多，以及场地、器材、设备的改进和裁判工作的现代化等，都促使田径运动水平不断提高。与此同时，很多国家的体育科学工作者和体育教师，还在研究运用田径运动来锻炼身体的新方法，以获得最佳的健身锻炼的效果，有的已取得可喜的成绩(如健康长跑、大步快走等)。随着社会的进步和现代科学技术的不断发展以及人们生活水平的提高，田径健身运动也将得到更进一步的发展。

此外，在田径竞技运动迅速发展的同时，出现了使用兴奋剂的现象，甚至已达到泛滥程度，屡禁不止。20 世纪 90 年代以来，国际田联采取了更加严厉的措施——赛外飞行检查，即在事先不通知的情况下，突然对运动员进行检查。飞检人数逐年增加，有些运动员一年内要接受 10～20 次检查。国际田联的这一举措，为制止兴奋剂泛滥起到了很大的作用。目前，我国和世界体育组织都旗帜鲜明地加入反对兴奋剂的斗争之列。

第三节　我国田径运动发展概况

一、新中国成立前，我国田径运动发展概况

田径运动作为一种完整的运动项目出现在我国是在19世纪末。19世纪末，随着西方文化的传入，以田径、球类运动为主要内容的欧美体育，开始传入我国。1878年在福建省莆田县(现为莆田市)建立的培元书院和1879年在上海建立的圣约翰书院，就有美国的教师教学生跳高、赛跑、扔铁球等。当时，不仅在教会学校的体育课中出现了田径运动教材，而且在教会学校内部和教会学校之间开始举行田径项目的比赛和田径运动会。1890年在上海圣约翰书院举行了第一次以田径运动项目为主的运动会，这种田径运动的教学和比赛逐渐向全国其他学校扩展，使现代田径运动在我国得到了初步发展。进入20世纪后，各类学校开设的体育课普遍开始采用田径运动项目作为教材，不同规模的校际田径运动比赛也不断增多。1910年10月18日至22日在南京举行的第一届全国运动会，是田径运动由学校向社会发展的标志。新中国成立前，我国共举行了7届以田径项目为主要比赛内容的全国运动会，参加了第十届(1人)、第十一届(23人)和第十四届(3人)奥林匹克运动会的田径项目比赛，还参加了1913—1934年共10届远东运动会。新中国成立前，由于我国经济落后，连年战乱，体育得不到提倡，群众性的田径运动得不到开展，田径运动的水平也很低，处于非常落后的状态。

二、新中国成立后，我国田径运动发展概况

新中国成立后，在党和政府的重视与关怀下，田径运动得到普及，田径竞技运动水平迅速提高。1957年，我国跳高运动员郑凤荣以1.77 m的成绩，打破了当时1.76 m的女子跳高世界纪录。1970年，倪志钦以2.29 m的成绩创造了男子跳高世界纪录。1984年第二十三届奥运会，我国运动员首次参加奥运会，朱建华获得男子跳高铜牌(朱建华于1983—1984年分别以2.37 m、2.38 m、2.39 m的成绩连续3次创造了男子跳高世界纪录)。同期，阎红、徐永久分别打破女子5 km、10 km竞走世界纪录。1988年，在第二十四届奥运会上，李梅素获女子铅球铜牌。1991年，在第三届世界田径锦标赛上，黄志红和徐德妹分

别获女子铅球和标枪金牌。1992 年，在第二十五届奥运会上，陈跃玲获女子 10 000 m 竞走金牌，曲云霞和李春秀分别获得女子 1 500 m 和 10 000 m 竞走铜牌，黄志红获女子铅球银牌，中国田径运动员实现了在奥运史上金牌零的突破。1993 年，在第四届世界田径锦标赛上，我国女子田径运动员获 4 金、2 银、2 铜奖牌的优异成绩。1993 年，在我国第七届全运会上，曲云霞以 3∶50.46 的成绩创造了女子 1 500 m 世界纪录；王军霞以 8∶06.41 和 29∶31.78 的成绩分别打破女子 3 000 m 和 10 000 m 的世界纪录。1995 年，在第五届世界田径锦标赛上，黄志红获女子铅球银牌。1996 年第二十六届奥运会，王军霞获女子 5 000 m 跑金牌和 10 000 m 跑银牌，隋新梅获女子铅球银牌，王妍获女子 10 000 m 竞走铜牌。1997 年，在我国第八届全运会上，姜波以 14∶28.00 打破女子 5 000 m 世界纪录。2000 年，在第二十七届奥运会上，王丽萍获女子 20 000 m 竞走金牌。截至 2006 年 1 月，我国运动员共参加了 7 届世界田径锦标赛，共获得 7 枚金牌、5 枚银牌和 5 枚铜牌，这些奖牌主要分布在女子竞走、中长跑、铅球、标枪、铁饼和男子跳高等项目上。由此可见，中国女子田径部分项目已达到或接近世界先进水平。

2004 年，在希腊雅典奥运会上，我国田径队一举夺得了两枚金牌。我国选手刘翔在男子 110 m 栏决赛中以 12.91 的成绩获得金牌，并创造了中国和亚洲的 110 m 栏纪录，成为第一个获得奥运会田径短跑项目世界冠军的黄种人。这个成绩不仅打破了 12.96 的奥运会纪录，还平了英国选手科林·约翰逊于 1993 年 8 月 20 日在德国斯图加特创造的 12.91 的世界纪录。2006 年，刘翔又以 12.88 的成绩打破了世界纪录。此外，我国选手邢慧娜在女子 10 000 m 跑比赛中夺得冠军。

2008 年，在北京奥运会田径比赛中，中国运动员周春秀以 2∶27∶70 的成绩获得马拉松项目第三名，张文秀以 74.32 m 的成绩获得链球项目第三名。2011 年，在田径世锦赛中，中国田径运动员李艳凤以 66.52 m 的成绩获得女子铁饼项目的冠军，这是中国运动员第一次问鼎田径世锦赛铁饼项目冠军。2012 年，在伦敦奥运会田径比赛中，陈定以 1∶18∶46 的成绩获得男子 20 km 竞走比赛项目的冠军，并且创造了新的奥运会纪录，这是中国首枚男子竞走奥运会金牌，陈定也成为继刘翔之后，中国第二位获得奥运会男子田径冠军的选手。2013 年 8 月，我国田径运动员张培萌在上海举办的国际田联钻石赛中，以 20.47 的成绩刷新了男子 200 m 短跑的全国纪录。2014 年，在仁川亚运会上，中国男子田径队在 4×100 m 接力比赛项目中，以 37.99 的成绩打破了由日本队保持了 7 年之久的亚洲纪录。

2015 年 5 月 31 日，在国际田联钻石赛美国尤金站男子百米大战上，中国田径运动员苏炳添凭借自己的天赋和努力，以 9.99 的成绩，创造了新的男子百米的全国纪录，同时也成为第一个真正意义上跑进 10 s 大关的黄种人。对于拥有张培萌和苏炳添的中国田径来说，他们的出现提高了中国田径运动的整体水平，也将中国田径运动发展带入“短跑的黄金时代”。

2015 年 6 月 3 日，第二十一届亚洲田径锦标赛在中国武汉拉开帷幕，历时 4 天的赛程进行了 42 个项目的比赛，中国队以 15 金的成绩位列各队之首。在比赛中，李玲以 4.66 m 的成绩打破女子撑竿跳高亚洲纪录。2015 年 6 月 7 日，在国际田联竞走挑战赛的比赛中，中国选手刘虹将女子 20 km 竞走的世界纪录提高了 24 s，以 1∶24∶38 的成绩夺冠，这也是中国田径运动员时隔九年再一次打破并创造新的世界纪录。

2015 年 8 月，世界田径锦标赛首次在北京举行，这是继 2008 年奥运会后，北京迎来的最重要的世界级体育盛会。在本次比赛中，中国队在男子 4×100 m 接力半决赛中以 37.92 的成绩打破此项目的亚洲纪录。

2016 年亚洲室内田径锦标赛在卡塔尔多哈进行，李玲在女子撑竿跳高比赛中，以 4.70 m 的成绩获得冠军，将自己保持的亚洲纪录提高了 19 cm。

2018 年，我国男子短跑运动员苏炳添三破二平亚洲纪录；女子竞走运动员梁瑞打破 50 km 竞走世界纪录。2019 年女子竞走运动员刘虹又打破 50 km 竞走世界纪录。

2020 年，苏炳添在东京奥运会上以 9.83 的成绩打破 100 m 短跑的亚洲纪录，成为历史上第一位站在奥运百米决赛赛道上的亚洲人。

就整体来说，我国田径运动竞技实力与田径强国还有一定的差距。

新中国成立 70 余年来，我国田径运动的发展和取得的成就是巨大的。但是，我国田径运动还存在着很多不足。首先，群众性田径运动开展得还很不普及，还不能根据我国人民特别是青少年的特点把群众性的田径运动真正地开展起来，使田径运动真正成为明显提高我国人民健康素质的重要手段。其次，由于在田径运动员选材、少年田径运动员基础训练和田径运动员科学训练以及训练体制等方面还存在较多的问题，因此我国田径竞技水平还比较落后。为了推动我国田径运动更快地向前发展，我们必须要加强学校体育工作，进一步开展好群众性的田径运动，组织更多的人民群众投身到田径健身运动的行列中来，做好田径运动员选材工作，抓好田径运动员的基础训练和科学训练，改革田径运动的训练体制和竞赛制度，加强田径运动员的思想建设和作风建设，使我国有更多的田径运动项目赶超世界先进水平。

思考与练习

1. 简述田径运动的概念。如何理解田径运动概念的内涵？
2. 田径运动有哪几种分类方法？我国规定的田径比赛项目有哪些？
3. 田径运动有哪些特点？
4. 如何认识田径运动的功能？
5. 简述现代我国田径运动的发展情况。
6. 简述田径主要组织机构和重大赛事。

第二章
田径运动技术原理

本章要点与导学

本章介绍了田径运动技术原理的概念、研究范围，田径运动技术原理的意义和作用；跑的概念、技术动作结构特点，影响人体跑速的运动学、力学、生物学因素；跳跃运动的概念，技术动作结构特点，跳跃运动力学原理及影响跳跃高度、远度的运动学因素和动力学因素；投掷运动技术结构特点，投掷运动的力学原理及影响投掷器械抛射远度的运动学、动力学及流体力学因素。

通过本章学习，学生能够了解田径运动技术原理的意义与作用，掌握并应用跑、跳跃、投掷运动技术原理。本章学习重点是跑、跳跃、投掷运动技术原理，学习难点是田径运动技术原理在动作技术教学与训练中的应用。

第一节　田径运动技术原理概述

田径运动技术是人们从事田径运动的方法，而田径运动技术原理则是完成田径运动的方法中具有普遍意义的基本规律。田径运动技术原理的建立是一个长期的、复杂的创造性思维和运动实践的过程。在这个过程中，田径运动技术教学和训练是田径运动技术原理产生的实践基础，而科学原理(人体解剖学、人体生理学、运动生物力学、运动生物化学和运动训练学等)则是田径运动技术原理产生的理论基础。田径运动技术原理，是先由运动技术教学与训练实践经验提出，然后经过科学理论的论证和支撑，再回到田径运动技术教学与训练中指导运动实践，经过多次调节与完善运动实践检验的过程而形成的客观规律。

一、田径运动技术原理的概念

田径运动技术原理是人体在进行田径运动时为达到运动目的、完成动作的方法原理，也是从事田径运动完成动作技术的基本规律。它适用于任何人，不因人体性别、体型、运动素质发展水平和心理素质的差异而有所不同。

基于生物学、力学和运动训练学的基本理论，田径运动技术原理是应用运动生物力学的理论与方法，结合人体从事田径运动的实践经验，研究田径运动技术的基本规律，建立田径运动技术教学和训练的动作模式，不断完善田径运动技术所依据的科学原理。

二、田径运动技术原理的研究范围

田径运动技术原理是多年来经过田径运动教学与训练实践经验的总结，经过与运动人体科学的结合逐渐形成的，人体完成田径运动技术动作的普遍规律。田径运动技术原理把田径运动中各项动作技术的研究课题，赋予力学、生物学、运动学的理论观点和方法，使复杂的田径运动技术基于最基本的力学、生物学和运动学的理论基础之上，并以力学、生物学及运动学的研究方式与方法对其动作技术原理进行定量或定性的描述，建立田径运动技术教学与训练的模式，用于指导教学与实践训练。

田径运动技术原理研究的范围主要包括以下 3 个方面，即研究田径运动技术的时空特征，研究田径运动技术的动力学特征，研究田径运动技术的生物学特征。

(一)研究田径运动技术的时空特征

田径运动技术的时空特征即对运动学特征的研究，是以研究动作技术的空间特征和时间特征为主要内容的原理性研究。

在研究过程中根据动作技术运动的形式(如直线运动、曲线运动、转动、复合运动等)，动作技术运动的位置及形态(如重心运动轨迹、动作技术姿势、各环节相对位置及动作的空间特点等)，动作技术的结构体系(如周期性动作系、非周期性动作系、混合性动作系等)，动作技术空间与时间的关系(如技术动作的速度、周期性动作的频率、动作的幅度等)，用运动学、训练学的基本理论研究来完成动作技术的方法，探讨研究达到运动目的的规律，建立动作技术的基本模式。

(二)研究田径运动技术的动力学特征

田径运动技术的动力学特征研究是以动作技术过程中人体内力与外力之间相互作用的规律、相互作用的形式与效果等为主要内容的原理性研究。

在研究过程中，它根据形成动作技术时力的相互作用规律与特点，来研究构成动作技术的力学条件，动作技术与力的作用之间的关系。

(三)研究田径运动技术的生物学特征

田径运动技术的生物学特征是指人体在从事田径运动时所呈现的机体运动特征。田径运动技术的生物学特征研究是以动作技术过程中人体神经中枢系统对运动动作的控制、肌肉收缩的规律、肌肉结构及收缩形式对运动的影响与作用、运动动作的用力顺序及规律、运动过程中动量在人体内的传递与转移规律等为主要内容的原理性研究。

在研究过程中，它根据形成动作技术时人体内力与外力对动作技术的作用规律，研究人体运动时内力的主导作用及影响内力、外力作用大小的因素和效果，研究人体运动时神经中枢对动作的控制与调节原理，研究运动过程中肌肉收缩形式及人体整体或环节运动的基本规律等。

三、田径运动技术原理的意义和作用

(一)田径运动技术原理的意义

田径运动技术原理源于田径运动技术教学与长期的训练实践，是人们为达到运动目的、完成田径运动技术过程所遵循的基本规律。在田径运动技术教学中，理解、掌握与应用田径运动技术原理，对提高教学效率、教学质量均具有重要的意义和作用。田径运动技术原理的意义具体体现在以下几个方面。

1. 田径运动技术原理是田径运动技术教学的理论基础

人体所进行的田径运动技术动作都是遵循田径运动技术的原理而进行的，田径运动技术的核心就是田径运动技术原理。在学习田径运动技术的过程中，动作的动机、意识的支配与动作的效应过程有着极为密切的联系。要掌握、应用田径运动技术，逐渐形成良好的运动技能，学生就必须首先清楚理解并掌握其动作技术的原理，只有这样才能更好地提高学习、掌握、应用田径运动技术的水平。

在田径运动技术教学中，根据动作技能形成的基本规律和教学的任务、内容及教学进程的要求，首先要使学生建立正确的动作技术概念。在教学过程中，应以动作技术原理为动作技术理论讲解中心依次展开，讲清楚动作技术的基本原理、动作技术结构与过程，以及各技术阶段之间的内在联系，完成动作技术的一般规律，以使学生理解动作技术的原理，进而明确动作技术的结构，掌握动作技术的过程。根据田径运动技术原理帮助学生建立正确完成动作技术的概念，是动作技术、技能传授的理论基础。

2. 田径运动技术原理是评价教学过程的依据和评判动作技术合理性的标准

在教学过程中，教师与学生根据动作技术的原理，评价完成技术动作时是否符合田径运动技术原理的基本规律，并根据动作技术原理采取措施预防和纠正错误动作。在教学过程中对学生掌握动作技术的状况进行评价时，教师应根据动作技术原理和动作技术结构与过程进行多因素的评价，以使学生提高学习动作技术的效率，提高完成技术动作的质量。

(二)田径运动技术原理的作用

1. 促进学生建立动作技术的正确概念

田径运动技术教学的最初阶段就是要使学生建立动作技术的正确概念。在建立动作技术概念的过程中，使学生理解和掌握动作技术的原理，建立对动作技术正确的思维方式与理念，是形成正确动作技术概念的关键环节。例如，在投掷项目的最后用力技术教学过程中，通过投掷运动技术原理的教学过程，使学生在掌握决定出手初速度的动力学原理的基础上，通过观察与分析教师的动作示范与技术讲解后，将动作技术原理与动作结构、过程进行结合与分析，就能很快地认识到在投掷项目的最后用力技术动作过程中，通过增大动作幅度以延长力对投掷器械的作用时间。通过良好的肌肉收缩形式和正确的用力顺序以加大力对投掷器械的作用，形成对动作技术的正确理解与掌握，从而促进其正确技术概念的形成。

2. 进行技术诊断、改进和提高动作技术

在田径运动技术教学过程中，随着教学进程的发展，学生在学习田径运动技术动作时难免会产生一些技术上的错误动作，此时无论是教师对学生动作技术的评价还是学生对自身动作技术的评价，都必须建立在正确的技术诊断基础之上，只有在正确的技术诊断基础上，根据错误动作产生的原因和学生各方面的情况，指出错误所在，才能更好地提出改进意见，采取改进、提高技术动作的措施。

田径运动技术原理是进行技术诊断的理论基础，对任何运动技术而言，如果动作技术的某点不符合人体运动的力学、生物学和运动学原理，那么该动作技术就必然存在某种缺憾，就必须采取相应的措施进行改进，以达到提高动作技术质量和水平的目的。

3. 研究最佳化动作技术

最佳化动作技术是在田径运动技术原理的基础上，根据运动个体的身体形态、机能、心理素质和训练水平来应用一般的运动技术原理进行研究和制定的，它最有利于发挥其运动潜力和创造最好成绩，既具有技术共性又具有个性特征。

根据人体结构的生物学特征(如体形、身体素质、体能、心理素质)和田径运动训练水平，在结合田径运动技术原理研究最佳化运动技术的过程中，田径运动技术原理是研究、制定最佳化动作技术方案的理论基础，运动员所具有的个体特征和运动训练水平是研究、制定最佳化动作技术的必需条件，只有两者有机结合才可能创造一流水平的最佳化动作技术。

(三)田径运动技术原理是评价田径运动技术合理性的依据

田径运动技术原理是评价田径运动技术的理论基础，根据运动技术原理制定的评价标准，是评定田径运动技术最为合理的依据。

合理的田径运动技术既必须符合人体解剖学和生理学原理，也必须符合人体运动的力学原理。合理的田径运动技术能够充分发挥人体的运动素质，使其获得优异的运动成绩。因此，作为以研究人体运动的生物学、力学为主要范畴的田径运动技术原理，对评价田径运动技术的合理性、研究田径运动技术的规律具有实用的意义和不可替代的功能。

田径运动技术的合理性体现在两个基本方面，即动作技术的实效性和动作技术的经济性。

1. 动作技术的实效性

动作技术的实效性主要体现在人体通过合理的动作形式，获得最好的动作效果以达到运动目的的性质。动作技术的实效性，主要是通过在动作技术过程中，动作结构特点及用力方式能否达到动作技术的目的，动作技术的过程及动作技术结构与动作目的的因果关系能否提高动作的效果来评价的。动作技术的实效性是动作技术结果的外在表现，是动作技术的结果。

2. 动作技术的经济性

动作技术的经济性主要体现在指人体在达到动作目的的基础上，采用最合理的动作方式，用最小的体能消耗获得最好的运动成绩的动作性质。它是人体的动作结构、动作过程以及动作的效应与人体运动的生物学、力学原理的有机统一。动作技术的经济性，主要是通过在动作技术过程中，动作结构、动作过程在获得最好的动作技术实效性的基础上，是否符合人体运动的生物学、力学原理为依据来评价的。具有较强经济性的动作技术，是在能够充分发挥人体运动潜力创造优异运动成绩，也是在达到运动目的的基础上力求降低体能消耗的合理的运动方式与方法。

第二节 跑的技术原理

一、跑的动作结构

跑步是人体两脚交替支撑、腾空并伴以相应身体环节摆动使整体快速位移的过程，是体育运动中人体位移的基本动作形式，也是体育运动各项技术的基础。跑步运动技术动作的结构属于典型的周期性动作系，周期性动作系是由一定数量的单一动作按动作系的目的组合而成的，并形成不断重复的周期性动作过程。跑的一个周期包括两次单腿支撑(左、右腿)和两次腾空。跑的动作过程由下压准备着地、着地缓冲、后蹬、折叠前摆四个阶段组成(图 2-1)。

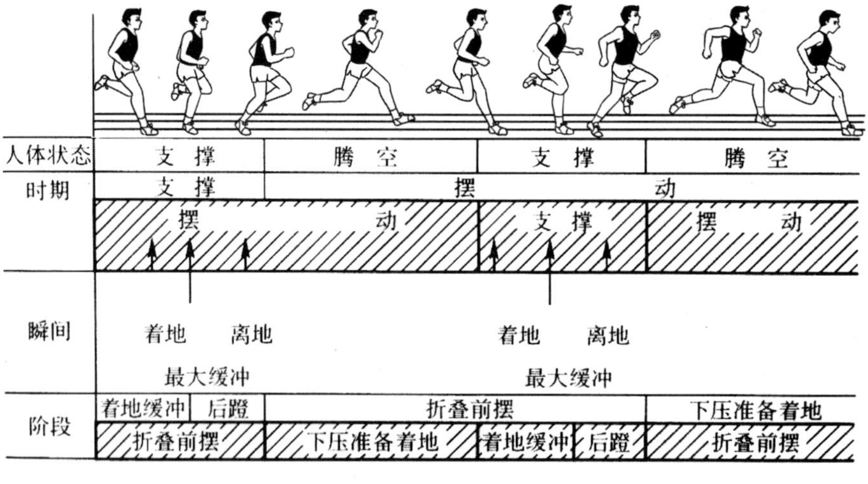

图 2-1 跑的周期划分

(引自：文超. 田径运动高级教程(修订版). 北京：人民体育出版社，2003)

根据跑步时人体重心与支撑点的位置关系，跑的支撑过程分为前支撑阶段和后支撑阶段。前支撑阶段即着地缓冲阶段，从摆动腿着地开始到身体重心处于支撑腿(支撑点)的垂直上方为止。后支撑阶段即后蹬阶段，从身体重心移过支撑点的垂直上方开始到脚蹬离地面为止。

支撑腿蹬离地面后即进入摆动时期，分为后摆和前摆两个阶段。后摆阶段是从脚蹬离地面开始至大腿垂直于支撑点上方结束，之后进入前摆阶段。

二、影响跑的力

(一)人体跑步的内力和外力

人体跑步是由人体内各环节的作用力与外界物体的相互作用而形成的快速位移运动，影响其运动速度的因素主要来自人体内力与外力相互作用的效果。跑步动作技术的优劣，主要取决于人体跑步时，力的作用大小、作用方向、作用点以及力在人体、力作用物之间的传递、转移和力作用时间的综合效果。

影响人体跑步的力主要分为人体内力和人体外力两类。人体内力是指体内各环节之间的相互作用，由肌肉收缩张力与骨、关节运动所组成，是构成人体跑步的主导因素。人体内力是由肌肉收缩所产生的力，是人体运动的动力，是构成人体运动的内因，也是构成人体运动的主观因素。

人体外力是指自然界物体与人体的相互作用。外力是改变物体运动状态的原因，是构成人体运动的客观条件。人体运动所存在的外力，主要是重力、摩擦力和弹性力，以及由此衍生的支撑反作用力、空气阻力等。如果没有外力的作用，人体内力只能构成机体的形变运动，而不能改变身体重心运动的状态。人体内力与外力相互作用才能改变人体运动状态。

(二)跑步中的动力和阻力

人体在跑步过程中既有动力的作用，也有阻力的作用。如果力的作用方向与运动方向一致时为动力，反之则为阻力。

形成跑步的动力有动力性支撑反作用力，肢体摆动动作所形成的动力、运动的惯性作用等。支撑反作用力是影响跑步的主要力学因素，来自支撑时期的后蹬阶段，人体通过后蹬阶段支撑腿的后蹬动作和肢体的摆动动作获得动力性支撑反作用力，是决定人体跑步速度、步长的主要动力(图 2-2)。支撑反作用力的大小主要与运动员后蹬腿蹬伸用力的大小有关，支撑反作用力的方向影响着跑步的步长和身体重心上下运动的幅度。跑步运动中的动力与肢体摆动时的加速度的方向有关。摆动腿和手臂的有效摆动可产生与肢体摆动的加速度方向相反的惯性力，并通过蹬地腿作用于地面，增大了地面给人体的支撑反作用力。

跑步运动中的阻力主要有着地缓冲时地面给人体的反作用力、空气阻力等(图 2-3)。在着地缓冲阶段，因为人体重心在支撑点的后方，所以人体受到向后的阻力，其大小与着地缓冲动作技术有密切的关系。此阶段身体重心应快速前移，缩短缓冲时间，减少阻力作用时间，尽快转入后蹬阶段。空气阻力是人体相对于空气运动产生的，其大小主要与人体和空气相对速度的大小、迎风截面积及跑动姿势所构成的形状阻力有关。在跑步中减小空气阻力的方式主要是采用保持合理的动作结构及身体姿势，以提高跑步效率。

图 2-2　跑步的动力

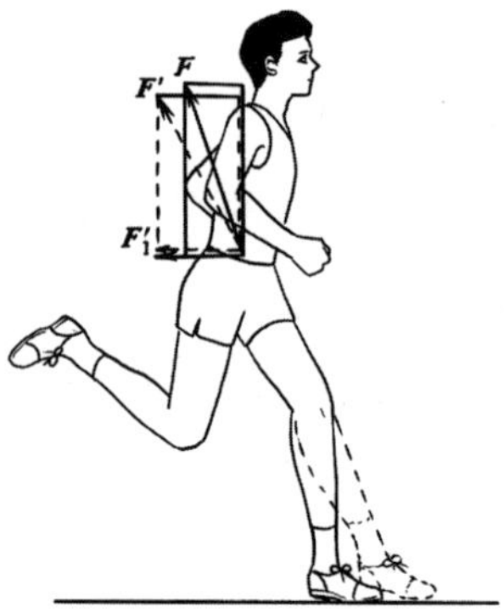

图 2-3　跑步的阻力

三、决定跑速的主要因素

(一)影响跑速的运动学因素

影响人体跑速的运动学因素主要是步长和步频。在人体跑动的过程中，步长与步频的变化决定了跑速的快慢。步长由每一单步中的后蹬距离、腾空距离、着地距离组成。而步频则取决于单位时间内所跑的步数。

1. 决定步长的因素

步长是指两脚着地点之间的直线距离，由后蹬距离、腾空距离和着地距离组成(图 2-4)。

步长 L＝后蹬距离 L_1＋腾空距离 L_2＋着地距离 L_3。

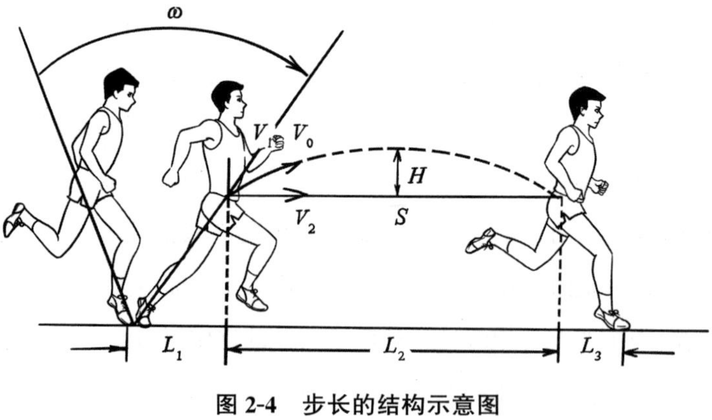

图 2-4　步长的结构示意图

决定步长的因素有以下几个方面(图 2-5)。

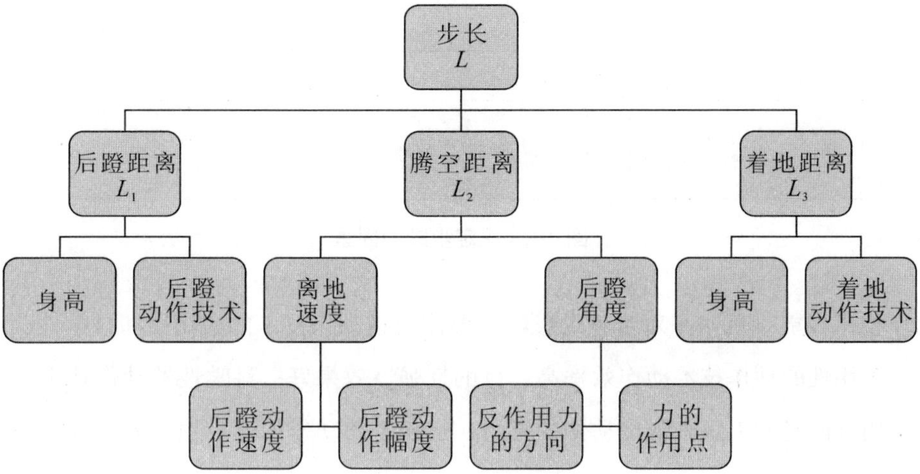

图 2-5 决定步长的因素

L_1 表示后蹬距离：指后蹬腿离地瞬间身体重心垂线至支撑点之间的水平距离。该距离的长度取决于人体重心的高度和后蹬动作技术。

L_2 表示腾空距离：指人体跑步的腾空阶段身体重心在腾空过程中通过的水平距离。该距离的长度取决于人体跑动时支撑腿后蹬离地瞬间的腾起初速度和腾起角度。

L_3 表示着地距离：指人体跑步时摆动腿着地瞬间身体重心垂线与着地点之间的水平距离。该距离的长度主要取决于跑动时摆动腿的着地动作技术。

步长的大小与运动员的身高、身体素质、体能和训练水平有关。适合运动员自身的步长应根据运动员个体的具体情况，并在运动实践中不断调整与完善来确定。卡列尔·霍夫曼通过对国际重大比赛的实测材料的研究，认为世界优秀短跑运动员的步长指数如下。

步长指数：平均步长/身高≥1.15；

最大步长/身高≥1.24；

平均步长/腿长≥2.16；

最大步长/腿长≥2.24。

2. 决定步频的因素

步频是指单位时间内完成的步数。决定步频的因素有运动时中枢神经兴奋性、动作技术技能训练水平和动作技术结构等(图 2-6)。

大脑神经中枢对肌肉运动的调节与控制表现动作时神经系统兴奋与抑制过程的快慢，即动作反应时中枢神经对动作技术调控的阶段性特征(指人体中枢神经兴奋与抑制状态处于泛化、分化和动作自动化阶段的性质特征)与兴奋程度，肌肉收缩的协调机制等机能的强弱等。

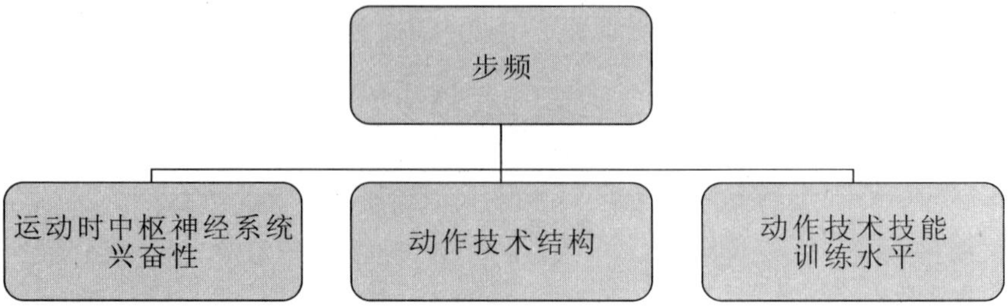

图 2-6　决定步频的因素

动作技术技能训练水平对步频的影响主要体现在动作技术的实用性和科学性两个具体的方面。实用性的动作技术动作效率高、目的性强、效果好。科学性的动作技术在保证取得动作实用性的基础上，表现出动作的省力、轻松，使动作的能量损耗处于较小的耗能水平状态。

卡列尔·霍夫曼的实测材料研究表明，优秀短跑运动员的步频指数如下。

步频指数：身高×步频≥8.1；腿长×步频≥4.34。

3. 步长与步频的关系

步长与步频的关系属非线性关系，两者在加速跑范围内是相辅相成的正比关系，而在一定极限跑速范围内则是相互制约的反比关系。当人体跑速由静止到较快跑的加速状态范围时，随着人体跑速的提高，步长与步频呈现正比关系，即同时增长与加快。当人体跑速接近极限速度或达到极限速度时，步长与步频则呈现反比关系，即当步长增大时步频减慢，或当步频加快时步长减小，这一规律在人体跑速达到其极限速度时尤其明显。

(二)影响跑速的动力学因素

影响跑速的动力学因素主要是跑步中的动力和阻力。跑步技术中支撑阶段的后蹬时期，由后蹬动作所形成的动力性支撑反作用力和跑步运动的惯性是构成人体跑动的主要动力，人体在跑动中所受的阻力，主要来自运动中所受的摩擦力、空气阻力、跑步技术中支撑阶段的前支撑时期所形成的支撑反作用力。

根据牛顿力学的第二定律和第三定律以及动量定理，人体跑动中要获得加速度和提高跑的绝对速度就必须使作用于人体重心的动力性冲量尽可能大，并通过形成合理的动作技术形式尽可能减小阻碍人体跑步的阻力。

在跑步的过程中，其主要动力来自后蹬动作时期所形成的支撑反作用力，其支撑反作用力的大小取决于后蹬动作时支撑腿的蹬伸动作及身体相应环节的摆动动作对地面压力和的大小。由支撑反作用力的大小与作用时间的乘积构成的对跑动中人体重心的动力性冲量是推动人体向前跑动的主要动力，作用于人体重心动力性冲量的方向是决定人体跑动方向的决定因素。

人体跑动中的阻力主要来自空气对人体运动的阻力和跑动中支撑阶段前支撑时期所形成的支撑反作用力。由于前支撑时期人体重心在着地支撑点的后方，因而该时期所形成的支撑反作用力的方向与人体运动方向相反，故其综合效应为阻力形式，通常称为阻力性支撑反作用力。

人体在跑步中应该通过合理的动作技术形式，在后蹬时期注意加快机体蹬伸摆动的动作速度和幅度，形成最大的动力性支撑反作用力，以获得最快的蹬地速度和适宜的后蹬角度。在跑步中应尽可能保持动作的连续性，尽量减小运动的阻力，以使人体的跑步动作获得最快的速度。

(三)影响跑速的生物学因素

影响跑速的生物学因素主要体现在人体的形态结构特点、肌肉力量、中枢神经对跑步动作的控制与调节机能、机体运动的能量供给情况和机体完成动作技术的能力这几个主要方面。下面主要介绍两方面。

人体的形态结构特点是影响跑速的主要生物学因素之一，身高、腿长是决定步长的主要因素。优秀的跑步运动员在体形方面具有适合于跑步运动专项的形态特征，如身高、腿长、体型等指标在不同距离跑运动员的身材方面都具有不同的形态特征。

肌肉力量对跑步动作速度的影响占据着主要的作用，在其他因素相同的条件下，肌肉力量的大小是决定跑速的关键因素。机体运动的力学条件符合牛顿力学的基本定律，肌肉力量的大小与机体动作所获的加速度成正比，与机体质量(包括运动时的阻力和机体内耗等)成反比。在人体运动过程中，无论是整体的位移运动速度还是局部肢体的运动速度，要想获得尽可能大的加速度都必须使作用于相应环节的肌肉力量处于最佳的用力状态。决定肌肉力量大小的因素有以下几个方面，即参与运动的肌群、肌肉的结构类型、肌肉结构内红肌纤维与白肌纤维所占的比例、肌肉收缩的形式等。

第三节　跳跃的技术原理

一、跳跃的动作结构

跳跃是人体通过一定的动作形式，克服重力腾跃尽可能的高度或远度的空间位移运动。

田径比赛运动中的高度跳跃类项目有跳高与撑竿跳高，远度跳跃类项目有跳远和三级跳远。跳跃运动按其动作技术的用力特点属于快速力量类的运动项目。

跳跃运动按其动作技术的结构特点属于周期性与非周期性相结合的混合性动作结构体系。它是由周期性的助跑动作与非周期性的起跳、腾空、落地组合而成的运动。由此可将跳跃运动划分为四个技术阶段。

助跑阶段：人体水平位移阶段。通过助跑使人体在起跳前获得一定的水平速度，形成良好的起跳动作初始条件。

起跳阶段：人体水平位移向抛射运动的转变。通过快速有力的起跳动作，改变身体运动的方向获得最大的腾起初速度与适宜的腾起角度。

腾空阶段：人体运动的抛射运动阶段。通过合理的动作技术形式保持身体平衡，腾越一定的高度或远度。

落地阶段：人体抛射运动结束后的落地。通过缓冲动作来防止机体受伤，从而完成整个跳跃运动过程，并获得较好的运动成绩。

二、跳跃的力学原理

田径运动中的跳跃项目，是以抛射运动规律作为力学基础。人体在跳跃运动过程中，其整体在空间运动状态的变化，腾起初速度、腾起角度与跳跃高度和跳跃远度之间的关系，遵循抛射运动原理。根据物体斜抛运动的力学原理，当物体以一定的抛射初速度和抛射角度向空中抛射时，如果抛射点与落地点处于同一水平线时，其抛射物所能达到的高度(H)、远度(S)与物体抛射初速度的平方成正比，与重力加速度值成反比，与抛射角度也有重要的关系。抛射高度等于抛射初速度的平方、抛射角正弦值平方之积与两倍重力加速度之比，抛射远度等于抛射初速度的平方与两倍抛射角正弦值之积与重力加速度之比，即

$$H=V_0^2\sin^2\alpha/2g\text{；}S=V_0^2\sin 2\alpha/g\text{。}$$

H 为抛射高度，S 为抛射远度，V_0 为抛射初速度，α 为抛射角度，g 为重力加速度。

人体的跳跃运动，从起跳动作至腾空动作过程中，始终遵循物体斜抛运动规律。根据斜抛物体运动的规律，人体重心在运动的竖直方向上做垂直上升与竖直下落的匀变速运动，在运动的水平方向上做匀速直线运动。人体重心运动所能达到的高度既与腾起初速度的竖直分量($V_0\sin\alpha$)有关，也与重力加速度有关。当人体腾空时间确定时，其重心运动所能达到的远度也可根据 $S=T\cdot V_0\cos\alpha$ 确定，即人体跳跃的腾空时间与腾起初速度的水平分量之积等于人体跳跃的水平距离(远度 S)。

三、决定跳跃成绩的运动学因素

在人体跳跃运动过程中，影响跳跃高度和远度的运动学因素主要有身体重心高度、腾

起初速度、腾起角度和空中动作。

(一)影响跳跃高度的运动学因素

构成跳跃高度的运动学因素主要有身体重心高度、腾起高度和过杆时身体重心与杆位置之间的垂距。

在跳跃的高度项目运动中，人体所能越过的高度，取决于身体重心高度 H_1、腾起高度 H_2 和过杆距离 H_3。跳跃高度：$H_{总}=H_1+H_2-H_3$(图 2-7)。

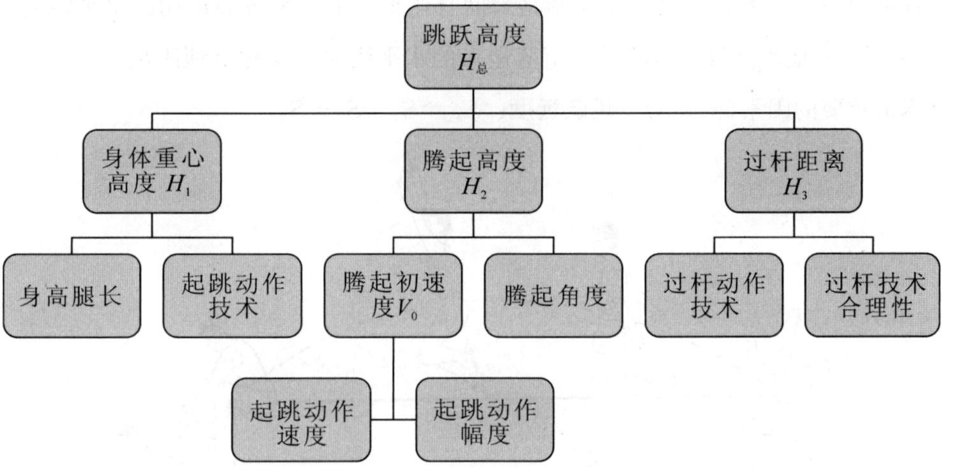

图 2-7　跳跃高度的构成

1. 身体重心高度 H_1

身体重心高度 H_1 是指运动员起跳离地动作瞬间人体重心距地面支撑点之间的垂直距离，取决于运动员身体的高度、腿长和蹬离地面瞬间动作的身体姿势。这一高度在不同运动员之间存在一定的差异，主要取决于先天遗传因素与后天的发育程度，从运动选材角度方面考虑意义重大，而通过训练所得到的提高是有限的。

2. 腾起高度 H_2

腾起高度 H_2 是指运动员起跳离地瞬间身体重心位置至最高点重心位置的垂直距离，取决于运动员蹬离地面瞬间的腾起初速度和腾起角度。这一高度对运动成绩影响是最为重要的因素，在不同的人身上体现出很大的差异，起跳动作的力度和速度是决定其腾起初速度的动力学因素，而腾起初速度越快，在腾起角一定的条件下，腾起高度和远度则越大。腾起角度取决于起跳过程中人体重心所受合力的方向，是由助跑与起跳获得的水平速度与垂直速度所形成的合速度方向决定的，运动员离地瞬间，蹬地角度为 75°～80°，腾起角度为 55°～60°。

3. 过杆距离 H_3

过杆距离 H_3 是指人体重心处于最高点时距横杆上沿的垂直距离，在过杆技术的研究中力求通过合理的动作技术形式减小 H_3，决定 H_3 大小的因素主要是合理的动作技术形式与身体各环节依次过杆的顺序。在过杆技术的研究中，总结到一些具有参考价值的技术观念，即运动员过杆的面积越小则 H_3 越小，背越式过杆动作当身体重心位置处于杆上时，头部、脚部位置处于杆下，形成"桥"的反弓动作，可以使 H_3 减至相应较小的程度。

(二)影响跳跃远度的运动学因素

构成跳跃远度的运动学因素主要有起跳离地瞬间身体重心垂线距起跳板前沿的水平距离，简称离地瞬间距离 S_1；腾空后至落地瞬间身体重心沿水平方向运动的水平距离，简称腾空距离 S_2；落地瞬间身体重心垂线至落地点的水平距离，简称落地距离 S_3，其中 S_2 是动作技术最重要的因素(图 2-8)。跳跃远度：$S_{总}=S_1+S_2+S_3$。

图 2-8　影响跳跃远度的运动学因素

1. 离地瞬间距离 S_1

离地瞬间距离 S_1 是运动员起跳离地面瞬间身体重心垂线距起跳板前沿的水平距离，取决于运动员踏板的准确性和运动员身体重心高度及离地瞬间的动作姿势。踏板的准确性是在充分发挥助跑速度、完成快速有力的起跳动作基础上的动作性质，通过技术训练可以得到较大的提高。运动员身体重心高度主要取决于先天的遗传基因及后天的发育程度。

2. 腾空距离 S_2

腾空距离 S_2 是指运动员起跳腾空后至落地瞬间身体重心沿水平方向移动的水平距离，该距离的长短主要取决于运动员的腾起初速度及腾起角度。腾起初速度的竖直分量 $V_0\sin\alpha$ 和人体重心离地瞬间高度决定了人体腾空的最大高度与腾空时间，腾起初速度的水平分量 $V_0\cos\alpha$ 决定了人体腾空时身体重心的匀速运动速度。人体重心的腾空距离等于腾空时间与腾起初速度水平分量的乘积，即 $S_2=V_0^2\sin 2\alpha/g=T\cdot V_0\cos\alpha$。

腾空距离是决定跳跃远度的最重要的运动学因素，要获得最大的腾空距离，必须采用合理的动作技术形式，通过快速的助跑和快速、准确、有力的起跳动作技术，使人体获得最大的腾起初速度和适宜的腾起角度，在运动员起跳离地的瞬间，支撑腿的后蹬角为45°左右，摆动腿前摆使大腿纵轴与水平线齐平，身体重心的腾起角度为18°～24°。

四、影响跳跃效果的动力学因素

(一)构成跳跃运动的动力性冲量和决定腾起角度的因素

1. 动力性冲量

动力性冲量是指人体蹬地动作与地面相互作用时，支撑点对人体的支撑反作用力与其力作用时间的乘积。

跳跃运动技术动作的形成，动作效率的好坏，其根本原因在于构成动作的动力冲量大小与阻力作用效应，人体运动状态变化的原因是由运动中受力作用的大小、方向、力的作用部位及力作用的时间所构成的。在跳跃运动中要想提升动作的效果，必须清楚地理解动力性冲量与阻力作用效应对跳跃高度或跳跃远度的影响与作用。在起跳动作过程中，决定腾起初速度大小的因素是人体重心所受冲量的大小和人体本身的质量大小。

构成人体重心所受的冲量，主要来自在快速助跑的基础上通过人体快速有力的起跳动作对支撑点的合压力与其作用的时间的乘积($\sum F\Delta t$)，在人体内力与外力的作用过程中，人体在起跳的蹬伸摆动动作过程中对支撑点的合压力所构成的冲量等于地面对人体的反作用力所构成的反冲量，地面对人体的反冲量是改变人体运动状态的动力性因素，作用在人体重心的反冲量($F\Delta t$)大小等于该段时间内人体动量(mv)的变量，即人体运动的动量定理：$F\Delta t=mv_1-mv_0=m(v_1-v_0)$。

在跳跃运动中，尤其是在起跳的蹬伸摆动过程中，应力求加大动作的力度和动作的幅度，在完成具体的起跳动作时，通过提高动作的协调性，加大肌肉收缩的力量以获得加快动作速度的效果，通过加大动作的幅度尽可能延长支撑反作用力对人体的作用时间，使人体重心在起跳动作过程中获得最大的动力性冲量($F\Delta t$)，从而在离地瞬间获得最大的腾起初速度。

2. 决定腾起角度的因素

跳跃运动中人体蹬离地面瞬间，腾起角度的大小与起跳过程中所受动力性冲量的方向一致。由于动力性冲量是一定时间内多力作用于人体重心(水平冲量和垂直冲量)的综合效应，因而在跳跃运动过程中应根据不同项目技术的特点，形成作用于人体重心的水平冲量与垂直冲量的最佳组合。例如，当人体重心所受的垂直冲量与水平冲量为1∶1时，人体重心瞬间腾起角度必然为45°，当所受垂直冲量大于水平冲量时其腾起角度必然大于45°，反之则相反。

跳跃运动员起跳离地瞬间身体重心运动的方向，取决于其腾空瞬间垂直速度与水平速度的比值。优秀跳高运动员起跳离地瞬间垂直速度与水平速度之比为1.2∶1～1.3∶1，优秀跳远运动员起跳离地瞬间垂直速度与水平速度之比为1∶3～1∶3.6。

(二)跳跃运动中摆动动作的作用

跳跃运动时，运动员在支撑阶段与腾空阶段的动作中，在尽可能根据动作技术形式获得起跳腿的蹬伸动作效果的基础上，身体的躯干、异侧腿和上肢等相应环节都配合支撑腿进行一定形式的摆动动作，其摆动动作有下述几个方面的作用。

第一，良好的摆动动作技术，在助跑过程中可以使脚在着地瞬间获得较快的运动速度以减少着地的阻力。在跑和起跳的后蹬动作时期可加大对地面的压力，从而获得更大的支撑反作用力，有利于加大推动人体运动的动力性冲量。

第二，起跳过程中通过摆动动作的动作形式，可以改变人体的形状而使质量分布的中心点上移，从而获得提高人体重心的动作效果。

第三，在跳跃的助跑、起跳、腾空及落地动作过程中，通过相应形式的摆动动作，可以保持运动中人体的平衡，以及通过补偿动作的机制重新建立运动的平衡状态。

在跳跃运动中，“蹬”与“摆”是密切联系的有机组合，也是机体各环节协调运动的整体关系，动作技术中强调人体支撑腿的蹬伸动作与身体其他相应环节的摆动动作相结合，是提高动作效率并获得最好动作效果的重要技术环节。

第四节　投掷的技术原理

一、投掷的动作结构

投掷运动是人体通过预加速阶段的助跑或滑步、旋转动作使人体和器械具备一定速度，结合最后用力技术动作将所有作用力集中到投掷器械上，使器械获得最大的出手速度及最佳的出手角度，将投掷器械抛射到最远水平距离的运动形式。

田径运动中投掷类项目有铅球、铁饼、标枪和链球。投掷运动按其动作技术的结构特点分，铅球、铁饼属于非周期性动作系结构，标枪、链球属于混合性动作系结构。根据动作系结构及其技术特点，将其划分为开始姿势、预加速、最后用力及器械出手后的缓冲4个技术阶段。

开始姿势阶段：投掷时握持器械的方法和身体姿势要有利于预加速阶段的动作，有利于将所有的力作用于器械上。

预加速阶段：通过滑步(铅球)、旋转(铁饼、链球)、助跑(标枪)等加速方式使人体和器械获得一定的运动速度，同时应使身体在器械的前方，形成良好的超越器械姿势，为最后用力提供有利条件。

最后用力阶段：动作技术必须建立在良好的预加速阶段动作技术的基础上，在稳固且有力的支撑条件下，通过由下至上的发力顺序，最大限度地发挥全身力量，以最快的出手速度和适宜的出手角度将器械投掷到远处。

器械出手后的缓冲阶段：器械出手后，由于惯性的作用，为避免身体失去平衡而冲出投掷圈或起掷弧造成犯规，应迅速降低身体重心，交换两腿支撑位置，改变身体运动的方向，缓冲动作速度，以维持身体的平衡。

二、投掷运动的力学原理

投掷运动的各项目因为所采用的器械不同，所以动作形式具有较大的差异，动作技术的空间状态存在着不同的特点，但投掷运动的力学原理都遵循斜抛运动的基本规律。

铅球、链球是质量较大的圆形球体，在空中飞行时所受到的空气阻力较小，因而在进行其力学原理分析时可以将运动过程中空气所构成的阻力及其效应忽略不计。投掷铅球、链球的运动规律在力学范畴内符合斜抛运动的基本规律。其在水平方向的运动可以参考抛射点与落地点在同一水平线上运动的力学原理进行分析。

即 $S=V_0^2\sin 2\alpha/g=T\cdot V_0\cos\alpha$；$H=V_0^2\sin 2\alpha/2g$。

S 为投掷距离，V_0 为器械出手速度，H 为器械在空中运动时所能达到的最大高度；T 为器械在空中飞行的时间，α 为抛射角度，g 为重力加速度。

在忽略空气作用力不计的条件下，器械出手速度是决定器械投掷距离的主要因素。出手速度的大小与投掷器械的距离成正比。如果抛射点与落地点在同一水平线上，抛射角度 α 两倍的正弦值处于最大值，采用45°抛射角可以使物体抛射到最大的远度。由于投掷铅球时的出手点与落地点不在同一水平线上，且出手点和落地点连线与水平线之间存在一定的地斜角，因而投掷铅球和投掷链球的出手角度不是45°。投掷铅球适宜的出手角度为38°～42°，投掷链球适宜的出手角度为42°～44°。受空气作用力影响较大的标枪、铁饼，其适宜的出手角度为30°～35°。

三、影响器械投掷远度的运动学因素

根据物体斜抛运动的基本公式：$S=V_0^2\sin 2\alpha/g$，重力加速度 g 为常数，决定器械投掷远度的因素主要是器械出手速度 V_0 和抛射角度 α。另外，铅球等投掷项目的出手点和落地点不在同一水平面上，出手高度和流体力学因素等也影响投掷的远度。

影响投掷远度的主要因素如图 2-9 所示。

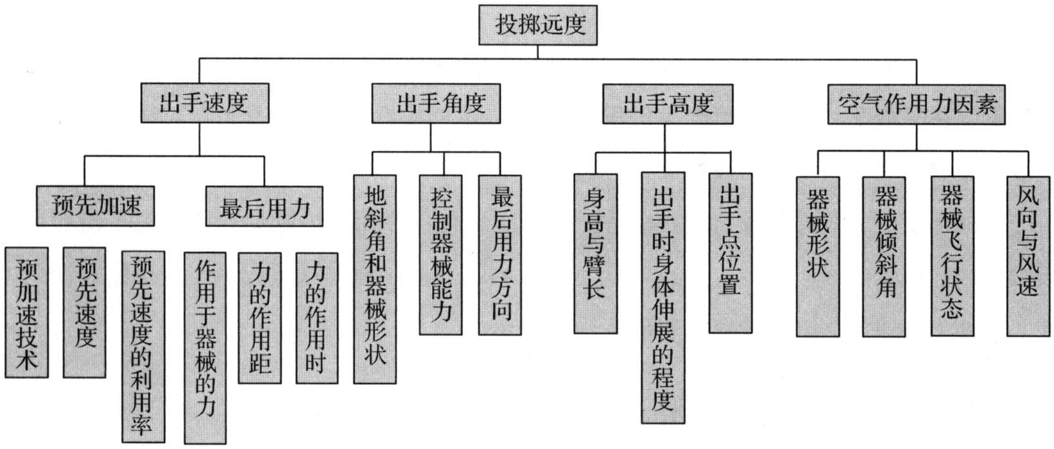

图 2-9　影响投掷远度的主要因素

(一)出手速度

出手速度是影响器械投掷远度最为积极、可变的因素。根据动量定理 $F\Delta t$（冲量）$=mv_1-mv_0$（动量），在投掷器械的过程中要增大器械出手速度，必须通过预加速获得一定的身体运动速度，在最后用力技术阶段尽可能增大人体对器械的作用力和延长力的作用时间，增大冲量，以提高器械出手速度。因此，出手速度的大小又与预加速技术、预先速度的利用率、作用于器械的力有关。

(二)出手角度

出手角度是器械出手的瞬间，出手速度的运动方向与水平方向之间的夹角。其大小对器械运动所能达到的远度和高度具有重要的影响。

适宜的出手角度对器械在空间运动状态具有直接的影响，出手角度对器械运动轨迹的影响主要取决于以下几个方面的因素。

(1)出手角度和方向取决于最后用力阶段人体各环节作用于器械的作用力方向与力对器械的作用点。

(2)在最后用力阶段，器械应控制在正确的空间位置，应沿出手轨迹方向加速运行，应保持水平速度和垂直速度的合矢量方向与出手方向一致。

(3)由于投掷器械的出手点高于落地点且存在“地斜角”的关系，以及受空气动力学因素影响较大的标枪、铁饼在空间飞行的状态，故最佳的出手角度不是45°，而是根据其运动的最佳状态各自有其适宜的出手角度。

(三)出手高度

出手高度是影响投掷远度的重要因素之一，主要取决于运动员的身高及四肢的长度比和出手瞬间技术动作的结构特点。据研究资料表明，当出手速度为16 m/s时，铅球的出手高度增加0.2 m，成绩可提高0.4 m，因而在出手瞬间运动员动作应充分伸展，以适量提高出手高度。

四、影响器械投掷远度的动力学因素

(一)决定出手速度的动力学因素

影响器械投掷远度的运动学因素主要是器械出手速度，而决定出手速度大小的因素则取决于投掷过程中人体对器械作用力的大小及该力对器械作用时间的长短。根据动量定理可知，作用力的大小及其作用时间的乘积是决定受力物体动量变化的原因，即作用于器械冲量的大小与器械出手速度的大小成正比。在投掷器械过程中对器械冲量的大小取决于人体投掷器械时，合理的动作技术形式、参与动作肌群收缩张力的大小及其肌肉用力的协调性和人体各环节用力的顺序性。

在具体动作过程中，为了在最后用力过程中使作用于器械的冲量达到最大，必须在充分利用预加速阶段所形成的人体与器械动量的基础上，通过合理的动作技术形式、正确的用力顺序及提高肌肉收缩的协调性，尽可能加大对器械的作用力，尽可能加快动作速度，尽可能增大动作幅度以加长工作距离，延长力对器械的作用时间，使作用于器械的冲量最大，从而获得最快的出手速度。

在人体与器械的相互作用过程中，作用于器械的冲量大小还与相互作用时力的合力效应、力的方向以及作用点有着极为重要的关系。一般情况下，合力的作用点应通过投掷器械的重心。例如，投掷铅球、链球时力的作用线要完全通过器械的重心，投掷标枪时力的作用线不仅要通过器械的重心，而且要使合力的作用线与标枪的纵轴重合，即力的作用要通过标枪的纵轴。投掷铁饼时，由于要求出手时铁饼应保持其沿上下轴具有较快的旋转速度，以保持铁饼在空间飞行的稳定性，因而合力的作用线应通过上下轴心位置稍侧面，以获得一定的偏转力矩，使铁饼在空间的飞行构成复合运动(物体的运动既有转动，又有平动的复合运动)状态。最后用力是投掷技术的关键部分。器械在最后用力阶段获得的加速度与助跑阶段获得的速度相比，推铅球为助跑速度的5～7倍，掷铁饼约为2倍，掷标枪为4～5倍。

(二)最后用力动作的动力学机制

最后用力动作是在预加速阶段(助跑、滑步或旋转)结束瞬间，人体进入双支撑前开始的。合理的最后用力应考虑以下几个主要因素。

1. 最后用力前应充分利用预加速阶段所获的水平速度，形成良好的超越器械动作技术

最后用力前应将预加速与最后用力动作技术进行有机的连接，这是提高最后用力动作质量的基础，对最后用力效果起着至关重要的作用。最后用力开始的动作特征是：在最后用力开始前，加快下肢运动，使身体的髋轴与肩轴扭紧，身体保持适当后倾，持器械臂充分向后引伸，尽可能为最后用力动作创造较长的工作距离和最佳肌肉收缩用力的生物力学条件，形成良好的超越器械动作技术。

2. 形成牢固的支撑，提高动作技术的力学效应

最后用力时人体各环节肌肉有效用力都是在有支撑情况下进行的。投掷用力需要肌肉在远端固定(支撑)条件下进行。首先，下肢支撑为髋和躯干用力提供有力的支点；其次，形成牢固的左侧肩、髋、膝、踝支撑轴，增大肌肉群依次用力的传递效果。稳固的下肢支撑、各环节依次加速和制动是投掷最后用力动作的重要特征，也是动量传递的基本保证。

预加速结束即进入最后用力阶段，最后用力开始由右腿的踝、膝、髋伸展构成蹬地转髋、起体挺胸等动作。左侧支撑腿(右手投掷者)积极主动快落，以保证助跑获得的动量有效传递，能尽快形成双支撑用力。

3. 肌肉收缩前预先拉长进行弹性势能的储备，形成良好的肌肉预张力，提高肌肉收缩力量

肌肉收缩前预先拉长的程度及状态。有关研究资料证明，肌肉收缩前的初长度是影响肌肉力量的因素之一。肌肉在即将收缩前经适度拉长过程中，能储备大量的弹性势能，在肌肉收缩时释放出来，从而提高肌肉收缩的总张力。因此，在投掷的最后用力过程中，应尽可能使参与收缩用力的肌群适度拉长，充分增大肌肉的预张力，尽量提高这些肌群环节的动作速度。例如，在最后用力开始瞬间，要求肩轴与髋轴相互扭紧，左侧以肩、髋、膝、踝为轴固定，肌群的充分拉长能够存储较多的肌肉弹性势能，为最后用力动作创造良好的生物力学条件。

4. 尽可能增大最后用力动作的幅度以延长力对器械的作用时间

从力学角度去考虑器械出手速度与最后用力动作技术因素之间的关系，则可以得出结论：器械出手速度的大小与器械所受力的大小和力的作用时间的乘积成正比，即投掷器械

的出手速度与投掷器械所受冲量的大小成正比。最后用力时通过尽可能增大动作幅度以延长用力时的工作距离，在保持最大作用力的基础上，力的作用距离就成为影响器械出手速度的主要因素。提高力的作用距离是合理技术的重要组成部分。通过形成良好的超越器械技术动作，加大用力动作幅度增大对投掷器械的冲量是最后用力的关键。

5. 充分应用力的递增梯度变化及动量传递的作用规律，尽可能增大对器械的作用力，并使作用于器械的冲量最大，形成最快的动作速度

力的梯度是作用于器械的力和作用时间的比值。一般认为，力量递增梯度可作为衡量爆发力水平的指标，投掷项目要求在最后用力阶段尽可能发挥出最大的力。作用于器械的力为最后用力阶段身体各环节肌肉收缩力传递与叠加的总合力，力量递增，梯度越大，器械产生的加速度越大，因此最后用力动作要求肌肉快速收缩，以尽快达到最大力值。

动量传递在最后用力动作技术中是一个极为重要的环节，人体各环节在最后用力时符合人体运动链的原理。用力时机体各环节从近端向远端依次加速和制动，构成相邻环节肌肉依次快速拉长后引收缩。由于人体肌肉的附着点都分布在关节的两侧，所以当一个环节加速运动后，相邻的下一环节处于被动状态，跨过关节的肌肉就会被拉长。环节加速，使被拉长的肌肉预张力增大并使动量依次传递，使末端环节获得极快的运动速度。最后用力时从下肢、躯干、上肢依次加速与制动，使各环节在力量的递增过程中形成良好的动量传递状态。最后用力时使人体助跑获得的动量经下肢的支撑制动作用传向躯干，与此同时躯干用力并产生加速度运动。躯干运动减速后，动量传向上肢，引起上肢用力后的加速运动。身体各环节自下肢依次向上用力并相继加速与制动，形成最快的器械出手速度。

最后用力动作的用力顺序遵循人体运动的“关节顺序活动性”原理，即首先由大关节肌群开始依次向中、小关节活动，形成整体运动的自下肢向躯干、上肢的用力顺序。

投掷运动的最后用力过程中，一切技术性动作的目的都是尽可能使器械获得最快的出手速度和适宜的出手角度，因而投掷器械的动作必须遵循尽可能使动作速度和动作幅度处于最大的基本原则。

五、影响器械飞行的流体力学因素

投掷项目中，一些器械如铅球、链球在空间飞行时如果速度不变，则任何时刻所受的阻力大小不变，因此在研究空气动力学因素对器械飞行状态的影响时可忽略不计。但是标枪、铁饼在空间飞行时，空气动力学因素对器械飞行状态则具有很大的影响作用。

标枪、铁饼在空间飞行时，空气对飞行物体会产生阻力与升力两种作用形式。器械在空中飞行的阻力大小，取决于器械与空气之间的相对运动速度、器械形状与飞行状态。器械与空气之间的相对运动速度越大，空气阻力越大，由于田径运动技术追求最快的速度，

因而不在该因素方面考虑减小阻力的问题。而器械在空间的飞行状态，如器械倾角、冲击角、器械的自转和公转、器械迎风截面积等因素则与所形成的空气阻力、升力、器械飞行稳定性具有重要的关系。

相关实验资料表明：标枪迎风的倾角从0°增至90°的过程中，阻力从最小增至最大。升力变化的规律则是从0°增至45°过程中升力从零增至最大，从45°增至90°过程中则由最大减至零。升力与阻力之比的最大值为标枪或铁饼倾角在25°～29°范围内时取得。在投掷标枪、铁饼时应尽可能使器械在空间飞行时能获得最大的升阻比(指器械在空间飞行时所形成的升力与阻力之比)，同时保持较快的自转，以增强器械在空间的飞行稳定性。

从空气动力学特性分析，影响器械飞行距离的主要有以下几个因素。

(一)空气压力中心与器械重心的位置关系决定了器械飞行时公转角速度大小

空气压力中心与器械重心的位置关系决定了投掷器械的公转角速度。在器械与空气相对运动速度一定时，空气压力中心与器械重心的距离越长，则空气压力对器械的翻转力矩越大，因而器械的公转越快。国际田联在1987年对标枪规格的更改，尤其是使标枪的重心前移4 cm的规定，实质上就是延长了标枪飞行时压力中心与器械重心的间距，加快了标枪飞行的公转，从而减小了标枪的滑翔性能。在正常情况下，铁饼空间飞行时所受的空气压力中心与铁饼重心之间的距离为零，因而铁饼飞行时所受空气压力翻转力矩为零，所以铁饼正常飞行时的公转角速度为零。

(二)获得器械空间飞行最大升阻比是提高投掷器械滑翔性能的重要原则

标枪、铁饼在空间飞行时，最理想的状态是形成合理的倾角(标枪在顺风或逆风条件飞行时还应形成一定的冲击角)以获得最大的升阻比。在有一定逆风的情况下，空气的总作用力比无风时增大，其升力也随之加大，有利于增加升力，提高飞行的远度。而在有一定顺风的条件下，虽然可以增加器械的飞行速度，但对升力损失也较大，会降低器械飞行的远度。不同的器械飞行速度，会影响各种角度的合理组合。由于器械在空中飞行条件较复杂，应根据实际情况确定最佳组合。

(三)利用器械转动的定向作用保持器械在空间飞行的稳定性

铁饼在飞行时，压力中心一般是在其重心的前上方，由于旋转力矩而具有陀螺效应，增加了抗偏摆的能力，使铁饼能保持动平衡。铁饼飞行的稳定性与自转速度有关，一般来说转速越大，稳定性越大，标枪出手后产生的绕自体纵轴旋转速度，有利于提高标枪飞行的稳定性。

(四)构成最佳的投掷条件组合可提高标枪、铁饼在空间运动的距离

根据物体斜抛物运动方程可知，出手速度是影响投掷距离的重要因素。研究表明，出

手速度每增加 2.5 m/s，抛射距离可增加 10 m 左右。在出手速度恒定的情况下，影响投掷距离的还有投掷角和器械在空间的飞行状态(如出手角度、器械倾角、冲击角、公转与自转等)。出手角度是指器械出手瞬间通过重心的速度矢量与水平线所构成的夹角，器械倾角是指器械在空间飞行过程中其轴向(标枪的纵轴、铁饼的前后轴)与水平线所构成的夹角，冲击角是指器械纵轴与器械重心运动方向所构成的夹角，公转与自转分别是指器械绕横轴和纵轴(标枪的纵轴、铁饼的上下轴)的转动。

(五)风速和风向对投掷标枪、铁饼的影响

投掷时，风速和风向对器械的飞行也有一定的影响，因此理论上的最佳出手角度、倾角和冲击角会在一定的范围内波动，要将各种因素综合考虑才能求出其最佳值。投掷铁饼时，一定的逆风条件有利于增加升力的作用，可延长铁饼滑翔的时间，增加投掷的水平距离。投掷标枪时，风速对抛射距离的影响较小，但顺风使投掷的水平距离增大，逆风使投掷的水平距离减小，侧风对标枪在空间飞行的不利影响最大，会影响标枪的飞行方向而降低投掷的水平距离。

思考与练习

1. 简述田径运动技术原理的定义及研究范围。
2. 简述田径运动技术原理的意义和作用。
3. 简述跑的定义及动作结构。
4. 简述影响跑速的主要因素。
5. 简述跳跃运动的定义及动作结构。
6. 简述决定跳跃高度的运动学因素。
7. 简述决定跳跃远度的运动学因素。
8. 简述跳跃运动中摆动动作的作用。
9. 简述投掷运动的定义及动作结构。
10. 简述影响投掷远度的主要因素。

第三章
田径运动教学

本章要点与导学

本章介绍了田径运动教学的意义、目标、任务、原则、内容、方法、流程和教学考核与评价，重点对田径运动技术教学的任务、方法和考评做了详细的介绍。

通过本章学习，了解田径运动教学目标、教学各阶段的任务和特点、教学原则和教学流程；掌握田径运动教学的主要内容和基本方法；具备灵活运用教学方法考核和评价方法的能力；能够根据田径运动教学各阶段的任务和特点组织教学，并熟悉选择和运用田径教学方法。 本章重点是田径运动技术教学方法的学习，难点是田径运动教学应注意的问题及处理方法和田径课程考核与评定。

第一节　田径运动教学的意义、目标与任务

田径运动是各项运动的基础，通过学习田径运动各项技术，可以提高学生的身体素质和体能，为他们更好地学习和掌握其他体育运动项目打下良好的基础。作为田径运动技术的传授者(教师)和学习者(学生)需了解田径运动教学的意义，明确田径运动教学的目标与

任务，以提高学生对田径运动的认识水平。

一、田径运动教学的意义

(一)了解田径运动内涵

田径运动包含多项技术，不同的技术有不同的特点和理论基础，通过分析不同项目的技术特点和讲授基本的理论知识，促进学生对理论知识的摄取和对各项技术的理解，提高课堂教学质量，并使学生全面了解田径运动和掌握田径运动的知识。

(二)掌握田径运动技能

田径运动是其他体育运动项目的基础，涵盖走、跑、跳、投等基本运动形式。学生通过对田径运动技术的学习，能有效掌握田径运动各个项目的技术，提高自身素质和田径运动技能，从而为其他体育运动项目奠定体能和技能基础。

(三)培养学生意志品质

田径运动项目很多，技术各异。田径运动可以培养学生勇敢顽强、坚定沉着、吃苦耐劳的意志品质，对培养全面发展的人才有着积极的作用。

(四)传承田径运动文化

田径运动作为一种实践活动，与人类历史文化具有密不可分的渊源。通过教学，可以感受田径运动的文化魅力，体悟其艺术审美情趣，并激发学生将其传承和发展下去的信心。

(五)提高全民身体素养

田径运动是众多体育项目的基础，也是适宜广泛开展的群众性体育活动之一。通过田径运动的教学，使学生掌握田径运动理论和锻炼身体的方法与手段，有利于推动全民健身活动的开展，从而提高全民身体素养。

二、田径运动教学的目标与任务

(一)田径运动教学的目标

田径运动是基础性体育实践课程。它是以走、跑、跳、投等多种身体练习为基本手段，以竞技性、健身性、实用性练习项目为主要内容，以发展人的基本运动能力和生活生存能力、促进身心健康全面发展为主要目标，以掌握田径课程的基本理论与知识、基本方法与技能，达到一定的运动技能水平，具备田径课程教学的基本能力和指导课外田径健身锻炼的组织管理能力，形成良好的专业素养和心理素质，提高社会适应能力为田径教学总体目标。

其具体目标为：

(1)为田径课程和其他技术课程的学习奠定基础。

(2)掌握田径课程主要项目的基本理论知识和基本技术，从而达到一定水平的运动技能。

(3)具备田径课程的基本教学能力、主要项目的竞赛组织与裁判的工作能力和田径健身的指导与管理能力。

(4)充分认识田径课程的竞技性、健身性和实用性等属性，了解田径运动的文化特点，理解田径课程对人的生活和工作的重要价值，培养终身体育观念。

(5)促进身心全面发展，以适应社会发展的需要。

(二)田径运动教学的任务

1. 进行田径运动各项技术的教学

通过田径技术的教学，使学生学习和掌握田径运动的各项技术。田径运动项目较多，在教学课时有限的情况下，选择主要的技术项目学习，以使学生能够通过学习初步掌握主要项目的一般技术。通过田径技术动作的反复练习，严格要求和训练，从而提高学生的体育技能。对田径专业的学生应按田径各项目的学习要求进行，以使学生对田径运动技术知识的了解和掌握更加全面。

2. 提高各项身体素质和健康水平

田径运动是最能够体现身体素质的运动，通过技术动作的反复练习，能有效地提高学生的各项身体素质，以达到增强体质、增进健康的目的。

3. 提高学生田径运动理论知识水平和认识能力

田径运动是世界众多体育运动中最重要的运动项目之一，通过田径运动理论的学习，使学生进一步认识田径运动，提高田径运动理论水平，在体育领域里培养和发展学生的认知能力。

4. 培植学生的人文素养

在学习田径运动各项技术过程中，会遇到很多困难和阻力。通过严格要求，让学生在学习中克服困难，勇于吃苦，勇敢果断，严守纪律，并做到互相帮助，互相学习，尊敬老师，友爱同学。充分利用田径项目的特点，培养学生的优秀品质。

5. 传授各项技术的教学方法

通过田径课程的教学，要求学生掌握田径教学的理论与各项技术的教学方法，学会田径教学文件的制定，以便在今后的实践中能熟练地运用，更好地推动田径运动的广泛开展。

第二节 田径运动教学原则

田径运动教学原则是在教育学教学原则的基础上，对田径运动教学实践有指导意义的经验总结，是田径运动技术教学过程客观规律的反映，是教师在教学过程中应当遵循的基本要求。在教学实践中认真贯彻教学原则，对明确教学目的、选择和安排好教学内容、正确地运用教学手段和教学方法、提高教学效果、加速教学进程和更好地完成教学任务，对培养学生全面掌握田径运动的基本理论、基本技术和基本技能，不断提高教学质量有积极的意义。田径运动教学属于有计划、有组织、有目的地传授知识和技术的教育过程，因此，应在教学中贯彻执行教育学理论中所倡导的各项教学原则。在田径运动教学中，尤为重要的教学原则有：自觉积极性原则、直观性原则、从实际出发原则、循序渐进原则、巩固性原则、身体协调均衡发展原则、适宜运动负荷量原则、理论与实际相结合原则。

一、自觉积极性原则

自觉积极性原则是指学生在练习田径运动技术时要保持高度的自觉积极性。田径运动技术包含了人体走、跑、跳、投的基本动作。某些项目的技术并不复杂，有的学生会感到技术动作简单无味，没什么可学；有的学生在反复的练习中会感到太枯燥，没有兴趣；有的学生存在怕苦怕累的思想，练习缺乏主动性和积极性。对一些难度较大的项目，如跨栏、铁饼和撑竿跳高等技术，学生又认为太难，甚至认为无法掌握，从而失去学习的信心。学生的这些认识和思想对掌握田径运动技术很不利，而且，学生如果带着这样的情绪去练习，精力不集中，还会出现伤害事故。因此，教师需给学生讲明田径运动技术教学的意义和作用，使学生充分认识到田径运动的锻炼价值，使学生能够自觉积极地投入学习，以保证田径运动技术教学任务的完成。

二、直观性原则

直观性原则是根据学生认识事物的特点提出的，是指充分利用学生的多种感官，通过各种形式的感知，使学生学习和掌握知识的原则。这一原则在田径运动教学中尤为重要。在教师的示范、讲解和学生学习技术动作并反复练习及互相观摩的教学过程中，学生通过看、听、想、练等，运用多种器官的感知，学习和掌握技术。因此，教师应该充分利用学生已有的知识和经验，尽量通过多种形式的教学，如用录像、图片、教具、示范等多种手段，让学生直接感知技术知识，建立生动的表象，从而较快而又准确地学习田径运动技术。

三、从实际出发原则

由于田径运动教学中各项目的性质不同，教学时数不同，教学对象的身体素质水平、技术基础和接受能力不同，教学环境不同，场地设备等教学条件不同等，因此在田径运动教学中就需要根据各方面的具体情况来安排教学。应从学生的实际情况和教学的具体条件出发，提出切合实际的要求，以完成教学任务，取得好的教学效果。掌握各项田径运动技术要以一定的身体素质为基础，在讲明田径运动教学课的意义、作用的基础上，使学生充分认识到田径运动项目的锻炼价值，自觉积极地投入学习，才能有效地完成教学任务以及达成教学目标。

四、循序渐进原则

循序渐进原则是指在田径运动技术教学中针对不同项目的技术，采取由慢到快、由松到紧、由易到难逐步安排教学内容和练习的原则，这是所有体育运动教学、训练均需遵循的原则。在田径运动技术教学中应根据学生的实际情况安排教学和练习，不断加深学生对技术动作的理解，有计划地指导学生掌握技术动作。田径运动项目多，特点不同，难度不一，在进度安排、教学程序、方法选择和学时安排各方面应根据实际需要而定。根据各项目的特点区别主次、分清易难、突出教学重点开展教学活动。

五、巩固性原则

巩固性原则是指在田径运动技术教学中强调学生在学习理解技术的过程中要反复练习，以达到技术熟练和巩固的目的。田径运动技术教学有其自身的特点，不仅需要学生用脑去记忆技术动作理论，更需要学生用身体肌肉本体去感受技术动作正确的路线、空间和动作节奏，而这种感觉比单纯记住理论的难度更大，它不仅仅要通过肌肉本体一次又一次地练习来不断巩固，还要通过课堂提问、运用正误技术对比分析、参加模拟比赛、课后作业、技术考核与评定等方式来贯彻巩固性原则。

六、身体均衡协调发展原则

身体均衡协调发展原则是指在田径运动教学中应该使学生身体素质得到全面发展。由于田径运动项目多，教学过程中要充分考虑到投掷项目发展上肢力量、跑跳项目发展下肢力量，合理地安排它们的练习比例，使学生上下肢及全身能够均衡协调发展。不均衡发展会使学生的某种素质太突出，其他方面又太差，不利于学生身体向健康方向发展，也不符合当下体育美育的观点和要求。

七、适宜运动负荷量原则

适宜运动负荷量原则是指在田径运动教学中要根据学生的具体情况合理安排运动负荷。田径运动课的运动量和强度要给学生带来一定的影响，运动量小了，达不到锻炼的效果，但运动量过大，学生身体又承受不起，特别是有先天隐性疾病的学生，不恰当的运动负荷量还会引起意外事故，影响其身体健康。因此，合理安排跑、跳、投项目练习的次数、距离、组数和强度是十分重要的。运动负荷的大小主要取决于练习的数量和强度，教师可以根据学生的自我感觉、呼吸深度、面部气色、排汗量、疲劳程度、控制动作的能力、呼吸、心率等情况来调整和安排运动量。课上运动量的大小要根据学生的实际情况来确定，必要时可及时调整。学习技术时，一般应安排中小强度的运动量，改进技术时应安排中等强度以上的运动量，检查技术时要求安排大强度的运动量。

八、理论与实践相结合原则

理论与实践相结合原则是指根据田径运动教学大纲的要求，在原有的理论课时和技术教学课时的基础上，根据田径运动技术课教学内容选择与其联系非常紧密并且有较强指导意义的理论知识，有目的、有计划地分配到每次技术教学中讲述，帮助学生更好地理解技术要领，更好地指导学生进行练习，从而促进学生更好地掌握技术。对田径运动理论知识进行分类，提高理论知识与教学实践相结合的科学性，可以有效地提高学生将理论知识转化为技术实践的能力。因此，遵循理论与实践相结合原则，需要对田径运动理论知识进行分类，区别出各种理论知识对各项实践教学的相关度，将田径运动理论知识贯穿于技术教学的实践过程，体现理论知识在实践中的作用。

对以上各项教学原则，教师应该深刻地理解其含义，清楚地了解田径运动教学的整个过程，认真贯彻执行每项原则的要求，并且掌握在实际运用中的具体做法，使各项教学原则在教学中有机地结合在一起，以保证田径运动教学任务的顺利完成。

第三节　田径运动技术教学

一、田径运动技术教学的基本阶段

在田径运动教学过程中，学生掌握技术的生理学机制是条件反射原理。根据建立条件反射所遵循的运动技能形成的生理学规律和生物信息反馈原理，在安排技术动作教学时，应遵循和符合动作技能形成的规律。田径运动技术教学一般分为三个阶段，即学习和初步掌握动作阶段、改进和完善动作阶段、巩固和提高动作阶段。

(一)学习和初步掌握动作阶段

1. 任务

使学生建立所学项目的正确的技术动作概念，学习和初步掌握技术动作。

2. 方法

通过教师的讲解、示范或利用直观教具演示，使学生了解所学项目的技术动作路线方法和技术要领；通过练习，使学生体会和初步掌握技术动作。

3. 特点

这一阶段是学生从学习到初步掌握技术的阶段，其生理特点是大脑皮层兴奋和抑制过程广泛扩散，内抑制较弱，多种反射的暂进性联系不稳定，处于泛化阶段。技术动作上往往表现出过于紧张、动作不协调、节奏感和控制能力较差、易出现多余动作等特点。

4. 教法重点与注意事项

教法重点：强化正确的技术动作概念、正确的技术动作顺序和正确的技术动作结构。讲解、示范、演示、辅助技术手段的外力帮助等均应以正面教学为主。

注意事项：①教师讲解要简明、具体，示范动作要正确、清晰，便于学生建立正确的技术动作概念。②教学手段要简单、有效。在练习中要突出技术的主要环节，对技术细节不应过分强调。③要保证学生有一定的练习时间和次数，以达到反复“刺激”、强化动作的目的。④要提高教学技巧。教师要善于通过语言这一教学手段，诱导学生集中注意力，以饱满的情绪积极主动地进行练习。⑤要重视预防产生错误动作。如发现错误动作，应及时采取措施进行纠正，以免形成错误的动力定型。

(二)改进和完善动作阶段

1. 任务

使学生改进和逐步完善地掌握技术动作。

2. 方法

(1)改变练习的条件和提高练习难度，通过完整或分解的练习，逐步克服动作僵硬和不协调现象，使技术动作进一步得到改善。

(2)通过反复的完整练习，使学生体会和加强各技术环节之间的联系，掌握和完善技术。

3. 特点

这一阶段是学生由粗略掌握技术到基本掌握正确技术的阶段，其生理特点是大脑皮层兴奋和抑制逐渐集中，分化抑制加强，兴奋相对集中，内抑制逐步发展巩固，初步建立动力定型。在技术动作上，表现为多余动作逐渐消失，动作趋于准确、协调，但未形成动力定型，当遇到新异刺激干扰时，又会出现泛化现象。总的特点是使学生逐步掌握技术的细节和动作的节奏，能够较为正确地掌握完整的技术动作。

4. 教法重点与注意事项

教法重点：这一阶段的教法指导由一般向个别发展，纠正错误动作要分清原因，要使学生知其然并知其所以然，要提高学生观察和分析问题的能力。

注意事项：①教师应采取启发式的讲解或提问，加强学生的思维活动，使学生加深对技术动作的理解，促进对技术动作的掌握。②重视主要技术环节，抓住完整技术和技术细节进行教学，使学生逐步完善技术动作。③要及时指出不同学生在技术上存在的不足，并提出具体的纠正方法和要求，让学生先对问题进行思考，然后再进行练习。④要保证学生的练习时间和次数，不断提高对技术动作质量的要求，重视对完成技术动作节奏的培养。⑤这一阶段学生已经掌握技术动作，以自我练习为主，要注意预防伤害事故的发生。

(三)巩固和提高动作阶段

1. 任务

根据个人特点进一步改进和完善技术，提高运动成绩，提高理论知识水平和教学工作能力。

2. 方法

通过重点讲解、示范，使学生深入了解技术动作的作用，加深对技术动作的理解和体会；根据每个学生的特点，结合技术评定，提高对技术动作的要求，反复进行完整的技术练习，使学生熟练掌握技术动作；通过改变练习条件，提高学生对技术动作的应用能力。

在提高课堂教学有效性的同时，加强对学生课外练习的引导和提示。

3. 特点

这一阶段是学生的技术由熟练到完善并表现出个人特点的阶段，其生理特点是大脑皮层兴奋过程高度集中，内抑制牢固，接通机制稳定，形成牢固的动力定型。在技术动作上，表现为由掌握、熟练发展到较完善、自如。练习中动作准确、省力、轻松，并能完成适合个人特点的技术动作，使整个技术动作可以在快速中完成。

4. 教法重点与注意事项

教法重点：这一阶段的教法指导，应着重于强调完善的技术与运动成绩的关系。应根据不同学生的具体情况，提出不同的要求，指出努力方向。

注意事项：①这一阶段由于学生已掌握技术，注意力往往转移到运动成绩方面，忽视改进技术动作的细节，因此，教师应让学生了解技术与运动成绩的关系，提出不同要求，把学生的注意力引导到巩固和改进技术上来。②改变练习条件要适当，每次改变条件的练习结束后，要针对存在的问题进行分析，然后再回到正常条件下进行练习，使技术动作不断地得到巩固和提高。③注意把掌握技术和掌握锻炼身体的方法结合起来，使技术动作成为学生锻炼身体的手段。

田径运动技术教学虽然可以分三个教学阶段，但它们在教学的实际工作中是紧密相连、不可分割地处于教学的整体系统之中的。在教学实践中，教师应遵循教学规律，结合田径各项目的特点和学生的实际，合理安排教学进程，从而达到提高教学效果和质量的目的。

二、田径运动技术教学方式

在田径运动技术课堂教学过程中，常采用讲解、示范、提示、提问、考试 5 种教学方式。由于是技术学习，不仅需要听懂记住，而且更重要的是肌肉本体的感觉和反复体会，因此要突出精讲多练。

(一)讲解

讲解是技术教学时运用语言形象地描述技术动作要领，提出要求，表达教师思想，进行教学的一种方式。在讲解中要突出重点，语言生动形象，富有启发，善于引导，注重讲解的时机和效果，也可以适当地采用“口诀”“顺口溜”等语言方法进行讲解。比如，铅球教学中对最后用力的教学口诀是“蹬、转、顶、送、挺、推、拨”，跨栏技术的口诀是“抬、蹬、攻、压、提、送”等。教师要熟悉田径各项技术教学的用语，用构成田径学科知识框架体系的名词术语进行讲解。讲解时要层次清楚，逻辑性强，表述准确，并能够运用较为广泛、丰富的知识进行触类旁通的启发式讲解和语言诱导，引导学生积极地思考。在练习中讲解和对学生练习技术进行分析时，要注意讲解的时机。在学生情绪高涨时，用表扬和纠正错误并举的讲解；在学生练习疲劳间歇时，可进行技术细节的分析；在学生有畏难情绪时，应给予技术肯定和鼓励性讲解。合理清楚的讲解可以使学生在上课时能够保持饱满的情绪和昂扬的斗志，提高教学效果。

(二)示范

示范是教师教技术时自己先将技术动作表演出来的一种教学方式。它首先可以给学生技术的直观感觉，对建立正确的技术概念有很大的帮助。运用这一教学方式时要有目的地突出主要技术环节，选择合理的示范位置、方向与时机，还要注意示范的方式。学生初学技术时，教师最初的示范应该是正确、优美、协调的完整技术示范，有助于学生建立正确的动作概念和运动表象，有助于激发学生跃跃欲试、积极主动的高涨情绪，从而可以有效地提高学习效果。在田径技术教学过程中示范时，教师应能够根据需要做出正误动作的对比示范、徒手和持器械示范等，以使学生能够在不同的时机看到各种示范动作，使教学具有针对性强的特点。

(三)提示

提示是田径技术教学中用简短的语言提醒学生在练习中注意技术要点的一种教学方式。学生自身的技术练习是田径技术教学中的主要内容。通过教师的讲解示范，学生在大脑中初步建立技术概念，然后通过反复的技术练习，逐步建立本体感觉的条件反射，并通过反复实践练习，达到改进技术，不断完善技术，最终掌握技术的目的。提示便是在学生技术练习中最常用的一种教学方法。

在技术练习时，提示要先提示动作要领，然后根据练习中的情况提示某一技术环节的主要动作，用语应简短明确。提示要抓住技术环节的难点、重点，与技术动作的练习同步提示。例如，常用的语言有“摆腿”“摆臂”“加大幅度”“送髋”“提重心”“挺胸抬头”“挺髋”等。

(四)提问

提问是技术教学中提出问题让学生回答的一种教学方式。它常用于理论教学课，但是在田径技术教学中也不应忽视它。提问能够使学生事先预习，主动思考，并在学习中不断复习学过的知识，起到启发学生思维，做到想练结合，提高教学效果的目的。教师可把各技术环节的重点、要点列成各种问题，分课次、分时机提出，使学生常思考、多琢磨，从而有助于提高分析问题的能力和对技术动作的掌握程度。在教学后期，还可以对重点问题采用提问与讨论相结合的方式，活跃学生思想，加深技术印象，调动学生学习的积极性。

(五)考试

考试是田径技术教学中检查教学效果、复习巩固所学知识和技术的一种教学方式。田径技术教学的考试一般分为理论考试、技术考核、平时考核 3 种。根据每学期学习内容的具体情况将这 3 种考试按不同的比例给予综合评分。平时学习的考核一般以学生上课回答问题、学习态度的评价为主。教师应当通过考试总结出教学中的经验和教训，以利于不断改进教学，提高教学质量。

三、田径运动技术教学方法

田径运动教学方法是指在教学中为完成一定的教学任务所采用的教学形式和手段。田径运动教学一般分为技术教学和理论教学。在技术教学中，为了更好地掌握田径运动的各项技术，必须首先了解形成一定技能的学习规律，然后根据学习过程中的具体情况，选择适当的教学方法，通过采用合理、正确的教学手段使学生尽快掌握田径运动各项基本技术。以下介绍田径运动技术教学中常用的完整教学法、分解教学法、程序教学法、发现教学法、系统教学法、模块教学法六种教学方法。在教学中，这些方法是相互联系、相互补充的。

(一)完整教学法

在田径运动技术教学中，以完整技术动作练习为主的教学方法称为完整教学法。每一个田径运动技术项目的教学都应该在适当的时机采用完整教学法。

使用完整教学法可以保持技术动作的整体性及正确的技术结构，使动作连贯自然，有利于较快地掌握某种技术动作。尤其是对一些技术动作较为简单、难以断开的项目如竞走、中长跑、加速跑等，它们的技术动作都是周期性的动作环节，不宜再分成单个技术环节让学生去练习。在反复的完整技术练习中，对学生本身就已经掌握的自然走跑技术动作进行改进、提高，可以取得较好的教学效果。

在使用完整教学法时，教学过程一开始，就可以进行完整技术示范或练习。但是，此时学生并不能把完整技术动作做得很正确。因此，需要把完整技术教学有目的地分阶段提出技术动作学习的重点，逐步改进和提高主要环节的技术动作，使完整技术不断地协调发展并进一步得到提高。例如，跑的技术完整教学法中先强调两臂的摆动技术要求，再分阶段逐步对腿的摆动、高抬下压、脚的扒地技术提出要求，最后要求头的姿态、上体躯干的控制等。这样可把完整教学法分阶段体现出来。

(二)分解教学法

在田径运动技术教学中，把完整技术动作分成若干部分，先进行各部分动作的教学，再逐渐将各部分动作连贯在一起，最后掌握完整技术的教学方法称为分解教学法。

这种教学法可以根据技术的复杂程度，将技术分解成若干环节，使复杂动作简单化，易于学生学习和掌握。同时可以使学生在学习复杂技术动作时，有自信心并勇敢地去完成一个个技术环节，最终掌握完整的技术动作。比如，直接让学生去掷标枪，学生会感到不知所措，如果将完整掷标枪技术分解成握枪和持枪、助跑，最后用力和维持身体平衡等技术环节进行教学，让学生一个环节一个环节去练习，学生很快就会基本掌握掷标枪的技术。

对一些技术的关键环节或对技术的某一部分需要突出重点进行强化，也可以采用分解教学法。例如，跑步技术教学中虽然采用的是完整教学法，但是为了强调大腿的高抬技术，可以单独将高抬腿这一技术作为一个重要技术环节，进行原地支撑高抬腿、原地高抬腿膝触手等分解练习强化。

一般情况下，完整教学法和分解教学法可交叉使用，互相配合、互为补充。在完整教学法使用的过程中，包含着分解教学法的使用；在分解教学法使用的过程中，包含着完整教学法的使用。在田径实践教学过程中应根据项目的特点，把分解教学法和完整教学法有机地结合起来。

通常情况下，对简单易学的技术动作采用完整教学法，对较为复杂的技术采用分解教学法。使用完整教学法时，要注意由慢到快、由重点到一般、由少到多、由易到难，使学生逐步提高。例如，跑的技术教学，开始跑速要慢，在一般的速度中体会摆臂抬腿的技术动作，然后逐渐提高跑速，在快速跑中掌握合理的技术。在使用完整教学法时，要适当采用分解教学法，以突出技术的重点方面和改进某一技术环节。例如，在短跑教学时，虽然使用的是完整教学法，但在改进技术时，可以只做原地摆臂动作或者原地支撑送髋抬腿动作，此时可用分解教学法来加强练习。使用分解教学法将复杂技术分解时，要注意完整技术的主要特点，各技术环节的分解要合理，特别要重视各分解技术环节之间的衔接。否则，技术动作分解不合理、运用不当、分解练习时间过长，容易产生完整技术动作脱节、技术动作不连贯的现象。在分解教学过程中，必须要有完整的技术教学过程，以便使学生能够正确地建立对这一项技术的整体概念。通常采用先分解，后完整，再分解，再完整的两次循环或多次循环，这对提高教学效果有很大的帮助。采用完整教学法对学习比较简单、容易掌握的技术动作效果较好，但是对学习复杂的技术动作不利。而分解教学法则对学习较为复杂的技术动作有利，但是使用不当时，会造成技术的脱节现象，做出一些多余的动作。因此，在教学中应该合理地使用这些教学方法，只有注意它们的利与弊，才能够使教学取得较好的效果。

目前，在教学改革中，对过去传统教学中一些被认为复杂的、一直采用先分解后完整的田径项目技术教学也尝试着直接运用完整技术教学法。例如，对跨栏跑、背越式跳高等技术，实践中有人尝试采用完整教学法，以使学生能够在整体技术概念中学习完整技术。

(三)程序教学法

在教学改革中，人们尝试着运用各种教学方法来改进田径技术的教学。程序教学法便是其中的方法之一。程序教学法是将技术教学过程按设计好的步骤来执行教学的一种程序方法。程序设计好以后，便在教学中按照程序进行教学。如遇某一步程序任务没有完成，则通过反馈退到前一步程序中重新执行或采用其他方法进行补救，否则便不能进入下一个教学程序。这种教学对学生了解整个技术的教学步骤，理解完整技术，提高自我控制能力均有一定的好处。

这种教学模式运用了控制论的理论与方法，可以控制技术教学的整个过程，把所学习的技术内容分成一个个环节，一步步呈现给学生，以保证学生能够掌握较为复杂的技术。教学中，教师要求学生对每一步教学都做出积极的应答，教师观察学生练习时的动作表现以及提问学生对技术知识理解的情况，并给予及时确认。确认为正确的直接进入下一步学习，错误的则返回重新学习。程序教学法在实践中的优点主要表现在：能够根据学生不同的学习能力，采取不同的学习进度，有利于针对性地安排学习内容；能够把理论认识、回答问题、技术练习有机地结合在一起，对培养和提高学生的能力有很大的帮助。程序教学法的不足主要表现为：难以给学生留有发挥和创造的余地，必须按先设程序按部就班一步一步走，限制了学生技术特点的表达；同时在教学中学生层次拉开较多时，给教学的组织带来了不便。因此，程序教学法在田径各项目教学中属探索性的教学方法，灵活应用是关键。

(四)发现教学法

发现教学法是指在教学过程开始的初期以及学习的全过程中，不断提供学习的有关线索，找出学生学习技术方面可能遇到的一些问题，让学生自己根据线索去独立发现问题，让学生带着问题去学习、去练习的一种教学方法。一方面，学生在练习中找到问题的答案；另一方面，让师生在学习过程中共同发现新的问题，在实践中再找答案。

教师在运用发现教学法时，首先要对学生学习技术的难点，对可能出现的问题进行分析，然后逐条列出，供学生学习时使用。常用卡片教学形式，把记载问题的卡片发给学生，让学生根据问题进行思考、回答和练习。发现教学法的优点是能够使学生主动参与教学过程，带着问题学习，对开发学生的思维、提高学生的创造能力以及提高理解能力都有一定的好处。但发现教学法也给组织教学带来了一些难度，如不易控制教学进程、学生接受知识的系统性不够等。

(五)系统教学法

系统教学法是把整个田径运动的教学看成一个完整的系统，这种教学方法注重田径教学的整体最优化。在田径系统教学法中不仅把一个技术项目的每一次练习和每一堂课看作整体系统中的一个子系统，考虑到一个个练习和一堂堂课之间的内在联系，而且把各个项目也看作整体系统中的一个个子系统，要求考虑到各项目之间的促进和影响作用，以此为依据来安排田径教学。

系统教学法常以教师的讲课和学生的练习来体现。系统教学法有其传统性，对学生系统了解知识和学习有很大好处。但是，这种方法是建立在教师讲、学生接受的传统灌输性教学模式的基础上，不利于充分发展学生的创造性思维和积极主动学习的能力。

(六)模块教学法

模块教学法指按照田径运动项目较多，有些项目技术相近的特点，把几个项目放在一起组成模块式技术教学的方法。这种模块教学法打破传统教学课的模式，一次课中不是安排一种技术教学，而是将基本技术相近的几种技术项目放在一起进行教学。比如，把跳高和跳远技术，或者跳远和三级跳远技术放在几节课中同时进行教学和练习；把投掷项目技术放在一起进行教学；将跨栏和短跑技术放在几节课中同时进行教学和练习等。

这种模块式教学安排使学生能够较好地体会用力形式基本一致的动作，缩短教学时数，有利于教学改革。同时，可以丰富田径教学课的形式、内容，活跃课堂气氛，提高学生的学习兴趣。但是，对上课的器械、教具、场地要求较多，各项技术的转换不易把握，学生学习的各种不同层次难以照顾周全等都是实施这种教法时应该注意到的。

田径运动技术教学中的各种教学方法都有其优点和不足，教师运用时必须注意到它们的特点，以便合理地运用各种教学方法。

在长期教学实践中，一直存在着以下两种不同的教学观。一种是强调以教师和教材为中心的教师教授、学生学习的教学过程。这种教学突出系统知识的介绍和学习，讲究知识的完整性，要求学生以全盘接受知识为主；重视在校期间以接受学习为主，学好了以后再去实践中锻炼和提高。另一种是突出教学中应以学生和提出问题为中心，强调教学过程是学生自身的活动，应鼓励学生积极主动地发现问题，提出问题；重视学生在学习过程中的自身主导作用，强调一边学习，一边开发创造性思维，同时一边实践锻炼；要求学习应以提高能力为主。

无论采用哪种教学方法，其前提条件都需要教师首先具备较高的业务素质和思想素质水平，对教学安排、教学方法和对课堂的控制都能够运用自如。否则，再好的教学方法和教学观都难以得到很好的实施。在实践中，我们常常可以看到，那些优秀教师不论运用哪种教学方法和教学观，都可以做到融会贯通，在一种教学方法中巧妙地融进各种方法之长，因此都能够取得较好的教学效果。这是因为他们具有较高的业务和思想素质水平，能够根据实际情况灵活地运用各种教学方法，所以使教学取得了最佳的效果。

四、田径运动技术教学中教学方法的选择

教学有法，但无定法，贵在得法，重在用法。田径运动技术教学中，在选择教学方法时，要坚持教学方法的整体性原则，要了解各种教学法之间的联系，合理选用，这样才能优化教学方法，实现教学目标，完成教学任务。

(一)根据田径运动技术教学目标选择教学方法

教学目标是指田径运动技术教学预期达到的标准，它是田径运动技术教学的“纲”。田径运动技术教学的开展围绕目标进行，教学方法的选择根据教学目标的具体要求来确定。田径运动技术教学目标包括田径运动技术课总目标、各项技术目标和课时目标。田径运动技术教学目标的制订要考虑课的类型和层次，田径运动技术教学目标主要包括 3 个领域：认知目标、技能目标、情感目标。不同类型的目标有不同的层次，如认知目标中可分为知识、理解、分析、综合、应用和评价 6 个层次；技能目标可分为动作观察、动作模仿、动作练习和动作熟练 4 个层次。在明确了技术课的教学目标之后，要认真分析各种教学方法有效完成目标的可能性，然后根据和教学任务实际情况，选择最佳的教学方法。如果教学目标强调知识的掌握，主要采用语言讲授法；如果教学目标是提高动作技能，主要采用完整练习为主的教学方法；如果教学目标以提高学生教学能力为主，则多采用发现教学法、预防与纠正错误教学法。可见，教学目标的制订原则和方法是选择教学方法的前提。

(二)根据教学内容、性质及特点选择教学方法

田径运动技术教学中，教学内容是最基本的要素，对教学起到决定性的作用。教学方法是完成教学内容的一种手段，教学内容不同，所采用的教学方法也有所不同。不同项目的运动技术，在不同教学阶段，对学生知识掌握、技能提高、能力培养、意志品质形成的要求不相同，选择的教学内容也不同，因此要灵活选择教学方法，突出教学方法多样性的特点。例如，新授课的主要任务是使学生掌握正确的动作概念，主要采用讲解法和示范法，而复习课的主要任务是提高学生的动作技能，则多采用完整练习法、游戏和比赛法、预防与纠正错误法。在学习初期，比较复杂的动作技术多采用分解法。随着技术动作的不断完善，完整练习法将作为主要的教学方法。总的来说，教师在教学中应该根据不同的教学内容、性质和特点选择所需要的教学方法。

(三)根据学生的实际情况选择教学方法

学生的实际情况主要指学生原有的运动基础、身体素质、动作技能储备、学习动机、生理特点和心理特点等因素。学生的实际情况与教学方法的选择有着很大的关系。例如，中学生活泼好动、注意力不易集中，多采用游戏法进行教学效果更好；大学生竞争性、群

体意识和集体荣誉感强，多采用比赛法进行教学效果更好；体育院系学生的理论水平较高，在教学中不仅要让学生明白怎样做，而且要让学生知道为什么这样做，还要为学生提供“创新”的机会，因此教学中应多采用发现教学法。学生在身体素质、运动技能上存在差异，在学习技术动作时会出现这样或那样的错误动作，教师应采用不同的教学方法，做到因材施教，从学生的实际水平出发，及时掌握学生的兴趣、爱好，注重激发学生的学习动机，选择最佳的教学方法，促进学生掌握田径运动知识，提高学生田径运动技术水平。

(四)根据教学环境选择教学方法

教学环境主要指教学场地、器材和教学设备等。教学方法的选择离不开教学环境，应根据场地的大小、器材的多少和学生人数选择教学方法进行教学。

(五)根据教师自身素质选择教学方法

教师素质在教学过程中主要表现在教学理念、语言讲解能力、动作示范能力、现代教育技能、课堂管理能力和思想品质等方面。先进的教学方法必须与教师的素质相匹配。先进的教学方法只有被教师充分理解、合理运用，才能取得最好的教学效果。教师要根据自身素质、自身的优势，选择适合自己的教学方法。同时还要不断更新教学理念，掌握和应用各种教学方法，提高教学水平，并不断挖掘潜力，形成自己的教学特色。

第四节　田径运动教学的基本内容和基本文件

一、田径运动教学的基本内容

田径运动教学的基本内容的构建，以竞技性、健身性和实用性三大属性为依据，主要由基础运动能力、田径主要技术和实用技能三大板块构成。

(一)基础运动能力

(1)走、跑、跳、投的多种健身练习方法与手段。

(2)走、跑、跳、投的多种教学方法与手段。

(二)田径主要技术

(1)理论部分：田径运动概述；田径运动技术原理；田径运动教学；田径运动竞赛；田

径运动场地等。

(2)运动项目：短跑、中长跑、跨栏跑、接力跑；跳远、跳高；铅球、标枪等。

(三)实用技能

(1)越野跑；远足；游戏性、休闲性、娱乐性跳跃和投掷等。

(2)定向越野等户外运动。

二、田径运动教学的基本文件

教学文件是进行教学工作的重要依据。田径运动教学的基本文件包括田径运动课程标准、田径运动教学进度、田径运动理论课讲稿与技术课教案等。

(一)田径运动课程标准

课程标准是根据院(校)教育教学计划所规定的培养目标、教学任务、课程时数和要求由教研室制订出来的，经有关领导批准后实施的，是教师进行教学的依据。课程标准规定了教材的安排、教学内容、课时分配、教学形式、成绩考核和有关的具体要求等内容。课程标准一般包括以下几个方面。

1. 说明

说明是对田径运动课程标准编制的说明，要明确培养目标、制订的依据、教学任务是使学生全面掌握基本理论、基本技术和基本技能，要明确指出教师执行大纲的规定和要求的某些具体问题。

2. 教学课时的分配

教学课时的分配要根据教学计划中规定的田径教学的总时数，按一定比重分配到理论和技术两大部分之中。具体安排教学内容和课时时数应注意以下几点。

(1)技术课与理论课的课时比例要合理。每个学期要有计划地安排技术课和理论课的教学。

(2)技术课和理论课的安排要注意其系统性，教学内容的安排顺序要考虑它们之间的相互联系。

(3)技术课课时的分配要根据各项目的难度和重要程度来确定，技术项目的安排应根据每个学期教学的总时数来确定。

(4)技术项目教学的顺序安排既要考虑跑、跳、投三大类项目的相互关系，又要考虑同类项目之间的相互关系，同时也要考虑场地、器材、气候、季节等条件。三大类项目的总课时不宜相差较大。

(5)一个项目不宜安排在两个学期进行教学。如果在课时及项目的安排上有较大困难，同一个项目不同姿势(跳远的蹲踞式、挺身式)可安排在两个学期进行教学。

(6)男女生的总课时应该完全一致。

(7)要明确规定每学期考试、考查的项目，并规定考试、考查的课时数。

3. 教学内容

(1)理论部分。

根据培养目标和教材列出教学内容的提纲，要求教师在不脱离教材的基础上，结合国内外体育科研的新进展和新成就讲授其发展动态、特征以及不同的学术观点，扩充教材的广度和深度，启发学生的求知、求新意识，指出其发展的方向和途径。

(2)技术部分。

要明确各项目的教学内容：该项目的发展简史、技术动作规格、不同技术观点、竞赛规则、裁判方法、场地器材、教法与学法、产生错误动作的原因及纠正方法和安全措施等。为了培养学生的教学技能，还应有教学方法和手段选择与应用的说明、讲解和示范方法的要求等，同时制订出教学内容纲要，规定田径运动课程每个项目和理论课的基本内容，即理论知识范围、观点、技术教授的内容概要、技能要求等。

4. 课堂实习

课堂实习是培养学生教学技能的有效措施之一，可安排在某个学期进行实践。这里所指的课堂实习主要是准备部分教学内容的实习，让学生课前写出教案经教师审批后进行实习。教师根据学生对时间的掌握、教学方法的选用、讲解示范、教态、错误动作的纠正和教学管理等进行评分和点评。实习分数应占学期考核分数一定的比例。

5. 课外作业

课外作业是为了更好地提高学生分析问题和解决问题的能力。课程标准中应列出某专题理论教学的思考题及技术项目的作业题目，提出具体的要求及评分标准，让学生独立完成。作业分数应占学期考核成绩一定的比例。

6. 成绩考核

田径运动教学的成绩考核要根据教育计划规定的各学期考试、考查要求进行，课程标准中要明确规定考核的内容和方法、技术项目考核的技术评定的规格要求、技术达标的评分标准。对于学生的学习态度、课外作业、教学实习的情况，也应有明确的评分标准。考核包括三个方面：理论、技术和技能。其中，技术包括技评和达标；技能包括独立作业、课堂实习和课堂提问等。三个方面的评分所占的比例要合理，一般技术分数占的比例较大，理论分数占的比例次之，技能分数占的比例较小。技术评定既要有科学性，又要具有可操作性。技术评定应有比较详细的评分标准和较为完善的考核方式，技术成绩达标可以与运动员等级标准相合。

7. 列出使用的教材及参考或者辅助教材等

(二)田径运动教学进度

田径运动教学进度是教师根据课程标准的规定，对各学期的教学内容进行课时和课序的具体分配。田径运动教学进度可分为学期教学进度、田径理论与技术课的教学进度两部分。

1. 学期教学进度

田径教学进度是根据课程标准中规定的各学期的课程安排及课时分配，结合各年级、班级及教师的具体分配情况制定的。其内容包括一学期中各年级各班各周次田径课项目的教学进度及任课教师等。田径教学进度是每一名教师本学期进行教学的时间、内容与对象的依据。

2. 田径理论与技术课的教学进度

田径理论课与技术课的进度是根据课程标准规定的教材内容、要求、课时安排以及考核要求等制定的。其内容包括该理论题目或技术项目教学任务及各课时的任务和重点，主要教学步骤与方法，作业考试考查的条件、标准、评分方法等。理论课与技术课的教学进度是教师编写讲稿和教案的依据。

(三) 田径运动理论课讲稿与技术课教案

1. 理论课讲稿和教案

理论课是田径运动教学的形式之一，讲稿是理论课必备的教学材料。在田径运动教学过程中，为了使学生更好地掌握技术，需要对学生进行技术分析；为了帮助学生理解技术，要给学生讲解田径运动技术原理；为了提高学生的教学和训练的实践能力，要讲授教学与训练理论、田径运动的训练特点、田径运动科研方法、田径运动竞赛组织与裁判法和田径运动场地等理论知识。因此，教师在教学前要准备好理论课讲稿，详细写明技术分析的内容、技术发展的过程和趋势等，以便使学生能够更好地理解技术，掌握技术动作。

为了讲好田径理论课，教师平时要多收集有关田径运动的知识材料，如世界各国的田径运动信息，优秀田径运动员的技术特点和比赛训练趣事，田径运动方面新的研究成果和新的研究动向、趋势等，并根据理论课的内容选择有关内容进行备课，写好教案，以丰富教学内容。教师应该学会用卡片来积累收集各种知识，充分利用卡片式资料讲好课。

理论课教案与讲稿有所不同。教案是根据课时、课次将理论课讲稿的具体内容有计划、有目的地设计在不同的课次中进行讲授，并且应将上课的方式、方法逐课次进行安排。例如，第一次课安排观看技术录像，提出问题，布置预习；第二次课提问第一次课的学习内容，讲解理论课讲稿的第一、第二部分，运用投影仪讲述技术发展变化和成绩进展情况，提出问题，布置作业；第三次课提问上次课的学习内容，根据作业回答问题，讨论问题，然后讲授理论课讲稿的第三部分，布置作业，根据以上安排用教案的形式将理论课的组织形式、内容安排、讲课要点、学习要求等写出来。教师可以根据教案的安排用撰写的讲稿上好理论课。这样的教案可以把理论课讲稿的内容清楚地设计在各课次中，并且有各种教学方法的安排，保证田径运动理论的讲授质量。

2. 技术教学课教案

技术教学课教案应包括教育教养、技术学习和技能培养等。各项任务要切合实际，既具体，又恰当。技术教学课教案一般分为开始部分、准备部分、基本部分、结束部分 4 个部分或分为开始、基本、结束 3 个部分。根据目前田径教学改革的需求和课程改革的合理安排，有的课将准备部分和基本部分并在一起，有的将开始部分和准备部分并在一起，并将各部分的练习内容、方法、要求、时间、次数等列入各部分的教案中。教案的开始部分应写明课堂常规、学生场地器材的条件等，合理安排和组织教学形式。例如，学生练习的队形和方向、分组练习的组织方法、整体练习的形式、互相观摩及典型技术分析的组织等都要体现出教师组织教学的能力。

教师根据教案内容，上课时要注意掌握课的节奏，有计划、有步骤地进行教学。教案最后要留出课后小结的部分，便于教师进行总结，提高教学质量。为了写好教案，教师要认真钻研田径运动课教学内容和各种田径运动教材，熟悉教学内容的基本理论、基本技术、基本技能等，并且掌握教学内容的结构、教学的难点和重点，做到融会贯通；同时要把田径运动知识运用自如，要十分熟悉理论知识，而且在田径运动的某些方面要有自己的见解。只有这样，教师才能够丰富和熟悉教学内容，合理地设计和选择教法、手段，安排好教学过程的每一个步骤，进一步提高教学质量。

第五节　田径运动教学的考核与评价

田径课程作为体育专业课程方案中的一门必修课程，其教学思想、教学目标、课程考核内容、标准等必须有利于人才培养，符合当今体育教学改革的需要。考核与评价是田径运动教学过程中不可缺少的重要环节，通过考核与评价可以及时反馈教学信息，以便根据实际情况调整教学计划，改进教学方法，从而使教学过程组织得更科学。考核与评价不仅要使学生了解自己对田径运动基本知识、技术和技能的掌握程度，而且应鞭策学生不断进取，培养学生自我评价的能力。考核与评价应结合体育专业的特点确定考核的内容、范围和形式。考核与评价的内容是教学目标的缩影，考核必须体现学习内容和课程目标的范围与属性。在田径课程的考核中，要把学生的基本知识、基本技术、基本技能、学习态度和情意表现纳入学习成绩考核与评定的范围。

一、田径运动课程考核与评价的基本要求

从田径课程学生学习成绩考核与评定内容看，基本知识与运动成绩的评定容易量化，属客观性评价；而基本技能、学习态度、情意表现的评定则难以量化，属定性主观评价。因此，在田径课程学生学习成绩考核与评价中，应注意以下四个方面。

(一)教师评价与学生评价有机结合

教学是教师与学生的双边活动过程，在教学中教师是主导，学生是主体。在成绩评价中，如果单由教师进行评价，难免会出现主观偏见的现象，缺乏公平性，从而造成不准确，这样会在一定程度上挫伤学生学习的积极性，久而久之会使学生慢慢地厌倦田径课，不利于学生掌握田径运动的基本知识、基本技术、基本技能。因此，在田径运动的教学过程中，从课程教学内容的设计到学生成绩评价的各个环节，都要把学生始终放在一个重要位置。在教学活动中强调发挥教师主导作用的同时，还要特别强调学生学习主体地位的作用，充分利用评价手段，因势利导，发挥学生的主观能动性，指导学生正确地进行自我评价和相互评价，让每个学生都能参与到教学中来，让学生通过自我评价和相互评价及时了解到自己的进步或不足，从而激励和鞭策他们更有效地学习。这里强调学生评价并不是否认教师评价，而是应将教师评价、学生自评、同学互评三者有机地结合起来，更科学、更客观地评价教师的教学效果和学生的学习情况。

(二)终结性评价与阶段性评价有机结合

终结性评价是我国各级学校田径课程教学中普遍采用的成绩评价方法，在以往的田径运动课程教学中，主要采用终结性评价来确定学生的学习成绩。这种评价方式能起到“一锤定音”的作用，但是在学期或学年结束时进行，这样就失去了评价的反馈作用，不能及时帮助教师总结经验，改进教与学的方法，对激励学生学习以及提高教学效果的作用不大。同时，终结性评价的着眼点在于对学生的田径运动课程学习成绩进行优、良、中、差的等级评定，这种评价方法往往导致身体素质好的学生考试成绩好，沾沾自喜，不求进步；身体素质相对差的学生考试成绩不好，容易产生畏难情绪，从而会失去学习的信心。田径运动课程的考核与评价要注重阶段性评价，着眼于学习过程的不同阶段，通过各种评价方法对

学生技术与技能的掌握程度、学习态度、情感体验、体能训练的效果等方面进行客观评定，将评价的结果及时反馈给学生，便于教师和学生及时调整教学方法和学习方法，更有效地提高教学质量。终结性评价虽然简便易行，但有其局限性；阶段性评价比较烦琐，不易操作，但有助于教师及时改进教学方法，有助于提高学生的学习效果。因此，在教学考核与评价中应将阶段性评价和终结性评价有机结合起来。

(三)绝对评价与相对评价有机结合

相对评价是指根据个人在学习中进步的幅度进行评价；绝对评价则是指在评价中不考虑个体差异，均采用统一的评价标准进行评价。目前，在我国各级、各类体育院校中，对学生田径运动成绩的评价一般采用绝对评价的方式，即以学生最后技术评定和达标的程度为依据进行评分。由于学生的身体条件存在差异，具备的技术能力不一，往往容易造成身体条件和技能好的学生并不需要通过多大的努力，轻而易举，就能得到高分，而身体条件差和技能水平不高的学生无论怎样勤学苦练，无论进步有多大，由于没有达到相应的标准也得不到高分。虽然绝对评价在应用上容易操作，但不能客观地反映学生学习成就上的变化及教学效果的优劣，不利于调动学生学习的积极性，在一定程度上影响教学质量的提高。相对评价有助于学生看到自己通过努力所取得的进步，并得到强化和肯定，从而激起进一步学好的愿望。当然在肯定相对评价的同时，也不能完全否定绝对评价的作用，在田径教学中应将两种评价方法科学合理地结合起来，给予学生客观的评价，更好地调动学生的积极性，提高教学效果。

(四)主观性评价与客观性评价有机结合

在田径运动课程的成绩考核中，运动技术的熟练程度、基本理论知识和身体素质等测量指标比较容易量化，一般采用客观评价方法就能有效地测评出学生掌握知识、技术和技能的情况。对于学生的学习态度、心理、情感体验、自信心、意志品质、行为等方面难以用量化标准进行衡量，只能采用主观性评价。在主观性评价中，评价者所占的角度不同、学识程度不一，对评价的侧重点和作用的理解不一致，可能会出现不同的倾向性，导致评价的结果受到一定的影响。因此，对学生的学习态度、兴趣、努力程度、意志品质等方面进行评价时，应定性和定量相结合、主观和客观相结合全面评价。例如，对于学生学习态度的测评，除了采用态度量表的形式外，还可根据学生在课堂的表现、课外参加练习的次数等进行记录和统计，比较客观地反映学生参与运动的程度。总而言之，一切主观性的评价内容都可通过学生课中练习次数、投入程度等行为表现进行量化，为客观性评价奠定基础。

二、田径运动课程考核与评价的内容、方法

田径运动课程教学的考核内容应包括基本知识、达标成绩、技术、教学能力、学习态度与情意表现。技术考核又分为技术评定和成绩达标。

(一)田径运动基本知识的考核与评定

对田径运动基本知识的考核一般采用笔试、口试等方式。在具体实施上可采用开卷与闭卷相结合，在开卷中还可采用专题作业、教学设计、调查报告、课中完成答卷等形式。在闭卷中，田径运动理论考试方法已逐步趋向标准化。采用试题库，由计算机按一定要求自动抽题的方式进行。田径运动试题库的编制应根据培养目标、教学任务、教学要求来确定学生应该掌握的知识点，然后制订严密、科学的试题库编制计划，按计划进行编制，以保证题目对知识和能力测试的有效性、可靠性、客观性。全部题目必须经过实践检验并符合要求后，方可存入题库。考核后，教师根据评分标准评定学生的成绩。

(二)田径运动达标成绩的考核与评定

达标成绩的评定应考虑学生的个体差异、努力程度和进步幅度等因素，可把绝对成绩与相对成绩(进步成绩)结合起来进行评价。教学结束时的达标成绩依据“绝对评价标准”进行评分；进步成绩(教学结束时的达标成绩－教学初始时的达标成绩)依据“相对评价标准”进行评分。各院校根据各自学生情况确定考核项目，如有的院校田径运动普修课程考核项目为跨栏跑(女生 100 m 栏、男生 110 m 栏)、跳高、跳远、铅球、标枪 5 项；田径运动专修课程考核项目为男生十项全能、女生七项全能，测试标准按田径竞赛规则进行。教师根据事先制订好的各项目达标标准组织学生进行达标考核，参照达标评分标准评定学生的技术达标成绩。

(三)田径运动技术的考核与评定

1. 专家评价法

专家评价法就是选择各个项目教学经验丰富的专家对学生的技术动作进行定性评价，这是田径教学技术评定中最为常用的方法。该方法的特点是操作方便，但由于专家评价的方法主要依靠专家们的主观经验进行评定，因此，评价结果的有效性、可靠性在很大程度上会受到专家们的知识、业务水平、经历、专业经验的影响。为了提高评价结果的公平、公开、公正，所挑选的专家必须具备较高深的专业知识，公正无私，具有独立见解。专家评价结果的有效性和评价的质量，与参加评价的专家人数有关。参加的专家人数过少，则每名专家所起的作用就越大，对评价结果所产生的影响也就越大。这样，势必会夸大每名专家的作用。而参加的专家人数过多，又不便于操作。在田径教学的技术评价中，一般认

为 3 名专家进行评分比较适宜，可采取去掉最高分、最低分，取中间分作为最后得分；也可采取 3 名专家的平均分作为最后得分。

2. 全程技术与半程技术比较评价法

学生完整技术动作所表现出来的运动成绩与分解技术动作所表现出来的运动成绩的差值，可以作为衡量完整技术动作效果的评价指标。例如，跨栏跑项目：全程栏成绩－平跑成绩(数值越小表明技术越好)。跨栏周期平均速度/平跑速度(反映跨栏跑与平跑速度差距大小。该系数越接近 1，表明跨栏跑时平跑速度利用率越高，跨栏技术水平相对越高，优秀运动员约达 90%)。栏间跑第一步速度/跨栏步速度(反映过栏技术与栏间跑技术结合能力。该系数大于 1，表明过栏后立刻转入栏间跑，跑跨结合好，优秀运动员超过 1)。跨栏步速度/栏间跑第三步速度(反映栏间跑第三步技术与跨栏步技术结合情况。该系数越接近 1，表明过栏时水平速度下降越小，栏间跑技术与跨栏步技术结合越紧密，优秀运动员约达 90%)。跳类项目：全程助跑成绩－半程助跑成绩(数值越大表明技术越好)。投掷类项目：完整投掷成绩－原地投掷成绩(数值越大表明技术越好)。

3. 剩余观测数评价法

剩余观测数评价法也叫预测成绩与实测成绩比较法，是根据预测成绩与实测成绩的差值比较，在一定程度上可以反映运动技术的优劣。所谓预测成绩，是指某个个体在既定的身体形态、身体素质条件下，某项目经过一定时数学习后所期望达到的运动成绩。实测成绩则是指某项目教学结束时实际达标成绩。

剩余观测数评价法操作程序如下：①随机抽取一定数量的测试对象作为样本，然后测试每一个个体与该项目有密切关系，并且相互之间具有一定独立性的身体形态、身体素质指标。②运用逐步回归分析法，建立一个运动成绩预测数学模型(方程中的指标数不宜太多，2～3 项指标比较适宜)。③确认预测方程具有使用价值时，只要将描述学生各种运动潜力的指标测量值代入方程，便可推算出在现有运动潜力基础上，期望能达到的运动成绩。④进行技术评价。首先求出剩余观测值，田赛项目：剩余观测值＝实测成绩－预测成绩；径赛项目：剩余观测值＝预测成绩－实测成绩。然后依据剩余观测值进行技术评价。一般来说，若剩余观测值为正值时，则反映该学生的技术水平高于平均水平(数值越大表明技术越好)；若剩余观测值为负值时，则反映该学生的技术水平低于平均水平(数值越大表明技术越差)；若剩余观测值为零时，则反映该学生的技术水平处于平均水平。为了便于操作，也可依据剩余观测值制定田径运动技术评价常模。

4. 运动生物力学技术分析法

这种测量评价方法是指使用各种仪器设备对运动技术的生物力学特征进行测量，然后结合运动解剖学特点，运用运动生物力学原理对测量结果进行分析和评价。技术动作的生物力学指标，包括整个动作或动作各阶段的时间、速度和加速度、完成动作时发挥的力量、身体姿势等。

(四)田径运动教学能力的评定

中小学体育师资是体育专业的主要培养目标。因此，体育专业的学生除了必须掌握田径运动的“三基”外，还必须具备一定的教学和训练能力。对学生进行田径教学能力的考核和评价，要着重对学生的田径教学设计能力、田径教学实施能力、田径教学评价能力等方面进行考核，每个方面包含不同的观测点，应全面进行考核与评价，充分考查学生的教学能力。

1. 田径教学设计能力

(1)编写教案能力。

(2)田径教学理论研究能力。

(3)了解学生情况能力。

(4)确定田径教学行为目标能力。

(5)编制田径教学文件能力。

(6)运用教材教法能力。

2. 田径教学实施能力

(1)思想道德教育能力。

(2)安排教学步骤能力。

(3)课堂组织能力。

(4)讲解能力。

(5)示范能力。

(6)纠正错误动作能力。

(7)教学应变能力。

(8)组织比赛与裁判能力。

(9)布置场地器材能力。

(10)运用现代化教学手段能力。

3. 田径教学评价能力

(1)技术动作分析与评价能力。

(2)教学效果评定能力。

(3)学生成绩评定能力。

由于反映田径教学能力的观测点太多，操作起来比较烦琐，因此，在实践中对于教学能力的评价可重点测评以下 5 个方面：编写教案能力、讲解与示范能力、课堂组织能力、教学方法与手段的运用能力以及技术动作分析与教学效果评价能力。

(五)学习态度与情意表现的评定

从教育测量学的角度出发，学习态度与情意表现的评定是指根据一定的标准对教育过程中产生的思想、学业、行动和个性等方面的变化进行评价的过程。各门课程的评价越来越重视学生的学习态度与情意表现。对于学习态度与情意表现等方面的考核，可采用自我评价、相互评价和教师评价相结合的方式进行评定。

1. 学生学习态度的评价

评价向关注人的生命存在、感性生成理性和反思过程转变，评价学生的主动参与意识，让学生获得鼓励，体验成功与进步的快乐，从而使学生形成自我认识。学生对田径运动技术的学习态度是一个动态过程，无论是参与程度或练习兴趣都是不断变化的。例如，有的学生在参与某一项运动时，开始学习和练习时很感兴趣，随着外界因素和运动条件的影响，学习兴趣可能会发生变化。因此，在评价过程中要更加关注学生的成长过程，要因人而异，强调终结性评价与发展性评价的有机结合，给予学生多次评价机会，促进学生学习态度的转变。

对于学生学习态度的评价可包括以下几个方面：①在田径课中能否全身心地投入。②能否积极思考，为达到目标而进行反复练习。③能否认真接受老师的指导。④田径课出勤情况。⑤课外能否积极地进行练习。⑥运动成绩与运动技术的进步幅度。

2. 学生情意表现的评价

情感就是人对客观事物能否满足自身需要所产生的态度体验以及和体验相对应的行为表现。学习情感就是学生对学习过程中的学习活动是否满足自身需要而产生的态度体验。评价是一种提供信息的过程，也是评价主体之间共同建构的过程。学习情感评价是为了获取学生在学习过程中情感发展状况的资料而不断收集、处理和提供信息的过程，这一过程是多元评价主体参与的一种协商、对话的共同心理建构的过程。学习情感评价主要是对情感内涵的揭示和评价定义的考查，通过学习评价促进学生的情感发展。

对于学生情意表现的评价可包括以下几个方面：①能否战胜胆怯、自卑，充满自信地进行学习与练习。②是否敢于和善于克服各种主观、客观的困难与障碍，挑战自我、战胜自我，坚持不懈地进行学习与练习。③是否善于运用各种心理调节手段调控自己的情绪(平静地面对挫折和失败)，排除干扰，心静如水地学习与练习。

三、田径课堂教学效果的评价

课堂教学效果评价方法是否合理，直接关系到所获得的教学反馈信息价值的大小。田径课堂教学效果的评价一般是将成绩考核作为最主要的手段，因为田径运动成绩考核是检查学生学习情况和教师教学质量的最有效的方法。通过考核，有助于调动学生学习田径运动的积极性，激发学生努力练习、刻苦锻炼的动力，并能达到巩固提高田径运动技术和增强学生体质的目的。同时，也为教师总结和改进田径运动教学工作提供可靠的依据。

流程的基本要求是：每学期开学初，教师应向学生宣布本学期考核的田径运动项目和评分标准，以及各项田径运动的考核时间；田径运动成绩考核事先应有充分的准备；教师应提前组织学生进行练习，特别要做好后进生的辅导工作；测验前应布置和检查好场地、器材，准备好测验用品，还要使学生在思想上和行动上做好测验的一切准备。田径运动成绩考核要严肃认真，确保安全。同时，要做好成绩考核中的思想品德教育工作。成绩考核结束后，要做好成绩统计和考核总结，以便分析田径运动的教学情况，改进田径运动的教学工作。

对于教师来讲，课堂教学效果的评价，一般以专家评价和学生评价两种方法为主，这是教学质量监控中较为常用的手段。它可以激励教师发挥模范带头作用，鞭策和监督教师改进教学方法、提高教学效果。对于学生来说，以学生综合成绩评价最为实效。学生综合成绩评价的高低能反映出教师教学工作能力的强弱和执行教学流程的好坏。建立以教师自评以及校长、教师、学生、共同参与的评价制度，有利于帮助教师对自己的教育行为进行分析和反思。因此，学生健康水平的提高、学生对田径课程理论知识与技术的掌握和学生对教师教学的满意程度理应是田径课堂教学效果的考评指标，而考评分值比例的分配或考评等级的划分可根据课程标准、课程学习形式或不同授课对象等进行灵活调整。

第六节　田径运动教学应注意的问题

不论是哪个层次的教学都应切实全面贯彻党的教育方针，把学生培养成有理想、有道德、有文化、守纪律的一代新人。田径运动教学是体育教育体系中的一个重要组成部分，田径运动教学的改革要符合时代的要求，在教学中应注重以下五个问题。

一、注重把立德树人根本任务贯穿于田径运动教学中

田径运动教学过程中应该完成“育人”的任务，扭转“重教轻育”的倾向。通过田径运动

教学，培养学生热爱党、热爱社会主义制度和热爱祖国的思想感情，树立为实现中国梦而锻炼身体的自觉性，培养学生讲文明、懂礼貌、守纪律、爱集体、具有竞争意识和勇敢顽强的品质和作风。在田径运动教学中，为了完成思想品德教育的任务，应做到如下几点：一是使学生明确田径运动的锻炼价值，教育学生树立为祖国锻炼身体的志向，健身铸魂；二是要根据田径运动教材中的思想品德教育内容，认真地开展思想品德教育工作，正品修德；三是要利用课程的组织和教法措施积极地进行人格教育，教书育人；四是要抓住学生学习田径运动过程中的表现，及时进行品德教育，立德树人。

二、注重转变教学观念

要转变单一的教学质量观，树立全面的教学质量观。田径运动成绩是客观的、量化的，运动成绩成为评定田径运动技术效果的重要指标，正是由于它的可比性特点，但在评价田径运动教学质量时，往往过分地强调了技术和达标，这就形成了单一的教学质量观。学生掌握技术的状况和运动成绩确实是评价教学质量的重要指标，但不是唯一指标。根据田径运动教学的目的和任务，评价的标准还应包括基本知识的掌握、教学技能的形成、思想品德教育和学生学习的行为等，这些都需要长时间逐步形成，田径运动教学不再是单一的技术传授，因此田径教学质量的评价应成为全面的综合评价。

转变单向的教学观，树立双边的教学观。传统的教学观念过分强调教师的中心作用，忽视了学生的主观能动性。田径运动技术教学中教师的主导作用不容忽视，但在传统的田径运动教学中，从备课到教案的实施，一切都是教师在主导，学生只是根据教师所设计的方案被动地练习。这种教学形式束缚了学生的思维，限制了学生学习的主动性，阻碍了学生各种能力的提高。现代的田径运动教学应该让学生通过积极思维、独立练习、相互协作建立正确的技术概念，采用正确的、积极主动的练习方法，掌握田径运动的基本知识和技术，培养各种能力。

三、注重采用启发式教学

启发式教学的本质在于调动学生的积极性和主动性，激发学生积极思考、主动练习。在练习中解决实际问题，这样既使学生掌握了技术、提高了田径运动技能，又学会了知识，发展了智力。注重启发式教学，并不是全盘否定传统的教学方法，即使采用启发式教学，也不能削弱教师的主导作用，不能抛弃合理的课堂组织形式，教师的教学经验不能轻视，仍要保证教学手段与教学目的、任务、方法的一致性。

四、注重学生能力的培养

田径运动教学是培养各类体育人才过程中的一门必修课程，要提高学生素质，培养适应时代需要的各类体育人才，就必须与其他运动项目教学一起，在完成技术教学的同时，加强对学生教学能力的培养。根据田径运动教学的目的与任务，着重培养学生田径运动实践能力、田径运动自学自练能力。

培养学生田径运动实践能力。田径运动教学具有很强的运动实践性，要掌握田径运动技术和知识理论并加以运用，就必须加强技术实践，提高运动实践能力。运动实践能力的提高可为学习各种体育项目打下良好的基础，学生在长期的运动实践过程中，会加深对田径运动的理解，这对专业思想教育起着积极的作用。

培养学生田径运动自学自练能力。学生在自学自练过程中自我的付出、探索以及成功，会加深对田径运动的情感和兴趣，坚定对田径的热爱。学生在分析和解决问题的过程中，提高了自学能力、思维能力。同时，学生在自学过程中不断改进学习方法、合理地分配自己的时间，能有效提高学生的观察、语言表达、评价等方面的能力。

五、注重预防伤害事故的出现

田径运动以速度、高度和远度为衡量水平高低的标准。在教学过程中有时也要求表现出最大力量、速度、高度和远度，并且随着学生学习的深入、技术的掌握和运动成绩的不断提高，在练习时和竞赛时难免会发生伤害事故。应将能否避免在运动中出现伤害事故，作为评价一节课程是否合理的因素之一。在田径运动教学中，要十分重视伤害事故的预防，杜绝伤害事故的发生，教师应把预防伤害事故产生的措施纳入备课工作内容。教师上课前要提前到达田径场，检查场地是否平整、器材是否牢固以及场地、器材布置是否合理；上课时要充分做好准备活动，随时集中学生参加练习的注意力，严格要求学生按照教师的规定进行练习；教师要充分了解学生的健康状况、身体素质和技术水平，切合实际和循序渐进地安排教学内容、方法手段和运动量等，要遵循田径运动练习的安全常规进行练习。田径技术教学的一般安全常规如下。

径赛项目：在跑道上进行的技术教学，只能按逆时针方向跑进。两个以上项目使用跑道时，要分别指定跑道，当学生跑出后返回起点时，应从跑道的两侧返回，不允许在跑道上逗留和穿行。严禁反向跨栏架，不能在跑道上进行跳跃和投掷项目的教学与练习。

跳跃项目：助跑道要平整，不准横穿助跑道。起跳板与地面要齐平。沙坑松软，不能混有石块、杂物等。沙耙放于沙坑两侧适当的地点，沙坑对面不准站人，沙坑内只准按同一方向做同一项目的练习。跳高架放置要平稳，安排好左右脚起跳者的练习顺序，海绵包要有足够的弹性、厚度和面积。撑竿跳高起跳点要有人保护和接杆。

投掷项目：投掷器械应集中放在规定的地点，不准学生随意取用器械做投掷练习。在集体练习时要有足够的间隔，要按统一口令捡回器械。捡回器械时，不准反向掷回，不允许对面互相投掷。旋转投掷的项目，绝对不允许成排同时投掷，如有条件应在护笼内进行投掷练习。器械出手的一侧不准站人，不准任何人在投掷场内任意穿行。

思考与练习

1. 田径运动教学目标和任务有哪些？
2. 田径运动教学的意义是什么？
3. 田径运动教学基本文件包括哪些内容？
4. 田径运动教学分为哪几个阶段？各阶段的任务、方法和注意事项分别是什么？
5. 田径运动教学中怎样选择合适的教学方法？
6. 田径运动教学中如何使用完整教学法和分解教学法？
7. 田径运动教学时，怎样预防伤害事故的发生？
8. 田径运动教学成绩考核与评价的基本要求有哪些？
9. 如何对学生学习态度与情意表现进行评定？
10. 在田径运动教学中应注意哪些问题？

第四章
田径健身运动

本章要点与导学

本章阐述了田径健身运动的概念与价值，介绍了田径健身运动要遵循的基本原理，田径健身运动的分类和基本内容，以及田径健身运动的作用和方法，论述了进行田径健身运动锻炼时的指导与评价方法及注意事项。

通过本章学习，学生能够了解田径健身运动的概念和价值，理解田径健身运动的特点、基本原理、分类与基本内容，掌握田径健身运动锻炼的作用和方法，学会田径健身运动项目设计的原则、程序步骤与方法，并且能够对开展田径健身运动进行自我指导与评估。 本章学习的重点是掌握田径健身运动的概念、田径健身运动的作用和方法，难点是使学生学会田径健身项目的设计和在田径健身运动锻炼中如何进行自我指导与评估。

第一节　田径健身运动的概念和价值

一、田径健身运动的概念

近年来，在实施“全民健身计划”的过程中，人们逐渐转变了以往以竞技运动为中心的课程体系的观念，学校体育中的田径运动教学也逐渐由竞技性向健身性发展，使田径运动教学在观念上得以拓展，在内容上得以扩充，为田径健身运动概念的提出奠定了基础。田径健身运动的目的是通过进行多种形式的走、跑、跳跃、投掷等身体练习，使学生掌握田径健身运动的基本技术、技能，有效而全面地提高身体素质和基础运动能力，从而达到最佳的健身锻炼效果，促进健康，增强体质。田径健身运动采用的走、跑、跳、投 4 种运动形式，恰恰是人类最基本的运动方式，经常参加田径健身运动，能够有效地提高人的基本活动能力，促进少年儿童生长发育，提高人体器官系统的机能水平，全面提高身体素质，对强身健体有着积极的作用。因此，可把田径健身运动定义为：田径健身运动是以增强体质、提高健康水平为目标，以现代科学技术和运动与健康基本理论为基础，采用多种走、跑、跳跃、投掷等身体练习而进行的一种体育健身活动。通过大力开展和研究田径健身运动，可以了解田径健身运动的属性，发现田径健身运动的规律，发展与完善田径健身运动的理论与方法，丰富田径运动的理论体系，拓展田径健身运动的内容，更好地为基础教育体育课程改革服务。

二、田径健身运动的价值

田径健身运动的价值主要表现在以下几个方面。

(一)为促进身体健康、使身体全面发展打好基础

发展速度、力量、耐力、柔韧和协调等基础素质是田径健身运动的重要任务和目标。对各种走、跑、跳跃、投掷等的练习，首先考虑的是发展学生全面的基础运动能力，发展这些基础运动能力，对学生的生长发育、提高健康水平、增强体质都有重要的意义和作用。

(二)为学习田径技术打好基础

田径技术是人体走、跑、跳跃、投掷的典型运动方式，而多种形式的健身性练习可以有效地发展人的走与跑的能力，为学习田径技术奠定基础。在中学田径教学中，通过多种形式的田径健身练习，充分发展学生多种形式的走、跑、跳跃、投掷能力，可以为学生学习、掌握这些田径技术打好基础。

(三)为学习其他体育项目打好基础

田径健身运动是各项运动的基础，其价值就在于提高身体素质的全面性和动作方式的基础性。通过多种形式的田径健身运动练习，发展学生的基础运动能力和动作技巧，可以为他们学习球类运动项目、现代休闲体育项目和其他体育项目打好基础。

(四)为培养体育意识与良好的心理素质打好基础

田径健身练习运动负荷相对较小，而练习的内容与方式丰富多样。田径健身运动与日

常生活中的动作方式比较接近，故学生进行练习的兴趣较高，练习效果较好。与田径技术学习相比，田径健身练习难度较小，学生不易产生厌倦、排斥和畏惧心理，可以积极主动地参加学习和锻炼，并能够持之以恒地坚持练习。经常性地进行田径健身锻炼，可以在发展身体运动能力的同时，养成锻炼身体的习惯和培养体育健身意识，对健康心理素质的培养有积极的促进作用。

第二节 田径健身运动的特点和基本原理

一、田径健身运动的特点

田径健身运动除与其他体育项目一样具有促进身体运动能力发展、提高健康水平的共性特征外，还具有其自身的特点。

(1)田径健身运动是以个人为单位进行的走、跑、跳跃、投掷等练习，可以是个人的锻炼，如晨练长跑，也可以是多人合练，如集体长跑、接力游戏等。参加者无人数限制，或多或少，灵活方便。

(2)田径健身运动的内容极为丰富。广义地说，凡是以自身能力进行的跑、跳跃、投掷等自然动作的练习，都可以成为田径健身练习内容。

(3)田径健身运动的规则简便。有些练习本身就是人类的基本运动方式，不受规则限制，因此能够为大多数人所接受，可以使人们在无所约束(或少约束)的条件下进行锻炼。

(4)田径健身运动的练习负荷可以随练习者年龄、性别和身体状况进行自我控制和调节，从而以最适宜的锻炼负荷进行练习并取得最佳的健身效果。

(5)田径健身运动可全面发展人体的力量、速度、耐力、灵敏、柔韧等，也可提高机体对外界环境变化的适应能力，对促进青少年生长发育、维持并提高成年人旺盛的生命活力以及延缓老年人的衰老过程，都有着积极的作用。

(6)田径健身运动对运动场地、器材的要求不高，走、跑运动可在平坦的各种道路上进行；跳跃运动可在沙坑或松软的土地上进行；投掷运动则可利用各种投掷物在空旷的场地做投远或投准练习。总之，田径健身运动可以因陋就简、因地制宜地在多种环境下进行。

以上特点使得田径健身运动成为一项可行性强且健身价值较高的运动，尤其在中小学

“体育与健康”课程中，田径健身运动可作为健身锻炼的有效手段和基础性内容。

二、田径健身运动的基本原理

“生命在于运动。”这里所说的运动既是指生命体自身内部的生命活动，也是指生命体所表现出的外部运动能力，两者相辅相成，紧密联系。而通过适宜的运动锻炼，则可以促进生命活动的加强和延续，这就是“生命在于运动”的基本道理。

（一）新陈代谢与适应性变化

新陈代谢是一切生物体生命活动的基本特征，包含同化作用和异化作用两个方面。机体不断地从外界摄取营养物质合成为自身的组成成分、储藏能量的过程称为同化作用；机体不断地将已衰老的组成成分和能源物质分解、释放，完成各种生命活动的过程，称为异化作用。当新陈代谢积极、旺盛，即同化作用大于异化作用时，机体处于生长发展阶段，当新陈代谢迟滞、衰退，异化作用大于同化作用时，则导致机体的衰老，各器官、系统功能的减弱。

生物学研究还表明，一切生物体均具有对外界环境刺激与变化产生适应的能力。这种能力在新陈代谢过程中，在一定的条件下，通过有意识地加大异化作用，可以代偿性地加大同化作用的结果，从而保持新陈代谢水平的平衡和提高。

身体锻炼是人们有意识、有目的、有计划地消耗体能的身体活动，即加强机体的异化作用，使得恢复过程的同化作用增强，机体的物质储备水平提高，提高机体机能。这就是身体锻炼可以增强体质的生理过程和理论依据。

（二）运动负荷与超量恢复

运动负荷是指练习的次数、时间、密度、强度等指标的总和。运动负荷越大，消耗的能量物质就越多。运动生理学研究表明，在一定运动负荷的练习之后，经过一段适宜的休息，身体内能量物质的合成（恢复）不仅可以达到练习前的水平，甚至可以超过原有水平，这就是“超量恢复”原理。超量恢复的程度与运动负荷的大小有关，在一定范围内，负荷越大，超量恢复越明显。田径健身运动的基本原理就是依据“超量恢复”理论来进行设计的。通过控制合理的运动负荷和休息间隔，使运动能力不断得以提高。运动负荷对人体的影响有三种可能：有益、有害、无助。只有在适当的量和强度的刺激下，才能收到良好的健身效果。国内外有关研究成果揭示体育锻炼的有效心率范围在 120～140 次/min。有研究显示：心率在 110 次/min 以下时，机体的血压、血液成分、尿蛋白和心电图等都没有明显变化，健身价值不大；心率在 130 次/min 时，每搏输出量接近和达到一般人的最佳状态，健身效果明显；心率在 150 次/min 时，每搏输出量开始再现缓慢下降。心率增加到 160～

170次/min时，虽无不良反应，然而也未能呈现出更好的健身迹象。因此，通常把健身效果的最佳区间，确定在120～140次/min。这一范围是专指有氧代谢体育锻炼，不包括无氧代谢能力的训练。(引自：周兵．田径健身教程．北京：高等教育出版社，2001)

第三节　田径健身运动的分类和基本内容

一、田径健身运动的分类

田径健身运动按照人体自然运动的方式分为健身走、健身跑、健身跳、健身投4大类。

(1)健身走又可分为正常走(散步、齐步走、正步走等)，特殊方式走(弓箭步走、半蹲走、足尖走等)，快步走，竞走等。

(2)健身跑可分为慢跑，快速跑，障碍跑(跨过、踏过、绕过、钻过障碍)，集体协作跑(接力跑)等。

(3)健身跳可分为水平方向跳(立定跳、行进间跳、行进间连续单双腿跳)和垂直方向跳(原地跳、行进间向上跳、连续单双脚向上跳)。

(4)健身投可分为肩上投掷(抛、掷、投、推)和肩下投掷(扔、撇、抛)。

二、田径健身运动的基本内容

(一)健身走

走是人体最基本的运动方式。正是由于走在日常生活中司空见惯，人们几乎忽视了走的健身意义。一个充满健康活力的人可以是“健步如飞”，而一个体弱多病的人却是“步履蹒跚”。可见，通过走姿、走速可以判断一个人的健康情况。通过多种多样的“走”的锻炼可以达到强身健体的目的。休闲散步是最为常见的“走”的练习方法。“饭后百步走，能活九十九。”坚持散步锻炼有助于消除身心疲劳，保持人体基本运动能力，对中老年人健身有较好的效果。“齐步走”“正步走”有助于培养正确的走姿、塑造良好的体型。快步走可以发展腿部力量和耐力，而竞技项目中“竞走”则是运用“走”来发展人体走的运动能力的最高表现形式。

(二)健身跑

跑也是人体最基本的运动方式，可分为慢跑和快速跑等形式。

慢跑是田径健身运动中最常见的方式，一些教材中称为“长跑”。坚持有规律的慢跑锻炼可以给人体的呼吸、循环系统以及运动系统以良性的刺激，有助于保持和发展人的耐力，保持良好的机能，因而具有较高的锻炼价值。慢跑几乎不需要任何设施，因而极易普及。常见慢跑有定时跑、定距跑或越野跑。

快速跑是发展速度素质的有效手段。一些教材中称之为“短跑”。它一般需在田径场跑道上进行。健身性快速跑练习多为各种游戏和接力赛跑，以提高练习者的兴趣。

障碍跑是发展人在跑的过程中跨越、绕过、钻过障碍物能力的一种跑进方式，典型的跨越障碍跑是“跨栏”。障碍跑能有效地促进身体素质的全面发展，同时可以增强勇敢果断的意志品质，以及勇于克服困难的精神。

集体跑是一种集体参与、相互协作的活动方式。它可以是发展速度性质的快速跑，也可以是发展耐力素质的长跑。可使练习者体验在集体中合作的乐趣，从而提高锻炼的兴趣。常见的有短跑中的接力跑和长跑中的团体赛等。

(三)健身跳

健身意义上的跳跃指人体在水平和垂直两个方向上，以原地或行进间两种运动方式所表现出的跳跃能力。竞技运动中的跳高、跳远是这种跳跃能力的最高表现形式。

在水平方向上，常见的有立定跳远、行进间跳远、连续蛙跳和跨步跳等。在少年儿童中较为普遍流行的游戏“跳方格”，则是一种单腿跳与双腿跳交替进行的活动方式。

在垂直方向上，常见的有原地摸高、跳绳、行进间助跑摸高、三步上篮等，在中小学已十分普及。在跳高辅助练习中，可以将动作变异成各种形式的非正规姿势跳高，以发展向上跳的能力。

(四)健身投

健身性投掷是指人体运用自身的能力，用双手或单手将投掷物投出的运动方式，用以发展人体投掷力量素质。它可以分为肩上投掷和肩下投掷两大类。

肩上投掷是最为常见的方式，在中学教材中有投手榴弹、沙袋、实心球、叠球等。“掷标枪”是肩上投掷最典型的运动方式。目前《国家体育锻炼标准》中规定的推掷铅球是一种非生活化的特定运动方式。该项目在评定人体力量素质的信度与效度上远低于评定人体的协调能力，在《国家体育锻炼标准》中被归入力量与协调能力类。

肩下投掷方式有很多，如抛飞碟、打水漂、掷地滚球、保龄球等。在教学中较为常见的有前后抛实心球。

第四节　田径健身运动的作用和方法

一、健身走的作用和方法

(一)健身走的作用

对青少年而言，通过各种方式的行走练习，可以培养他们养成正确的走姿，塑造良好的体形和步态，克服“八字脚”或“内八字”等不良的行走习惯，促进脊柱、腿部骨骼和肌肉良好发育。对中老年而言，坚持健身走练习，可以加强腿部骨骼、肌肉的质量，保持良好的心血管、呼吸系统的机能。对有高血压、心脏病、糖尿病、肥胖症等慢性病的患者而言，有较好的疗效。在风景宜人处进行健身走，可以舒缓工作和生活中的心理压力，有助于消除心理疲劳。

(二)健身走的锻炼方法

1. 散步

散步是一种步伐轻松、步幅较小(50～60 cm)、步速较慢(25～30 m/min)、运动量较小的走步方法。

散步时的身体姿势：要保持正确的姿势才能达到良好的锻炼效果。在走步过程中，头部正直，但可以自由转动，上体正直，两臂协同两腿迈步动作自然前后摆动。两腿交替屈膝前摆，足跟着地滚动至脚尖时，另一腿屈膝前摆足跟着地。步幅因人而异，一般为一至两脚长度。

2. 走楼梯

走楼梯，也叫“爬楼梯”“登楼梯”，是人们利用楼梯的高度进行的上下楼梯的多次往返的运动。

上楼梯动作：上楼时上体微前倾，有意识地屈膝抬腿，前脚掌踩稳台阶中部，随即蹬伸支撑，后腿屈膝抬起，前脚掌撑稳在高一级的台阶上，两腿交替不停地登上楼梯。

下楼梯动作：脉搏恢复正常后开始下楼，下楼时上体微后仰，肌肉放松，前脚掌有弹性地交替落在台阶中部。

3. 倒步走

倒步走即反向行进，人倒着走步。

倒步走身体姿势：上体自然垂直，不要抬头后仰，眼要平视，右腿支撑，左腿屈膝后摆下落，前脚掌先着地后滚动到全脚掌着地，身体重心随之移至左腿时，右腿屈膝后摆下落，前脚掌先着地后滚动到全脚掌，两臂协同两腿自然摆动。

4. 踏步走

踏步走是原地走步或稍向前移动的特殊走法。

踏步走方法：身体直立，两臂自然下垂或屈臂，两腿交替屈膝抬起，用全脚或前脚掌落地，两臂协同两腿前后摆动。

5. 快步走

快步走是一种步幅适中、步频和步速较快、运动量稍大的走步。

快步走动作：在走步过程中，两臂配合两腿在体侧协同摆动，前摆时肘部成90°角，手臂高度低于胸，后摆时肘部也成90°角。两臂摆幅随步幅的变化而变化。两腿交换频率加快，步幅尽量稳定，前摆腿的脚跟着地后迅速滚动至脚掌，后脚再离地，动作要柔和。

快步走的速度：步速要均匀，也可采用变速的方式，但注意不要出现两脚都不着地的腾空。

二、健身跑的作用和方法

(一)健身跑的作用

健身跑的特点是运动强度较小，持续时间长，能量消耗大。因此坚持健身跑锻炼大有好处，它能增强和提高心血管、呼吸、神经等系统的功能，对某些慢性病也有体疗作用。健身跑不受场地条件限制，易于开展，是一项可以终身受益的体育锻炼项目。

(二)健身跑的锻炼方法

健身跑一般有慢跑、快跑、变速跑、原地跑、后退跑、越野跑等。不同形式的跑的动作要领，除了身体倾斜姿势、步幅的大小、步频的快慢、两臂摆动的幅度和频率稍有不同外，总体上是基本相同的。采取的方法是匀速跑或走跑交替。采用匀速跑的方法进行锻炼，逐渐将匀速跑的距离增加到计划规定的目标，也可以根据情况采取走跑交替的方法进行锻炼。

三、健身跳的作用和方法

(一)健身跳的作用

经常进行健身跳练习，可以有效地提高神经系统的灵活性和支配肌肉收缩与放松的能力，能改善位置感觉器官和前庭器官的机能，提高平衡与协调能力。通过练习，可以有效地发展腿部力量，特别是爆发力；提高下肢的柔韧性和运动幅度。连续跳跃则对发展呼吸、循环等内脏器官的功能有积极的作用。

(二)健身跳的锻炼方法

健身跳不同于竞技运动的跳跃，由于跳跃的目的不同，故跳跃的形式、方法要求也不相同。健身跳的方法要符合不同年龄、不同水平练习者的需要；健身跳的内容和形式要具有一定的娱乐性、趣味性；健身跳的练习负荷，特别是中老年人要控制在适当的限度内。

提高身体素质的健身跳有：高度跳和远度跳，高度跳和远度跳又分别包括原地跳和助跑跳，原地跳和助跑跳各分为一次跳和连续跳，再分为徒手跳和负重跳，最后分为障碍跳和无障碍跳。综上，在选用练习时可以根据需要进行组合，如采用高度跳时，可以一次跳(纵跳)、徒手、无障碍，也可以连续、负重、障碍跳，还可以一次跳、负重过障碍等。远度跳也是如此。

常用的高度跳练习有原地跳起摸高或头触高物(一次或连续、徒手或负重)，原地双脚跳越障碍，原地收腿分腿跳，提踵跳，弓步换腿跳，单腿登台阶(低凳)跳，快速挺举跳，助跑摸高，助跑跳越障碍(栏架、横杆)等。

常用的远度跳练习有立定跳远，立定三(五、十)级跳，助跑跨上跳箱(台阶)，多级跨跳，单脚跳等。

参加健身跳练习要根据心情和身体的状况来决定练习的量和强度。

四、健身投的作用和方法

(一)健身投的作用

经常参加投掷运动，对发展上肢、躯干和腿部力量有积极作用，可以有效地发展力量素质，特别是爆发力。此外，它有助于提高青少年神经系统支配肌肉的能力，可以提高动作的协调性和投掷的准确性。进行投掷练习可以加强肩带肌力量，提高上肢的活动幅度；可以全面促进青少年骨骼肌肉的发育和完善，发展肌肉力量和质量，形成健壮的骨骼和肌肉，有助于塑造健美的体型。

(二)健身投的锻炼方法

(1)推抛实心球的练习方法：目前在中学体育课中。用于投掷练习的器械主要是实心球。实心球练习的方法可分为前抛实心球、后抛实心球、原地推实心球、双手胸前推实心球、坐姿体侧抛实心球、双手正面掷实心球、单手掷实心球、跪投实心球、仰卧投实心球 9 种。

(2) 掷带球的练习方法可分为带球掷准和带球掷远两种。

(3) 掷垒球的练习方法可分为原地单手掷垒球、上步投垒球、助跑投垒球、垒球(沙袋)掷准4种。

第五节 田径健身运动项目设计的原则、步骤与方法

一、田径健身运动项目设计的原则

(一)田径运动的属性原则

坚持田径运动的属性就是创编田径健身运动项目应以田径运动中的走、跑、跳、投等基本活动形式为根基，以健身为目的，以娱乐为依托，融健身和娱乐于一体。作为田径健身运动的方法和手段不能离开田径运动的属性和本质特征，偏离了这一点，则超出了田径健身运动的范畴。

(二)从实际出发原则

不同年龄、不同性别、不同职业、不同运动基础的人，对从事田径健身运动项目的要求也不尽相同，因而在项目设计时要根据参加者的年龄特点、工作性质、兴趣爱好以及当地的气候、物质条件等因素，综合考虑，科学设计，合理安排项目的内容、时间、强度和难度，做到有的放矢。对于青少年应以趣味性的项目为主(轻快、活泼的动作)，对于青壮年可设计有一定难度和强度的项目，对于中老年应以缓慢的、难度低的单一动作或周期性项目为主。

(三)普及性原则

设计的项目应以参加者力所能及，有强烈的参与欲望，便于推广和应用为基本条件。在实践中常常可以看到有不少项目设计由于难度大，场地器材要求高，危险性大，往往参加者少，使设计的项目失去了生命力，不利于全民健身的普及和发展。

(四)趣味性原则

兴趣是推动人们从事各种活动的一种内部动力，人们怀着轻松愉快的心情自愿参加各种田径健身娱乐活动，既不受限于体育教学的种种严格规定，也不追求高水平的运动成绩，而是把田径健身运动作为一种有意义的健身娱乐形式来度过自己的余暇时间，使个人在精

神和身体上都得到放松和享受。设计理想的趣味性田径健身项目是一项创造性劳动，要创编出融趣味性、健身性、科学性于一体的趣味田径健身运动项目。

(五)创新性原则

一成不变的趣味性项目即使再有魅力，重复100遍后也会枯燥无味，因此要在实践中总结经验，对已有的项目进行充实、完善、改造，并在此基础上广泛借鉴、大胆吸收其他体育项目、体育游戏中的有益成分，去粗取精，将其他体育项目中的趣味、娱乐、健身等因素科学地移植到田径健身运动中，不断创编出大众喜闻乐见的田径健身运动项目。

(六)竞争性原则

适宜的竞争性是创编田径健身运动项目的基本原则，当然，田径健身运动项目中的竞争性绝不能与竞技体育中的竞争性相提并论。这里的竞争，强调身心的高度和谐与统一，是在适宜的运动负荷状态下的竞争，参与者可以比体力、比技巧、比智力，也可以比运气、比协同合作、比集体力量等，从而使参与者在竞争中得到快乐与提高。

(七)安全性原则

田径健身运动项目的内容、规则、形式、服装、场地器材和季节气候等一切主客观因素都应保证参加者自始至终都是在安全的环境中进行的。安全是健身、娱乐的前提，如出现伤害事故则违背了人的初衷，因而在设计项目时，要充分估计参加者的客观条件，取消那些危险性大、易发生伤害事故的内容和规则，做到防患于未然。

(八)难度适宜性原则

难度适宜性原则是指参加者为完成练习而克服的最适宜的负荷，它包括精神和身体两个方面的负荷。难度过高，练习无法进行；难度太低，则降低了参加者的参与欲望。设计项目时，要使参加者在练习中必须经过一定的智力和体力上的努力，克服一定的困难才能完成任务。

(九)合理运动量原则

合理运动量原则是指田径健身运动项目给予人体最适宜的生理负荷。虽然田径健身运动项目的趣味性、娱乐性占很大的比重，但适宜的运动负荷也是必不可少的，否则就失去了健身的意义。负荷量过小，人体体会不到应有的刺激，难以在参与中体验到惊心动魄、全力以赴的感觉，使比赛平淡无味；负荷量过大，则会造成过度疲劳，容易发生伤害事故。因此，在设计项目时设计者一定要亲自体验、反复试验，掌握第一手资料。调整负荷量一般通过调整练习的时间、距离、器材的规格以及练习的难度等手段来实现。

二、田径健身运动项目设计的步骤与方法

田径运动健身项目的创编是田径运动改革的内容之一，是推动田径运动在群众中得到更加广泛开展的途径。将田径竞技运动项目科学地拓展成广大群众喜闻乐见的田径健身运动项目是全民健身的客观需要，也是田径运动改革的难点。

(1)首先要对创编的运动项目进行构思，然后定出名称。

(2)用术语叙述创编项目的做法，包括动作规格、开始姿势、结束姿势、启动方式、运动的路线和方向，如属集体项目，则应对如何分队、队形的要求和怎样衔接等描述清楚。

(3)如文字叙述仍没有直观的感觉时，对这些动作要绘简图进行说明。

(4)制定规则与要求，包括确定成绩方法、胜负标准、违规细则、裁判员的数量和裁判方法等。

(5)绘图说明场地的形状、距离、规格和器材的设置。

(6)注明所用器材的名称、规格和数量。

(7)奖惩办法。

(8)进行试验和修改。

(9)定稿并推广。

第六节　田径健身运动的指导与评价

对田径健身运动进行科学、有效的指导和合理的评价，可使田径健身锻炼取得最佳的效果。

一、田径健身运动的指导

田径健身运动是以培养人的锻炼习惯和体育意识为目标，在广泛进行全面锻炼的基础上，保持良好的体能，促进健康，达到一定的运动水平。在开展田径健身锻炼的过程中，应当从以下几个方面进行指导。

(一)明确锻炼目标，根据个体的选择设计适宜的练习手段与方法

对广大练习者而言，参加田径健身锻炼，是为了全面增强体质，促进其健康成长。在

确定目标时，要特别注意学生个体的生理承受能力和心理适应能力。必须遵循因人而异的原则，帮助学生选择适合其身心发展的锻炼项目，合理设定锻炼目标。

(二)养成良好的锻炼习惯，树立终身体育意识

中学生随着年级的升高，课业负担逐渐加重，体育活动的时间相对减少，有随年龄增长体育兴趣下降的趋势，这一现象在女生中更为明显。青少年时期能否形成良好的锻炼习惯，不仅与身体的生长发育水平、个性形成和个体的社会化程度有直接关系，而且也对是否能够终身进行体育锻炼有重要意义。因此，培养青少年良好的锻炼习惯，是体育健身指导中应当考虑的重要问题。

(三)合理控制锻炼负荷，科学合理地安排运动量

在田径健身运动的项目设计、内容选择、运动量的安排、评价标准的制定上都要考虑到不同年龄、性别、地区等的特点，做到区别对待。田径健身锻炼是以人体适应性原则为依据，田径健身锻炼负荷的量与强度均应小于田径运动训练。运动生理学研究表明，以有效心率范围(120～140 次/min)控制练习负荷，对发展有氧代谢能力效果最佳。在控制健身锻炼负荷时，还应遵循循序渐进原则，应使练习者感到难度不大，从而有助于养成自觉锻炼的习惯。有经验的教师通常采用观察法，即通过对学生运动疲劳程度的观察，来判断运动负荷是否适宜，观察的内容包括面色、排汗量、呼吸频率、动作质量、表情等，疲劳程度可分为轻度疲劳、中度疲劳和非常疲劳 3 种。在中学田径运动教学和锻炼过程中，为了取得增强学生体质的最佳效果，多数项目和多数时间应安排学生在轻度疲劳程度上进行锻炼。

二、田径健身运动的评价

评价田径健身运动是指对参加田径健身锻炼的效果予以测量、分析和判定。通过评价，使锻炼者获取锻炼效果的信息，了解所实施的锻炼内容与运动负荷对强身健体是否有效或效果大小，从而确定是否按原定计划继续实施锻炼或是对锻炼的内容和负荷进行调整，以确保田径健身锻炼的效果。评价方法有主观评价和客观评价两种。

(一)主观评价

主观评价包括锻炼者的自我评价和教师的指导性评价。

1. 锻炼者的自我评价

锻炼者在田径健身锻炼后，可进行及时性评价和阶段性评价。如果锻炼后精力充沛、精神振奋，食欲和睡眠良好，身心愉快，这是田径健身锻炼取得良好效果的标志，应按原计划继续锻炼。相反，如果锻炼后身心无明显反应或深感疲劳，食欲不振和失眠，厌倦锻炼，甚至对锻炼的内容有抵触、惧怕心理，说明所实施的锻炼无效果或有害，应及时对锻

炼情况进行分析，并对锻炼的内容和负荷进行必要的调整。通常，当天锻炼带来的疲劳能在当天或第二天恢复，说明锻炼是有效果的。

2. 教师的指导性评价

体育教师对学生参加田径健身锻炼进行评价，有助于学生按科学的、正确的方法锻炼，纠正锻炼中存在的缺点与错误，从而获得良好的锻炼效果。对学生一次锻炼后的及时性评价，可以通过观察学生运动疲劳程度的外部表现(如面色、汗量、呼吸、动作和表情等)进行。对学生一个阶段锻炼后的阶段性评价，则须通过观察和了解学生参加锻炼后的身体反应、心理反应、运动能力增长、学习与生活等多方面的情况或进行体检后，经过认真和综合性分析再做出结论。

(二)客观评价

客观评价是指用客观的标准，对田径健身锻炼的效果进行定量的评价。

1. 参照《国家体育锻炼标准》进行评价

《国家体育锻炼标准》中的前 4 类锻炼和测验项目，都是以跑、跳、投项目为主，并从儿童、少年到成年都规定了具体的标准，因此可以以《国家体育锻炼标准》规定的各项标准来对田径健身运动的锻炼效果进行客观评价。

2. 参照《全国田径业余锻炼等级标准》进行评价

《全国田径业余锻炼等级标准》是国家体育总局为了贯彻落实《全民健身计划纲要》，进一步推动我国田径运动的发展，增强人民体质，于 1998 年批准在全国颁布、实施的田径锻炼项目和标准。其中男、女各设 13 个项目，每个项目分为 3 个达标等级。《全国田径业余锻炼等级标准》不仅有利于推动青少年参加课余田径健身锻炼，而且也可以作为评价中学生参加田径健身锻炼效果和水平的客观标准。

三、田径健身运动锻炼的注意事项

田径健身运动是学校课外体育锻炼的主要内容。体育教师是广大学生参加田径健身运动锻炼的主要组织者和指导者。为了更好地取得田径健身运动锻炼的实效，在组织学生参加田径健身运动锻炼时应注意如下事项。

(一)做好宣传发动工作

要把田径健身运动锻炼和达到《国家体育锻炼标准》以及获得“中学生体育合格证书”紧密结合起来，做好田径健身锻炼的宣传、发动和组织落实工作。

学校体育教师要在主管校长领导下，与班主任紧密配合，做好课外体育锻炼的发动工作。一方面可以通过板报和广播等形式，向学生宣传参加课外体育锻炼的意义，使广大学生积极自觉地参加课外体育锻炼。另一方面还可以组织学生课外体育锻炼小组，并把锻炼时间落实和固定到每周课表之中。由于多数情况下的课外体育活动是学生独立进行的，因此要培养好班级体育骨干，使他们掌握锻炼身体的手段和方法，具有组织班级或锻炼小组开展体育锻炼的能力。要根据田径健身运动项目的特点，充分发挥本校场地和器材的使用效益。

(二)遵循身体锻炼原则，科学地进行锻炼

身体锻炼原则是人们在长期体育锻炼实践中总结出来的带有普遍指导意义的经验和准则，是体育锻炼客观规律的反映。因此，在田径健身运动锻炼中必须贯彻好身体锻炼原则。这些原则包括适量性原则、渐进性原则、全面性原则、反复性原则、个别性原则等。在指导学生参加田径健身运动的锻炼过程中，一定要结合田径运动项目的特点，认真贯彻这些原则，使学生收到好的锻炼效果。

(三)田径健身运动项目的多样性和灵活性

田径健身运动项目不能完全等同于田径竞技运动项目。田径竞技项目对身体素质、专项技术要求较高，如果选择项目和内容不当，则会影响学生进行田径锻炼的积极性和锻炼效果。根据田径健身运动的分类方法，可以从走、跑、跳、投 4 类基本运动方式入手，对传统田径竞技项目进行游戏化、生活化、趣味化的改造，开发出适合青少年身心发展水平的多种多样的田径健身练习方法和手段，激发学生参加田径锻炼的兴趣，提高他们进行田径锻炼的积极性。

(四)田径健身运动项目内容选择的恰当性

选择恰当准确的田径健身运动项目可以激发和巩固锻炼的积极性，是提高锻炼效果、实现锻炼目的的前提。选择田径健身运动项目，既要遵循身体锻炼的原则，又要参照锻炼内容的分类，锻炼者既要在选择锻炼内容时注意目的性，又要注意实效性、可行性、季节性等因素，只有这样，才能避免顾此失彼，使锻炼内容的选择科学、合理、简便。

(五)要做好田径健身运动锻炼的准备活动和整理运动

由于人体各器官机能都有一定的生理惰性，因此在参加田径健身运动锻炼前必须做好准备活动，以提高大脑皮层神经细胞的兴奋性，协调各器官系统的工作，为参加较为剧烈的田径健身锻炼做好准备。另外，做好锻炼前的准备活动，会使人体体温略微升高，肌肉和肌腱的黏滞性减小，弹性和伸展性增强，从而减少做剧烈的动作而发生的运动损伤。当锻炼结束以后，为了使人体恢复平静，消除疲劳，使紧张的机体转为放松，尽快适应下一段活动(如文化课学习等)的需要，应让学生做好整理运动。

(六)锻炼与比赛、测验相结合

要把开展经常性的田径健身运动锻炼活动与组织小型、多样的田径运动竞赛和《国家体

育锻炼标准》《全国田径业余锻炼等级标准》达标测验结合起来，这样不仅能推动经常性田径健身运动锻炼活动的开展，而且通过竞赛和测验，能使学生看到自己锻炼的效果，提高学生参加田径健身锻炼的积极性。

(七)加强安全教育，抓好安全措施，预防伤害事故

田径健身运动锻炼的目的是促进健康、增强体质，如果在锻炼中发生了伤害事故，就违背了田径健身运动锻炼的根本目的。因此，在组织学生参加田径健身运动的锻炼过程中应十分注意安全。教师要经常检查场地、器材，对发现的安全隐患要及时采取措施，要教育学生按照运动安全常规进行田径健身锻炼，加强自我保护意识等。

(八)要做好田径健身运动锻炼的自我检查

自我检查是指学生用生理卫生知识对自己参加体育锻炼后的身体情况进行观察和检查。通过自我检查，了解身体对锻炼内容和运动负荷的适应情况以及身体发育、健康与机能的变化情况，为今后参加体育锻炼提供依据。自我检查的内容主要有：参加锻炼前后和锻炼中的自我感觉、睡眠、食欲、体重、脉搏等。教师在组织学生参加田径健身锻炼过程中，必须让学生掌握自我检查的知识和方法，认真做好锻炼期间的自我检查，使田径健身锻炼在科学的轨道上进行，以收到更好的锻炼效果。

思考与练习

1. 什么叫田径健身运动？
2. 田径健身运动的目的及价值是什么？
3. 田径健身运动的特点是什么？
4. 田径健身运动应遵循的基本原理是什么？
5. 田径健身运动如何分类？各包括哪些内容？
6. 田径健身运动锻炼的方法有哪些？
7. 田径健身运动项目设计的原则有哪些？
8. 田径健身运动项目的设计步骤与方法是怎样的？
9. 如何指导与评价田径健身运动锻炼？
10. 参加田径健身运动锻炼时应注意哪些问题？
11. 请给自己设计并制订一个田径健身运动锻炼计划。

第五章

田径运动竞赛

本章要点与导学

本章系统地介绍了田径运动竞赛的组织与编排工作，阐述了田径运动竞赛裁判的依据和原则，详细介绍了田径运动竞赛各裁判组的工作方法和田径竞赛主要规则。

通过本章学习，学生能够了解田径运动竞赛的组织与编排工作，把握田径运动竞赛裁判的依据和原则，能够制定田径运动会竞赛规程，掌握田径运动会竞赛日程编排的规律与方法，熟悉田径竞赛主要规则，了解与掌握田径运动会各裁判组的主要工作内容和基本工作方法，初步具备小型田径运动会的组织与裁判工作能力。本章的学习重点是田径运动竞赛的编排和田径运动会各裁判组的基本工作方法，学习难点是田径竞赛编排和田径竞赛规则。

第一节　田径运动竞赛的组织与编排

一、田径运动竞赛的组织工作

田径运动竞赛是指有目的、有计划、有组织的田径比赛。田径运动竞赛具有项目多、赛次多、参赛人数多、兼项人数多、裁判员人数多、竞赛信息量大、比赛时间相对集中以及场地器材复杂等特点。因此，田径运动竞赛的组织工作十分繁杂，要组织好田径运动竞赛，必须要以科学的观点与方法进行工作。田径运动竞赛的组织工作一般分为赛前工作、赛中工作和赛后工作。

(一)赛前工作

赛前工作主要是制订组织方案、竞赛规程、建立组织机构。

1. 组织方案

组织方案是一切工作的依据，通常包括以下内容。

(1)运动会的名称、目的和任务：根据竞赛的性质和其他特殊要求等确定。

(2)运动会的规模：根据运动会的目的任务确定，包括主办单位、承办单位、协办单位、参加单位、参加人数、竞赛组别和项目、运动会的时间和地点等。

(3)运动会的组织机构：根据工作需要确定，包括组织形式、工作人员名额、组织委员会下设的主要工作部门及其负责人、工作任务、工作内容等。

(4)运动会的经费预算：包括会场布置、场地修建、器材、奖品、交通、饮食、住宿、招待、大会工作人员的劳务、通信、医药、印刷、文具费用等。

(5)工作步骤：运动会工作阶段的划分，各阶段工作的任务、内容、要求等。

2. 竞赛规程

竞赛规程是竞赛工作的纲领性文件，是开展竞赛工作的依据，通常包括以下内容。

(1)运动会的名称、目的、任务、主办单位、承办单位、协办单位。

(2)比赛日期和地点。

(3)参加单位和组别。

(4)比赛项目和参赛资格。

(5)参加比赛办法：包括各参赛单位报名人数、每人限报项数、每项限报人数、接力和全能项目的参加办法等。各参赛队领队、教练员、工作人员、队医人数以及相关说明。

(6)报名办法：包括报名地点、报名表格的填写方法，报名截止日期、报名资格以及身体检查规定等。

(7)计分及奖励办法：包括各项目录取的名额，单项、接力、全能、破纪录的计分方法，团体总分的计算方法，成绩相等以及同名次奖励的计分方法，“精神文明奖”和最佳运动员的评选奖励办法等。

(8)比赛规则：包括采用中国田径协会审定的田径竞赛规则版本和补充规定等。

(9)其他事项：包括规程的解释权和修改权的归属以及竞赛规程未尽事宜的解决办法等。

3. 建立组织机构

田径运动竞赛的组织与进行是一项复杂的系统工程，为了便于管理和工作，必须建立组织机构，通常在大会组织委员会(或领导小组)的领导下，设立若干组来开展工作。

(1)宣传组：负责宣传教育、新闻报道、会刊编辑、会场布置、开幕式和闭幕式的组织，奖品、奖章的发放等工作。

(2)竞赛组：负责编制秩序册和准备各种比赛表格、培训裁判员、落实场地器材设备以及竞赛裁判等工作。

(3)会务组：负责奖品与器械设备购置、比赛人员的接待和食宿安排、交通车辆接送安排、医务人员的配备、经费的管理等工作。

(4)保卫组：负责运动会期间的安全保卫工作。

(二)赛中工作

(1)运动会报到接待工作。

(2)组织各代表队赛前训练。

(3)召开组委会会议、技术会议、裁判员会议等各类会议，研究商讨有关比赛问题。

(4)开幕式、闭幕式的组织工作。

(5)根据比赛要求，做好场地的布置、器材的供应以及回收工作。

(6)按竞赛日程组织比赛。

(三)赛后工作

(1)编印、发放比赛成绩册。

(2)安排各代表队以及相关人员离会。

(3)清理场地、器材和各种用具。

(4)运动会有关资料整理、归档。

(5)运动会工作总结。

二、田径运动竞赛的编排和记录公告工作

(一)赛前常规编排工作

1. 准备工作

学习田径竞赛规则、竞赛规程以及补充通知，熟悉和掌握编排的规定和要求，还要掌握以下具体情况。

(1)比赛的日期、天数、开幕式、团体操表演、闭幕式等所需的时间，计算出可用于竞赛的时间。

(2)参加单位、组别、项目、年龄的规定，报名人数、每人限报项数、每项限报人数、全能运动员是否可以兼项等报项的规定。

(3)团体总分和各单位的录取办法和录取名额、计分方法和奖励办法。

(4)裁判员人数、裁判员业务水平和裁判员等级。

(5)采用的田径竞赛规则版本。

(6)田赛的跳跃、投掷场地的数量和质量，径赛场地的弯道、直道数，各种器材设备的规格、数量和条件等。

(7)场地工作人员的人数及其业务水平。

2. 编排工作的程序与方法

(1)审核报名单：按照竞赛规程规定的参加办法，对各代表队的报名单(表 5-1)进行审核。

表 5-1　田径运动会报名单

领队：　　　　　　教练员：　　　　　　工作人员：

单位：　　　　　　组别：　　　　　　性别：

号码	姓名	项目									备注
		100 m	……	800 m	……	跳高	……	铅球	……	……	
每项参加人数											

联系电话：　　　　　　　　　　　　　　　　　　　　年　月　日

(2)编排运动员姓名、号码对照表。

(3)各项数据的统计工作。

①统计各项目参赛人数与集体项目队数(表 5-2)。

表 5-2　各项目参赛人数与集体项目队数统计表

性别：　　　　　　　　　　组别：

单　　位	径　赛						田　赛					全　能	
小　　计													

②统计运动员兼项情况(表 5-3)。以报名单为准，从报名单的第一个运动员开始，先看所报的第一个项目，再看另外报的是什么项目，以此类推，把所有兼项情况都统计上，一个队的统计完毕，再统计另一个队的兼项情况。男、女要分别统计，把所有队都统计一遍就是整个运动会的兼项情况。

表 5-3　兼项情况统计表

	100 m	200 m	400 m	……	跳高	……	铅球	……
100 m	×							
200 m		×						
400 m			×					
……				×				
跳高					×			
……						×		
铅球							×	
……								×

(4)抄写运动员的径赛卡片、田赛表格、全能卡片和接力卡片：径赛卡片是每个运动员每项、每个赛次比赛成绩的记录卡片，每报一张，要把其参加的组别、单位、号码、姓名、所报项目及报名成绩等字迹清楚地填写在卡片上。卡片由大会统一提供。为了便于工作，男、女或不同组别的卡片可用不同的颜色印制。

(5)进行核对：由 3 人分别拿报名单、写好的各队运动员径赛卡片和各项参加人数统计表，同时核对。核对工作做好了，可避免出现编排时漏人、漏项、漏编的情况。

(6)各项竞赛分组编排：竞赛分组按径赛项目、田赛项目和全能项目分组。分组时应注意以下内容。

①根据已统计好的参赛人数(队数)、比赛场地、比赛时间等情况，拟订径赛分组计划表(表 5-4)。拟订该表时，需考虑的因素较多，如裁判员的业务水平、运动员的水平、场地器材的布置等。

②分组时应尽量使每组的人数大致相等。同一单位的运动员要尽量避免分在同一组。

③分道跑项目，如有报名成绩，可先按成绩优劣排成顺序，再用“蛇形分组法”分成规定的组数(图 5-1)，并请技术代表抽签排定组次和道次。蛇形分组后，若有同单位运动员在同一组，可上下进行调整。第一轮可随机抽签排定道次，后续轮分组时，按前一轮的成绩以“蛇形分组法”进行分组，但抽签排定道次时，应让成绩最好的 4 人(或队)抽签排定 3 道、4 道、5 道、6 道；成绩排列第五、第六名的抽签排定 7 道、8 道；成绩最差的 2 人(或队)抽签排定 1 道、2 道。

表 5-4　径赛分组计划表

性别：　　　　　　　　　　　　组别：

项　目	参加人数	跑道分道数	第一轮					半决赛					决　赛				
			组数	每组人数	每组时间	共计时间	录取人数	组数	每组人数	每组时间	共计时间	录取人数	组数	每组人数	每组时间	共计时间	录取人数
100 m																	
200 m																	
……																	
1 500 m																	

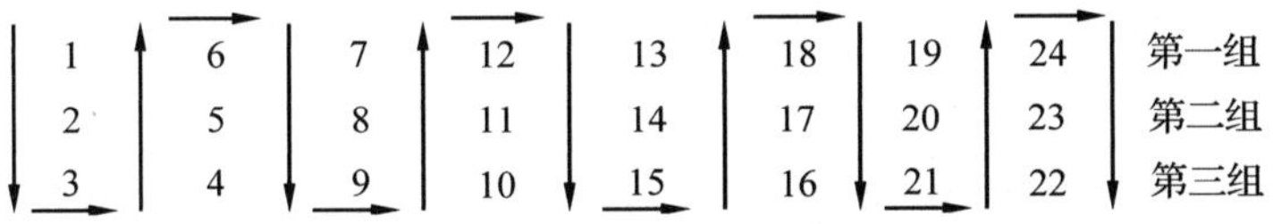

第一组：　1　6　7　12　13　18　19　24

第二组：　2　5　8　11　14　17　20　23

第三组：　3　4　9　10　15　16　21　22

图 5-1　蛇形分组法

如果没有报名成绩，可采用“斜线分组法”(表 5-5)，将参赛运动员卡片或号码按单位上下排列，然后用斜线通过卡片或号码进行分组。

表 5-5　斜线分组法

号码＼单位 分组	北京	上海	天津	西安	重庆	成都	昆明	贵阳
一	1	11	21	31	41	51	61	71
二	2	12	22	32	42	52	62	72
三	3	13	23	33	43	53	63	73

第一组：　1　12　23　31　42　53　61　72
第二组：　2　13　21　32　43　51　62　73
第三组：　3　11　22　33　41　52　63　71

④全能径赛项目分组时，每组最好 5 人或 5 人以上，但不得少于 3 人。全能比赛最后一项分组时，应将倒数第二项比赛后积分领先的运动员分在一组。

⑤不分道跑项目的比赛，每组人数一般不应超过跑道数的两倍，如进行长距离跑分组决赛时，应把成绩好的运动员集中在一组。

⑥田赛项目比赛一般不分组，运动员按大会抽签排定的顺序参加比赛。当人数过多时，可举行及格赛，以确定参加决赛的运动员。

⑦径赛、田赛、全能有关项目分组结束后，应将竞赛分组表抄写清楚，以便编入秩序册，同时填写“径赛检录表”“田赛高度(远度)项目成绩记录表”等(表 5-6、表 5-7、表 5-8)。

表 5-6　径赛检录表(起、终点用)

组别：　　　性别：　　　项目：　　　轮：　　　第　组

道次	1	2	3	4	5	6	7	8
号码								
姓名								
单位								
成绩								
名次								
备注								

径赛裁判长：　　终点主裁判：　　主计时裁判：　　记录员：　　检录员：

表 5-7　田赛高度项目成绩记录表

项目：　　　　　　　　　　组别：　　　　　　　　　　　　　　　　年　月　日

号码	姓名	单位																			失败总次数	成绩	名次	备注

名次	号码	姓名	单位	成绩	备注	签字
1						
2						
3						
4						
5						
6						田赛裁判长：
7						主裁判：
8						技术官员：

记录员：

表 5-8　田赛远度项目成绩记录表

项目：　　　　　　　　　　组别：　　　　　　　　　　　　　　　　年　月　日

号码	姓名	单位	第一次	第二次	第三次	前三次最好成绩	第四次	第五次	第六次	比赛最好成绩	名次	备注

续表

名次	号码	姓名	单位	成绩	备注	签字
1						田赛裁判长： 主裁判： 技术官员： 记录员：
2						
3						
4						
5						
6						
7						
8						

(7)编排竞赛日程：竞赛日程是运动会一切项目比赛的时间依据，竞赛日程编排是否合理，直接影响整个比赛的进行和运动员技术水平的发挥。编排竞赛日程应注意以下事项。

①要正确估算田径各项比赛所需时间，确保与运动会比赛时间相符(表 5-9)。

表 5-9　田径各项比赛所需时间估算表

项目	每组需要时间/min	项目	每组需要时间/min
100 m、200 m、400 m	4～5	跳高	(8～10)×总人数
800 m	6～8	跳远	(3～3.5)×(总人数+8)
1 500 m	8～10	三级跳远	(3～3.5)×(总人数+8)
3 000 m	15～20	撑竿跳高	(13～15)×总人数
5 000 m	20～25	推铅球	(3～5)×(总人数+8)
10 000 m	40～50	掷标枪	(4～5.5)×(总人数+8)
跨栏(不包括摆、撤栏)	5～6	掷链球	6×(总人数+8)
接力跑	8～10		
5 000 m 竞走	35～40		
10 000 m 竞走	60～70		

②按照规则规定，在任一轮的最后一组和后续轮的第一组或决赛之间，要保证有最短间隔休息时间。200 m 及 200 m 以下各项目为 45 min；200 m 以上至 1 000 m 各项目为 90 min；1 000 m 以上各项目不在同一天举行；全能各项目时间间隔至少 30 min。

③按兼项的一般规律，尽量把相关项目分开编排，以减少兼项冲突。在时间允许的情况下，尽量照顾到兼项之间的时间间隔。

④性质相近的项目要注意先后顺序，如先 100 m，后 200 m。及格赛后间隔一天再进行正式比赛。

⑤不同组别的同一田赛项目，不应安排在同一时间进行。不同组别和性别的同一径赛项目，最好衔接进行，如男子 100 m，女子 100 m 等。如果短距离径赛项目赛次少，最好

安排在一天结束。

⑥跨栏项目一般可安排在各单元的第一项或安排在长距离比赛之后进行。

⑦同一时间不要安排两个田赛长投项目。在进行竞走、长跑时，最好不要安排掷标枪等长投项目。

⑧撑竿跳高项目要考虑阳光的照射方向和比赛时间较长等因素，最好安排在上午早些时候进行。

⑨接力比赛项目最好安排在单元最后或安排在下午最后一项进行，以保证兼项运动员参赛。

⑩决赛和比较精彩的项目尽量分开编排，以使比赛场上始终保持热烈的气氛。每单元的比赛安排，尽量使径赛和田赛同时结束。运动会最后一项应安排长距离比赛，以便于编排和记录公告组统计总分。

编排竞赛日程有填写日程安排表或抄写编排项目卡片两种方法。

其一，填写日程安排表。这种编排方法是先列表(表 5-10)写出每单元的赛次，然后再细排每单元各项目的比赛顺序。这种方法有利于编排人员一目了然，纵观全局。尤其是对赛次的调整比较方便，对有关项目之间出现的冲突问题比较容易发现和避免，并且对最后报名和最后确认的比赛日程调整也较方便。

表 5-10　田径竞赛日程安排表

比赛日期									
比赛单元	性别	上午	下午	上午	下午	上午	下午	上午	下午
100 m	男								
	女								
200 m	男								
	女								
……	男								
	女								
……	男								
	女								
每日决赛项目数	男								
	女								
每日比赛项目数	男								
	女								

编排程序如下：按竞赛规程规定的比赛天数、单元、时间、组别和项目等，首先设计竞赛日程安排表，然后根据竞赛规程中规定的各项目赛次进行编排。编排时先填写全能项目，后排单项；单项中，先排径赛，后排田赛。之后，在统计栏中填上每日决赛项目数和每日比赛项目数。最后，要详细检查是否有遗漏项目及赛次、常规和兼项有无冲突等。

在编排每单元内的竞赛日程时，要计算单元的比赛时间，计算各项目所需时间，仍然是按先排全能再排单项的办法，排出每单元的竞赛日程。有决赛项目的单元还应考虑颁奖仪式。

其二，抄写编排项目卡片。根据规定的比赛项目和轮，将每个比赛项目的组别、轮、参加人数、所分组数以及所需时间分别抄写在彩色硬纸片上，不同组别应用不同的颜色卡片。

例如：

男子 100 m 第一轮	30 人 4 组	20 min

女子跳远决赛	16 人	84 min

每个项目的每一赛次和全能项目的每个项目都应分别抄写在各自颜色的卡片上，不能遗漏。编排时，可以把卡片放在较大的桌面上或用图钉钉在黑板上，以利于项目的安排与调整。在编排竞赛日程时，应遵循以下基本要求。

a. 先排全能项目，然后排轮多的项目，再排跨栏和其他径赛项目。

b. 参阅兼项表进行核对，检查有无兼项冲突。

c. 排完径赛，再排田赛，注意兼项和性质相关项目的先后顺序。

d. 全部项目排好后，应仔细检查，如有不合理处，应予调整。

e. 编排时最好排出多个方案，并从中筛选出最佳方案。方案确定后，要及时报送竞赛组审查确认。

(8)编印秩序册：田径运动会的秩序册一般包括以下基本内容。

①竞赛规程(包括竞赛须知、补充通知)。

②组织委员会(或竞赛委员会)名单。

③办事机构及其工作人员名单。

④技术代表、技术官员、仲裁委员会、裁判员名单。

⑤各代表队名单。

⑥大会活动日程表。

⑦竞赛日程表。

⑧竞赛分组表。

⑨各代表队运动员、工作人员人数统计表。

⑩田径运动会纪录。

⑪竞赛场地平面示意图。

秩序册内容可根据运动会的级别、规模和实际需要进行调整。

(二)赛中编排记录工作

1. 人员分工

(1)按男、女或甲、乙等参赛组：把人员分成若干小组，每个小组包干一个参赛组别，从录取、临场编排、公告、比赛成绩和团体总分的记录到各类统计等一系列的工作，全部包干到底。这种方法需要的工作人员比较多。

(2)按编排组的人数和工作需要：分为成绩记录组，临场编排组和统计组(包括破纪录，达等级运动员名单，金、银、铜牌数)。这种方法与前一种方法大体相似。

(3)每人包干一个组：一个人负责一个组(男或女)，从录取、临场编排、公告比赛成绩和团体总分的记录，到统计各类数字等一系列工作，全部由这一个人负责到底。这种方法需要人数较少，但对业务水平和工作能力的要求较高。

2. 临场径赛项目编排

收到径赛比赛成绩记录表后，按竞赛规程和竞赛规则的规定录取下一赛次运动员的名单，并进行分组。对于径赛下一赛次运动员的录取，通常采用“名次＋成绩”的方法，然后将被录取的运动员按成绩的高低排序，再按“蛇形分组法”分成规定的组数，并请技术代表监督进行抽签。先抽签组次，再把每组的运动员分 3 次抽签排定道次。不分道跑的项目，只抽签排定起跑位置。抽签完毕，填写下一赛次分组表，复写若干份，分别用于公告、宣告、检录、存查等。

3. 成绩公告

收到径赛各项决赛、田赛各项比赛和全能比赛成绩后，经认真仔细复查核实无误后，填写成绩公告单，一式复写多份，供公告、宣告、发奖、存查等用，并且将每个组各项目比赛取得前 8 名(或前 6 名)的运动员的成绩分别填写在各组的成绩记录表中。

4. 统计团体总分

将每个单位各项目比赛取得名次的运动员得分，分别填写到团体总分表中。比赛全部结束后，要迅速、准确地计算出各单位的总得分，统计破纪录运动员的名单，统计各代表队获得金、银、铜牌数，并排出全部名次。如遇团体总分相等时，应按规程中规定的办法，将得分相等的单位排出名次；如分不出名次时，则名次并列；如规程中对破纪录者有加分的规定时，则破纪录分一并被计入团体总分。

(三)赛后资料整理工作

(1)将统计的团体总分及时送交总裁判长，以便闭幕式的成绩宣布。

(2)将填写的运动员成绩证明表、破纪录申请表等呈递有关人员。

(3)编制总成绩册。内容主要包括运动会破纪录运动员名单，团体总分表，各代表队获金、银、铜牌数，获体育道德风尚奖的运动队、运动员、裁判员的名单，各项目、各组别、各赛次的比赛成绩等。

(4)将编排记录公告组的有关文件、资料归类、整理，交主办单位存档。

附：田径运动会常用表格(表 5-11 至表 5-18)。

表 5-11　成绩报告单

组别：　　　　性别：　　　　项目：　　　　轮：　　　　　　　　第　组

名次	一	二	三	四	五	六	七	八
号码								
姓名								
单位								
成绩								
备注								

编排和记录公告主裁判：　　　　　　　　裁判员：

表 5-12　终点名次报告单

男、女子　　　组　　　　m　　　　　　　　赛　　组

<table>
<tr><td colspan="6">第　　名</td></tr>
<tr><td>号码</td><td colspan="2"></td><td>道次</td><td colspan="2"></td></tr>
<tr><td>兼看名次</td><td></td><td>号码</td><td></td><td>道次</td><td></td></tr>
<tr><td>备注</td><td colspan="5"></td></tr>
</table>

终点主裁判：　　　　　　裁判员：

表 5-13　径赛计时表

男、女子　　　组　　　　m　　　　　　　　赛　　组

<table>
<tr><td>名次</td><td></td><td>号码</td><td></td><td>道次</td><td></td></tr>
<tr><td rowspan="3">成绩</td><td>第一表</td><td colspan="2"></td><td rowspan="3">决定成绩</td><td rowspan="3"></td></tr>
<tr><td>第二表</td><td colspan="2"></td></tr>
<tr><td>第三表</td><td colspan="2"></td></tr>
</table>

主计时裁判：　　　　　　裁判员：

表 5-14　检查报告表

男、女子　　　　组　　　　　m　　　　　　　　赛　　组

犯规运动员号码		被影响运动员号码	
犯规地点和情况			
检查主裁判处理意见			
径赛裁判长处理意见			

总裁判长：　　　　径赛裁判长：　　　　主检查裁判：　　　　检查员：

表 5-15　长距离跑总计圈表

组别：　　　　　　性别：　　　　　　项目：

号码 顺序 余圈	1	2	3	4	5	6	7	8	…	15	16	17	18	19	20
24															
23															
22															
⋮															
3															
2															
1															
到达															

记圈员：

表 5-16　全能项目总记录表

组别：　　　　　　性别：　　　　　　项目：

号码	姓名	单位	项目											总分	名次
													…		
			成绩	得分	成绩	得分	成绩	得分	成绩	得分	成绩	得分	…		

全能项目主裁判：　　　　　　裁判员：

表 5-17　田径各项前八名总记录表

组别：

项目		第一名			第二名			第三名			第四名			第五名			第六名			第七名			第八名		
		姓名	单位	成绩	姓名	单位	成绩	姓名	单位	成绩	姓名	单位	成绩	姓名	单位	成绩	姓名	单位	成绩	姓名	单位	成绩	姓名	单位	成绩
径赛																									
田赛																									

编排和记录公告主裁判：　　　　　　　　　　　　　裁判员：

表 5-18　团体总分记录表

组别：

单位	径赛							田赛							总分	名次

编排和记录公告主裁判：　　　　　　　　　　　　裁判员：

第二节　田径竞赛规则简介(技术规则)

一、官员裁判

(1)举办大型国际比赛时，有必要设置下列赛事官员，但组织者可以根据当地情况酌情变动。

管理官员：竞赛主任、赛事总管和足够数量的助理、技术总管和足够数量的助理、赛事展示总管。

竞赛官员：检录裁判长、径赛裁判长、田赛裁判长、全能项目裁判长、外场项目裁判长、录像裁判长及各项主裁判和足够数量的裁判员。

其他工作人员：宣告员、统计员、医生及为运动员、官员和媒体服务的人员。

(2)根据情况，应分别任命1名(或多名)检录、径赛、田赛、全能和外场(赛跑和竞走)裁判长。适当的时候，应任命1名(或多名)录像裁判长。应指定1名径赛裁判长作为起点裁判长监督发令工作。录像裁判长应在录像控制室内工作，并与其他项目裁判长保持联系和商议。

(3)裁判长应确保本规则和规程(和每个特定比赛的其他规程)得到执行，并裁决比赛中关于比赛行为的任何抗议和异议，处理发生于比赛期间(包括热身场地、检录处和赛后，直至颁奖仪式以及本规则有关技术规程)未做明文规定的任何问题。裁判长不能代替裁判员和检查员判罚，但是可以根据自己的观察与规则做出决定，而且可以否决裁判员的决定。

(4)仅当有关裁判员对名次有争议而无法判定时，径赛裁判长和外场裁判长有权判定比赛的名次。但是，他们无权管辖竞走主裁判职责范围内的有关事宜。

(5)任何运动员在比赛中违反体育道德或有不当行为，或依据相关规则条款，裁判长有权予以警告或取消比赛资格。给予运动员警告，应向运动员出示黄牌；取消比赛资格，应出示红牌。这两种处分均应填入成绩记录单，并告知给竞赛秘书和其他裁判长。

(6)径赛主裁判和田赛各项目主裁判应协调本组裁判员的工作。当组织者未对裁判员分工时，主裁判员要进行分工。如果新裁决(定)仍可行，裁判员发现原先决定错误，他可以重新做出决定。或者由裁判长或由仲裁委员会做出决定，此时他们应该向裁判长或仲裁委员会提供所有有效的信息。

(7)在所有田赛项目中，有关裁判员应判定和记录运动员每次的试跳或试掷，测量运动员每次有效试跳或试掷的成绩。在跳高和撑竿跳高比赛中，要精确测量横杆每次提升的高度，特别是在运动员尝试创纪录的试跳时，至少应有两名裁判员负责全部试跳(掷)的记录，并在每轮比赛结束时核对他们的记录。比赛时，有关的裁判员应举白旗或红旗以示意一次试跳(掷)的成功或失败。

(8) 检查员是径赛裁判长的助手，无权做最后裁决。出现违反规则的情况，应举黄旗示意或采用任何经技术代表批准了的有效方法通知相关裁判长。要指派足够数量的检查裁判员在各接力区检查接力赛跑。检查员发现运动员离开自己的跑道进入其他分道或在接力区外交接棒，他应立即用适当的材料在跑道上标出犯规地点，或在纸上做类似的标记标示，或通过电子手段记录。

(9)使用手计时计取比赛成绩时，将根据运动员的报名人数指派足够数量的计时员，指定其中1人为计时主裁判员，他为计时员分配任务。

(10)发令员应完全掌控已经就位的运动员，在发令过程中，发令员应使自己位于能完全看清所有起跑运动员的位置，发令员的口令应清晰并让所有运动员听到。只有发令员有权依据规则做出警告和取消比赛资格的处罚。比赛时应有1名或多名召回员协助发令员工作。助理发令员应检查运动员参赛的项目、组次、号码佩戴是否正确，安排每位运动员的道次或站位，接力赛跑时，负责为第一棒运动员准备接力棒。

(11)在1 500 m以上各项目的比赛中，记圈员应记录所有运动员跑完的圈数。最后一圈时，以信号通知每位运动员，通常以铃声作为信号。

(12)竞赛秘书应收集各项目比赛的全部成绩以及由裁判长、计时主裁判、终点摄像主裁判或传感器计时主裁判和风速测量员等提供的详细资料，他应立即将这些详细资料发送宣告员，还应记录这些比赛成绩，并将成绩记录单上报竞赛主任。

(13)举行国际国内大赛应设立一个技术信息中心，建议在其他超过1天的比赛中也设立技术信息中心。技术信息中心的主要功能是确保在每个代表队、组织者、技术代表和竞赛管理部门之间，有关技术和其他涉及比赛的信息顺畅交流。

(14)下列的标准缩写及符号，应在相应的参赛名单和成绩记录单上使用。

未参赛(Did Not Start—DNS)

未完成比赛(Did Not Finish—DNF)(用于径赛或竞走项目)

无有效跳(掷)成绩 (No Valid Trail Record—NM)

取消参赛资格 (Disqualified—DQ)(并注明适用的规则条款)

跳高及撑竿跳高成功跃过的高度(Valid Trail in High Jump and Pole Vault—O)

失败试跳(掷)(Field Events—X)

免跳(Passed Trail — "—")

退出比赛(Retired from Competition — r)(用于田赛和全能)

径赛项目中依名次而取得晋级资格(Qualified by Place in Track Events—Q)

径赛项目中依时间择优而取得晋级资格(Qualified by Time in Track Events—q)

田赛项目中达到及格赛标准而取得晋级资格(Qualified by Standard in Field Events—Q)

田赛项目中未能达到及格赛标准但取得晋级资格(Qualified without Standard in Field Events—q)

由裁判长做出裁决晋级到下一赛次(Advanced to Next Round by Referee—qR)

由仲裁委员会做出裁决晋级到下一赛次(Advanced to Next Round by Jury of Appeal—qJ)

屈膝(竞走)(Bent Knee(Race Walking)—">")

腾空(竞走)(Loss of Contact(Race Walking)—"～")

黄卡(Yellow Card—YC)

第二次黄卡(Second Yellow Card—YRC)

红卡(Red Card—RC)

(15)场地管理裁判对比赛区有控制权，除有关工作人员和已被召集参赛的运动员，或其他有相应注册权限的授权人员外，不允许其他任何人员进入或停留在比赛区。

(16)检录裁判员要确保运动员正确佩戴号码并与检录单一致，运动员的鞋、鞋钉数量和规格，以及服装和提包上的广告应符合相关规则和规定，未经批准的物品不得带入比赛场地。检录裁判员要将发生在检录过程中没有解决的问题或未尽事宜提交检录裁判长。

二、比赛通则

(一)兼项

如果一名运动员报名的一项径赛和一项田赛或多项田赛同时进行，相关裁判长每次可以允许该运动员在某一轮的比赛中，或在跳高和撑竿跳高的每次试跳中，以不同于赛前抽签排定的顺序进行试跳(掷)。如果该运动员在随后轮到其试跳(掷)时未到，一旦该次试跳(掷)的时限已过，将视其该次试跳(掷)为免跳(掷)。

(二)检录未到

如果在公布的检录时间表规定的检录时间内，某运动员不到检录现场，将被取消该项目的参赛资格，成绩单中记录为DNS。

(三)服装

各项目参赛的运动员必须穿着干净的服装，其设计式样和穿着方式应无碍观瞻，服装的材料浸湿时不得透明。运动员不得穿着可能有碍于裁判员观察的服装，运动员的比赛上衣前后颜色应一致。

(四)鞋

运动员可以赤脚、单脚或双脚穿鞋参加比赛。

(五)运动员号码布

应为每名运动员提供两块号码布，比赛中，将其分别佩戴在胸前和后背的显著位置。跳跃项目比赛除外，跳跃项目运动员可在胸前或背后只佩戴一块号码布。允许运动员的姓名或者其他适宜的身份识别取代数字号码印在任一或所有号码布上。如果使用数字号码，运动员的号码必须与检录单或秩序册中的号码一致。不按规定佩戴号码布和(或)身份识别者不得参加比赛。

(六)提供帮助

任何运动员在某项目的比赛区域中提供或接受帮助都将受到裁判长的警告，并被告诫如果再犯，将被取消该项目的比赛资格。

下列情况应被认为是给运动员提供帮助，应予禁止：

(1)比赛中，由不是同场比赛者，已被超圈者，或使用其他任何技术设备(除规则允许的)为运动员提供速度分配。

(2)运动员在比赛场内拥有或使用录像机、盒式录音机、收音机、CD机、无线通信机、移动电话或类似装置。

(3)除了使用符合规则的比赛鞋外，运动员所使用规则限定的设备中不能获取有利条件的任何技术或设备。

(4)使用任何机械辅助器械，除非运动员能证实使用的器械不会使他比不使用该辅助器械的运动员获得整体比赛优势。

(5)由该比赛项目不相关的任何比赛工作人员，或在该比赛中有特定岗位要求的人员提供建议或其他支持。例如，技术指导、起跳点位置示意，但在水平跳跃项目中指出失败的起跳位置、在径赛项目中提示时间或距离信息除外。

(6)接受来自另一运动员有助于其在比赛中继续行进的行为支持(不包括帮助其恢复站立位置)。

(七)取消比赛资格

如果运动员在比赛中因违反技术规则而被取消比赛资格，他在该项目该轮次中取得的成绩无效。但在前面轮次比赛中取得的成绩有效。这一事实也不影响该运动员参加其他所有后续项目的比赛。

运动员在比赛中违反体育道德和有不正当行为，他将被取消该项目的比赛资格。如果运动员的第二次警告出现在另外的比赛项目中，他将被取消第二次警告所在项目和比赛资格。他在该项目该轮次比赛中取得的成绩无效，但在受警告前面轮次以及前面的其他项目取得的成绩或全能项目中前面的单项成绩有效。有了这种比赛资格的判罚，运动员将不能继续参加本次赛会后续项目(包括全能项目的单项、同时参赛的其他项目及接力赛)的比赛。如认为该次犯规性质严重，竞赛主任要向有关主管部门报告，考虑进一步的纪律处分。

(八)抗议和申诉

对运动员的参赛资格提出抗议，必须在比赛开始前向技术代表提出。技术代表做出裁定后，相关人员有权向仲裁委员会提出申诉。如果在赛前未能圆满解决该抗议，则应允许该运动员“在抗议下”参加比赛并将此案提交给相关管理部门。如抗议涉及某项目比赛的成绩或进程，则应在该项目成绩正式宣告后30分钟内提出。所有抗议均应由运动员本人、运动员代表或运动队代表向有关裁判长口头提出。如果申诉，则需要以书面形式上交仲裁，并附上申诉费。仲裁委员会的决定应为最终裁决。

(九)混同组比赛

根据相关组织的相关规程，允许举办如接力跑或其他团体赛事的混同组比赛，即男、女一起进行的比赛，或者男、女为单一组别的比赛。除此之外，其他完全在体育场内举行的所有比赛，一般不允许有男、女混合参赛的项目。

(十)测量

对于径赛和田赛项目进行的所有测量，都要使用经过校验的钢制卷尺、棍尺或科学测量仪器，这些仪器均应依据国际标准生产和校准。

三、名词术语

(一)田径运动

包括径赛和田赛、公路赛、竞走、越野赛跑、山地赛跑、野外赛跑。

(二)轮次

田赛高度项目，一个高度试跳完一次为一个轮次，每个高度最多只有三个轮次；远度项目，试跳或试掷完一次为一个轮次。

(三)赛次

参赛运动员人数过多，不能在一个赛次(决赛)进行比赛的径赛项目，应举行若干轮的比赛，以取得决赛的资格。

(四)比赛时受阻

无论什么原因，如果运动员在试跳(掷)时受阻，有关裁判长有权予以补试机会。

(五) 记录试跳(掷)

除跳高和撑竿跳高外，一次有效的试跳(掷)应被测量和显示成绩，并使用标准的缩写及符号记录各种出现的情形。

(六)补试跳(掷)

如果由于不可控的原因，导致运动员不能完成试跳(掷)或成绩不能被正确记录，相关裁判长有权给予运动员一次补试跳(掷)机会，时限可以部分计算或全部重新开始计算。

(七)比赛中缺席

在比赛进行中，运动员得到许可并在一位裁判员陪同下，才能离开该项目的比赛场地，否则无法离开，将予以警告，随后再次出现或发生了严重的情形，该运动员将会被取消比赛资格。

(八)免跳(掷)

田赛运动员在规则允许范围内，向临场裁判员提出本轮次不试跳(掷)。

(九)竞走

用双脚向前行走的方式保持与地面接触，没有(人眼)可见的腾空。前腿从脚触地瞬间至垂直部位应该伸直(膝关节不得弯曲)。

(十)成绩

每个运动员的田赛成绩，取其所有试跳(掷)中最优的，包括撑竿跳高和跳高比赛中因成绩相等决定第一名的成绩。

四、成绩相等

(一)径赛名次判定与成绩相等的处理方法

径赛项目以决赛成绩判定该项目最后名次，而不是以预、次、复赛的成绩判定最后名次。如果裁判员或终点计时裁判员按规则处理无法分清排位时，则可以判定成绩相等。

如果运动员成绩相等按规则(排名和分组)确定来自不同组别运动员的排名，或按成绩录取进入下一轮的情况时，裁判应考虑有关运动员的 0.001 s(1/100 s)的实际时间；如果成绩依然相等，并涉及运动员的排名时，应抽签决定排名。当涉及按成绩或排位录取进入下一轮时，成绩相等的运动员将进入下一轮；如实际条件不允许，将通过抽签决定进入下一轮的运动员。

(二)田赛高度项目名次判定与成绩相等的处理方法

在田赛高度项目比赛中，每名运动员应以其最好的一次试跳成绩，包括因第一名成绩相等而进行的决名次赛的试跳成绩，作为其最后的决定成绩，然后以运动员个人最高成绩排列名次。

1. 决定名次

如果 2 名或者 2 名以上运动员最后跳过的高度相同，将按以下程序决定名次。

(1)在最后跳过的高度上，试跳次数较少者名次列前。

(2)如成绩仍然相等，则在包括最后跳过的高度在内的全部比赛中，试跳失败次数较少者名次列前。

(3)如成绩仍相等，但不涉及第一名时，则运动员的名次并列。

(4)如涉及第一名时，将按规则规定，在成绩相等的运动员间进行决名次跳，除非根据比赛前制定的竞赛规程或根据在赛事中该项比赛开始前技术代表(如没有任命技术代表，将由裁判长)做出的决定。如果不进行决名次跳，包括相关运动员在比赛的任何阶段决定不再继续进行试跳，保留并列第一名。

2. 决名次跳

(1)相关运动员必须在每个高度进行试跳，直到决出名次，或者所有相关运动员决定不再进行试跳。

(2)每名运动员在每个高度上只有 1 次试跳机会。

(3)运动员应在根据规则规定的最后越过高度的下一高度上开始进行决名次跳。

(4)如果 1 名以上运动员试跳成功，但未能决出名次，横杆将升至下一高度。如果所有运动员都失败了，横杆将降低一个高度。横杆每次升降的高度：跳高为 2 cm，撑竿跳高为 5 cm。

(5)如果运动员在某一高度上不进行试跳，他将自动失去争夺更高名次的资格。如果比赛中，还剩下 1 名运动员，不管他是否试跳这一高度，他都将获得胜利。

跳高实例：比赛开始时，主裁判宣布横杆升高计划：1.75 m、1.80 m、1.84 m、1.88 m、1.91 m、1.94 m、1.97 m、1.99 m…

成绩相等判定名次程序：根据成绩相等决定名次的第一条规则，在最后跳过的高度上，试跳次数较少者名次列前：A、B、C 和 D 都跳过 1.88 m，在最后跳过的 1.88 m 高度上，试跳次数均为二次，名次仍然相等；执行成绩相等判定名次的第二条规则，在包括最后跳过的高度在内的全部比赛中，试跳失败次数较少者名次列前：D 的试跳失败总次数最多，因此获得第四名。A、B 和 C 的名次依然相等，并涉及第一名。由于 1.91 m 是他们最后跳过高度的下一高度，因此从 1.91 m 开始进行决名次试跳，每人有一次试跳机会，但这 3 人都未跳过。横杆降至 1.89 m，进行第二次决名次试跳，C 未跳过，因而获得第三名。A 和 B 都跳过，因成绩相等又获得了第三次试跳的机会。横杆升至 1.91 m，B 跳过，因而获得第一名(表 5-19)。

表 5-19　跳高比赛成绩相等判定名次实例

运动员	跳跃高度/m							失败次数	决名次跳/m			名次
	1.75	1.80	1.84	1.88	1.91	1.94	1.97		1.91	1.89	1.91	
A	○	×○	○	×○	×—	××		2	×	○	×	2
B	—	×○	—	×○	—	—	×××	2	×	○	○	1
C	—	○	×○	×○	—	×××		2	×	×		3
D	—	×○	×○	×○	×××			3				4

注：○为成功；×为失败；—为免跳。

(三)田赛远度项目的名次判定与成绩相等的处理方法

田赛远度项目的名次是以该项目全部试跳、试掷中，每名运动员最好的一次试跳、试掷成绩来判定的。田赛远度项目判定名次时，如成绩相等，应以其次优成绩判定名次。如次优成绩仍相等，则以第三优成绩判定，其余类推。如成绩依然相等，无论任何名次，包括涉及第一名，都判定运动员的比赛名次并列。

(四)全能项目的名次判定与成绩相等的处理方法

全能比赛每一个单项比赛后，应根据国际田联现行评分表向全体运动员宣布该单项得分和各项的累积分，总积分最多者获胜。如果比赛中任何名次的 2 名或多名运动员获得的分数相等，将被判定成绩相等(并列)。

(五)团体总分名次的判定与总分相等的处理方法

各单项决赛一般录取 6～8 人，除大会另有规定外，可分别按 7、5、4、3、2、1 或 9、7、6、5、4、3、2、1 计分。总积分较多者列前。如总积分相等时，应以破纪录项或次数多者名次列前；若再相等，则以第一名多者列前；若仍相等，则以第二名多者列前，依此类推。

五、径赛项目

(一)跑道测量

(1)标准跑道全长应为 400 m，应由两个平行的直道和两个半径相等的弯道组成。跑道内侧应用适宜材料制成的突沿加以分界，并漆成白色。突沿高 50～65 mm，宽度 50～250 mm。两条直道上可以不设突沿，用 50 mm 宽的白线代替。如因举行田赛项目比赛而需临时移动弯道突沿的一部分，则应用 50 mm 宽的白线在突沿下方的原有位置标出，并在白线上放置锥形物或小旗，其高度至少 0.15 m，锥形物的底座边沿或小旗的旗杆应与白线外沿重合，间隔不超过 4 m(标志旗应朝向跑道内侧与地面成 60°角)。

(2)应在跑道内突沿外沿以外 30 cm 处测量跑道长度。如在弯道(或从主跑道转向障碍水池段)无突沿，则应在标志线外沿以外 20 cm 处进行测量。

(3)赛跑的距离应从起跑线后沿(离终点线较远的边沿)量至终点线后沿(离起跑线较近的边沿)。

(4)400 m 及 400 m 以下各项径赛，每位运动员应占有 1 条分道，分道宽度应为 1.22 m±0.01 m，包括右侧的分道线，分道线为宽 50 mm 的白线。所有分道宽度应相同。应按规则的规定测量第一分道的长度，其他分道的长度应在其内侧分道线外沿以外 0.20 m 处进行测量。

(二) 起跑

应用 50 mm 宽的白线标出起跑线。所有不分道跑的径赛项目，起跑线应为弧线，从而使所有运动员从与终点相同的距离处开始起跑。所有项目的出发位置应面对跑进方向，从左至右编号。为了有效地完成起跑程序，并且在大型比赛中方便介绍比赛运动员，当运动员在起跑线前集结时，应面向跑进方向站立。

在所有国际比赛中，下面标注的比赛，发令员应用本国语言、英语或法语中的一种语言发令。

(1)400 m 及 400 m 以下的各个径赛项目(包括 4×200 m、异程接力、4×400 m)，起跑时应使用“各就位”和“预备”口令。

(2)400 m 以上的各个径赛项目(除了 4×200 m、异程接力和 4×400 m)，起跑时应使用“各就位”口令。

(3)任何径赛项目中，依据规则，发令员对运动员各就位后准备起跑的过程不满意，或者由于其他原因而中止发令时，应使用“起立”口令。

所有比赛通常应以发令员发令枪朝天鸣放的信号为起跑信号。

(三)三种正式计时方法

(1)手计时。

(2)以终点摄像系统数据为依据的全自动计时。

(3)按规则不是全部赛程在体育场内完成的比赛项目使用感应系统提供的计时。

(四)计时(手计时，计时器为“秒表”)

(1)计时员应在跑道外侧与终点线排成一条直线。如有可能，计时员的位置应距跑道外侧至少 5 m 远。为使所有计时员都能清楚地观察到终点情况，应提供升高的计时台。

(2)计时应从发令枪的闪光/烟开始。

(3)在跑道上举行的径赛项目，除非时间为 0.1 s，否则成绩应换算并记录为下一个较长的 0.1 s，如 10.11 应记录为 10.2。部分或全部在场外举行的径赛项目，除非时间为整秒，否则成绩应换算并记录为下一个较长的整秒，如 2∶09∶44.3 应记录为 2∶09∶45。

(4)在 3 块正式计时秒表中，两块秒表所计的时间相同而第 3 块不同时，应以这两块秒表所计时间为准；如 3 块秒表所计时间各不相同，应以中间时间为准；如只使用两块秒表，而所计时间不相同时，应以较长的时间作为正式成绩。

(5)计时应至运动员躯干(不包括头、颈和四肢)的任何部位抵达终点线后沿垂直面的瞬间为止。

(6)须记录所有抵达终点的运动员的时间。另外，如有可能，计取 800 m 及以上项目的每圈时间和 3 000 m 及以上项目的每 1 000 m 的分段时间。

(五)径赛项目的排序、抽签和录取

1. 赛次和分组

参赛运动员人数过多，不能在一个赛次(决赛)进行比赛的径赛项目，应举行及格赛(决赛前的各赛次)。径赛项目的及格赛由技术代表安排，如未任命技术代表，则应由组委会安排。

每场比赛的竞赛规程，在没有特殊情况下，应包括用以决定比赛的赛次、每赛次的组次，以及及格程序的各种表格。

在可能情况下，在及格赛各赛次中，要将同一会员协会或代表队的运动员，以及成绩最好的运动员编在不同组次。

当安排预赛分组时，建议尽可能考虑所有运动员的成绩信息，通过分组抽签，使成绩最好的运动员能进入决赛。

2. 排名和分组组成

第一赛次：根据运动员在事先规定的时间段取得的有效成绩排序，然后按“蛇形分组法”分组。第一赛次之后的后续赛次分组(短跑项目)：按最快的第一名，次快的第一名，依次类推；最快的第二名，次快的第二名，依次类推；最快的第三名，次快的第三名；最后按成绩补取：按成绩录取的最快者、按成绩录取的次快者、按成绩录取的第三快者，依次类推。然后将运动员按排列的序号，依照“蛇形分组法”编入各组。在任何情况下，分组确定后应抽签排定各组的比赛顺序。

3. 抽签排定道次

100 m 至 800 m 的各项径赛、4×400 m 及以下各项接力赛，如在一次比赛中要连续进行几个赛次时，应按下列规定抽签排定道次。

第一个赛次和根据规则规定的任何附加赛，抽签排定道次；

对于后续轮，应根据有关规定，排名、排序，然后分 3 次抽签排定道次：选择排列前四名的运动员或队，抽签排定 3、4、5、6 道；选择排列第五、第六名的运动员或队，抽签排定 7、8 道；选择排列后两名的运动员或队，抽签排定 1、2 道。

在及格赛各赛次中，如有可操作性，每组应至少允许第一、第二名运动员参加下一赛次的比赛，如有可能，建议每组至少应有 3 人晋级。

(六)赛次间最短间隔时间

如有可能，在任一赛次的最后一组和后续赛次或决赛的第一组之间，必须留出的最短间隔时间为：

200 m 及以下各项目为 45 min；

200 m 以上至 1 000 m 各项目为 90 min；

1 000 m 以上各项目不在同一天举行。

六、田赛项目

(一)及格赛

在田赛项目中，如果参赛运动员人数较多而无法顺利地在一个轮次(决赛)完成比赛时，应举行及格赛。举行及格赛时，所有运动员都必须参加并通过及格赛，除非相关组织机构规定，在本次比赛或前面的一项或多项比赛中，就一个或多个比赛项目，举行附加预选赛，才能决定部分或全部运动员的参赛资格。及格赛或附加及格赛中取得的成绩不作为决赛成绩的一部分。在及格赛中，除跳高和撑竿跳高之外，每名运动员最多有 3 次试跳(掷)机会。一旦运动员达到及格标准，不得继续参加及格赛。

(二)在比赛区域的试跳(掷)练习

(1)比赛开始前，每名运动员均可在比赛区域进行试跳(掷)练习。但是，投掷项目试掷练习应始终在裁判员的监控下，按抽签排定的顺序进行。通常在大型赛事中，标准的练习次数为 2 次，这也被作为最少的练习次数要求。如果热身时间充足，部分或全部运动员要求额外的练习，也应该被允许。

(2)一旦比赛开始，运动员不得以练习为目的使用下列场地设施和器材。

①助跑道或起跳区；

②撑竿；

③各种投掷器械；

④投掷圈或落地区地面，无论徒手或持器械。

(三)标志物

(1)使用助跑道的田赛项目，应沿助跑道两边放置标志物，跳高助跑标志物可放置在助跑道上。每名运动员可放置 1～2 个标志物(由组委会批准或提供)，以帮助运动员助跑和起跳。如未提供此类标志物，运动员可使用胶布，但不得使用粉笔或任何不易去除痕迹的类似物质。

(2)在圈内比赛的投掷项目，比赛中只允许运动员使用 1 个标志物(每个标志物只能由单一物体组成)，此标志物只能放置在投掷圈后面或紧靠投掷圈的地面上。仅限运动员在自己试掷期间临时放置，并且不能干扰裁判员的视线。落地区内及旁边不能放置任何个人标志物。

(四) 比赛顺序和试跳(掷)

(1)田赛所有远度项目的比赛应抽签决定运动员试跳(掷)的顺序。

(2)在任何一轮比赛中，不允许记录运动员 1 次以上的试跳(掷)成绩。如参赛运动员人数多于 8 人，则每名运动员有 3 次试跳(掷)机会，有效成绩最优的前 8 名运动员可再有 3 次试跳(掷)机会。除非竞赛规程另有规定。

(3)当运动员人数为 8 人或少于 8 人时，每人均有 6 次试跳(掷)机会。如果多于 1 名运动员在前 3 轮试跳(掷)时没有取得有效成绩，在后面轮次比赛时，他们将按照原抽签的相对顺序，在取得有效成绩的运动员之前进行试跳(掷)；前 3 轮试跳(掷)结束后，按运动员成绩进行排序，后续轮次试跳(掷)应按成绩排序的倒序进行；当比赛顺序改变，出现任何排位成绩相等时，成绩相等运动员的试跳(掷)将按原抽签顺序进行。

(五)延误比赛

田赛项目比赛时，运动员无故延误试跳(掷)时间，将导致不允许其参加该次试跳(掷)，并记录为该次试跳(掷)失败。相关裁判员应向运动员显示一切准备就绪、可以试跳(掷)，本次试跳(掷) 时限开始计算。撑竿跳高中，时限从横杆按照运动员事前的意愿调整后开始计算，随后进行调整不得增加时间。如果时限结束时，运动员已经开始试跳(掷)，应允许其比赛。如果时限开始计算，运动员决定不进行试跳(掷)，一旦时限结束，将视为试跳(掷)失败。

单项比赛一般不应超过下列时限(表 5-20)。

表 5-20　单项比赛时限规定　　(单位：min)

仍在参赛的运动员的人数	跳高	撑竿跳高	其他
3 人以上	1	1	1
2～3 人	1.5	2	1
1 人	3	5	—
连续试跳	2	3	2

全能项目一般不应超过下列时限(表 5-21)。

表 5-21　全能项目时限规定　　(单位：min)

仍在参赛的运动员的人数	跳高	撑竿跳高	其他
3 人以上	1	1	1
2～3 人	1.5	2	1
1 人或连续试跳	2	3	2

(六)旗式

裁判员在试跳(掷)完成后才能举白旗表示试跳(掷)成功，举红旗表示试跳(掷)失败。如果裁判员认为自己举旗错误，可以重新做出判定。

(七)高度测量

所有高度项目的测量均应以厘米为单位，从地面垂直量至横杆上沿最低点。每次升高横杆后，在运动员试跳之前，均应测量横杆高度。当横杆放置在纪录高度时，有关裁判员必须进行复核测量。如果自上一次测量纪录高度后，横杆又被触及，在后续的纪录高度的试跳之前，裁判员必须再次测量横杆高度。

(八)变更比赛场地或时间

技术代表或有关裁判长认为情况需要，有权变更比赛场地或时间，此类变更应在一轮比赛结束之后进行。不得因风力和风向的变化而变更比赛场地或比赛时间。

(九)风速测量

相关田赛裁判长必须确认风速仪放置在距离起跳线 20 m 处，测量平面高 1.22 m±0.05 m，距离助跑道不超过 2 m。比赛中，应从运动员经过助跑道旁的标记时开始测量风速，测量时间为 5 s。跳远和三级跳远风速测量标记应分别放置在距离起跳线 40 m 和 35 m 远的地方。如果运动员的助跑距离不足 40 m 或 35 m 时，则应从其开始助跑时测量风速。

(十)投掷项目

1. 正式比赛器械

在所有国际比赛中，应使用符合国际田联有关规定的投掷器械。只有持有国际田联批准有效证书的投掷器械方可使用(表 5-22)。

表 5-22　各年龄组使用的器械重量

器材	女子		男子		
	少年(U18)	青年(U20)、成年	少年(U18)	青年(U20)	成年
铅球	3.000 kg	4.000 kg	5.000 kg	6.000 kg	7.260 kg
铁饼	1.000 kg	1.000 kg	1.500 kg	1.750 kg	2.000 kg
链球	3.000 kg	4.000 kg	5.000 kg	6.000 kg	7.260 kg
标枪	500 g	600 g	700 g	800 g	800 g

2. 帮助

(1)下列情况应视为帮助，在比赛中不被允许。

①使用胶带将两个或更多的手指捆在一起。如果用胶带捆扎手和手指，必须是连续不

间断的，并未将两个或更多的手指捆在一起，这种捆扎方式使得手指不能单独活动。因此，使用胶带应在比赛开始前向有关主裁判展示及确认。

②当运动员试掷时，使用任何类型的装置提供帮助，包括在身上附着重物。

③除掷链球外，运动员不得在比赛中使用手套。掷链球手套的手掌、手背须光滑。除拇指外其他手指尖应露出。

④不允许运动员向投掷圈内或鞋底喷洒任何物质，或使圈内地面粗糙。

(2)下列情况应不视为帮助，因此被允许。

①为了更好地持握器械，运动员可使用某种适宜物质，但仅限于双手，链球运动员可在手套上使用。推铅球运动员可在其颈部涂抹此类物质。

②此外，在推铅球和掷铁饼项目中，运动员可以在器械上涂抹镁粉或其他类似物质。

所有用到手上、手套上、器械上的这类物质应可以用湿布轻松去除，且不应留下任何污渍。

③在单个手指上使用胶带。

3. 测量

在所有投掷项目中，记录测量距离的最小单位为 0.01 m，不足 0.01 m 不计；每次有效投掷后立即进行成绩测量：从铅球、铁饼和链球落地痕迹的最近点取直线量至投掷圈内沿，测量线应通过投掷圈圆心；掷标枪项目中，从标枪枪头的首次触地点取直线量至投掷弧内沿，测量线应通过投掷弧圆心。

第三节　田径运动竞赛的裁判工作

公正而科学的裁判工作是田径运动竞赛顺利进行的根本保证。随着现代化裁判器材和设备进入田径运动竞赛，要求田径裁判员必须学习和掌握现代化的裁判方法，只有精通田径竞赛规则，在裁判工作中做到严肃认真、公正准确、谦虚谨慎、团结协作，才能卓有成效地完成裁判工作任务。

一、田径运动竞赛的裁判组织机构

田径运动竞赛需要大量的裁判员和工作人员投入裁判工作。田径裁判不但强调分工细致，而且非常强调整体协作与配合，因此，科学而系统的裁判组织机构是顺利完成裁判任务的重要保证(图 5-2)。

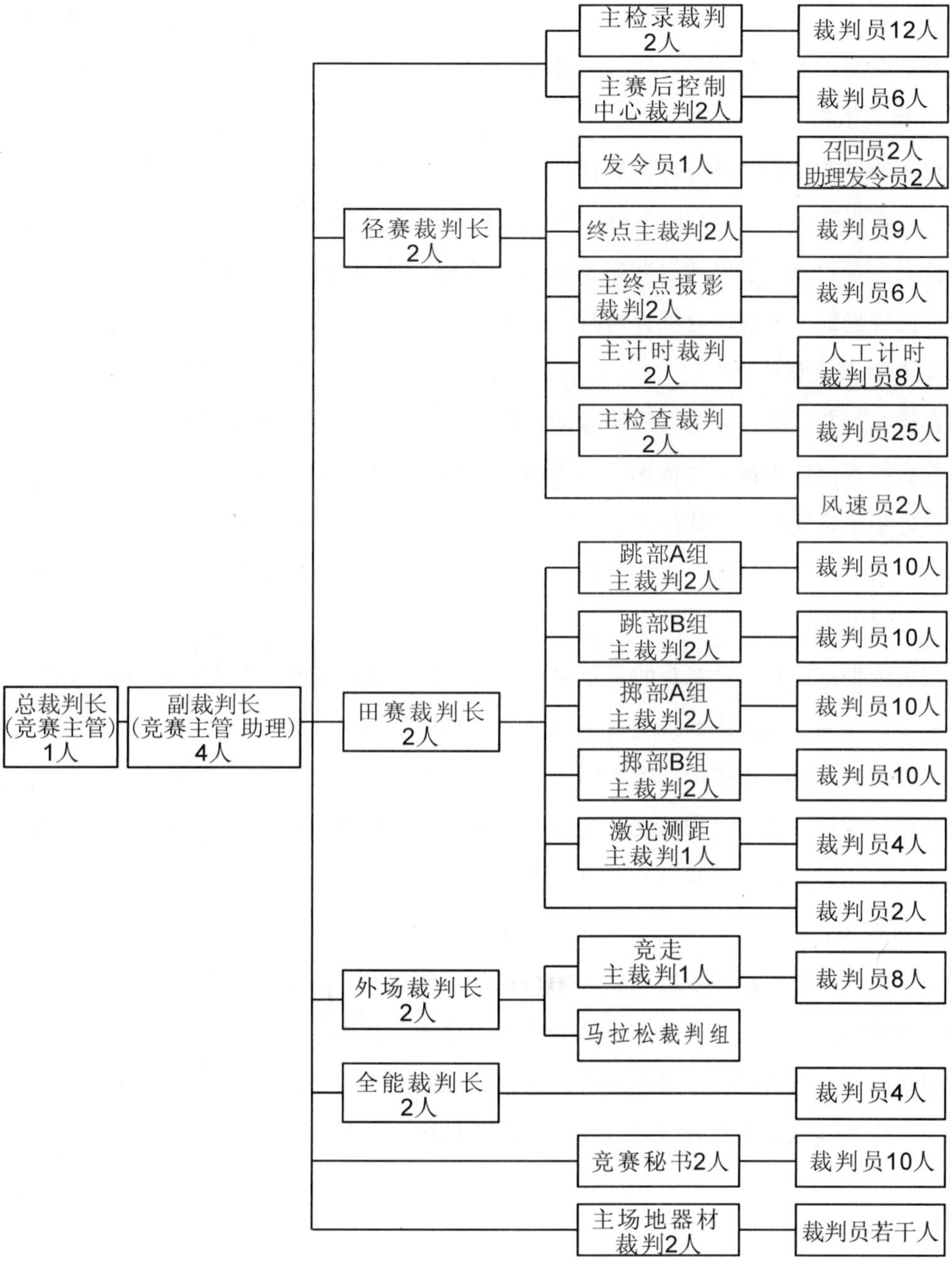

图 5-2 田径运动竞赛的裁判组织机构

二、田径运动竞赛裁判的依据和原则

(一)田径运动竞赛裁判的依据

1. 法规依据

法规依据包括田径竞赛规则和竞赛规程的各种规定，它是田径竞赛裁判最主要的依据。

竞赛规则是国际田径联合会制定的统一的竞赛规范性法则，竞赛规程是竞赛主办单位为组织竞赛针对竞赛活动各方面的具体要求而制定的规章与程序。规则和规程都属于法律性文件，都是竞赛场上的“法律”，具有绝对的权威性，是竞赛工作的依据和指南。

2. 事实依据

现场的事实是裁判最有力、最直接、最客观的依据。规则和规程是竞赛中的“法律”和“准绳”，客观事实就是裁判的基础。当事实依据与法规依据结合使用时，最终的裁决才最令人信服。客观事实可以通过裁判员的现场观察，或通过仪表记录运动员的成绩和录像，或者根据现场留下的痕迹等进行判断而正确获取。

3. 裁判员直观依据

在错综复杂、瞬息万变的田径运动竞赛场上，某些事实往往不留痕迹，这就需要借裁判员的直接观察作为裁判的依据。由于田径裁判员有严密的组织、明确的分工，而且裁判员往往处于事发地点的最佳位置，所以对各种突发情况能直接观察到事态发展的前因后果，能看到事情发展的全过程。裁判员直接观察到的情况，往往就能成为裁判的重要依据。

4. 仪表依据

仪表依据是田径运动竞赛的重要依据，也是最科学的依据，在决定成绩和判定名次时，起着决定性作用。仪表依据指通过下列仪表获得的数据或资料：竞赛中的计时秒表或全自动电子计时器；终点摄影机；田赛中丈量高度的木尺、丈量远度的钢尺或激光测距仪；测量风速的风速仪；检查投掷器械的各种量具等。仪表依据不但在决定成绩和判定名次上起着决定性作用，有时仪表获取的资料，还是十分珍贵的客观依据。

5. 可控依据

可控依据是指根据田径运动竞赛的特点和规则的规定，限定参赛运动员一定的竞赛区域和竞赛顺序。例如，竞赛的跑道；分道跑的分道；接力跑的接力区；跳远的起跳线；投掷项目的器械有效落地区；田赛运动员的试跳(掷)顺序等。如果运动员不在指定的区域内竞赛，或投掷器械落在有效区外，或运动员不按原定顺序进行试跳(掷)，裁判员就可直接判决。

6. 后果依据

比赛过程中，由于运动员的不正当行为，阻碍了现场竞赛活动的正常进行，破坏了比赛的程序和组织管理，违反了体育道德与社会的公德，酿成了不良的社会影响。这些严重后果已成为施以严厉裁处的主要依据。

7. 对比依据

在田径裁判过程中，经常进行横向或纵向的对比，以获取裁判的对比依据。例如，竞赛中录取参加下一赛次运动员的成绩对比；田赛远度项目最优成绩相等，进行次优成绩的对比；高度项目最后成绩相等，进行最后跳过高度试跳次数的对比；以及全赛中失败次数的对比等。

(二)田径运动竞赛裁判的原则

1. 公正原则

公正是田径裁判员的生命，是田径运动竞赛裁判工作的核心，也是贯彻各项裁判原则的先决条件。公正是准确的基础，而公正裁判又离不开裁判的准确性，离不开对尺度掌握的一致性。因此，为了做到真正公正的裁与判，就要有公心，要正确全面地获取裁判依据，掌握与遵循各项裁判原则。

2. 准确原则

准确是田径裁判员的灵魂。裁判的成功与否，取决于准确的程度。准确与否首先取决于裁判是否真正以客观事实为依据。如果不以客观事实为依据，而是被假象所迷惑或者只是主观臆断，都会造成裁决的失准和失误。

3. 一致原则

一致原则是裁判员工作的职业态度，指在竞赛中对任何裁判目标，均应以规则为准绳，以事实为依据，使“尺度”一致，一视同仁。

4. 独立原则

裁判员应该在自己的工作岗位上，坚持独立观察，独立判断，不应受他人左右，不应受客观环境干扰。贯彻独立原则的前提，要求每名裁判员刻苦钻研和认真学习竞赛规则及裁判方法，提高思想和心理修养，不断参加实践，总结经验，提高自己的实际工作能力。

三、田径运动竞赛裁判方法

(一)赛前控制中心(检录)

1. 工作任务

按时召集运动员检录，按竞赛规则规定做好各项检查，发小号码，准时把运动员按规定路线带入赛场。

2. 工作方法

(1)检录时间：检录时间显示操作员按时将各项目检录开始时间、结束时间和到达比赛场地时间显示在屏幕上，公告于众(表 5-23)。

表 5-23 检录时间 （单位：min）

项目	检录开始时间	结束时间	到达赛场时间
径赛	赛前 30	赛前 15	赛前 10
跨栏、接力	赛前 40	赛前 30	赛前 15
田赛	赛前 40	赛前 30	赛前 25
撑竿跳高	赛前 50	赛前 40	赛前 35

(2)工作流程：裁判员提前 1.5 h 到场→主裁判领取和下发当日秩序册、表格、检录流程表，分配检录任务→广播、屏幕显示同步→入口检查参赛卡、号码、服装并记录→用秩序册进行第一次检录(收卡、查号、衣、鞋、包、物、广告)→终端确认后出一份单子(4×100 m 再加 3 份)，检录员签字，主裁判签字→第二次检录(发两个小号码)→带运动员到起点交助理发令员(人、单)→参赛卡交赛后控制中心→返回报告，准备下一项任务。

(3)田赛各项目检录工作由田赛各项目管理裁判员和记录员执行。赛前控制中心由主裁判掌握时间，确定进场时间和路线。管理裁判把检录情况报告赛前控制中心计算机终端操作员。

(4)全能项目检录工作：每天第一项比赛由赛前控制中心检录，方法同单项。后继项目由全能裁判员自行检录。

(5)4×100 m 接力根据规定时间和接力区远近，分别带各棒运动员入场。除第一棒运动员交助理发令员，第二、第三、第四棒运动员交各接力区检查员。

(二)赛后控制中心

1. 工作任务

组织已比赛完项目的运动员退场，归还运动员衣物、身份卡等物品，将各项目决赛获奖运动员送到发奖处，发奖后再送到新闻中心参加新闻发布会，然后护送被选中接受兴奋剂检查的运动员到兴奋剂检查中心。

2. 工作流程

物品归还组负责接收、保管由赛前控制中心和径赛起点送来的运动员物品等→终点管理组引导和召集比赛完毕的径赛运动员离开终点区域，进入赛后控制中心→物品归还组赛后按运动员号码准确无误地归还物品→协调组召集和控制参加发奖的运动员在规定的时间把他们带到发奖处，发奖后将运动员带到新闻中心接受采访→协调组将接受采访的运动员带回赛后控制中心，由物品归还组按运动员号码准确无误地归还物品→协调组将需要接受兴奋剂检查的运动员带到兴奋剂检查中心→服务管理组疏导无关运动员及时离开赛后控制中心，退出场外。

(三)起点裁判工作

1. 工作任务

根据田径竞赛规则和竞赛规程的有关规定，按照现场指挥中心规定的工作程序，组织各项径赛运动员按时比赛；保证运动员在机会均等的情况下起跑；警告和取消犯规运动员的比赛资格。

2. 工作方法

(1)发令员、助理发令员和召回员按规定时间准时到达工作岗位，检查所需物品和器材。

(2)助理发令员接收运动员，并核实运动员的号码、道次号、道次，组织运动员安装起跑器和进行练习。

(3)赛前助理发令员通知运动员停止练习，组织运动员站在各自道次集合线上候令。

(4)指挥中心发出即将开始比赛的信号，并在显示屏上显示本组运动员的检录表，同时宣告员介绍运动员。

(5)发令员看到传感指示灯亮，立即发出“各就位”口令，助理发令员认真检查运动员的“各就位”动作，待动作符合规则时举手示意，发令员则可发出“预备”口令，待运动员完全稳定后鸣枪。如发现运动员犯规，立即鸣枪召回，由发令员通知犯规运动员，并将该运动员的道次旗放倒或在道次牌上显示犯规信号。

(6)发令员的口令要清晰洪亮，“各就位”口令稍长些，“预备”口令平稳短促，发令枪应举至烟屏中央稍下，鸣枪后稍停片刻再放下。

(7)发令员位置的选择(图 5-3、图 5-4)。

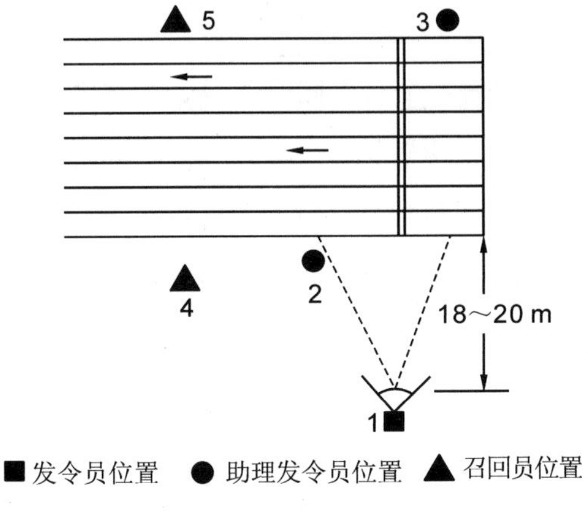

图 5-3　直道起跑发令员位置

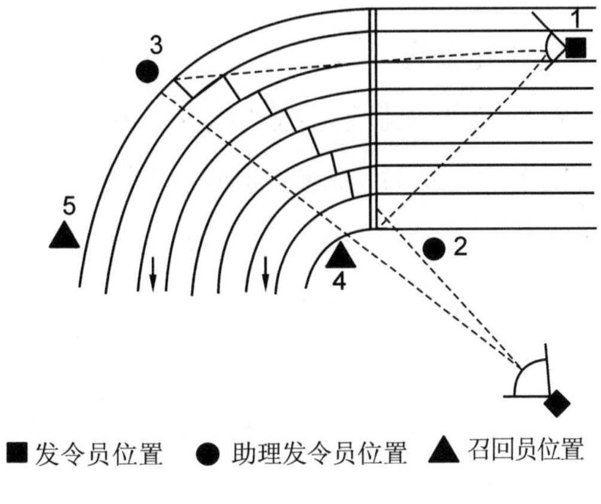

图 5-4　梯形起跑发令员位置

(四)计时裁判工作

1. 工作任务

准确计取径赛项目运动员分段及全程比赛成绩，协助终点裁判组做好长距离跑和竞走项目的记圈工作。

2. 工作方法

(1)赛前主计时裁判将成绩记录卡交给计时员。当比赛即将开始的信号发出后，计时员应立即回表，并辨认自己道次运动员的特征，然后全神贯注看烟屏，见烟或闪光开表，并检查秒表是否启动，如有故障，立即报告主裁判。

(2)当运动员接近终点时，应以主要目光盯住终点线后沿垂直面，用余光看运动员。当运动员躯干(不包括头、颈和四肢)的任何部分到达终点线后沿垂直面瞬间停表。停表后，先核对运动员的号码，再填写成绩。在分表栏中填写 1/100 s 成绩，在决定成绩栏中填写 1/10 s 成绩。

(3)主计时裁判审核成绩记录卡无误后，送交径赛记录员。

(4)分道和部分分道径赛项目，采用按道次分工计时与按名次计时相结合的计时方法。不分道跑的径赛项目，采用"人盯人到底"计时圈方法，即每名计时员负责一名或两名运动员的计时(包括计取分段时间)、记圈、记名次并兼报脱圈。

(五)终点和记圈裁判工作

1. 工作任务

准确、迅速地判定径赛运动员到达终点的名次，并负责中、长距离跑和竞走比赛的记圈工作。

2. 工作方法

(1)分道跑项目采用按名次分工的方法。即每人主看一个名次同时兼看一个与主看名次相邻的名次。例如，7 名裁判员分别主看前 7 名运动员；主看第 2、第 3、第 4 名的裁判员，分别兼看第 1、第 2、第 3 名；主看第 5、第 6、第 7 名的裁判员，分别兼看第 6、第 7、第 8 名。再由一名裁判员主看第 4、第 5 名。裁判员将所看名次填入"终点名次报告表"并交主裁判。两名主裁判分别看第 1～4 名和第 5～8 名运动员。

(2)部分分道跑项目采用按道次分工"人盯人到底"的计时方法，或按名次分工的计时方法。

(3)不分道跑项目通常采用的方法有以下两种。

第一种方法：终点组负责总记圈和报圈工作，人工计时组采用"人盯人到底"的计时方法，完成记圈、计时工作。当出现脱圈运动员时，负责该运动员的计时员通知报圈员，当运动员通过终点时，报圈员举牌或口头通知运动员剩余圈数。

第二种方法：终点裁判组担任全部记圈工作，即在终点主裁判领导下，将终点裁判员分成总记圈组、脱圈组和余圈显示组。比赛时，终点主裁判及时向计时主裁判通报脱圈和中途退场运动员的号码；最后一圈前，掌握前 8 名运动员的跑进顺序，并与计时主裁判核对。最后一圈铃响后，向计时主裁判通报领先的 1～8 名运动员的号码。当运动员临近终点时，根据总记圈的记录，再次通报运动员到达终点的顺序。总记圈组由 A、B、C 共 3 名裁判员组成，比赛开始，负责核对参赛人数并记入表内。每次运动员通过终点时，由 A 报号码，B 依次在总记录表上记录，C 记录每圈领先运动员通过终点的时间，记录脱圈运动员的人数。运动员跑到距离终点 15～25 m 时，由 A 向主裁判报告名次顺序，B 记录到达终点的名次顺序。脱圈组由 D、E、F 共 3 名裁判员组成。每圈领先运动员通过终点时，D 报号，E 记录，F 监听报号和监记工作。脱圈运动员距终点 10～15 m 时，根据 D 的口头报号，由 F 向脱圈运动员口头通知剩余圈数或举牌提示。报圈组由 G、H 两名裁判员组成。G 操作余圈显示器，记录剩余圈数，记录每圈领先的 1～3 名运动员的号码。H 在鸣枪时开表计时，综观全场，了解运动员脱圈情况，协助、监视 C 操作，并负责最后一圈的摇铃。

(六)检查裁判工作

1. 工作任务

赛前复查径赛场地、设备和器材。比赛过程中，检查径赛运动员有无犯规。检查跨栏跑、障碍跑栏数、栏位、栏高是否准确；在 4×400 m 接力中安排第 2、第 3、第 4 棒运动员上道。

2. 检查的方法和重点

(1)运动员出发后，检查员的目光应追随运动员移动。当运动员进入自己的检查区域要全神贯注地观察有无犯规情况，做到目迎目送。长跑项目应记住运动员的特征和途中位置的变化等。

(2)分道(部分分道)跑项目检查重点。直道串道，有无阻挡；弯道跑处右侧分道线有无阻挡；踏(踩)或越过左侧分道线是否从中获利；得到外界的帮助推、拉、伴跑；以任何方式阻碍他人跑进；抢道线处，外道运动员提前切入里道；由弯道进入直道或由直道进入弯道时串道等。

(3)不分道项目检查的重点。起跑出发时、弯道上、终点冲刺或相互超越时发生冲撞、推、拉、踩、踢、绊、阻挡等。

(4)跨栏、障碍跑检查的重点。过栏时运动员的腿或脚是否低于栏顶水平面，起跨腿或摆动腿从栏外过，有意推或踹倒栏架，摔倒后串道阻挡，手臂摆动影响他人等。

(5)接力跑项目检查的重点。运动员的号码与棒次表是否相符，4×100 m 接力是否在预跑线内起跑，是否在接力区内完成交接棒(以棒为准)，传接棒时有无抛掷，有无借助外力推着跑，掉棒后是否由原掉棒者拾起，交棒后离开本分道时是否阻挡他人跑进等。

(6)发现犯规时，首先要看清号码、道次，并迅速用胶布标出地点；然后向组长和主检查裁判举旗示意，见主检查裁判回旗后，应马上填写检查报告表，待主检查裁判和径赛裁判长前来核实情况。

3. 协调配合

(1)检查裁判到位后，终点处的主检查裁判向终点主裁判举旗示意准备就绪。

(2)旗示。

①赛前询问。主检查裁检查判将旗直臂侧平举，检查裁判员也将旗直臂侧平举；主检查裁判将旗上举，准备好的裁判员也将旗上举；主检查裁判将旗放下，裁判员也将旗放下(如没准备好，将旗在腿前左右摆动)。

②发现犯规。裁判员将旗上举左右摆动。

③轮换位置。主检查裁判将旗举在头顶上画圈。

④退场。主裁判将旗举在头顶上画圈后侧指。

(3)比赛中出现犯规时，终点处主检查裁判面向径赛裁判长，将旗举至胸前左右摆动，然后横平放下，示意该组成绩缓报。

(七)跳高、撑竿跳高裁判工作

1. 工作任务

执行田径竞赛规则，完成跳高、撑竿跳高比赛的裁判任务。

2. 工作方法

(1)赛前 40～50 min 整队入场，调试器材和仪器设备；记录员和管理裁判员到赛前控制中心检录；赛前 30～40 min 带领运动员进场；主裁判向运动员提出注意事项，宣布起跳高度和升高计划；撑竿跳高赛前 30 min，管理裁判员督促运动员登记架距，运动员开始丈量助跑距离；组织运动员按比赛顺序练习试跳 1～2 次。

(2)赛前 3～5 min 停止练习，记录员登记免跳高度。撑竿跳高设置第一位试跳运动员架距位置。主裁判监督丈量起跳高度。

(3)开始比赛时，显示牌显示第一位试跳运动员的号码、跳次。起跳点裁判员平举红旗，当放下红旗时，时限开始启动。运动员试跳开始，裁判员准备接杆。

(4)当计时器距时限还有 15 s 时，时限员应立即举黄牌示意。当时限已到时，运动员仍未起跳，黄旗落下，运动员不得再试跳，起跳点裁判举红旗，以失败论，记录员记录该运动员无故延误比赛，试跳失败。运动员试跳成功上举白旗，试跳失败上举红旗。

(5)记录员在成绩记录表上进行记录(试跳成功：○；试跳失败：×；免跳：—；兼项请假：△)。检查记录员在显示牌上显示试跳成绩，终端操作员输入成功或失败的信息。

(6)当横杆升至破纪录的高度时，主裁判应请田赛裁判长、技术官员对横杆的高度进行检查。当运动员跳过破纪录的高度时，请田赛裁判长和技术官员再次检查高度。

(7)一个高度比赛结束后，被淘汰的运动员由管理裁判员带到赛后控制中心。比赛结束后，前 3 名运动员由管理裁判员带至赛后控制中心。

(8)比赛结束后，记录员整理成绩名次，与终端核对无误后，交主裁判、技术官员、田赛裁判长审核签字，再送编排记录公告处。

(9)跳高、撑竿跳高裁判员及有关工作人员位置示意图(图 5-5、图 5-6)。

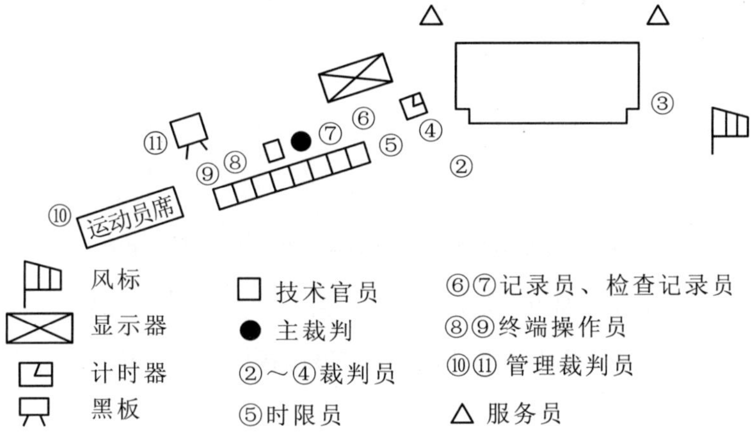

图 5-5　跳高裁判员及有关工作人员位置示意图

(八)跳远、三级跳远裁判工作

1. 工作任务

执行田径竞赛规则有关条款的规定，准确无误地完成跳远、三级跳远的裁判任务。

2. 工作方法

(1)赛前 40 min 全体裁判员入场，复查场地、器材，调试仪器。记录员和管理裁判员到赛前控制中心检录。

(2)赛前 30 min，运动员入场，主裁判向运动员提出注意事项。运动员丈量步点。组织运动员按比赛顺序进行练习试跳。记录员和终端操作员核对名单。

(3)赛前 5 min，起跳点裁判员将暂停比赛标志放在起跳板前，示意运动员停止练习。助理裁判员平整沙坑，管理裁判员通知运动员比赛即将开始，并告知第一个试跳运动员做准备。

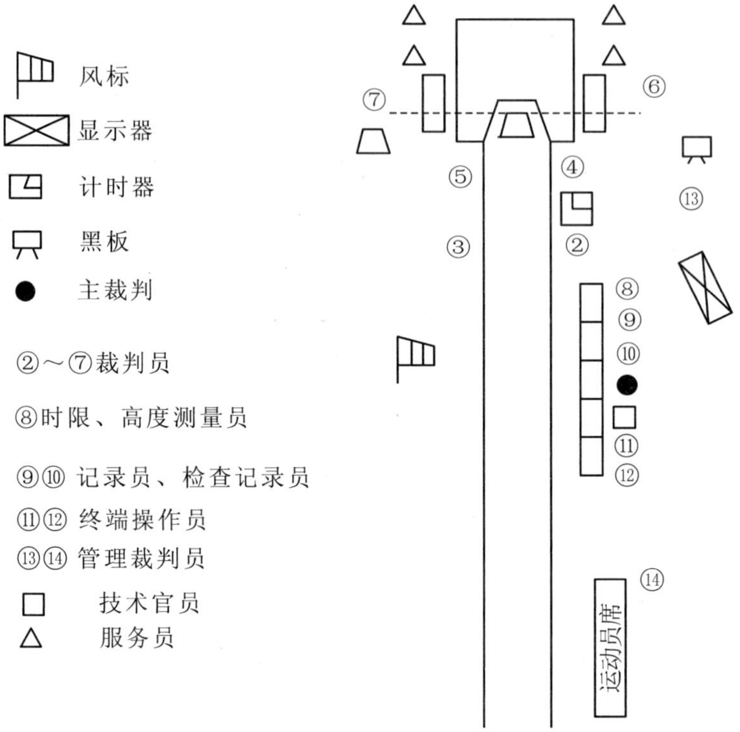

图 5-6　撑竿跳高裁判员及有关工作人员位置示意图

(4)赛前 30 s，检查记录员开始显示第一个试跳运动员的号码、跳次。管理裁判员通知运动员上助跑道准备试跳。起跳点裁判员撤下暂停比赛标志。时限员开始计时。运动员开始试跳。

(5)当计时器距时限还有 15 s 时，时限员应立即举黄旗示意。当时限已到时，黄旗落下，运动员不得试跳；起跳点裁判员举红旗，以失败论，记录员记录该运动员无故延误比赛，试跳失败。运动员试跳成功上举白旗，试跳失败上举红旗。

(6)运动员试跳结束，起跳点裁判员判断是否成功并举旗示意。落点裁判员准确判断运动员的落点，丈量时测距反射镜对准测量仪。激光测距操作员测量试跳成绩传送终端。记录员进行记录(试跳成功：○；试跳失败：×；免跳：—；兼项请假：△)，并记录风速。检查记录员显示成绩。

(7)成绩丈量结束后，检查员根据记录员的通知显示下一个试跳运动员的号码。管理裁判员通知下一个试跳运动员准备试跳。起点裁判员撤下暂停比赛标志，时限员开动计时器，比赛继续进行。

(8)前 3 轮比赛结束后，记录员排出前 8 名运动员的成绩，宣布后 3 轮运动员的比赛顺序(大型国际比赛最后一轮的试跳顺序应与前 5 次试跳后的排名相反)。被淘汰的运动员由管理裁判员带到赛后控制中心。开始后 3 轮比赛。

(9)在比赛中如破纪录，丈量裁判员报告主裁判，主裁判请田赛裁判长、技术官员审核成绩和风速。

(10)跳远、三级跳远裁判员及有关工作人员位置示意图(图 5-7、图 5-8)。

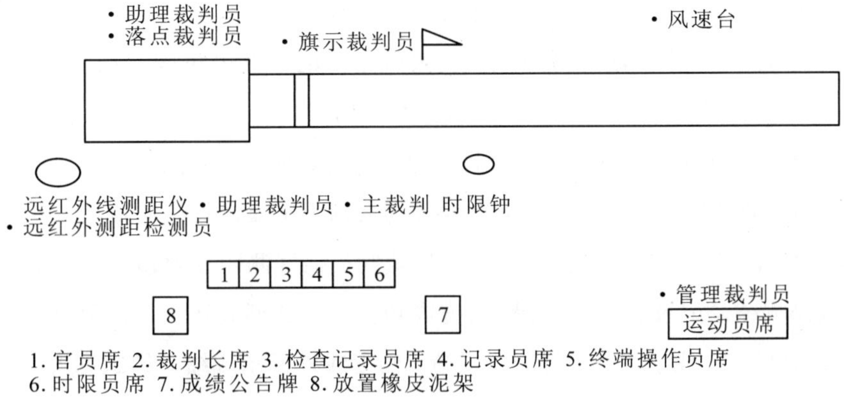

图 5-7　跳远裁判员及有关工作人员位置示意图

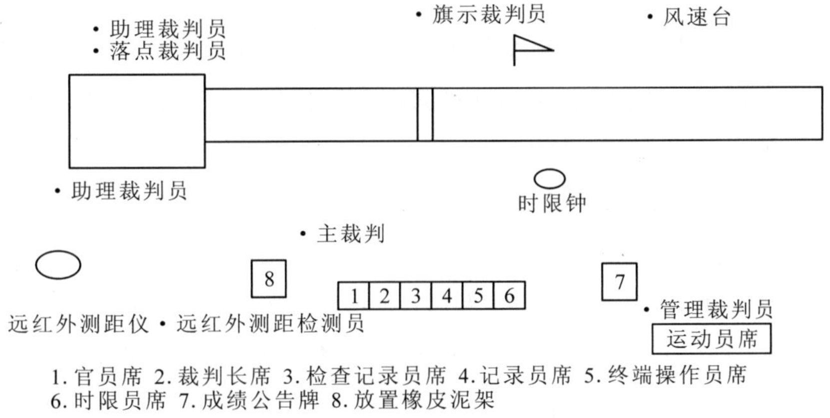

图 5-8　三级跳远裁判员及有关工作人员位置示意图

(九)投掷项目裁判工作

1. 工作任务

执行田径竞赛规则，准确无误地完成推铅球、掷铁饼、掷标枪和掷链球项目的裁判任务。

2. 工作方法

(1)赛前 40 min，记录员、管理裁判员到赛前控制中心检录，全体裁判员整队入场，检查场地器材，调试仪器。

(2)赛前 30 min，运动员入场；主裁判向运动员提出要求，组织运动员练习试掷 1～2 次。

(3)赛前 5 min 停止练习，清理场地器材，管理裁判员召集运动员到休息区休息。

(4)比赛开始，内外场裁判员以旗示联系，屏幕显示员显示比赛运动员的号码和轮次，管理裁判员通知试掷运动员做好准备，内场裁判员撤去停赛标志，时限员启动计时器，运动员进入投掷区开始试掷。

(5)当计时器距时限还有 15 s时，时限员应立即举黄旗示意。当时限已到时，黄旗落下，运动员不得试掷，内场裁判举红旗，以失败论，记录员记录该运动员无故延误比赛，试掷失败。运动员试掷成功上举白旗，失败上举红旗。

(6)运动员试掷结束，内场裁判员立即走进投掷区，面向外场将旗直臂上举，以示试掷是否有效。落点裁判员判定落点，试掷有效外场裁判不举旗，直接丈量成绩；试掷无效外场裁判举红旗，内场不举旗。试掷成功，外场裁判员插好测距反射镜，激光测距员操作测距仪测定试掷成绩。记录员进行记录(试掷成功：○；试掷失败：×；免掷：—；兼项请假：△)，计算机录入成绩，显示屏公告成绩，角度线外标示成绩。如试掷失败，记录、录入失败符号。当成绩公告牌旋转回原位后，消去本次显示，再显示下一试掷运动员的号码和轮次，比赛继续进行。

(7)前 3 轮试掷结束后，记录员排出前 8 名运动员的成绩，宣布后 3 轮比赛顺序(大型国际比赛最后一轮的试掷顺序应与前 5 次试掷后的排名相反)。管理裁判员将被淘汰的运动员带到赛后控制中心。开始后 3 轮比赛。

(8)比赛结束后，记录员排列名次，请主裁判、田赛裁判长和技术官员签字。管理裁判员把运动员带到赛后控制中心。

(9)比赛中如破纪录，主裁判立即通知田赛裁判长和技术官员进行审核。

(10)推铅球、掷铁饼、掷链球、掷标枪裁判员及有关工作人员位置示意图如图 5-9、图 5-10、图 5-11、图 5-12 所示。

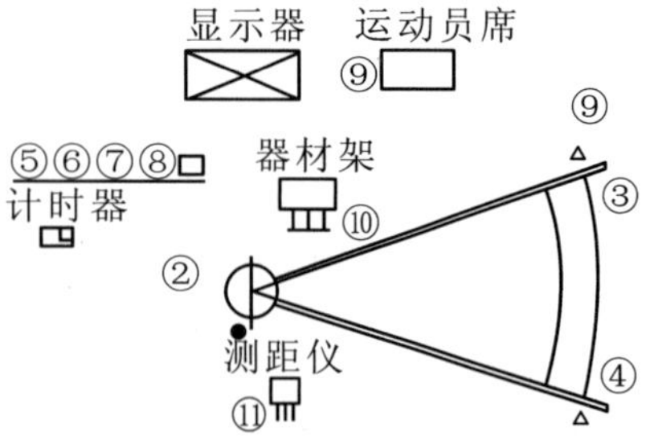

●主裁判　②内场裁判员　③落地裁判员　④外场裁判员　⑤记录员　⑥检查记录员　⑦终端操作员　⑧时限员　⑨管理裁判员　⑩器械管理员　⑪测距员　□技术官员　△服务员

图 5-9　推铅球裁判员及有关工作人员位置示意图

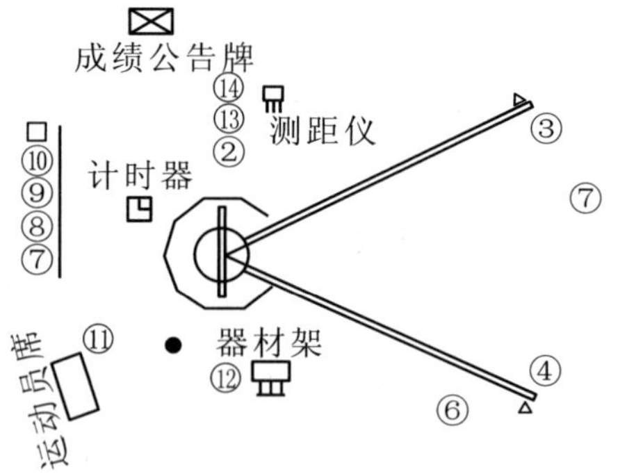

●主裁判　②内场裁判员　③落地裁判员　④⑤⑥外场裁判员　⑦记录员　⑧检查记录员　⑨终端操作员　⑩时限员　⑪管理裁判员　⑫器械管理员　⑬测距员　⑭检查测距员　□技术官员　△服务员

图 5-10　掷铁饼裁判员及有关工作人员位置示意图

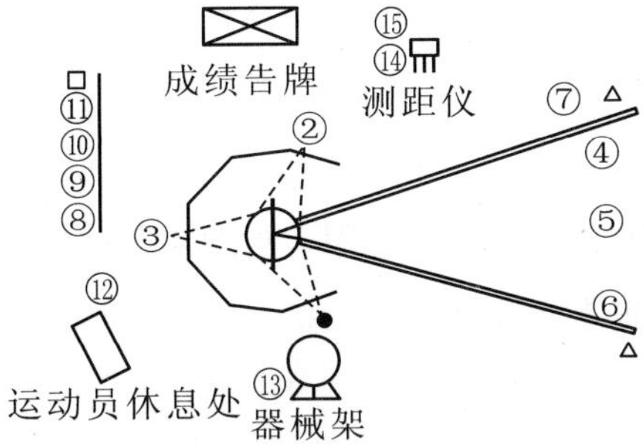

●主裁判　②内场裁判员　③判犯规裁判员　④落点裁判员　⑤⑥⑦外场裁判员　⑧记录员　⑨检查记录员　⑩终端操作员　⑪时限员　⑫管理裁判员　⑬器械管理员　⑭测距员　⑮检查测距员　□技术官员　△服务员

图 5-11　掷链球裁判员及有关工作人员位置示意图

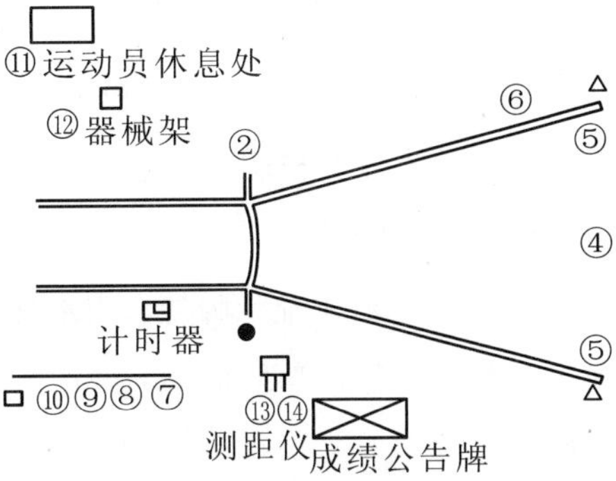

●主裁判　②内场裁判员　③落地裁判员　④⑤⑥外场裁判员　⑦记录员　⑧检查记录员　⑨终端操作员　⑩时限员　⑪管理裁判员　⑫器械管理员　⑬测距员　⑭检查测距员　□技术官员　△服务员

图 5-12　掷标枪裁判员及有关工作人员位置示意图

(十)全能裁判工作

1. 工作任务

协助赛前控制中心进行每天全能第一项的检录；负责后续项目比赛的检录和运动员休息时的管理工作；向运动员宣布单项成绩得分和累积分，比赛结束后排出名次。

2. 工作方法

(1)管理裁判员赛前 30 min(田赛 40 min)协助赛前控制中心检录，并负责后续项目检录。

(2)根据不同项目的比赛时间，由管理裁判员将运动员名单、成绩记录表、检查表送交有关裁判组主裁判。比赛后向有关主裁判取回成绩记录表。各项比赛后，由管理裁判员将运动员带到休息室休息。裁判员查单项得分，计算累积分，待下一项比赛开始前向运动员宣布。

(3)全能比赛最后一项的分组应将倒数第二项比赛后积分领先的运动员分在一组，并填写检录表，以及时公告。

(4)最后一项比赛结束后，要认真核对所有成绩、得分、累积分，排出名次。全能裁判长签字后送编排记录公告组，管理裁判员将运动员送到赛后控制中心。

(十一)竞走裁判工作

1. 工作任务

根据田径竞赛规则和竞赛规程的有关规定，保证比赛在公平竞争中进行。

2. 工作方法

(1)赛前 40 min 全体裁判员和工作人员到达比赛场地，检查场地、器材等。主裁判再次明确裁判员的分工与位置，强调出发和结束时的裁判调配。各竞走裁判和联络员提前 10 min 到达指定位置。

(2)记录处、红卡显示牌处、用水站、饮水和饮料站、计时、记圈、折返点等处的裁判员和工作人员，应于赛前 30 min 到达工作岗位，协助布置比赛用的桌椅、裁判器材、用水和饮料等。

(3)裁判员认为某运动员的动作有违反竞走定义的迹象时，应给予警告，同时向该运动员出示警告判罚牌。随后将该运动员的号码、犯规时间和犯规性质填写在判罚记录表上，赛后交竞走记录员。裁判员判定某运动员再次出现同一性质的犯规时，应填写红卡，并由联络员交竞走记录员。

(4)主裁判收到竞走裁判员送交的红卡，经核对无误后，交由记录员将红卡记入记录总表，并立即通知红卡显示牌操作员显示运动员号码和红卡数。当收到某运动员第 3 张红卡时，主裁判应取消犯规运动员的比赛资格。

(5)比赛结束后，所有竞走裁判将白卡交记录处，记录员应将警告一一填入记录总表，并将总表复印分发给竞走裁判员。

(十二)风速测量工作

1. 工作任务

按竞赛规则规定，及时准确地测定出有关项目比赛中的风速并记录测量结果。

2. 工作方法

(1)赛前 30 min 到达比赛场地，领取器材，安装、调试风速仪、风标和风速测定结果显示器，确定跳远和三级跳远 40 m 和 35 m 的标记。

(2)赛前 10 min，将拟测定的竞赛项目输入风速仪电脑。

(3)比赛开始，按照规则规定测定风速。每次测定后将测定结果填写风速记录表，分别向径赛记录员和跳远、三级跳远记录员显示。每项比赛结束后，将风速记录表与径赛记录员或田赛记录员的记录进行核对。

3. 风速仪位置

(1)径赛：风速仪距跑道内突沿不超过 2 m，距终点线 50 m，高度为 1.22 m。

(2)田赛：距起跳板 20 m 处，距助跑道标志线不超过 2 m，高度为 1.22 m。

(十三)激光测距工作

1. 工作任务

判读田赛远度项目运动员的比赛成绩及跳高和撑竿跳高升高高度。

2. 工作方法

(1)按照入场时间，随有关项目裁判整队入场。

(2)确定激光测距仪的安装位置，与技术人员和有关裁判员一起，用钢尺对仪器测量结果进行校对。

(3)远度项目的测量：落点裁判员按技术要求插好反光镜，技术人员进行测量操作，测距裁判员判读成绩，同时向落点裁判举手示意测量完毕。

(4)跳高和撑竿跳高的测量：每次升高横杆高度，都要测量，并由测距裁判员判读确认横杆是否符合升高高度。当横杆被运动员碰落后，要重新测量。

(5)每项比赛结束后，要再次对激光测距仪进行校对，以使运动员的成绩准确无误。

(十四)竞赛秘书组工作

1. 工作任务

接受审核各代表队报名信息，提供总秩序册的相关内容；准备技术会议相关文件，参加技术会议，收取运动员参赛确认表；进行竞赛分组，编排竞赛日程表，制作秩序分册；接收各项竞赛项目的成绩信息，编辑后继赛次信息，制作每日秩序册及成绩册，给相关裁判组发布竞赛的有关信息，制作各裁判组使用的相关表格，制作总成绩册。

2. 工作方法

(1)赛前：接收、审核每个代表队的报名信息，编排竞赛日程，编制印秩序册；打印径赛检录表、田赛成绩记录表，编制比赛所需表格和文件等。

(2)赛中：接收、审核各项比赛成绩；发布成绩公告、新纪录公告和后继赛次录取名单、编排次日竞赛日程和竞赛分组；接收接力项目的棒次表；汇编次日秩序册；统计团体总分和奖牌数、总成绩汇总，出具比赛成绩证明。

(3)赛后：汇编、审核总成绩册，整理所有文件、资料，交主办单位存档；写出书面总结交赛事主管，分发总成绩册到各参赛单位。

(十五)技术信息中心

1. 工作任务

确保各代表团同组委会、技术代表和赛事总管等在技术事务上保持通畅的联络，准确地收集、传递和发布各种比赛信息，解答比赛中的相关问题，接收参赛单位每日运动员参赛确认表和接力棒次表。发放比赛有关文件、特别通行证及证书，接收申诉材料并及时上报仲裁委员会，确保比赛顺利、有序地进行。

2. 工作方法

(1)提前到达工作地点，做好各项准备工作。

(2)分发有关文字类文件，并认真做好签发登记。

(3)及时浏览网上公布的比赛信息，快速掌握比赛进程、成绩公告和相关信息发布等内容，定时与有关部门联系，向他们了解各种比赛信息。

(4)对咨询做好耐心答复，必要时进行记录，并适时上报有关领导，对不易解决或一时难以答复的问题做好记录，待了解或请示后再予以答复。

(5)及时签收各代表队应上报的各种表格，按照规定时间收取接力棒次表，并检查接力棒次表的填写内容是否符合现行规则规定，检查领队与教练员的签名与时间是否完整。

(6)对申诉材料及申诉费进行签收登记，详细记录签收时间、金额数量，无误后请有关申诉代表团官员签名确认，迅速上报仲裁委员会。

(7)做好工作小结，并归还各种物品；全部比赛结束后，撰写书面总结并上报竞赛主管。

思考与练习

1. 田径运动会竞赛规程包括哪些内容？

2. 试述编排竞赛分组的方法。

3. 试述编排竞赛日程应注意的事项。

4. 试述编排竞赛日程的程序与方法。

5. 试述径赛项目、田赛的高度项目和远度项目名次判定与成绩相等的处理方法。

6. 熟悉田径竞赛的主要规则。

7. 田径运动竞赛裁判的依据和原则有哪些？

8. 熟悉径赛项目裁判工作中检录、发令、计时、终点、检查工作的任务及其工作内容与方法。

9. 熟悉田径跳跃项目、投掷项目裁判组的工作任务和工作方法。

第六章 田径运动场地

本章要点与导学

本章介绍了田径运动场地的发展简况，详细阐述了半圆式田径场地的结构，田径运动场地的设计与计算，小型田径运动场地的设计以及田径场径赛、田赛场地的画线方法。

通过本章的学习，学生能够理解和应用田径场地的设计与计算方法，能够应用所学知识进行小型田径运动场地的设计，掌握田径场跑道、田赛场地的画线方法。本章的学习重点是田径场跑道、田赛场地的画线方法和小型田径运动场地的设计，学习难点是田径运动场地的计算。

田径运动场地是进行田径运动竞赛、田径运动教学与训练、组织和开展大众体育活动必不可少的物质条件，半圆式田径场是已被国内外普遍采用的田径竞赛场地结构，通常采用的弯道内突沿至圆心半径有 36 m、36.5 m 和 37.898 m 这 3 种规格，现在国际田联把半径为 36.5 m 的半圆式田径场定为标准田径地。

第一节　径赛场地

田径运动场地的形状与结构随着田径运动的发展而产生相应的变化。据资料记载，最早(公元前 776 年)的田径运动场采用一条直道，而后又发展到两条直道和一个弯道所组成的(马蹄形)跑道，而后也出现过"篮曲式""三角式""四角式""三圆心式"等不同结构的场地。直到 1896 年第一届现代奥林匹克运动会，半圆式田径场的结构才基本定型为由两条平行直道与两条相同半径的弯道所组成的半圆式田径场地。

一、半圆式田径场地的结构

(一)半圆式田径场地的平面结构

半圆式田径场地的跑道是由两条相同半径的半圆式弯道和两条平行直道所组成的(图 6-1)。

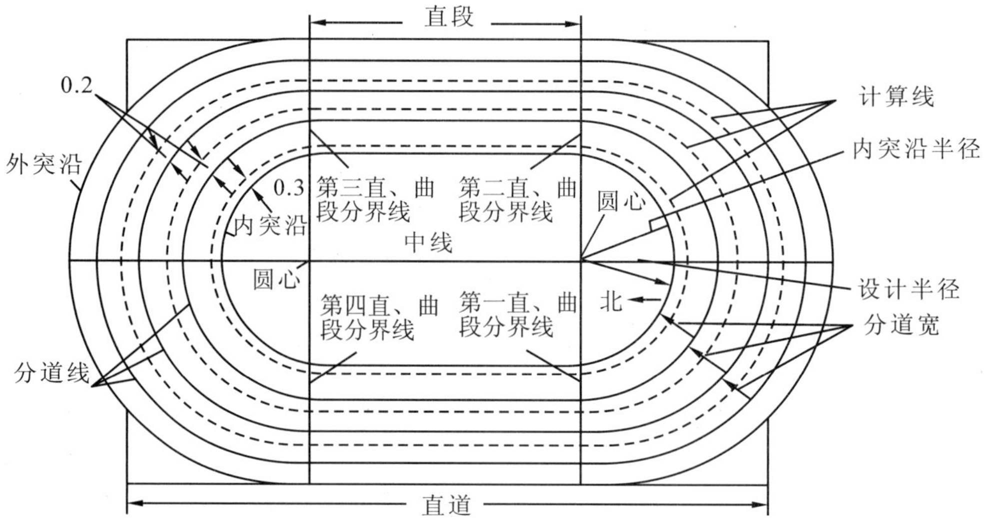

图 6-1　半圆式田径场地的平面结构图(单位：m)

1. **纵轴线**

半圆式田径场地的纵轴线应为南、北走向，以便于减少阳光斜射对直道上比赛的影响，它位于场地的中线，是绘图和修建场地的基准线。

2. **基准点**

田径场内有一些特殊的固定点，在丈量和画线时可以作为基准，被称为"基准点"。通常采用"六基准点"丈量法时，以跑道各直、曲段分界线交于跑道内突沿的分界点为第一、第二、第三、第四基准点，田径运动场地纵轴线交于跑道内突沿的分界点为第五、第六基准点。

3. **圆心**

半圆式田径场有两个圆心，都在纵轴线上，为南北两个半圆的圆心，它是画内、外沿和各条分道线的基准点，两圆心之间在纵轴线上的距离等于直段长度。

4. 内突沿和外突沿

它们是跑道内侧、外侧突起的边沿，宽度不小于 5 cm，高度等于 5 cm，其宽度不计入跑道的宽度。

5. 直、曲段分界线

直、曲段分界线(A、B、C、D)是跑道直段和弯道交于跑道内、外突沿的分界线，垂直于纵轴线并通过圆心，它们是丈量和画径赛各项目起跑线、抢道线、接力区和确定各栏位置及障碍栏架位置的基准线。

在半圆式田径跑道结构的描述中通常把终点处的直、曲段分界线称为第一直、曲段分界线，其余的按逆时针方向依次为第二、第三、第四直、曲段分界线。这 4 条直、曲段分界线是测量跑道的基准线，通常在跑道的内、外突沿上标出准确的标志。第一、第二分界线之间的弯道通常称为第一弯道，第三、第四分界线之间的弯道称为第二弯道。

6. 直段和直道

直段是直、曲段分界线之间的两段直道。直道包括直段和直段两端延长的直道段落，统称为直道。

7. 分道线

《田径竞赛规则》规定，室外田径场跑道的分道宽为 1.22 m±0.01 m。分道线是相邻两条分道之间的界线，宽度为 5 cm，分道线宽度包括在内侧分道的宽度之内。

8. 跑道宽和分道宽

跑道宽是指跑道内突沿外沿至外突沿内沿之间的宽度，即各分道宽度之和，也称跑道总宽。分道宽是指每一条分道的宽度，即从各分道内突沿或内侧分道线的外沿到外侧分道线的外沿之间的宽度。

9. 计算线

计算线是用以计算各分道线周长的“实跑线”，根据《田径竞赛规则》规定，第一分道计算线的周长应距内突沿的内沿 0.30 m 处计算，其余各分道弯道计算线的周长，应距左侧分道线的外沿 0.20 m 处计算。

例如，一个弯道内突沿半径为 36.5 m 的 400 mm 半圆式田径场，计算田径场两弯道第一分道计算线周长时，应为：

$$C_1=2\pi(r+0.30)=2\times3.1416\times(36.5+0.30)=231.22(\text{m})。$$

计算田径场两弯道其余各分道计算线周长时，应为：

$$C_n=2\pi[r+(n-1)d+0.20]。$$

例如，计算田径场两弯道第 8 分道计算线周长时，应为：

$$C_8=2\pi[r+(n-1)d+0.20]$$

$=2\times3.1416\times[36.5+(8-1)\times1.22+0.20]=284.25(\mathrm{m})$。

10. 位线

位线也称位置线，它包括各种距离的起点线、集合线、终点线、接力区前后沿线、4×100 m 接力区预跑线、抢道线等，其线宽均为 5 cm。

(二)田径场地的布局

田径场地的布局要合理与实用，应根据不同的需要进行合理布局，用于竞技比赛场地和教学训练的场地应具有各自的特点，田赛的跳跃和投掷场地要充分利用跑道内外的空地，并兼顾足球场地进行布局(图 6-2)。

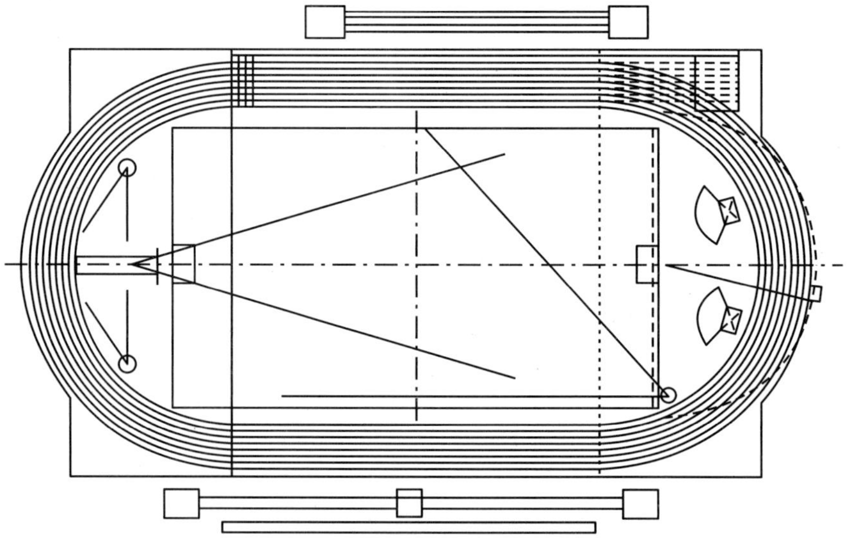

图 6-2　田径场地的布局

在田径场地布局时注意以下几个方面。

第一，要符合《田径竞赛规则》关于田径运动场地的规定与要求。

第二，尽量减少径赛与田赛项目之间的相互干扰，并注意两个长投项目的田赛场地不要在同一半圆内，确保使用安全。

第三，合理布置给水、排水道的走向，以有利于使用和保养。

第四，教学与训练场地应尽可能利用空地与空间设置较多的田赛练习场地，竞赛场地应考虑竞技与观赏运动的原则，规范竞技比赛场地的模式进行合理布局。

第五，场地的纵轴线应为南、北走向，以便于减少阳光斜射时对直道上运动竞赛的影响。

二、半圆式田径场地的设计与计算

半圆式田径场的跑道是由两条平行直道和两条半径相等的弯道组成的，标准半圆式田径场第一分道计算线周长为 400 m，直道应有 8～9 条分道，弯道应有 8 条分道。分道宽为

1.22 m，各分道线宽均为 5 cm，跑道左右倾斜度不得超过宽度的 1/100，跑进方向的前后倾斜度不得超过其长度的 1/1 000。

设计半圆式田径场，首先要根据空地可利用面积的长和宽，根据空地可利用面积的长和宽，确定设计成什么规格的场地。一个弯道内突沿半径为 36.5 m 的 400 m 半圆式田径场，占地的长和宽应不少于(设四周余地为不小于 1.00 m)。

场地纵轴长：$S_{纵}=2\times$(内突沿半径＋跑道宽＋余地)＋直段长

$=2\times(36.5+8\times1.22+1.00)+84.80$

$=179.32$(m)。

场地横轴长：$X_{横}=2\times$(内突沿半径＋跑道宽＋余地 S_2)

$=2\times(36.5+8\times1.22+1.00)$

$=94.52$(m)。

第一分道两弯道计算线长：$C=2\pi(r+0.30)$

$=2\times3.141\,6\times(36.5+0.30)$

$=231.22$(m)。

直段长：$S_1=(400-231.22)/2=84.39$(m)。

第一分道计算线周长：$C_{总}=2S_1+C=2\times$直段长$(S_1)+2\pi(r+0.30)$

$=2\times84.39+2\times3.141\,6\times(36.5+0.30)$

$=400.00$(m)。

直道(S)＝直段长 $S_1+2\times$延伸段跑道长度 $S_3=84.39+2\times36=156.39$(m)。

(注：r 为内沿半径；n 为分道数；d 为分道宽；S_1 为一个直段长；S_2 为余地延伸段跑道长度；S_3 为一个延伸段跑道长；C 为两弯道计算线长。如果设计的 3 000 m 障碍水池在弯道的外侧、跳远和撑竿跳高场地在直道的外侧，还需要留有相应充足的余地。)

三、田径运动场地的计算与丈量

田径运动场地的计算是丈量的基础，在教学、训练和竞赛时，丈量之前首先要计算出各种所需的数据，如径赛项目的起点位置、各项目起跑线前伸数、跨栏跑的各道各栏位置、接力区区域标志线等。根据计算得出的数据是进行场地丈量的基础和依据。

(一)分道跑和先分道后不分道跑项目起点前伸数的计算

1. 弯道长度的计算

半圆式场地各分道的直段长都是相等的，但由于各条弯道的半径不同，弯道上各分道的半径越大则弯道长度越长，存在着弯道差。为保证各分道运动员所跑的距离相等，必须以第一分道运动员的起点为基准，根据计算得出的前伸数分别相应前移。例如，200 m项目的前伸数等于各分道的一个弯道差，400 m项目的前伸数等于各分道的两个弯道差，800 m项目的前伸数等于各分道的一个弯道差加上其切入差，4×400 m接力跑项目的前伸数等于各分道的3个弯道差加上其切入差。计算弯道长度的基本公式如下。

计算第一分道两个弯道计算线周长，即$C_1=2\pi(r+0.30)$。

$C_1=2\pi(r+0.30)=2\times3.1416\times(36.5+0.30)=231.22(\text{m})$。

计算第2～8分道两个弯道计算线周长，即

$$C_n=2\pi[r+(n-1)d+0.20]。$$

例如，第8分道两个弯道计算线周长，即

$$\begin{aligned}C_8&=2\pi[r+(8-1)d+0.20]\\&=2\times3.1416\times[36.5+(8-1)\times1.22+0.20]\\&=284.25(\text{m})。\end{aligned}$$

2. 起点前伸数的计算

通过弯道长度的计算可以看出，第一分道两个弯道周长为231.22 m，第8分道两个弯道计算线周长为284.25 m，第8分道比第一分道多53.03 m，这就是第8分道与第一分道的两个弯道计算线周长之差，即400 m跑第8分道的起点前伸数。

在分道跑项目竞赛时，为使运动员所跑距离相等，除第一分道以外的外分道(2～8道)的起点就要根据弯道差前移。有些先分道后不分道跑的径赛项目比赛时(如800 m、4×400 m接力跑)，除考虑弯道差因素外还必须考虑各分道切入差因素，在起点前移的距离，计算和丈量时称为前伸数。

分道跑项目起点前伸数的计算公式如下。

起点前伸数=某分道弯道计算线长－第一分道弯道计算线长。

计算公式为：以径赛400 m跑为例，400 m跑各分道起点前伸数为

$$\begin{aligned}C_n&=2\pi[r+(n-1)d+0.20]-2\pi(r+0.30)\\&=2\pi[(n-1)d-0.10]。\end{aligned}$$

由简化公式$C_n=2\pi[(n-1)d-0.10]$可以看出，半圆式场地外圈各道起点前伸数与场地的半径r无关，而与分道宽的大小有关。

例如，400 m跑第8分道起点前伸数为(两个弯道差)。

$$\begin{aligned}C_8&=2\pi[(n-1)d-0.10]\\&=2\times3.1416\times[(8-1)\times1.22-0.1]。\\&=53.03(\text{m})。\end{aligned}$$

例如，200 m跑第8分道起点前伸数为(一个弯道差)

$$C_8=\pi[(n-1)d-0.10]$$
$$=3.1416\times[(8-1)\times1.22-0.1]$$
$$=26.52(\text{m})。$$

3. 切入差的计算

径赛中 800 m 及 4×400 m 接力项目是分道起跑，运动员根据规则要求跑过规定的距离后，从外分道向内分道切入进行不分道跑进。外道运动员向内道切入时比第一道运动员多跑的距离称为“切入差”。切入差的计算公式如下。

$$CE_n=DE-\sqrt{S^2-[(n-1)d-0.1]^2}。$$

公式中 CE 为切入差，n 为道次，S 为直段长，d 为分道宽。

例如，计算分道宽 1.22 m，直段长为 80 m 的 400 m 半圆式田径场第 6 分道的切入差（图 6-3）。

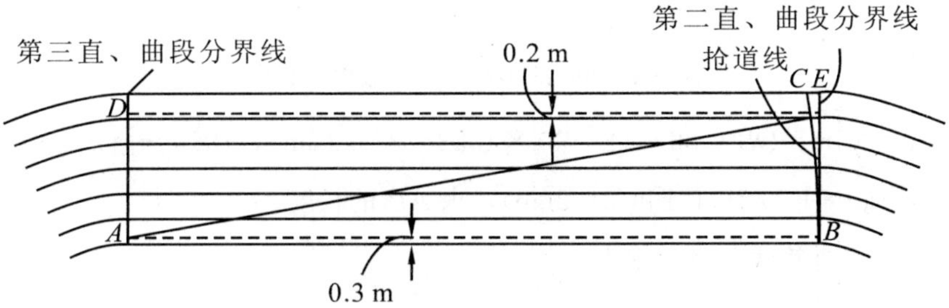

图 6-3　半圆式田径场的切入差

已知 $AB=AC=DE=S$，则直段长 $S=80(\text{m})$，

$AD=(n-1)d-0.1=(6-1)\times1.22-0.1=6(\text{m})$。

根据勾股定理 $AC^2=DC^2+AD^2$，

则 $DC=\sqrt{AC^2-AD^2}=\sqrt{AC^2-[(n-1)d-0.1]^2}$。

因为 $CE=DE-DC$，

$$\text{所以 } CE=DE-\sqrt{AC^2-[(n-1)d-0.1]^2}$$
$$=80-\sqrt{80^2-[(6-1)\times1.22-0.1]^2}$$
$$\approx0.23(\text{m})。$$

(二)分道跑起点的计算与丈量

1. 直道项目起点的计算与丈量

直道项目有 100 m 跑、100 m 栏、110 m 栏，起点的计算与丈量是以第四直曲段分界线为基点线，向后(直段长度等于 80 m 时)20 m 直接丈量找出 100 m 跑、100 m 栏起点线位置，向后 30 m 直接丈量找出 110 m 栏起点线位置。

2. 200 m 起点线的计算与丈量

200 m 为分道跑项目，第一分道起点线位置在第三直、曲段分界线处，其余各分道则以第一直、曲段分界线与内突沿外沿相交点为基准点，根据各前伸数为依据计算的余弦长度值丈量至各分道内侧分道线外沿处，即找出 200 m 各分道起点线位置。

例如，r 为 36 m，分道线宽 1.22 m，计算 200 m 跑时第三直、曲段分界线与内突沿外沿相交点至第二分道内侧分道线外沿(起跑线)的放射线长度(图 6-4)。

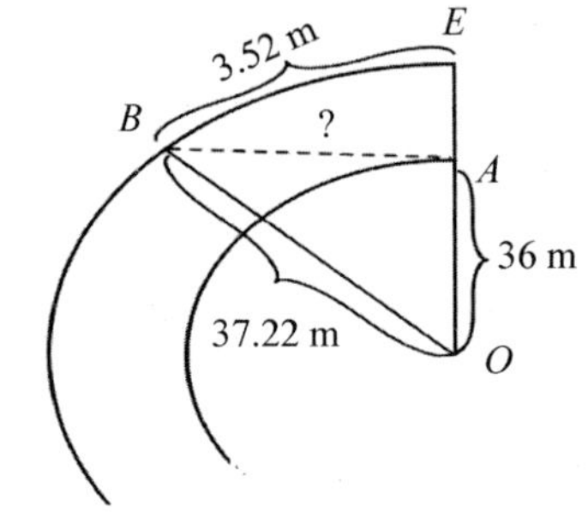

图 6-4　200 m 跑第二分道放射线长度

已知 $OA=36$ m，$OB=36+(2-1)\times1.22=37.22$(m)，$BE=\pi[(n-1)d-0.1]=3.141\,6\times[(2-1)\times1-22-4.1]=3.52$(m)，求 AB 的长度。

第二分道每米计算线所对角度为

$$\frac{180^\circ}{\pi[r+(n-1)d+0.2]}=\frac{180^\circ}{114.04}=1.531\,154^\circ,$$

查 $\cos\theta$ 的函数值为 0.995 578 9。

代入余弦公式

$$AB=\sqrt{OA^2+OB^2-2OA\cdot OB\cos\theta}$$

$$=\sqrt{36^2+37.22^2-2\times36\times37.22\times0.995\,578\,9}$$

$$=3.65(\text{m})。$$

上式中，OA 为内突沿半径，OB 为第二分道内侧分道线至圆心的距离，BE 为前伸数，AB 为放射线长度。

(三)不分道跑项目起点的计算与丈量

1. 1 500 m 起点的计算与丈量

1 500 m 属不分道跑项目，起点位置在第二直、曲段分界线后 20 m 处。可直接丈量(图 6-3)各直道分界线上的各点。但由于这些点在直道分道线的延长线上，延长线在场地上实际上是不画出来的，因此具体画线时仍有一定的困难。一种方法是运用余弦定理计算出各道起点的放射线长，先画出各道起点位置的点，再将各点用弧线连接起来，即起跑线。

例如，r 为 36.3 m，直段长 85.96 m，分道宽 1.22 m，计算 1 500 m 第 4 分道线上的放射线长度(图 6-5)。

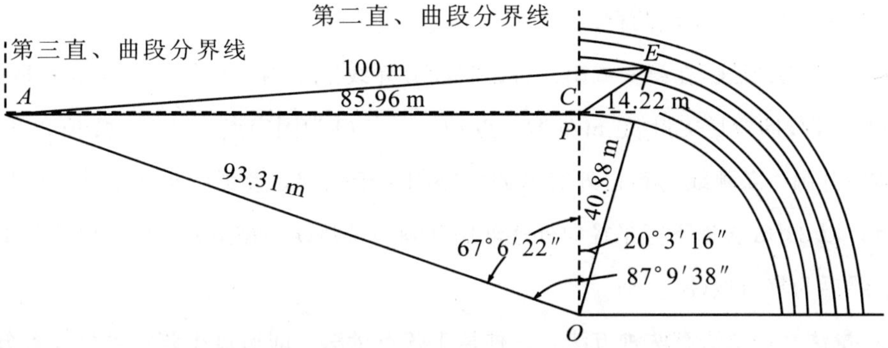

图 6-5　1 500 m 第 4 分道线上的放射线长度

已知 O 为第一和第二直、曲段分界线之间弯道半圆的圆心，AC 为第一道的实跑线，E 为第 4 道起跑线的丈量点，求 CE 的长度。

(1)求$\angle COA$。

根据勾股定理 $AO=\sqrt{AC^2+OC^2}=\sqrt{85.96^2+36.3^2}=93.31(\text{m})$，

则 $\cos\angle COA=36.3/93.31=0.389\ 025\ 83$，故$\angle COA=67°6'22''$。

(2)求$\angle AOE$。

根据余弦定理 $AE=\sqrt{AO^2+EO^2-2AO\cdot EO\cos\angle COA}$，

$$\text{则}\cos\angle AOE\frac{=AO^2+EO^2-AE^2}{2AO\cdot EO}$$

$$=\frac{(93.31^2+40.88^2-100^2)}{2\times93.31\times40.88}$$

$$=0.049\ 538\ 5$$

$$=87°9'38''\text{。}$$

(3)求$\angle POE$。

$$\angle POE=\angle AOE-\angle AOB$$

$$=87°9'38''-67°6'22''$$

$$=20°3'16''\text{。}$$

代入余弦公式求 PE 的长度，则

$$PE=\sqrt{36^2+40.88^2-2\times36\times40.88\times0.939\ 367\ 2}$$

$$=14.17(\text{m})\text{。}$$

2. 3 000 m 及 3 000 m 以上距离径赛起点的计算与丈量

3 000 m 及 3 000 m 以上距离径赛都是在弯道上进行不分道起跑的比赛项目，各项目起点线的位置不同，但丈量与画线方法完全一样。3 000 m 和 5 000 m 的起点线在第三直、曲段分界线处，10 000 m 在第一直、曲段分界线处。各项目的起跑线是一个渐开弧，画线方法有渐开弧展开法和点量法两种。

(1)渐开弧展开法。在第一或第三直、曲段分界线上距内突沿外侧 0.3 m 处取一点 A，从 A 点沿计算线向弯道丈量 30 m 处取一点 O，以点 O 为固定点，以 OA 弧长为不等半径，向外逐渐展开画一条弧线与跑道外突沿的内侧相交于点 B，此弧线即起点线。同样，以 O 为固定点，以 33 m 长为不等半径向外逐渐展开画一条弧线与跑道外突沿的内侧相交，此弧线在起点线后为集合线(图 6-6)。

(2)点量法。点量法有两种方法，一种是正弦点量法，即通过正弦定理计算各分道线基准点至丈量点的正弦长度并进行画点，然后连接各点成起跑线。另一种是余弦点量法，余弦点量法是计算由基准点至各分道起点的放射线长，基准点分别在第三和第一直、曲段分界线内突沿的外缘上，丈量点在各分道线上。即通过余弦定理计算直、曲段分界与跑道内突沿相交点为基准点至丈量点的余弦长度并进行画点，然后连接各点成起跑线。

如果参加 1 000 m、2 000 m、3 000 m、5 000 m 或 10 000 m 比赛的运动员人数较多(超过 12 人)时，可分成两组站在前后两个弧形起跑线后同时起跑。第一起跑线与常规画法相同，第二起跑线在第 5 分道相当于 800 m 起点前伸数找到起跑线距左侧分道线外沿 0.3 m 处取一点 A，从 A 点沿计算线向前方弯道丈量 30 m 处取一点 O，然后以 O 点为固定点，依次逐渐向外展开作一条弧线相交于跑道第 5 分道左侧分道线外沿至外突沿的内侧，此弧线即第二起跑线。然后以此为基准，在其后 3 m 处画一条弧线(虚线)为第二起跑线的集合线(图 6-7)。

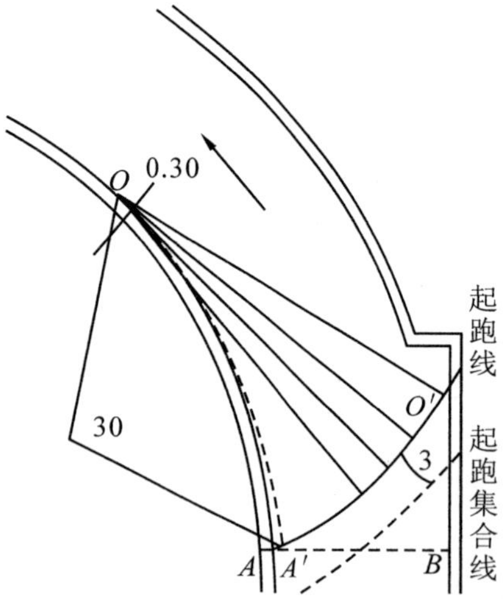

图 6-6　渐开弧展开法

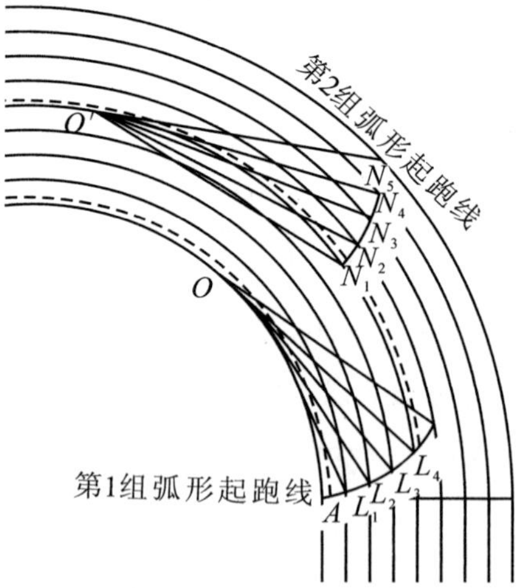

图 6-7　点量法

(四)跑道的丈量方法

1. 直接丈量法

直接丈量是用钢卷尺沿计算线直接丈量各种位置的方法。直接丈量法仅用于丈量直道上各项起点与栏架位置和直道内突沿上余弦丈量的基准点。

2. 经纬仪丈量法

经纬仪丈量法是利用经纬仪来测量弯道上一定弧长所对的角度，确定该弧长在弯道上所处的位置，这种方法测量数据精确，目前普遍采用塑胶跑道的丈量与画线。

3. 正弦丈量法

正弦丈量法又称直弦丈量法，是根据等腰三角形已知两个边长及所构成的夹角求解弦长的方法，即已知各分道弯道上各位置与弯道内突沿之间的距离(等腰三角形的两个对边)，用正弦定理计算其弦长的方法。

正弦丈量法丈量简便，但由于丈量的基准点与丈量点较多，丈量时易出现误差，通常用于丈量第一分道弯道接力区、弯道栏的位置和各项目第一分道起跑线位置(图 6-8)。

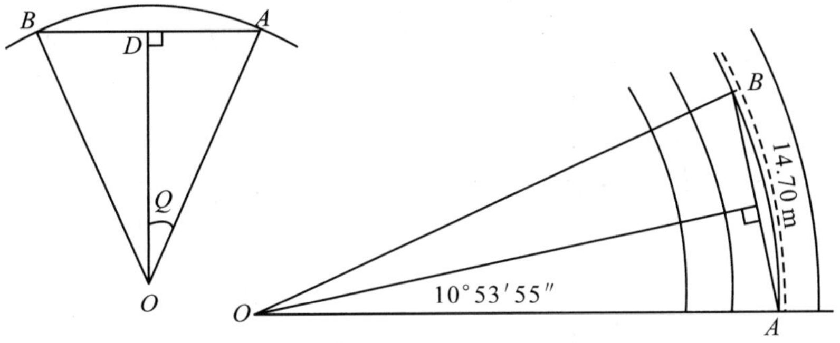

图 6-8　正弦丈量法

从图 6-8 可知，$\angle AOB$ 为等腰三角形，$OA=OB$，求正弦 AB 的长度。

正弦定理的数学表达式为 $AB=2r\sin\theta$。

4. 余弦丈量法

余弦丈量法也称放射式丈量法。余弦丈量法是根据已知三角形对边和邻边的长度及它们所对应的夹角，利用余弦定理求解弦长的方式进行计算与丈量的方法，即已知弯道上各分道丈量点位置至圆心距离，弯道内突沿至圆心的距离(三角形的两个对边长度)，用余弦定理计算求解其弦长的方法(图 6-9)。

余弦定理的数学表达式为 $AB=\sqrt{OB^2+OA^2-2OB\cdot OA\cos\theta}$。

余弦丈量法的基准点分别在相应各直曲段分界线与内突沿的外沿相交点上，丈量点在各分道内侧分道线外沿上。采用余弦丈量法，丈量简便，丈量的误差小。它是目前基层普

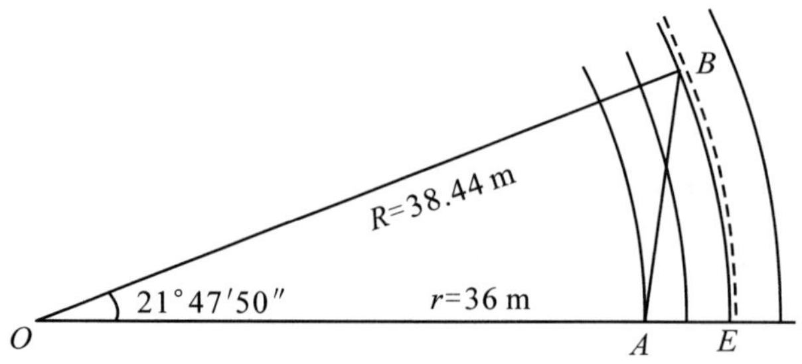

图 6-9　余弦丈量法

遍采用的丈量与画线方法。

选择余弦丈量基准点的方法有以下 3 种，丈量时都把基准点选在跑道内突沿的内沿点上。

固定基准点余弦丈量法：它通常采用 6 个基准点丈量法，即选择 4 个直、曲段分界线加上纵轴线与跑道内突沿内沿的交点，通常把第一直曲段分段线和内突沿内沿的支点定为第 1 基准点，按逆时针方向分别为 2、3、4、5、6 基准点，作为丈量的 6 个基准点进行丈量与画线的方法(图 6-10)。

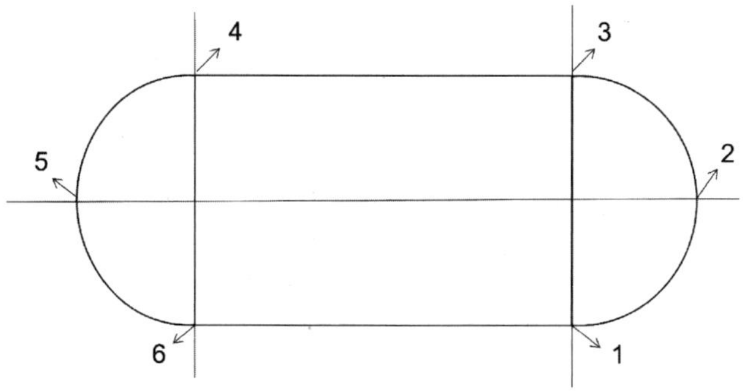

图 6-10　6 个基准点示意图

相应基准点余弦丈量法：它是以相应的竞赛项目为基础，将基准点选定在该项目第一道的起点线或位线(第一分道栏位线、接力区)的跑道内突沿内沿，通过余弦计算出这些选定的基准点至其他各分道的放射线长度(例如，找出 400 m 栏第一分道各栏位线与跑道内突沿内沿的交点为相应基准点，然后以此点求出至第 2～8 分道栏位线的放射线长度)。

移动基准点余弦丈量法：它也是以相应的竞赛项目为基础，将基准点选定在该项目第一道的起点线或位线(第一分道栏位线)的跑道内突沿内沿，然后根据相同的放射线长度从第一分道至第二分道，从第二分道至第三分道，其余类推找出各分道起跑线或位线。

第二节　田赛场地

一、田赛场地的布局

田赛场地的布局应根据竞赛或教学需要，区别于训练场地的不同用途，在田径场跑道以外的空地上合理地安排田赛跳跃场地和投掷场地，尽可能做到科学、合理地布局。在具体布局时，应注意以下几个方面。

第一，充分利用田径场上的空地，根据竞赛场地与教学、训练场地的不同特点，科学地安排田赛项目的场地。

第二，进行教学、训练的场地，要考虑其使用特点合理配置，应保证田赛每个项目都有一定数量的场地，以保证进行教学、训练和竞赛的需要。进行竞赛的场地要尽可能规范化并重点强调有利于运动竞赛的组织与运动竞赛的观赏。

第三，布局时应注意尽可能地避免或减少田赛与径赛项目以及田赛项目之间的互相干扰，以确保竞赛、训练与教学活动的安全。

二、田赛场地的结构与画法

(一)跳高场地

1. 助跑道和起跳区

助跑道的长度不得短于 15 m，在洲际、地区或多国运动会以上的国际比赛时，助跑道至少应长 25 m。助跑道和起跳区朝向横杆中心地点的最大倾斜度不得超过 1∶250。

2. 器材和落地区

跳高架可以使用结构坚固的各种类型的跳高立柱，其上应有稳定放置横杆的横杆托，两立柱之间的距离为 4.00～4.04 m。落地区不得小于 5.00 m×3.00 m，建议落地区海绵垫的规格为长 6 m、宽 4 m、高 0.7 m。

(二)跳远、三级跳远场地

1. 助跑道

助跑道长度至少应为 40 m，助跑道宽度为 1.22 m(±0.01 m)，应用 5 cm 宽的两条平行白线标出助跑道，助跑道左右最大倾斜度不超过 1∶100，前后跑进方向上总的最大倾斜度不超过 1∶1 000。

2. 起跳板与橡皮泥显示板

起跳板左右方向长 1.22 m±0.01 m，宽 20 cm(±2 mm)，厚 10 cm 应埋入地下，上面与助跑道齐平并漆成白色。橡皮泥显示板应用木料或其他材料制成，长 1.22 m±0.01 m，宽 10 cm(±2 mm)，其安放在起跳板前沿时应高于起跳板 7 mm(±1 mm)，橡皮泥显示板边沿向助跑道方向倾斜 45°，并漆成与起跳板不同的颜色(图 6-11)。

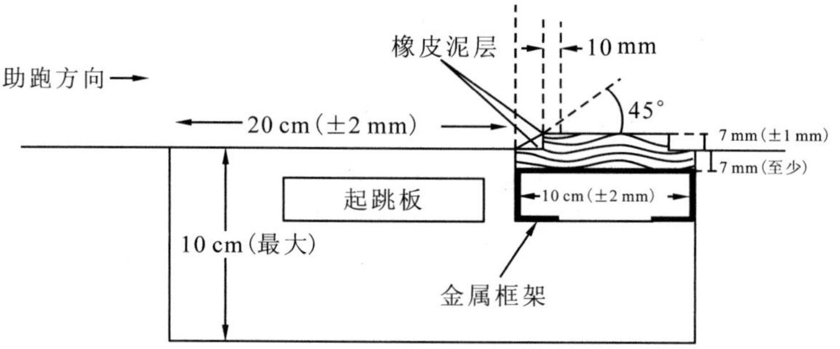

图 6-11　起跳板与橡皮泥显示板

跳远场地起跳板前沿至落地区近端距离为 1～3 m，至远端距离至少为 10 m。三级跳远场地起跳板前沿至落地区近端距离男子不少于 13 m，女子不少于 11 m，至远端距离至少为 21 m。

3. 落地区

落地区沙坑至少宽 2.75 m，最大宽度为 3.00 m，助跑道应对准落地区中央(图 6-12)。

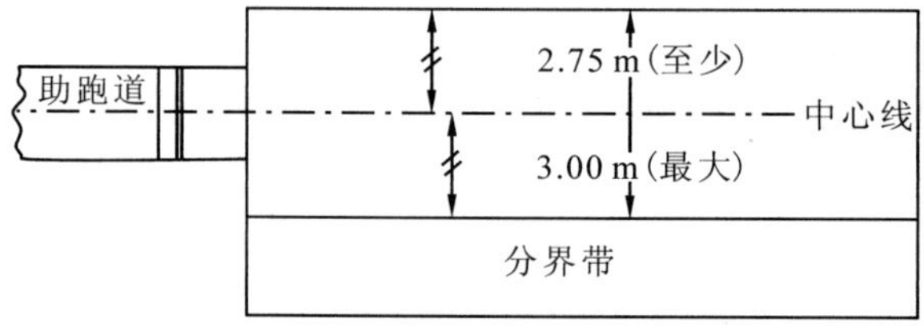

图 6-12　跳远场地的落地区

(三)推铅球场地

1. 投掷区

根据《田径竞赛规则》规定，铅球场地的投掷圈应用带状铁板、钢板或其他适宜材料制成。投掷圈内沿直径为 2.135 m(±5 mm)，铁圈边沿至少厚为 0.6 cm，漆成白色，高度为 7.6 cm，投掷圈埋入地下，上沿与圈外地面齐平，比圈内地面高 2 cm(±0.6 cm)，圈内地面用混凝土、沥青或其他坚硬而不滑材料修建。投掷圈外两侧各画一条宽 5 cm、长 75 cm 的限制线为投掷区前后场分界线，分界线后沿通过投掷圈圆心，并与落地区纵轴线垂直。抵趾板用木料制成，内弧长度为 1.22 m，外沿为直线，抵趾板中部最狭窄处宽 11.2 cm，两端最宽处宽 30 cm，高 10 cm(±0.2 cm)(此高度是从投掷圈内地面算起)，内沿与投掷圈的内沿相吻合，居中固定在投掷圈前端地面上。

2. 落地区

落地区两侧分界线宽 5 cm，落地区两侧分界线内沿所对投掷圈圆心角度为 34.92°，其分界线宽度不包括在落地区域内。(注：可用下列方法精确设置 34.92°扇形落地区。在离投掷圈圆心 20 m 处，两侧分界线内沿相距 12 m，即每离开圆心 1 m，则落地区两侧标志线的横距增加 60 cm。)可参见铅球投掷圈平面图(图 6-13)。

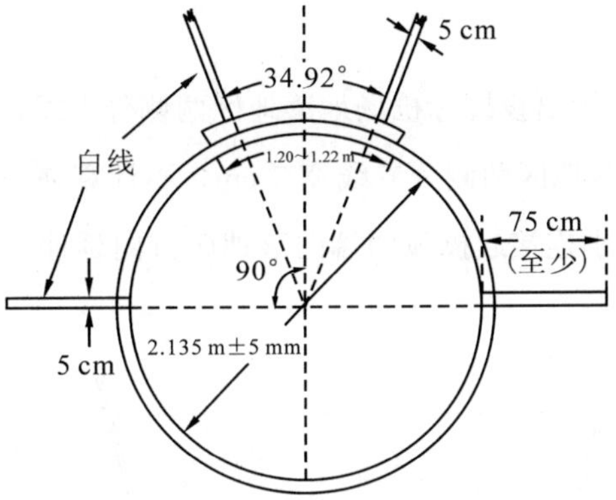

图 6-13　铅球投掷圈平面图

(四)掷链球场地

掷链球场地的投掷圈及落地区与推铅球场地完全相同，但不安装抵趾板。为使用安全，应在投掷圈周围安装护笼。

(五) 掷铁饼场地

铁饼投掷圈内沿的半径为 2.50 m，不设抵趾板，落地区两侧分界线内沿所对投掷圈圆心角度为 34.92°，其分界线宽度不包括在落地区域内，其他规格要求同推掷铅球场地。为使用安全，投掷铁饼场地要求投掷区必须有护笼 (图 6-14)。

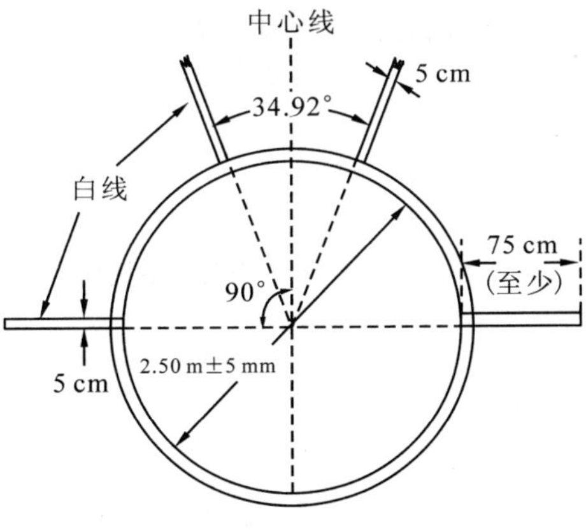

图 6-14　铁饼投掷圈的平面图

(六)掷标枪场地

1. 标枪场地投掷区

助跑道至少应长 30 m，至多长 36 m，应用宽 5 cm 的两条平行白线标出助跑道。白线之间的距离为 4 m，助跑道前端是半径为 8 m 的一条弧线(起掷弧)，它是分别以起掷弧两端为基点、8 m 为半径，向助跑道方向作弧相交于一点，此点即起掷弧的圆心。然后以点 O 为圆心作弧相交于起掷弧两端画出起掷弧，线宽为 7 cm，涂成白色与地面齐平，并在与助跑道两侧分界线垂直各向外延长 75 cm 为起掷区限制线。

2. 标枪场地落地区

用两条宽 5 cm 的白线标出投掷标枪场地落地区两侧分界线，两侧分界线内沿所对投掷区圆心角度约为 28.96°，落地区两侧分界线宽 5 cm，不计算在 28.96°角之内。画两侧分界线时以圆心 O 为基点，分别连接起掷弧两端向落地区方向延伸画出标枪场地落地区两侧分界线（图 6-15）。

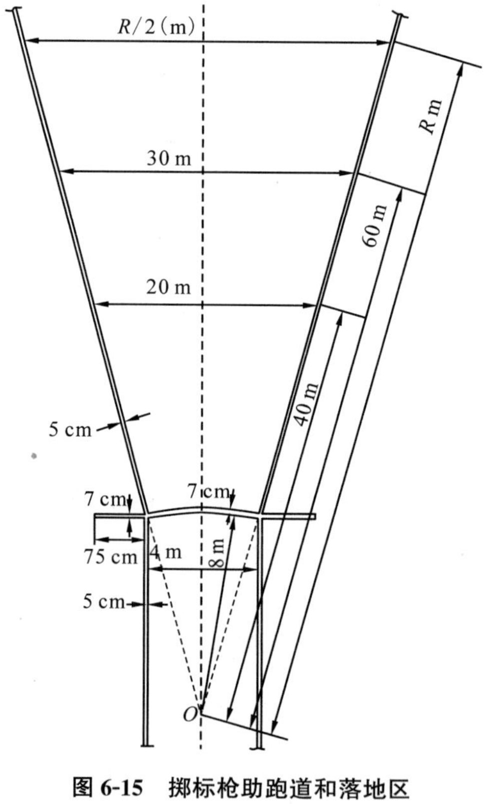

图 6-15　掷标枪助跑道和落地区

第三节　小型半圆式田径场地的设计

小型半圆式田径场地的设计是指空地面积不足以修建 400 m 场地，根据空地面积和形状设计成有 6 条或 6 条以上分道数，分道宽度为 1.00～1.22 m 的非标准半圆式或相适用的田径运动场。

一、设计方法与步骤

第一，丈量空地可利用面积的长和宽。

例如，已知空地长 $S=136$ m、宽 $X=71$ m，则可设计为相应规格的半圆式田径场地。

第二，初步计算弯道半径。

弯道半径与空地宽、预设分道数、分道宽及留有余地的大小有关。

设跑道周围各留余地 1 m，分道宽 1.22 m，分道数 6 条，那么根据条件初步计算半径如下。

根据场地横轴宽 $X_{横}=2(r+nd+S_2)=2\times$(内突沿半径＋跑道宽＋余地)。

$$则内突沿半径\ r=\frac{X-2(nd+S_2)}{2}$$

$$=\frac{空地宽-2\times(跑道宽+余地)}{2}$$

$$=\frac{71-2\times(6\times1.22+1)}{2}$$

$$=27.18(\text{m})。$$

第三，计算第一分道弯道计算线周长。

$C_1=2\pi(r+0.30)$，为计算和丈量方便，取半径 r 为整数 27(m)。

$C_1=2\pi(r+0.30)=2\times3.1416\times(27+0.30)=171.53(\text{m})$。

第四，计算直段长 S_1。

根据场地纵轴长 $S_{纵}=2\times(r+nd+S_2)+S_1$

$=2\times$(内突沿半径＋跑道宽＋余地)＋直段长。

则直段长 $=S-2\times(r+nd+余地)$

$=$空地长$-2\times$(内突沿半径＋跑道宽＋余地)

$=136-2\times(27+6\times1.22+1)$

$=65.36(m)$。

第五，计算第一道计算线周长。

S =两个弯道长+两个直段长=171.53+2×65.36=302.25(m)。

经初步计算，按预定方案可修建一个 300 m 的半圆式田径场。

第六，调整跑道周长。

为方便使用，应将跑道周长定为整数，即 100 的倍数，如 200 m、300 m、400 m。调整跑道周长有两种方法：一是调整原设计的半径；二是调整原设计的直段长。一般多采用调整直段长的方法，即将多出的距离分别从两个直段上减去 2.25/2=1.125(m)。经调整的一个直段长为 65.36－1.125=64.235(m)。

第七，根据空地长将直段两端分别延长 34.992 5 m，可得长约为 134 m 的直道。

根据空地的长和宽，经设计可以修建一个道宽为 6×1.22 m、直道长度为 134 m、直段长度为 64.235 m、两弯道长度为 171.53 m、第一分道计算线周长为 300 m 的非标准半圆式田径运动场地。

二、设计小型半圆式田径场应注意的问题

第一，因地制宜，合理布局，有利于教学、训练和组织学校体育竞赛活动。

第二，要根据空地面积和使用需要，确定分道数的多少、分道宽和弯道内突沿半径的大小。为适应教学、训练和竞赛的使用，要计算出各种所需的数据，如径赛项目的起跑线、接力区域线、抢道线、跨栏跑的各分道各栏的位置等。

第三，小型半圆式跑道要尽可能利用空地的长度，设计尽可能长的直道，并考虑场地四周留有相应的余地。

第四节　田径运动场地的设计要求与基本结构

一、设计要求

修建田径场地要经济实用，能促进田径运动技术的发展和成绩的提高，能充分发挥场

地的使用效率。因此，在设计修建田径场地时要尽可能做到以下几点。

第一，建场地点要适中，交通方便，便于群众参加活动和观看比赛。

第二，设计修建场地时，要选择地势开阔、阳光充足、空气新鲜和有足够余地的空地。

第三，设计修建时，场地纵轴最好为南北方向，要便于供水和排水。

第四，学校田径场地，应考虑便于教学和训练工作的进行，以及体育活动的开展。

第五，要合理安排各田径项目的场地以及其他体育项目的场地和设施，应尽量做到一场多用。

二、半圆式田径场地跑道结构与材料

(一)煤渣跑道场地

1. 煤渣跑道结构

煤渣跑道结构的材料是保证跑道具有良好性能的关键。煤渣跑道剖面结构一般分为3层：最下面为基础层，材料体积要大，要求牢固、吸水性好、渗水性强；中层为弹性层，材料弹性要好；最上层为面层，材料软硬度要适宜，体积小。

2. 建造材料

为了使跑道具有良好的渗水性能和适宜的硬度与承载力，其基础必须坚实，经久耐用。根据科学实验，跑道面层主要采用煤渣和黄土混合材料铺筑，厚度为80～100 mm。

由于各地黄土的成分不同，选用黄土的塑性指数在9～15为宜。在混合材料中，煤渣与黄土在实际施工时，还要根据黄土塑性指数的高低对两者的比例加以调节。

3. 保养与维修

加强田径场地跑道的保养与维修工作是保证场地质量和延长使用寿命的重要措施。

(1)经常性的保养和维修。每次教学、训练和比赛之后，必须整理场地，并定期对跑道进行平整、洒水和碾压等。

(2)季节性的保养和维修。在冬季和雨季要特别加强对场地的管理与保养，如疏通下水道、排水沟，消除垃圾杂物等。场地过分潮湿时应停止使用，必要时还要补充材料进行局部的整修。

(3)翻修跑道。场地在使用一定年限后，跑道表层由于风雨影响、过度使用或维修保养不当，致使表层材料流失、场地高低不平、跑道过硬无弹性、雨天积水等，就会影响教学、训练和比赛活动。因此，要根据场地的使用情况，及时对煤渣跑道进行全面翻修。一般翻修是把表层翻起、粉碎、过筛，再加入适当的材料进行平整、压实。如场地损坏严重时，要进行彻底翻修，将跑道分层翻起，疏通排水系统，分层补充所需材料，进行碾压平整，以符合田径场地跑道的规定要求。

(二)塑胶跑道场地

塑胶跑道的结构由基层、中层和上层组成，目前修建塑胶跑道时，基层一般为混凝土，中层为塑胶，上层为塑胶颗粒。为了提高塑胶跑道的使用年限，保持其性能的稳定性和色泽的绚丽多彩，故加强管理、维修和保养是极其重要的。由于跑道是聚氨酯合成的塑胶弹性体，主要防止滴油腐蚀，防燃防暴晒，不得穿刺和切割。经常清扫，保持跑道的整洁，每季度必须进行一次大清洗。比赛前后用水冲刷，炎热天气要喷水降温，随着时间的推移，塑胶表面会老化，使用数年后最好喷一层塑胶液。场地如发生碎裂、脱层等现象时，应及时修补或更换部分塑胶层。

思考与练习

1. 熟悉下列基本概念：基准点，内、外突沿，直、曲段分界线，直段和直道，跑道宽和分道宽，计算线，位线，起点前伸数，切入差，正弦丈量法，余弦丈量法。
2. 历史上曾经出现过哪些结构的田径运动场地？
3. 简述余弦丈量法的应用方法。
4. 田赛场地的布局应注意哪些方面？
5. 简述投掷铅球、标枪场地的画法。
6. 田径竞赛规则对跳远、三级跳远场地有哪些主要规定？
7. 设计小型半圆式田径场地的步骤与计算。
8. 怎样对塑胶跑道场地进行维护保养？

第七章
中学课余田径训练

本章要点与导学

本章阐述了当代训练理论热点问题、田径项目本质特点，中学课余田径训练的概念、特点和目的任务，叙述了中学课余田径训练的原则、内容和方法、训练计划的制订，介绍了赛前状态调整、恢复的方法和中学课余田径训练的组织与管理。

通过本章学习，学生可了解当前训练理论热点问题、认识田径项目本质特点，把握中学课余田径训练的概念、特点与任务，掌握中学课余田径训练的原则、内容与方法，学会制订中学课余田径训练计划，能够胜任中学课余田径训练的组织与管理工作。 本章学习重点是田径项目本质特点、中学课余田径训练的原则、内容和方法，学习难点是中学课余田径训练负荷控制和年度训练计划的制定。

第一节 当代训练理论热点问题

一、训练理论发展与创新

训练理论知识首先来自各个项目的实践经验总结，然后把经验总结应用到实践中去，在实践中进一步去充实丰富、创新发展。训练是一门科学，更是一门艺术，是科学和艺术的结合，训练中集中了参与者的智慧和创造，是必然和偶然的凝结。训练的本质目的是最大限度地挖掘人类运动潜能，在这个过程中受社会、科技、家庭、个人等各方面因素的影响而派生了更多的目的，如社会交往、经济利益、展现个人能力、国力展示等。派生的目的反过来促进了项目的最大化发展，促使人们投入更多的人力、物力、财力，这极大地促进了训练理论知识的发展创新，特别是随着竞技体育的职业化、商业化发展，在这个进程中出现了一系列新问题，诸如赛事规模的大幅度增加和已达到极致的大运动量训练，将世界竞技运动训练推到了一个必须思变的转折点。人们开始审视和反思训练，如何适应多赛事的态势，如何突破大运动量的瓶颈，如何在频繁参赛的情况下，既可以避免或减少大运动量所带来的运动损伤和过度训练风险，又能够继续提高竞技运动能力，成为摆在竞技运动训练面前的重大研究课题。一些曾经对训练起过重要作用的理论与方法，由于已不能适应训练实践的需要必须进行修正和发展，一些融合了新理念和新技术的现代先进训练思想及方法应该及时地补充进来。在此背景下，“应激适应”“板块周期训练”“力量分期训练”“反应力量”等理论和方法，相继在竞技运动训练领域亮相，成为竞技运动训练水平可持续发展的主要动力。在这个发展过程中，我国训练实践也涌现了许多有价值的训练理论，推进了我国竞技体育事业蓬勃发展，使其在世界竞技舞台上创造一个又一个辉煌，其中一直秉承的“举国体制”“三从一大”等训练理念与方法，为我国竞技体育的发展做出了巨大的贡献。同时随着时代的发展，我们在实践过程中对这些理念和方法不断进行了调整和完善。还有其他的理论，如“项群理论”“木桶理论”“竞技能力的非衡结构及其补偿机制”“双子模型”等，也极大地丰富了训练理论体系。

进入 21 世纪之后，竞技体育职业化的蓬勃发展极大地刺激了训练理论的变革与创新。以欧美为龙头的职业体育重新定位了竞技体育在社会发展中的角色与功能，“训练与恢复的关系“板块周期训练”对传统周期训练理论的丰富与发展、“两极化”耐力训练模式的提出以及“竞技就是动作”的回归，成为当代世界训练理论和实践的热点问题。

二、训练理论应用与实践

(一)借鉴先进训练理念

中学田径教练员在训练实践过程中，应该不断积累经验知识，持续学习，关注世界前沿训练理论和理念，做一名合格的田径教练员。先进的训练理念和知识值得借鉴，但不是移植，优秀运动员训练模式、计划和负荷不能完全用到中学运动员身上。有些前沿训练理论只能应用到高级运动员身上。例如，“板块周期训练”主要针对高级运动员全年频繁参赛的需要，是一种高度专项化集中式训练负荷的周期训练模式，主要理论逻辑为利用训练效应的累积效应、训练效应的延迟效应、竞技能力发展的顺序性特征、集中高强度负荷。1个或连续多个2～6周的周期训练，对于中学运动员来说，他们基础不够，身体还处在发育发展阶段，采用这种理念来训练往往会导致过度训练，对运动员造成不可挽回的损失，甚至及早结束运动生涯。

(二)合理使用训练方法

田径训练中常用的训练方法主要有“间歇训练法”“持续训练法”“重复训练法”“法特莱克训练法”等，这些方法沿用至今，而且在田径训练中具有举足轻重的作用，但是很多教练员并没有很好地理解和应用这些方法，这些方法之间的区别不单单是量和强度构成的不同、组次之间间歇时间的差异，更重要的是要理解训练的不同阶段(准备期、比赛期间、恢复期)应采用不同的方法。

(三)关注核心功能性力量

当前各国竞技体育特别注重体能的发展，重点关注力量的发展方面。竞技体育界比较流行的“核心力量”“核心稳定性”“功能性训练”“康复训练”“专项体能”等词汇，引起了我国训练方面的专家和学者的热烈讨论。有很多学者认为，其实我们训练一直都有功能性训练。例如，腰腹肌练习，利用皮带提高髋关节力量，只是我们没有意识到，没有上升到理论的高度。而有的人则夸大其作用，在训练中抛弃了传统的力量练习，没有理解这种理念的内涵，训练成绩出不来。这两种态度都不可取，应该批判地吸收先进的理论和理念，深刻剖析这种理论的内涵，如何去应用？适不适合我们的队员？传统的力量训练有何优缺点？新奇的东西总要慢慢去消化吸收。我国高水平体能训练一般采用聘请国外教练或者到国外训练，因为在这方面我们起步较晚，还没有真正意义上的体能教练。我国在备战伦敦奥运会和里约奥运会周期中和美国联合通讯社合作开展“身体功能训练团队”取得了不俗的成绩。中学田径教练员从事的训练是训练的初级阶段，他们接受先进训练理论的渠道较少，范围较窄，时间延迟，当然也有自身方面的原因，这些因素不利于我国竞技体育的健康持续发展。

我国体能训练学专家王卫星教授对核心力量进行了论述，认为核心力量是指核心(腰椎—骨盆—髋关节形成的整体)肌群(肌肉)在稳定人体重心、产生和传递力量的基础上，以发展神经支配与控制能力、功能与协调能力以及本体感受性等主要目的而表现出来的力量能力。核心力量训练包括核心稳定性训练和核心专门性力量训练两个部分。核心稳定性训练是进行核心力量训练的前提和基础，有静态稳定性、动态稳定性及关节养护性训练，动态稳定性又有屈伸稳定性和旋转稳定性。核心专门性力量训练是核心力量训练的本质和关键，包括核心功能性力量训练和核心协调性力量训练。因此核心力量训练应在稳定性和关节养护性能力得到稳步提升的基础上，紧密结合专项技术动作的特殊需求，重点加强核心专门性力量训练，加强核心力量训练与专项力量的衔接与转化，为专项技术动作水平的发挥提供专门的支撑和保障。

训练学专家陈小平教授认为目前流行的“核心力量”“核心功能性”“躯干支撑力量”“力量稳定性”等都和功能性力量有关，同时对于目前力量训练存在的问题及传统抗阻力量和功能性力量之间的关系进行了阐述：长期以来我国许多项目，特别是体能类项目的力量训练普遍存在偏重肌肉而忽视神经，偏重肌肉力量的大而忽视力量的快，偏重四肢力量而忽视躯干力量，偏重负重抗阻动力性力量而忽视徒手或轻负重稳定性力量训练等诸多问题。功能性力量还是应该从青少年的力量训练开始，应该从源头解决我国运动员一般力量和专项力量脱节的问题。对功能性力量训练的重视并不意味着对大肌肉群和主动肌力量的忽视，全身整体力量的协调发展始终是竞技体育力量训练的最终目标。功能性力量训练更不是对传统力量训练的取代和否定，以往对协调能力和核心力量的训练不足造成了一般与专项力量的失衡，但不能因此而忽视甚至放弃基础力量的训练。基础力量同样可以在拥有良好的协调能力和专项技术的前提下，对专项成绩构成重要的影响。功能性力量训练与传统力量训练是一种互补关系，功能性力量训练强调神经对多块肌肉的支配和控制，传统的抗阻力量训练能够有效地提高每一块肌肉的工作能力。因此，不仅要通过功能性力量训练搭建起不同部位多块肌肉和肌群协调工作的平台，同时还必须运用基础力量训练提高平台上每一块肌肉的工作能力和效率，在整体上提升平台的高度。

(四)重视专项化训练

专项性是训练的一个主线，要求动作外形、动作过程、动作力量、能量供应、动力学特征都应和项目相似、接近，甚至相同，体能训练中发展专项技术，专项技术练习中发展体能，体能发展的最终目的是支持专项发展，运动员最后的竞赛是专项之间的较量，所以专项化训练是运动员成功的关键。但是运动生涯早期采用专项性训练还是多样化训练一直是一个争论未决的命题。早期专项性和多样化训练都有成功的案例，从人类生长发育和生理学的角度来看，早期多样化训练更有利于运动员职业生涯发展，因为人类从出生开始神经系统发育较快，到 12 岁时基本上发育成熟，神经系统有利于肌肉、内分泌、腺体整体控制，有利于动作技能的形成，早期多样化训练可以建立更多的条件反射，储存更多的动作技能，反过来也有利于神经系统的发育，有利于更好地掌握后期的专项技能。其实专项技术在运动生涯的专项提高和最佳竞技阶段还有很大的提升空间，因为人体的本体感觉、视觉机能、前庭功能在 16 岁左右才发育成熟，这几部分机能水平的发育成熟有利于人类协调能力的快速发展，而协调能力是专项技术掌握的基础。

第二节　中学课余田径训练概述

一、中学课余田径训练的概念

中学课余田径训练是指利用课余时间，对部分爱好田径运动并具有一定潜能的初、高中学生，以运动队、代表队、俱乐部等组织形式进行系统或阶段性的训练，全面发展他们的身体素质，提高田径运动技术水平，为培养优秀田径运动后备人才而组织的专门训练。在中学开展课余田径训练，对全面贯彻我国教育方针和体育方针、实现学校教育目标和体育目标、推动体育运动普及与提高都具有重要意义。中学课余田径训练，要充分地体现学校体育教育的特点，把它纳入学校素质教育的轨道。要根据学校体育目标的要求和具体条件，针对中学生身心特点，科学地运用运动训练原理和方法，在课余时间认真组织好田径运动训练。

二、中学课余田径训练的特点

课余田径训练作为我国田径运动整体训练体系的一个环节，与一般田径运动训练比较有其自身的特点。

(一)中学课余田径训练的基础性

中学课余田径训练主要是进行基础训练，这是由中学生年龄特征和田径运动员成才规律所决定的。一个田径运动员成材，大致要经过基础训练、初期专项训练和专项提高训练等阶段。中学生，特别是初中生正处于生长发育的阶段，他们的思想作风、道德品质、身体机能等均处于形成发展阶段。因此，这一阶段的田径训练要着重抓好身体素质和基本技术的训练，不宜过早地要求他们在某一专项上达到较高的运动水平，而应重视全面的基础训练，为今后创造优异成绩打下坚实的基础。

(二)中学课余田径训练时间的课余性

学生在校学习期间，应以学习为主，参加田径运动训练要利用课外活动时间或节假日进行，要保证学生参加田径运动训练和完成学习任务两不误。一般来说，根据学期、学年的周期性特点，在校上课期间应以文化学习为主，训练为辅，而寒、暑假及临时集训期间则可以以田径运动训练为主、文化学习为辅，坚持全天训练或半天训练。

(三)中学课余田径训练对象的广泛性

训练对象的广泛性是指凡愿意参加课余田径运动训练的学生，不分成绩高低，有无运动天赋，都可以参加田径训练。通常能够作为学校田径代表队的运动员参加训练的人数不多，这样就可能使少数将来有发展前途的田径人才被排除在训练之外。因此，最好能以群众性田径俱乐部的形式，分成爱好组(田径运动队)和提高组(田径代表队)进行训练。这样，就使参加田径课余训练的对象更具有广泛性。

(四)中学课余田径训练对人格的塑造性

中学是形成正确的人生观、世界观、价值观和健全人格的最重要时期，学生的思想品德、行为规范和心理素质等均处于形成和发展阶段，是培养团结协作、持之以恒、努力拼搏的精神和抗挫折能力的良好时期。因此，应利用中学课余田径训练强大的育人功能，寓教育于训练中，正品修德，为塑造具有健全人格的优秀田径后备人才打下坚实的基础。

(五)中学课余田径训练与校园体育文化的传承性

校园体育文化是体育文化的重要组成部分，中学课余田径训练是校园体育文化的重要内容。中学课余田径训练的参与者和学校的其他人员都是接受与传承体育文化的受体，能使人们对课余田径训练的超越自我、努力拼搏、坚韧不拔以及团结协作品质和精神产生强烈的感情刺激和体验，使其传承并发扬光大。

(六)中学课余田径训练具有学校特色的最佳表现性

中学课余田径训练是中学课余运动训练的重要环节，是学校体育工作的重要组成部分，是落实德智体美劳全面发展教育工作的重要组成部分，是展现学校精神风貌、文化素养、体育传统和特色的最好表现形式。因此，中学课余田径训练具有学校特色的最佳表现性。

第三节　田径项目的本质、特征及规律

一、通过项目表现认识项目的本质、特征及规律

本质是事物的根本属性。事物的本质不能简单地、直观地去认识，必须透过现象才能

掌握本质。特征是一个项目区别于其他项目的某一个或两个显著标志，以不同的标准确定项目的特征，同一个项目可以确定一个以上特征，应以最能准确地表示该项目的性质、特征作为标准。规律是事物之间的本质联系，这种联系不断重复出现，决定着事物发展的方向。规律不能脱离本质，本质也不能取代规律。规律比本质更接近于现象，更具体，更便于掌握和运用。准确认识运动项目的本质规律是项目发展的关键，而项目的本质特征规律的认识是困难的、动态的、复杂的，制胜的偶然性大，相关因素多，随着比赛环境、竞赛规则、个性特点、场地器材、社会环境等多种条件的变化而改变，需要系统地、动态地、地毯式地逐一盘点才能不断地接近项目的本质规律。

认识一个事物一般由外及内，也就是从外在表现开始。运动项目的特征主要包括：规则特征，技术特征(动作外形与模式)，力学特征(主要技术环节)，战术特征(先快后慢等)，节奏特征(单个动作与竞速结构)，能量特征(最清楚的定性)，体能特征(核心运动素质及结构)，训练特征(效能、转换、周期等)，心理特征(意志力、注意力等)及伤病特点(肩、肘、膝、腰、踝等)等。

二、通过项目竞技能力主导因素及能量系统供应特点认识项目的本质、特征及规律

田径项目是基础大项，在奥运会及大型综合性运动会上分量最大，小项最多。此外田径项目的训练方法和手段、理论建设对其他项目也会产生辐射作用，几乎所有项目的运动员都从走、跑、跳、投等基础动作开启运动生涯，体能的维持与提高也是通过田径活动的方式、方法来实现的。由于田径项目包括的小项太多，项目之间的区别与联系有大有小，增加了对于其本质、特征及规律认识难度。

训练学上认为对于项目的类属划分有无数个分类标准，但不同的分类标准有不同的类属特点，以竞技能力的主导因素来划分项目类属具有很高的应用价值，因为训练的目的就是提高竞技能力和运动成绩，所以运动项目竞技能力的主导因素能够代表该项目的本质属性，同时通过多年的实践检验证明这种分类依据具有一定的实际意义。通过以竞技能力的主导因素作为分类标准可以确定田径属于体能主导类项目，再进一步细分为体能速度类、体能力量类、体能耐力类、体能速度力量类、体能力量耐力类等。

认识项目特征的重要方面也可以根据能量系统供应特点，运动时人体能量产生的过程包括无氧代谢(磷酸原供能系统、糖酵解供能系统)与有氧代谢(有氧氧化供能系统)两种供能方式。实际上在任何运动中这两种供能方式均同时发生，只不过依据运动强度和运动持续时间的不同，两种供能方式所占的比重不同，只有主次之分，而无绝对界限。准确地认识项目的能量供应系统特点才能有针对性地进行科学训练，才能更接近项目的本质认识。

反之，对项目供能认识不清往往在训练效应方面会出现“南辕北辙”的结果，导致竞技水平发展停滞不前。

田径项目起源早，开展普及、发展迅速、研究深入，对于能量系统构成比例认识较统一，训练理论专家图德·邦帕(Tudor Bompa)博士在《周期—运动训练理论与方法》中对部分有代表性的田径项目各能量供应系统采用列表的形式展示了比例构成，具有很高的参考价值(表7-1)。

表7-1　田径项目各能量供应系统比例构成(%)

项目	磷酸原	糖酵解	有氧氧化
100 m	98	2	0
200 m	38	57	5
400 m	40	55	5
800 m	10	60	30
1 500 m	5	35	60
3 000 m	20	40	40
5 000 m	2	28	70
10 000 m	5	15	80
马拉松	0	2	98
跳跃	90	10	0
投掷	90	10	0

第四节　中学课余田径训练的原则

中学课余田径训练的原则是依据田径运动训练的客观规律确定的组织中学课余田径训练所必须遵循的基本准则，是中学课余田径训练活动规律的反映，对中学课余田径训练实践具有普遍的指导意义。中学课余田径训练的原则主要有：一般训练与专项训练相结合原则、系统性原则、周期性原则、适宜运动负荷原则、区别对待原则、动机激励原则、竞技需要原则、有效控制原则等。

一、一般训练与专项训练相结合原则

实践表明，一般训练与专项训练结合，可以使中学生运动员身体、技术得到全面发展，提高训练效果。贯彻一般训练与专项训练相结合原则应注意以下内容。

(一)安排好一般训练和专项训练的比重

一般训练与专项训练应在多年和全年训练中不断地进行，两者的比重可以根据学生水平、年龄、项目特点和不同的训练阶段来确定。初学者和训练水平较低者，一般训练的比重应大些；而随着训练水平的不断提高，专项训练的比重应随之增大。

(二)选择好一般训练的内容

一般训练的内容应适应专项训练的要求。要选用那些能够有效地提高各器官系统功能、全面提高身体素质以及有利于促进学生掌握专项技术的练习作为一般训练的内容。

(三)形式方法多样化、实用化和有趣化

一般训练和专项训练的练习方法应多样化、实用化与趣味化，符合中学生的身心特点，并在不同形式的训练中使学生能灵活掌握。

二、系统性原则

系统性原则是根据掌握知识、技术、技能和形成条件反射暂时性联系的要求而提出来的。因为知识、技术和技能是互相联系的，所以条件反射的形成和巩固必须通过坚持不间断的系统训练才能形成正确的动作技能，才能不断提高身体训练和技术训练水平。贯彻系统性原则应注意以下内容。

(一)训练中逐步提高要求

每个训练阶段和每次训练课都应有联系，使整个训练过程的各个环节紧密衔接、系统和连贯，对中学生的身体、技术等方面都产生良好的影响，为创造优异的成绩积累条件。

(二)合理安排训练内容和手段

训练内容和手段的选择与安排应遵循由易到难、由浅入深、由已知到未知的规律。

(三)各个训练组织形式之间要紧密衔接

中学阶段的课余训练，既要与小学课外运动锻炼、训练衔接，又要与业余体校、高校俱乐部的运动训练衔接。从选材到训练计划的确定，都应以训练的系统性和连续性为原则。

三、周期性原则

周期性原则是依据竞技状态的形成规律提出来的。竞技状态是通过训练获得的，它的

发展过程一般可以分为逐渐达到、相对稳定和暂时波动 3 个阶段，这 3 个阶段是紧密相连的，并形成周期性循环。因此，从某种意义上讲，运动训练过程是控制竞技状态的发展过程。贯彻周期性原则应注意以下内容。

(一)根据学期划分特点安排训练周期

中学课余训练可以以学年、学期或学段的年限作为学年周期的划分依据。在一个大周期内可分为中周期和小周期。中周期即一个训练阶段通常为 4～6 周，小周期为 1 周。

(二)根据参加比赛划分训练周期

一般一年有两次主要比赛，可按学期分为两个周期。例如，春季田径运动会一般在 5 月举行，秋季田径运动会一般在 10 月举行，可按双周期安排。一年只有一次主要比赛，可安排一个大的训练周期。

(三)根据中学生的特点安排各个训练时期

中学生的特点，主要指学习任务和体育基础。对训练水平较高和竞赛任务较多的学生，竞赛期的时间可稍长一些；对训练水平一般和没有竞赛任务者，准备期可适当长一些，以便加强基础训练。竞赛期可以根据比赛的长短尽可能安排得短一些，休整期尽可能与复习考试时间一致。

(四)合理安排小周期训练以保证大周期训练任务的完成

大周期训练任务的完成，有赖于合理安排好小周期训练，主要是安排好每周的训练。它是由周期训练次数、量和强度的搭配，每次课训练的方法和手段的确定以及学习和生活制度等不同因素构成的。小周期任务完成得好坏直接影响到中周期乃至整个大周期任务的完成，所以还要注意训练周期之间的衔接。

四、适宜运动负荷原则

适宜运动负荷原则主要是依据疲劳与恢复的相互关系、超量恢复以及生物适应性规律的理论提出来的。实践表明，量大、强度大的负荷训练是提高运动成绩的关键，但究竟多大的运动负荷对中学生才是最适宜的，才能达到最理想的训练效果，这就是适宜运动负荷的问题。贯彻适宜运动负荷原则时应注意以下内容。

(一)根据中学生的年龄特点和身体训练水平确定运动负荷

中学生特别是初中生身体发育尚未完善，负荷不宜太大，要防止过度训练和运动损伤。另外，确定运动负荷时，除了要考虑学生的身体训练水平，还应考虑学生的学业负担、伙食营养、作息制度和恢复措施等方面。

(二)逐渐增加运动负荷

由于人体对负荷有一个适应的过程，而人体各方面的适应又不是同时产生的，因此要逐渐增加运动负荷。尤其是对中学生，在一次大负荷训练后，应有足够的休息时间和适当安排中、小负荷训练作为调节，使机体得到及时的恢复和调整。增加运动负荷，应采用“增加—适应—再增加—再适应”的方法。

(三)处理好负荷量与负荷强度的关系

负荷量与负荷强度是构成运动负荷的两个因素。对中学生来说，在一个周期训练中，通常是先加量，适应后再适宜地增加强度，当再次增加量时，强度应适当下降，而在强度再次增加时，量则减小，使得量和强度呈现起伏状态。准备期量大强度小，竞赛期量小强度大。技术训练课，一般强度不大，而体能训练课，量和强度都应该加大。

(四)加强医务监督

对中学生要进行必要的生理卫生知识教育，使他们懂得自我控制和调节生理负荷的方法，并主动与教师配合，安排好休息时间，使体力得到恢复，以保证训练效果。

五、区别对待原则

区别对待原则是指在训练中要根据中学生的年龄、性别、身体条件、训练水平、文化水平、心理与思想状况等特点，有针对性地确定心理目标、内容、手段、方法和运动负荷。贯彻区别对待原则时应注意以下内容。

(一)了解中学生的个人特点

对早熟和晚熟的中学生要区别对待，女生在经期对训练的反应各不相同，都应了解并有所记录，从而针对实际情况，采用有效措施，因人而异，因材施训。

(二)训练计划要反映专项特点和个人特点

训练计划应该既有专项上的共同要求和措施，又有对个人的不同要求。对重点队员还可以制订专门的训练计划，使训练更加切合实际。

(三)在训练过程的各个环节贯彻区别对待原则

对每次早操、训练课除有共同要求外，还应根据不同队员的情况，在内容安排、训练方法和运动负荷等方面提出不同的要求。

第五节　中学课余田径训练目的任务及训练负荷安排特点

中国田径协会在2009年制定了《中国青少年田径教学训练大纲》，这是在1999年制定的《田径教学训练大纲》的基础上进行的修订，对我国青少年时期多年训练的全年训练进行重新确定，突显田径项目优秀运动员成长特点，根据以速度为核心，以体能为基础，以技术为关键的指导思想对青少年训练的全过程进行统一的部署和安排。中学阶段可称为训练的黄金阶段，运动员处在生长发育的敏感期，也是各项运动素质发展提高的敏感期，特别是在12～15岁年龄阶段，训练负荷手段的采用要全面围绕促进健康发展和各项身体素质全面发展，通过合理的训练负荷和采用正确有效的训练手段积极促进身心发展，提高运动能力。资料表明，人体各种运动素质发展的敏感期大致为：平衡能力6～8岁；反应速度9～12岁；移动速度，男7～14岁，女7～12岁；力量素质13～17岁；灵敏素质10～12岁；柔韧性8～12岁；协调性10～13岁；耐力素质16～19岁。此阶段训练安排应该符合人体生长发育的规律特点，因为青少年阶段不是成人的缩影，各器官系统处在生长发育阶段，如果训练安排不合适会对青少年的器官系统造成伤害，导致运动员早衰，浪费人力物力资源。

一、中学课余田径训练目的任务

中学课余田径训练主要是针对中学生进行全面身体训练，增强体质，同时掌握必要的田径专项技术和战术，为将来专门从事田径运动训练，提高运动技术水平，在身体、技术、战术和思想品质及心理素质等方面打好基础。其目的任务主要有以下几方面。

(一)全面提高身体素质，提高运动能力

中学课余田径训练的主体是初中生或高中生，他们正处在生长发育期，需要强健的体魄、健康的心理素质。为了使其身心全面发展，应加强身体训练，促进身体正常发育，提高生理机能，全面提高身体素质。在此基础上逐步提高专项素质水平和专项运动能力。中学生的训练处于基础训练阶段，是为初期专项训练和专项提高训练培养优秀的后备人才，因此，全面发展是中学课余田径训练的重要任务。

1. 初中阶段(13～15岁)

主要是进行多方面的身体训练，发展各项身体素质，学习和掌握多种运动技能和多项

运动技术，提高全面发展水平。这一阶段，男、女生的个体差异逐渐明显，要特别注意区别对待。特别是女生，由于月经的出现，要注意月经的教学与训练，应控制练习的量和强度，避免震动大的练习。要通过合理地安排教学与训练，逐渐使学生适应生理机能的变化，提高机能水平，促进健康发育。

2. **高中阶段**(16～18 岁)

进行全面身体训练和全能运动项目的训练。并在全能训练的基础上，针对他们在某项或一些项目的才能，有针对性地进行专项训练。要逐渐增加训练负荷和强度。但仍要避免大负荷和强度大的训练。仍要注意男、女发育不同，区别对待。特别要注意加强女生的肩带、臂部、腹部、腰背部以及骨盆周围肌肉的练习，加强柔韧性练习。

(二)培养群体活动骨干，发现、培养与输送优秀的田径后备人才

通过课余田径训练和比赛，可以使中学生各方面能力得以发展和展示，使那些具有天赋的、将来有可能成为优秀选手的少年脱颖而出，为学校开展群众性体育活动培养田径各项目的骨干，并为上一级学校和业余体校发现、培养与输送优秀的田径后备人才。

(三)终身体育锻炼的教育

一个人从事中学课余田径训练乃至竞技体育运动的时间只是他一生中很短的一段，人生更多的时间是学习、工作，他们需要通过体育锻炼增进身心健康。中学课余训练的方法与手段本身又具有竞技与健身两重功能。因此，通过中学课余田径训练不仅能提高中学生身心健康与技术水平，达到提高运动成绩的目的，而且还能培养他们终身体育锻炼的意识，使他们掌握终身体育锻炼的方法与手段，养成终身体育锻炼的习惯，使之终身受益。

(四)利用体育功能，进行思想、体育道德教育

完整的田径训练过程本身就是一个教育的过程、树人的过程。体育活动、中学课余训练活动是一个小的社会活动，在活动中要处理各种关系，培养正当的竞争精神、优良的体育道德作风和顽强拼搏的意志品质，通过训练活动使中学生建立起正确的人生观、价值观。

二、训练负荷的安排特点

(一)力量负荷的安排特点

少年儿童的骨骼特点是软组织较多，骨组织内的水分和有机物较多，无机盐较少，虽然骨骼弹性好不易折断，但坚固性差，易弯曲。因此力量训练应多采用发展全身各部位的一般力量练习，以及克服自身体重和持轻器械的练习手段。少年运动员提高力量主要靠提高神经肌肉的协调能力，而不是靠增大肌肉体积。一般到 15 岁以后才进行专门的力量练习，16 岁以后可逐渐采用最大力量负荷练习。

少年儿童力量训练负荷增长可分为三个年龄阶段：

9～11岁　　　克服自身体重

12～14岁　　　轻器械负荷

15～17岁　　　专门的力量练习

少年的力量练习应以动力性练习为主，少用静力性练习(年龄越小越要注意这个问题)。即使在15～17岁阶段，两者的比例也应保持适当。

(二)速度训练负荷特点

速度提高取决于步频和步长，而频率取决于协调能力，步长取决于力量。由于7～14岁动作频率提高快，所以在速度训练中提高协调能力的训练和负荷要占较大的比重，14岁以后要提高步长，就必须加强力量训练。

在速度训练中，无氧训练应加以限制。由于青少年每千克体重的吸氧量较成人少，所以从事紧张活动时缺氧快。少年心率在180次/分以上时，增大强度就必须谨慎，持续时间要短。

少年速度训练手段宜采用一些自然快速动作，如各种追逐性游戏、短程接力赛等，发育期后可逐渐增加发展速度力量的练习。

(三)耐力训练负荷特点

耐力素质的发展水平一般是随着年龄的提高而提高的。例如，进行3分钟大强度活动，9岁儿童的活动能力只能达到成人的40%，12岁为65%，15岁为92%。这是因为青少年所能负担的最大氧债较少，活动不能持久，因此从9岁起可进行耐力训练，但是8～13岁应以发展有氧耐力为主，无氧耐力的发展应从青春期开始进行，并随着年龄的增长而不断提高对无氧耐力的要求。

对青少年的有氧耐力负荷控制常采用脉搏频率作为指标，每分钟脉搏在150～170次为适宜状态。

青少年开始进行专项耐力训练的年龄，男生14～16岁，女生13～14岁。

过早或过多地进行无氧专项耐力训练会使少年心壁增厚，心腔缩小，从而严重影响成年以后达到优异的运动成绩。

(四)灵敏及柔韧性训练负荷特点

灵敏素质的发展同协调能力有密切的关系，应加强此阶段青少年多种多样的动作技能的训练。要培养他们对时间和空间的判断力、定向能力及听觉、视觉等反应能力。灵敏训练注意力高度集中，易疲劳，训练时间不宜过长，并要同其他素质练习交替进行。青少年10岁以前就可以开始柔韧性训练，青春发育期后仍要保持应有的训练时间。柔韧性训练要与项目相结合，要与力量发展相结合，要注意各关节灵活性和协调性的发展。

第六节　中学课余田径训练的内容

一、身体训练

身体训练是指在运动训练中运用多种有效手段和方法，增进中学生的身体健康，全面提高身体素质和身体基本活动能力，为掌握运动技术、战术和创造优异运动成绩打好基础的训练过程。

身体训练是技术、战术训练的基础。科学地进行身体训练，可促进运动员身体机能能力的提高和身体素质的发展，为从事专项训练，提高专项运动技术水平打下良好的身体基础。而强健的身体和良好的身体素质又能保证运动员掌握先进的技术和承受大负荷训练，最终不断提高专项运动成绩。

身体训练包括一般身体训练和专项身体训练两个方面。一般身体训练是采用多种多样的手段和方法，增进运动员的健康，提高各器官系统的机能，全面提高身体素质，改善身体形态和姿势，为专项身体训练打下基础。专项身体训练是采用与专项紧密联系的专门性练习，发展与专项运动技术有直接关系的运动素质，保证运动技术和战术的顺利掌握，并在比赛中有效地发挥运动才能的训练。中学课余田径训练主要应侧重于一般身体训练，并以此作为专项身体训练的基础。身体训练的基本要求有以下几点。

(一)身体训练要全面

根据中学生的特点，要侧重全面身体训练，使他们身体各器官系统机能和各种身体素质得到全面提高，在此基础上，逐步发展专项身体素质。

(二)训练计划中要有计划地安排身体训练

身体训练在多年和全年训练中所占的比重，要根据项目特点、不同时期的训练任务和对象的具体情况确定，训练准备期身体训练的比重要大于竞赛期身体训练的比重。

(三)身体训练要注意身体素质发展的敏感期

人生的不同年龄阶段，各项身体素质发展的速度是不平衡的，都有一个最容易发展的时期，称为该身体素质发展的敏感期。因此，应抓住这个有利时机，对中学生进行针对性的训练，促使该身体素质在相应的年龄阶段得到充分的发展。

(四)严格要求动作质量

身体训练较枯燥、单调，且负荷量较大，在训练中容易忽视练习质量。因此，教练员要讲明道理，加强检查，严格要求动作质量，以保证身体训练的效果。

二、技术训练

技术训练是指学习、掌握和提高专项运动技术水平的训练过程。技术是提高运动成绩的重要因素，只有掌握合理技术，才能充分发挥运动员的身体能力，创造优异的运动成绩。技术训练的基本要求有以下几点。

(一)建立正确的技术概念

在初中阶段，中学生运动员身体正处在生长发育的青春期，身高、体重增长快，内脏器官的机能能力也在发生激烈的变化，机体各部分之间与外界环境之间，常常暂时失去平衡。因此，要注意巩固以前所学的技术，同时适当学习一些新的基本技术，并应注意协调能力的培养。在高中阶段，中学生运动员身体发育逐渐趋于完善，各器官系统机能相对稳定，因此可安排一些难度较大的技术训练，但必须从一开始就重视技术的规格要求。

(二)抓好基本技术训练，并注意与身体训练相结合

基本技术与身体素质互为联系、互为作用、互为促进，因此基本技术训练与身体训练相结合应贯穿课余训练的全过程。在技术训练中，不要脱离中学生的实际，要注意掌握扎实的技术基本功，不要急于学习高难度动作和先进技术。

(三)技术训练要全面、实效、准确、熟练

全面是要求中学生运动员全面掌握组成某一项专项的各个阶段的技术，不可过于侧重于某一分解技术；实效是指技术要实用，不能华而不实；准确是指按一定的技术规格完成动作，不做多余的动作；熟练是指技术达到熟能生巧的水平。全面、实效、准确、熟练是相互联系、互为条件的，在技术训练中要认真贯彻。

(四)允许形成个人技术特点

在训练过程中，除了要求中学生运动员按统一的技术规格实践外，还应该考虑到个人特点。因此，要因人而异地提出不同的要求，使训练更符合个人实际，不要刻意追求模仿优秀运动员的动作技术。

(五)安排多项技术训练

选择技术训练内容时，不仅要注意从已知到未知，从易到难，而且还要注意符合技术之间的迁移规律，进行多项技术训练。例如，跳跃运动员进行短跑训练，短跑运动员进行跳跃项目的训练，这样不仅有利于提高专项技术水平，还有助于发现相关项目的人才。

三、战术训练

战术是指根据自己和对手的竞技能力和外部情况，正确地分配体力，充分发挥自己的特点，限制对方特长，争取比赛胜利的技巧。战术是在一定的身体训练和技术训练的基础上，根据比赛的需要形成的。在一定的情况下，正确地运用战术，往往能给对方较大的心理压力。例如，中长跑正确分配体力，采用领先跑或跟随跑战术；跳高的免跳战术；在接力跑中合理分配棒次，有助于整体优化，最终取得比赛的胜利。

四、心理训练

心理训练是指在运动训练中，有意识地对运动员的心理过程和个性特征施加影响，使他们学会在训练和比赛中调节自己心理状态的心理过程。随着竞技运动的发展，心理训练越来越为人们所重视，并被列为运动训练的重要内容之一。中学课余田径训练中，针对运动员的不同年龄、性别、训练水平等实际情况，要有目的、有计划、有措施地加强心理训练，培养他们的心理稳定性，使他们在任何比赛情况下都能充分发挥最佳训练水平，这也是培养中学生良好心理素质的需要。

五、思想品德训练

思想品德训练是指在训练中对运动员进行思想品德教育的过程。学校教育的最终目标是把学生培养成为有理想、有道德、有文化、有纪律的一代新人。而中学课余田径训练也是一个培养人、塑造人的教育过程。因此，在训练中应根据中学生的年龄特征与实际情况，进行有针对的教育，使他们明确训练动机，端正训练态度，在训练过程中锤炼意志和培养拼搏精神。为此教练员要做到训练育人，这是完成训练任务的前提。其基本要求有以下几点。

(一)结合训练和比赛的实际，有目的地进行教育

根据中学生在训练和比赛中的表现和思想反映及时进行教育，如主项与兼项、个人与集体、个人与裁判、胜利和失败等，教练员应抓住时机，把握住运动员的不同思想情绪和行为特征，有针对性地对其进行教育。

(二)采用多种形式进行思想教育

根据不同的对象采取不同的方法，如说服法、榜样法、讨论、评比比赛、制度要求、

奖励和处罚、家庭访问等，采用的方法要讲究效果，既要避免单纯说教，又要防止流于形式。

(三)严格要求、耐心疏导

良好的思想品德是逐步形成的，不能操之过急，只有严格要求并持之以恒才能逐步使他们形成良好的思想行为和道德品质。

(四)教练员要严于律己，以身作则

教练员的言行对中学生的影响很大，因此凡要求中学生做到的，自己必须首先做到，言传身教，做学生的表率。

第七节　中学课余田径训练的方法

一、重复训练法

重复训练法是指在相对固定的条件下，按照一定的要求反复进行某一动作练习的训练方法。它广泛用于发展运动员的身体素质，掌握、改进和提高技术、战术，培养意志品质等方面。构成重复训练的基本因素有：负荷量、负荷强度、负荷持续时间(重复练习次数与组数)、间歇时间。基本要求有以下几点。

(一)明确目的，正确规定练习数量、距离、时间、重量、重复次数、负荷强度

一般来说，重复训练法用于技术训练时，要严格按照技术规定进行练习。运用于身体训练时，在练习的数量和负荷的强度上不宜提出过高的要求，应尽量选用简单实效的手段，以保证训练的准确性，提高训练的效率。

(二)根据项目特点，正确应用重复训练法

在周期性项目中，短跑应用此法主要发展速度素质，中长跑主要发展速度耐力；在非周期项目中，跳跃、投掷项目采用此法，除了巩固、提高技术外，还可以发展绝对力量、速度力量和专项耐力等方面。

(三)采用有效的教法措施，提高学生的兴趣

由于重复训练法练习条件相对固定，比较单调，而中学生的注意力又不能长时间集中，因此教练员应结合运用游戏、比赛等方法调动中学生训练的积极性。

二、变换训练法

变换训练法是指在训练过程中，有目的地在变换练习条件的情况下进行训练的一种方法。它广泛运用于技术与战术训练、身体训练和心理训练中。构成变换训练法的基本因素有：负荷指标、动作技术要素、练习条件、练习环境等。其基本要求有以下几点。

(一)变换条件应视训练的具体任务而定

针对训练的具体任务和学生在训练中存在的主要问题，有目的地变换练习的负荷、动作的组合、练习的环境和条件等。

(二)变换条件应有助于技术、技能和体能的巩固和提高

各种练习条件的变换，一般应在训练计划中预先确定，循序渐进，不能骤然突变。采用变换训练法，要针对学生的实际情况，应有利于发展他们的身体素质，有利于巩固和提高其技术、技能。

(三)掌握好变换条件训练和正常训练的时机

在技术、战术训练中，采用变换训练法达到训练目的后，应及时恢复到正常情况下进行练习，以避免由于变换条件训练形成与比赛正式要求不相适应的动力定型。

三、持续训练法

持续训练法是指在相对较长的时间内，用波动不大的强度，无间歇地连续进行训练的一种方法。常用于发展有氧耐力、提高技术和发展专门耐力。构成持续训练法的基本因素有：负荷量、负荷强度、持续时间。持续训练法可分为持续耐力训练法、交替训练法和法特莱克跑训练法。

(一)持续耐力训练法

指在有氧范围内，以大体相同的速度和负荷强度，完全根据练习目的确定持续时间的一种耐力训练法。

(二)交替训练法

指在一定范围内，通过有计划地变化速度，在某个阶段以很高的强度进行练习，使机体内短暂地获得氧债，在下一个阶段又降低强度，重新获得补偿的一种耐力训练法。

(三)法特莱克跑训练法

运动员任意变化速度持续跑步的训练法，指练习者利用不同地形，由小到大地任意选

择距离和负荷强度，是发展有氧耐力的一种训练方法。其特点是强调心理方面的负荷分配，以游戏形式进行练习，并要求运动员有一定的自我监控能力，因此，很适合中学生采用。

持续训练法的基本要求有以下两点。

第一，控制好负荷量和负荷强度。由于持续训练法的练习时间相对较长，负荷量较大，因此强度不能太大。中学生发展一般耐力，主要是以降低强度，延长练习时间，或者适当提高强度，缩短练习时间来达到训练目标的。

第二，根据训练的不同时期，正确地运用持续训练法。在准备期，为发展和保持中学生的一般耐力水平，练习的强度要逐步提高到中等水平；在比赛期，采用小强度可作为积极性的恢复手段，采用中等偏大的强度则可保持必要的耐力水平。

四、循环训练法

循环训练法是指根据训练的具体任务，建立若干练习站，使运动员按照既定的顺序、路线依次完成每站的练习，周而复始地进行训练的一种方法。循环训练法的构成有以下几个因素：练习内容及循环顺序、每站训练的负荷量和强度、站与站之间的间歇时间、每次循环的间歇时间、站的数量和循环的次数。循环练习的基本形式有以下几种。

(一)流水式

流水式即一站接一站地进行练习。其特点是练习站较多，循环一周的时间长。

(二)轮换式

轮换式即参训者分成若干组，各组在同一时间内练习不同的内容，按规定时间一组一组地轮换。其特点是设的站比较少，练习一轮时间比较短。

(三)分配式

分配式即设立10个以上的练习站，按运动员的具体情况规定每个人的练习内容和练习次数。其特点是设的站多，用的器材多，但能贯彻区别对待原则。

循环训练法的基本要求有以下几点。

第一，根据训练任务，确定循环训练法各站的内容和站的数量。练习内容应是学生已基本掌握的，顺序应根据练习对人体器官系统和肌肉用力部位的不同要求而交替安排。并注意与发展不同身体素质的练习相互交替。站的数量一般以6～8个为宜。

第二，针对中学生的特点，因人而异地确定循环训练的负荷。负荷的安排，要从每站练习的数量、强度、间歇时间、循环次数等方面考虑。每站的负荷一般为中学生所能承担的最大负荷的$\frac{1}{3}$～$\frac{1}{2}$。循环一周的时间为5～20 min，各站之间的间歇时间为15～20 s，休息方式一般为积极性休息。

五、竞赛训练法

竞赛训练法是指运动员在竞赛的条件下进行训练的一种方法。竞赛训练法有游戏性竞赛、训练性竞赛、身体素质竞赛、测验性竞赛和适应性竞赛训练法等。竞赛训练法不仅有利于提高训练水平，而且有利于比赛所需心理品质的培养。其基本要求有以下几点。

(一)要符合中学生的基本特征

在采用竞赛训练法时，要根据专项训练的需要，选择适合中学生特点的竞赛内容和形式。并注意防止因比赛负荷过大而影响训练任务和内容的完成。

(二)重视对学生进行思想品德教育和心理品质培养

在竞赛训练过程中，学生往往情绪较高，竭力争取战胜对方，时常会出现违反规则的行为，教师要及时调控，提高他们的自律能力。同时，要有意识地加强对比赛所需心理品质的培养。

(三)要注意时机的选择

一般说，在运动技能尚未形成之前时，不宜采用竞赛训练法，以避免影响刚刚形成而尚未巩固的动作技术。

上述各种训练方法是中学课余田径训练中常用的基本方法，它们各有其特点和作用。实践中应根据训练任务、对象水平、项目特点、季节气候及场地设备条件灵活地加以运用。

第八节　年度训练计划的制订

目前，我国中学的学制主要是初中 3 年、高中 3 年。3～6 年的中学课余田径训练计划是多年训练计划，多年训练计划是远景的、框架的、稳定的系统训练。其中每年的训练计划也是较具体的、较稳定的，应为多个大周期的系统训练。学期(阶段)训练计划是较具体的、可变的，应为 1～3 个大周期或 2～25 周的系统训练。小周期训练计划是现实的、具体的、多变的，应为 1～3 h 的训练实施。

一、年度训练计划的内容、依据

年度训练计划是常规训练计划，用来指导学生全年运动训练，服从于多年训练计划的安排，是能够具体展现整体训练内容、方法、负荷，能够使学生获得最大化的生理适应，进而提高其竞技表现。训练计划的主要内容构成有训练目标、起始状态诊断、竞赛安排、训练方法手段及负荷安排、评定监测、恢复安排等。

年度训练计划制订的主要依据是年度竞赛时间安排，竞赛是训练的指挥棒，训练的目标是能够使学生在特定竞赛时间取得优异成绩，没有竞赛，训练就失去了存在的意义，大型比赛竞赛时间一般提前1～2年就已经安排好了，这样就可以规划训练和比赛时间。年度训练计划制订的整体思路可简化为竞赛统领时间安排，依据学生的现实状态及个性特点确定训练目标，通过训练方法手段及负荷安排来实现目标，恢复安排让学生保持活力，及时监测来评定监控训练计划的完成情况。

二、年度训练计划的分类规划

年度训练计划一般分为准备阶段、比赛阶段、过渡阶段，其分类主要考虑到学生生理和心理状态无法一直维持在高水平的状态，所以在挖掘学生潜力的时候应使用顺序合理的方法手段及不同的负荷安排。此外，准备状态会因该训练阶段训练类型的改变、学生心理、社会压力的变化而做出相应的改变。

准备阶段是学生建立生理适应的基础阶段，这是学生在周期中获得良好状态的先决条件。比赛阶段则是学生提高最佳竞技水平的时机。如果准备不充分，学生在比赛阶段就不能达到最佳竞技状态，因为他们取得最佳成绩所必备的最佳生理适应尚未形成。当比赛结束后，需要一个过渡阶段来消除他们比赛时产生的疲劳及生理、心理压力，而且过渡阶段可使学生得到放松和做好心理准备，调整好状态，从而缩短下一年度计划准备阶段的时间。过渡阶段并不是非运动期，因为严格地说运动员没有休赛季，过渡阶段是从一个年度计划过渡到下一个年度训练计划。因此，过渡阶段在两个年度计划中起重要的衔接作用。

年度训练计划的分类由比赛阶段数量而定，全年比赛只有一个比赛阶段称为单周期，有2个及多个比赛阶段称为双周期、多周期。单周期有以下几个特点。

它是一个单周期，因此适合于只有一次主要比赛(一般多场比赛)的季节性运动，多为速度、功率性的运动项目，如田径中的跑、跳、投项目，其训练量和强度曲线不适合耐力主导类项目。

有些运动项目有两个独立的赛事，如田径的室内和室外比赛，这时应采用含有两个高峰的双周期计划，此类计划的两个周期分别包括准备阶段、比赛阶段、过渡阶段。具体时间安排参照如下。

第一准备阶段：持续时间较长，大约为 3 个月，分为一般和专项准备阶段。

第一比赛阶段：持续时间大约为 2.5 个月，使运动员达到最佳比赛状态。

第一过渡阶段：1～2 周时间，安排减量负荷训练使运动员恢复状态，并进入第二准备阶段。

第二准备阶段：比第一准备阶段的时间稍短，大约为 2 个月。一般准备阶段较短，大部分的训练在专项准备阶段中进行。

第二比赛阶段：时间稍长大约为 3.5 个月，使运动员达到最佳比赛状态。

第二过渡阶段：持续时间为 1.5 个月，采用减量训练使运动员恢复状态，同时进入下一个年度训练计划中。

第九节　小周期、大周期计划的制订

训练的小周期一般以 3～5 天时间来安排训练，通常以星期为基本单位，可分为发展训练周、冲击训练周、赛前训练周、比赛周、恢复周。周期负荷安排一般以小、大、中，按顺序调整，这样能避免造成过度训练，同时符合生理机能提高的规律。每周课次安排依据运动员水平、训练阶段。例如，每周 3 次、4 次、6 次、8 次等都是可行的模式，遵循的规律是适度刺激，适当恢复。

训练的大周期一般持续 2～7 周，包含 2～7 个小周期，几个小周期构成一个训练阶段。准备阶段大周期一般由发展训练周、冲击训练周构成，可采用 4∶1 或 3∶1 负荷模式，这两种模式表示的是有 4 个或 3 个小周期训练负荷逐渐增加，最后一个小周期安排低负荷或恢复练习。比赛阶段大周期由比赛日程决定，可采用 4∶1 模型、3∶1 模型、2∶1 模型、1∶1 模型、2∶2 模型。

赛前低负荷和减量大周期的主要目的是消除疲劳，产生竞技能力的超量恢复。此阶段持续时间一般为 8～14 天，以前期训练时间、负荷安排、项目特点来决定，训练负荷应降低到 40％～60％。

过渡阶段大周期的主要目的是运动员生理、心理状态调整、恢复能量为下一阶段训练做准备，量和强度都很低，但要循序渐进地增加负荷，目的是衔接下一阶段训练。

第十节　赛前竞技状态的调整与训练的恢复

一、赛前竞技状态的调整

运动员训练的最终目的是提高竞技能力和运动成绩，如何取得成绩，最根本的是把训练成果在比赛中展现出来，也就是竞技状态的最佳化。竞技状态是训练水平、社会影响、生理压力、心理压力、营养恢复等多方面的合力，量是过程，强度是目的，比赛比的是强度，负荷方面调整是根本，其目的是消除疲劳，积极适应，创造最佳比赛强度。消除疲劳就必须降低负荷，降低负荷就会使能力适应下降，如何保持负荷降低消除疲劳和提升准备状态，这个点就是我们调整的基本原则。研究成果显示，采用赛前快指数减量模式是最佳的模式，大多数情况下应减少41%～60%的训练量。然而，如果减量训练之前训练量很高，那么有必要减少训练量(60%～90%)。当训练量减少，训练强度应保持在减量之前的80%或以上。减量训练持续8～14天。如果减量训练之前训练负荷过大，那么有必要进行更长时间的减量训练。如果是参加非重点比赛也可不安排减量调整，只把比赛当作一次训练来安排。

二、训练的恢复

训练学上认为没有负荷不能称其为训练，同样如果没有恢复也不能称其为训练。恢复的目的是持续训练，提高竞技能力，当然恢复不单单是训练后的恢复，训练间歇、比赛间隙都有恢复过程发生。恢复也不是疲劳过度后才想起恢复，恢复不及时往往导致过度训练的发生。过度训练会导致运动员伤病的发生率提高，竞技能力下降，可能需要几个月甚至几年时间来调整。过度训练严重时会缩短运动员的运动寿命，提早结束运动生涯。

恢复的方式方法有很多，如营养学恢复、生理学恢复、心理学恢复、训练学恢复等。具体表现有被动恢复、主动恢复、按摩、热疗、冷冻疗法、冷热交替疗法、电兴奋、电睡眠、药物、营养策略等。目前认为采用主动恢复加按摩(水浸泡、营养策略、热疗等)的综合性恢复方法效果较好。例如，以50%强度的最大吸氧量进行3.75分钟自行车运动后，接着进行7.5分钟的按摩，更能促进运动能力的恢复。这些综合性恢复方法在一次训练后可能有效，综合性恢复方法在促进恢复上有很大的潜力，仍需进一步研究来阐释其最佳结合方式和不同方法使用的先后顺序。中学田径训练条件有限，可采用训练后慢跑15分钟左右，然后结合按摩及静力拉伸的方式来进行恢复，实践检验证明此方法可快速促进代谢废物清除、能量恢复以及减轻延迟性肌肉酸疼。

第十一节　中学课余田径训练的组织与管理

一、中学课余田径队的组建和主要任务

(一)中学课余田径队的组建

在组建学校田径队时，要从学校实际需要和可能性出发，根据学生的具体情况组队，并将其列入学校的年度工作计划。

(二)运动员选材组建

选材是寻找和发现适合于从事田径运动训练或最适合代表学校取得优异运动成绩的人才的措施。科学的选材是运动训练成功的先决条件。从运动技术要求角度看，选拔运动员通常有两种方法：一是经验选材，二是科学预测选材。中学课余田径训练选拔运动员组建时，常用的几项选材测试组建指标如下。

1. 身体形态指标

身体形态指标中的身高、坐高、体重、臂展、体围、身体充实度等与投掷项目相关程度较高，而身高、腿长、体重、臀部形态、跟腱及足弓等身体各部位的比例关系又与跑、跳类项目相关程度较大。

2. 生理机能指标

生理机能指标主要包括心率、肺活量、最大吸氧量等。不同运动项目选材对生理机能的要求不同，如竞走、中长跑项目要求运动员心肺功能较强。

3. 专项身体素质指标

专项身体素质指标主要包括力量、耐力、速度、灵敏、柔韧和弹跳能力等。具体检测指标不宜分得过细，各项目均采用：30 m起动、立定跳远、三级跳远、后抛铅球、体前屈两手触地等。竞走与中长跑加测800 m或1 500 m。

4. 基本技术

基本技术主要考查运动员的技术基础和完成动作时身体各部分的协调性。

总之，在选材组建中学课余田径训练时，对上述指标经过测试所得的数据，不仅要进行单因素对比和综合分析，而且还要结合其他因素做实质性分析。要考虑的其他因素有：遗传、年龄、运动素质敏感期、测试时身心状况、心理素质、家庭和社会对中学生的影响、学习成绩和思想品德等。

（三）中学课余田径队的主要任务

1. 建立中学课余田径队的训练目标

用科学的预测和决策，制定课余田径队不同发展时期的目标，并且为实现这些目标做好精神准备和物质准备。

2. 组织制订并实施训练计划

训练目标确定后，由教练员等有关人员根据学生的学习、身体素质、运动成绩、家庭情况、学校的管理和场地器材等情况，制订出达到这一目标的训练计划。

3. 完善内部管理机制

不断完善课余田径队内部的管理机制，合理地组织、分配和使用人力、财力、物力，充分发挥它们的作用，协调全队的各项工作，并为完成这些工作提供和创造必要的条件。

4. 调动各方面的积极因素

全面系统地运用管理机制的各种方法、技术和手段，激发运动队的积极性是田径队管理的关键。要完成这一关键工作，必须在管理过程中强调管理对象的自觉性，激发他们自我实现的精神。科学、民主地处理训练过程中所涉及的非训练因素产生的影响，才能有效地实施科学管理，达到良好的效果。

5. 积极运用新的科技成果

积极运用各种新的科技成果，使之与运动训练有机地结合起来，为运动员竞技水平的提高提供有力的科技支持。

6. 处理好田径队与外部环境的关系

田径队是学校的最小单位，田径队的建设与其外部单位有极大的关系，尤其是在市场经济体制下，外部的影响往往在田径队内部产生更为强烈的反响，因此，田径队管理工作中必须认真处理好与各方面的关系。

二、中学课余田径队的管理

根据学校教育规律和中学课余训练的特点，通过建立各项规章制度，加强对中学课余田径队的科学管理。

(一)中学课余教练员责任制

建立主(总)教练员责任制，主持和负责学校课余田径训练的全面工作，对全体教练员应实行责任制，除了认真制订训练计划和组织好训练课外，还要关心学生的思想、学习、生活等，建立学生个人技术与体能档案，使训练工作成为育人工作。

(二)建立训练规章制度

建立严格的训练作息制度，规定每周、每次的训练时间与要求。

(三)建立学习检查制度

课余教练员应定期检查学生的作业、学习成绩等情况。发现问题后，要及时与班主任、任课教师沟通，向学生提出改进意见。这项制度由学校教务部门、班主任和教练员共同贯彻执行。

(四)比赛要求

根据校内外比赛的任务和规模大小，应对参加比赛的学生提出具体要求，包括遵守纪律、服从裁判、尊重观众、顽强拼搏、赛出风格、赛出水平等。

(五)奖励制度

学校可以在每学期期末对参加课余田径训练的学生进行全面考核，对运动和学习成绩好的学生给予物质奖励，对德智体美全面发展的学生应评为“三好”学生。

思考与练习

1. 试述当代训练理论热点问题。
2. 试述核心力量训练。
3. 中学课余田径训练的概念、特点和任务分别是什么？
4. 田径项目各能量系统构成比例是多少？
5. 试述贯彻中学课余田径训练原则时应注意的事项。
6. 试述中学课余田径训练的主要内容。
7. 试述中学课余田径训练的方法和基本要求。
8. 试述中学课余田径训练年度计划的基本内容。
9. 赛前竞技状态如何调整？

➜技术篇

第八章
竞　走

本章要点与导学

本章对竞走的起源、发展和相关竞赛规则做了概括的介绍，分析与叙述了竞走技术动作结构特征、竞走技术演变与发展趋势、教学步骤与练习方法、教学提示与注意事项、教学中常见错误动作及其产生原因和纠正方法等。

通过本章学习，学生能够了解竞走运动的发展概况，正确理解竞走技术的定义，学习与掌握竞走的基本技术，熟知竞走的教学特点和注意事项，掌握竞走的教学方法和锻炼方法。本章学习重点是掌握双支撑阶段技术和支撑腿在支撑时期垂直阶段伸直技术，学习难点是竞走时腿部和骨盆技术动作的掌握及其协调放松能力的培养。

第一节　竞走的发展概况

竞走是田径运动项目中的“走、跑、跳、投”之首，是典型的耐力与技战术相结合的周期性竞速项目，同时具有独特的健身价值，能够集中走与跑的锻炼优势，又能够分别降低其不足。竞走起源于英国，19 世纪初，英国出现步行比赛的活动。1908 年在英国伦敦举行的第四届奥运会上，竞走被正式列入比赛项目。以后各届奥运会的竞走比赛项目的设置上，不断有所变化，到 1956 年第十六届奥运会上开始设立 20 km 竞走和 50 km 竞走两个项目。女子竞走于 1992 年被列入奥运会，距离为 10 km，2000 年奥运会改为 20 km。2017 年国际田联将女子 50 km 竞走作为正式项目增添入第十六届伦敦田径世界锦标赛中。

19 世纪末，竞走运动由欧洲传入我国。最早的竞走比赛是侨居我国的英国人于 1904 年在上海组织的万国竞走锦标赛。竞走一直是我国田径的传统优势项目。我国田径史上第一个世界冠军、首枚奥运金牌均出自竞走项目，我国田径现有的 8 块奥运金牌中竞走项目贡献了 5 块。回顾过往，我国女子竞走率先走向世界，已在世界级大赛中取得一大批奖牌和好成绩。徐永久在第三届世界竞走比赛中获得女子个人冠军，这是中国田径史上第一个世界冠军。陈跃玲在第二十五届奥运会女子 10 km 竞走比赛中获得金牌，这是我国奥运会史上首枚田径项目金牌。2000 年悉尼奥运会王丽萍为中国田径夺得唯一一枚金牌。刘虹在 2015 年 6 月大幅度打破女子 20 km 竞走世界纪录，同年 8 月获得北京田径世锦赛中国代表队唯一一枚金牌，2016 年在里约奥运会女子 20 km 比赛中斩获金牌。2018 年 5 月梁瑞在国际田联世界竞走团体锦标赛中将原女子 50 km 竞走世界纪录提高 1 分多钟。2019 年 3 月刘虹以 3∶59∶15 打破梁瑞创造的女子 50 km 竞走世界纪录。我国男子竞走也迎头赶上。2009 年王浩获得柏林田径世锦赛 20 km 竞走金牌，拉开了我国男子竞走在世界大赛争金夺银的序幕。2012 年陈定打破奥运会纪录获得伦敦奥运会男子 20 km 冠军。2016 年王镇获得里约奥运会男子 20 km 冠军。

第二节　竞走技术

一、竞走技术动作结构特征

竞走项目比的是谁用时最少，最先走完全程，且在竞走裁判员的判罚过程中技术动作符合竞走定义，谁就获得最终胜利。国际田径联合会对竞走技术的定义为：“竞走是运动员与地面保持接触、连续向前迈进的过程，没有(人眼)可见的腾空。前腿从触地瞬间至垂直部位应该伸直(膝关节不得弯曲)。”这就要求竞走运动员必须在高强度的运动负荷中进行比赛，且符合竞走定义的技术要求，连续高速快走完成全程。对于动作技术是否符合竞赛规则，竞走项目不同于田径运动的其他项目，具有明确而易辨的判罚尺度(跳远的犯规、铁饼的出界、短跑的抢跑等)。尽管在田径运动项目中它所表现出的位移速度、动作速度最低，但是在识别技术动作是否规范的同时，在毫秒间去判别人体运动中是否失去支撑而出现腾空，是否因重心前移出现屈膝缓冲，无论是对于裁判，还是对于竞走运动员自身来讲都绝非易事，这也正是竞走具有的独特魅力所在。正是因为竞走运动的技术受到竞走定义与规则的严格限定，了解竞走技术动作结构特征，探索规范、合理、经济的竞走技术，就显得更具有实际意义。

(一)腿部技术动作

腿部动作是竞走技术的主要环节，竞走的周期动作结构由一个完整的复步组成。即从垂直支撑开始，右腿进入前摆阶段，在右脚的足跟触地的同时形成双脚支撑；之后进入前支撑的缓冲阶段，直至垂直支撑，之后进入后蹬阶段(身体向前移动的主要动力来源)；当左脚的足跟着地的瞬间形成了另一侧的双脚支撑；之后进入后摆阶段，循环至下一个复步(图 8-1)。

图 8-1　竞走一个周期的阶段划分(以右腿为例)

(北京体育大学王林教授拍摄制作)

1. 前支撑(前蹬)阶段

前支撑阶段的动作是从脚着地瞬间开始到支撑腿垂直支撑瞬间为止。向前迈步时，摆动腿的脚跟领先着地，膝关节自然伸直，脚掌迅速滚动至全脚掌支撑，着地点距身体重心投影点一般为 35～40 cm，并靠近人体中线，着地角为 63°～70°。着地点距身体重心投影点过远，则会加大制动，损耗水平速度；而过近则会缩短步长并容易产生较大的垂直分力造成腾空。因此，该阶段的动作要柔和，以减小着地时阻力和加快身体重心前移的速度。

2. 后支撑(后蹬)阶段

后支撑(后蹬)阶段的动作是从支撑腿垂直支撑开始到脚趾末节蹬离地面为止。后蹬动作是在身体重心通过垂直面后，随着支撑腿一侧骨盆的向后转动，髋关节、踝关节继续伸展，直到脚趾关节蹬离地面来完成的，此时骨盆沿垂直轴转动的幅度达到最大值。

3. 摆动阶段

摆动阶段是从脚趾蹬离地面开始到摆动腿着地瞬间为止。脚趾蹬离地面后，下肢伸肌群相对放松，小腿顺蹬地反作用力稍向上提起，使骨盆绕支撑腿一侧髋关节的垂直轴和矢状轴做向前和向下转动，并带动下肢屈膝前摆，摆至垂直部位时，摆动腿一侧骨盆下降到最低点。此时，膝关节角度最小，约为97°，躯干正直，骨盆与肩横轴处于最小的转动值。摆过垂直面后，随着骨盆的转动和大腿的继续前摆，小腿迅速向前摆出，脚掌低而接近地面，脚尖向上勾起，接着以脚跟领先着地，此时骨盆与肩横轴再次达到最大转动幅度。

(二)髋部技术动作

竞走技术是灵魂，髋部技术是核心，充分利用髋关节的转动技术是竞走技术动作的关键。由于竞走比赛规则的限定，根据运动解剖学相关理论，排除运动员身体素质、身体形态等因素的影响，骨盆的转动技术制约步长的大小。骨盆处于人体的中间部位，上边连接躯干，下边连接大腿，能绕人体三个轴转动(图8-2)。髋关节三个轴向的运动幅度都会影响到运动员的整体技术，影响到裁判员的技术判罚。骨盆绕垂直轴进行的转动更有利于扩大腿的摆动幅度，至于增加多少取决于整个髋关节的灵活程度和关节运动的支撑点，改善关节灵活程度，对完善竞走技术意义重大。竞走的步幅，从竞走时步幅动作的俯拍图、正面图、侧面图可以看出(图8-3、图8-4、图8-5)，转髋的作用可使步长增加2～4 cm。如果以

图8-2　竞走中髋关节的转动

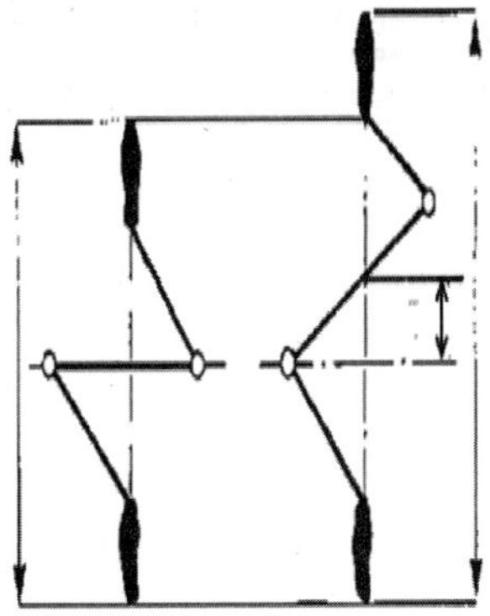

图8-3　髋关节转动步幅动作的俯拍图

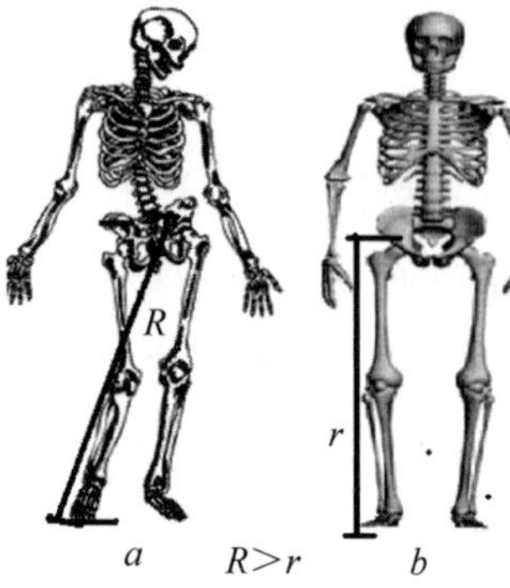

图 8-4　髋关节转动步幅动作正面图　图 8-5　髋关节转动步幅动作侧面图

（图 8-3、图 8-4、图 8-5 引自达米拉诺讲学资料）

18 000 步完成 20 km 竞走全程，每步增加 2 cm，那么将提前 360 m 完成比赛，也意味着运动员可节省 360 m 的能耗。

(三)躯干和两臂技术动作

躯干是人体的主干，由于其解剖结构特点，它在运动中起着重要的枢纽作用。在竞走运动中，躯干直接影响头部位置的上、下波动。躯干后倾，头部必然上扬；躯干前倾，头部必然下移。若躯干前倾角度过大，必然会给裁判留下一种跑的动作表象，头部上下起伏大，很容易被判罚腾空犯规。研究表明：竞走过程中身体躯干前倾角一般控制在 1.5°～3° 比较适宜。在竞走的整个过程中，身体躯干应该尽可能地保持正直，两眼平视，颈部放松，躯干动作要与两臂的摆动和两腿的蹬、摆密切配合，在腿蹬离地面的瞬间稍向前倾。在日常训练中要加强腰背肌的力量训练，使躯干在整个竞走过程中尽量保持正直，保持合理的前倾角，配合转髋技术，使竞走技术动作结构更加优化合理。

运动员竞走时的摆臂技术，要在训练中给予足够的重视。如果摆臂动作小，就会像跑的动作。如果想让竞走能够真正地快速走起来，只有积极地摆臂，才能让运动员情不自禁地走起来而不是跑起来，这是竞走和跑的最大区别。要想走得好必须把臂摆好，如果竞走时摆臂动作小，就跑起来了，就容易犯规。所以说，怎样保持竞走动作，保持正确技术，主要看他的摆臂动作正确与否，只有积极有力的摆动才可以带动髋关节的转动。正确的摆臂技术能够保持身体的平衡，为了维持身体的平衡，上下肢需协调摆动，配合左右臂一致摆动。下肢的支撑和摆动需要上肢摆动的协调配合，从而加大腿部的蹬摆效果，推动身体的前移；受神经系统调节，上下肢的摆动是协调一致、相互影响的，所以要想提高步频，必须加快上肢的摆频；由于竞争项目的特点是能量消耗大，因此谁的技术合理，谁的能量使用就越经济，而正确的摆臂动作能防止躯干沿纵轴转动，减少能量的消耗，使整个竞走技术动作放松、协调，不容易被判罚犯规。通过观察训练和比赛发现，有些运动员出现了摆臂角度过大或者横摆的问题，这是因为在摆臂过程中主要依靠前臂和手腕用力，后摆阶段肘关节用力不够，后摆幅度小，这样容易造成上下肢不协调，引起横摆的现象。目前合理的摆臂技术应该以与下肢的运动相平衡为主要目的，以达到全身的运动动作的稳定、平衡和协调运动。教练员应该坚持长期观察和积极引导，以确保自己的运动员能够以较好的摆臂技术来协调和平衡下肢的运动技术节奏。

二、竞走技术演变与发展趋势

竞走项目技术的演变与发展和国际田联对竞走比赛规则的修改息息相关，每一次规则的修改都会引起竞走技术的适应性改变。1981—1995 年竞走技术随着竞走比赛规则的修改得到了进一步的发展，逐渐形成了：以俄罗斯为代表的“大步幅”走技术；以中国为代表的“高步频”走技术。经过我国竞走教练与科研人员的探索与实践，中国竞走运动员形成了结合自身特点的技术风格，“高步频”技术已经日趋成熟，得到了世界竞走裁判员的广泛认可，在世界大赛中表现不俗。“大步幅”“高步频”这两种截然不同的技术风格都曾在符合竞走规则定义的情况下，得到国际竞走裁判员的认可，在不同时期和阶段的世界大赛中取得过不俗的成绩。

1996 年竞走比赛规则第三次发生了变化，规则的修改导致以中国为代表的“高步频”（“高重心、步幅小、频率快”）的技术风格在国际竞走比赛中屡遭裁判判罚。在各种国际大型比赛中以俄罗斯为代表的“大步幅”走技术，步幅大、步长稳定、髋关节绕身体垂直轴明显转动、脚跟着地角度合理，逐渐成为主导竞走赛场的主流技术。过去我们认为，竞走技术可以百花齐放，没必要非得学习欧洲的技术。伦敦奥运会周期，国家体育总局田径运动管理中心通过“走出去、请进来”等一系列措施，加大投入，先后聘请和邀请意大利国家竞走队主教练达米拉诺，俄罗斯国家竞走队教练尼古拉耶、丘尔金，俄罗斯优秀竞走运动员伊万诺娃来华执教和巡回讲学；前后派遣国家竞走队教练杨文科、张阜新、孙荔安等前往意大利与达米拉诺合练，阶段性派运动员出国同国外运动员训练。通过学习我们真正意识到竞走项目要在世界大赛争金夺牌，必须首先解决技术问题，先谈技术后谈能力，必须融入国际竞走主流技术，必须摆脱我们以往坚持的“小步高频”、所谓竞走技术多元化发展的惯有思维。

竞走中步长与步频的增加有别于跑动，它们增加及加快的幅度，都受制于竞走比赛规则的影响。因此，强调单方面增长与提高的方式不是科学的选择，合理地设置及修正两者的比例，寻求协调共进的途径才是竞走技术合理的发展方向。

第三节　竞走教学

一、竞走教学重点与难点

竞走技术教学的重点应围绕竞走各技术阶段，即前支撑、后蹬、后摆、前摆、双支撑和双臂摆动技术及髋关节技术进行，通过各种练习方法和手段熟练掌握竞走技术并符合竞走定义，在此前提下努力改善和加强专项能力。竞走技术教学的难点在于既要保持比赛中的高速前进，又不能违反竞走的定义。所以竞走的技术应在高速比赛中表现，而能力又要在不改变技术的前提下体现出来，改进技术是优秀竞走运动员永恒的主题。

二、竞走“6 步教学法”介绍

受到教学课时不断压缩的影响，在有限时间内采用传统方法进行技术教学，很难达到预期的教学效果，抓住运动项目技术动作的关键环节，采用 6 步教学法是国际田联在田径运动教学官方指导用书《跑！跳！投！》中所倡导的。以下对竞走技术的 6 步教学法进行简要的介绍。

(一)大步放松走

目的：介绍用力走的动作。

教学提示：介绍规则和大致的技术模式；目视正前方；逐渐加快节奏地走，但不能有间断性跑的动作；自然迈步，保持身体高重心和连贯节奏地短距离大步走，在速度增加时仍然保持放松状态。

(二)用力后蹬走

目的：发展后面一只脚蹬地推动人体前进的能力和增加步长。

教学提示：体会后腿更加用力地蹬离地面推动人体；集中注意力于双臂和双腿的节奏，共同强有力地协调摆动；身体高重心，双肩和髋关节放松；保持与地面接触和伸直膝关节，脚落地时脚尖勾起。

(三)直线走

目的：发展髋关节转动的能力。

教学提示：沿着直线走，每一只脚都踩在直线上；熟练掌握直线走后，再进行脚落在直线对侧走的练习；高重心，双肩和髋关节放松。

(四)专项灵活性练习

目的：发展肩部和髋关节的柔韧性。

教学提示：在进行双臂向体侧展开、前后摆动等组合练习时，双臂保持放松；在结合直线走练习时，保持目视前方。

(五)变化节奏走

目的：使技术适应各种速度水平。

教学提示：保持技术动作放松前提下，尝试变化速度；逐渐增加变化节奏走的距离。

(六)持续走

目的：在疲劳情况下保持技术。

教学提示：采用重复练习和持续走，作为训练的起始内容，规定的完成距离至少在400 m；集中注意力于正确技术，不要过分强调速度快慢。

三、竞走教学步骤与练习方法

(一)竞走上肢技术

1. 原地摆臂

(1)方法：练习者原地站立，两脚并拢，两臂屈肘前后摆动，前摆稍向内，手不超过身体中线，后摆稍向外，与肩齐平。

(2)要求：前摆放松，后摆用力，节奏均匀；腰髋配合前后转动。

(3)作用：体会正确的摆臂技术和腰髋配合动作。

2. 摆臂转髋模仿

(1)方法：练习者原地站立，两脚并拢，两臂屈肘前后摆动，腰髋配合前后转动，两腿膝关节一屈一伸，模仿原地竞走练习。

(2)要求：两臂有节奏地自然前后摆动；腰髋前后大幅度转动。

(3)作用：体会上下肢与腰髋配合运动。

3. 负重摆臂转髋

(1)方法：练习者原地站立，两脚并拢，两手持重(1 kg)屈肘前后摆动，腰髋配合前后转动，两腿膝关节一屈一伸，模仿原地竞走练习 。

(2)要求：在前两种方法的基础上，加大动作幅度；腰髋配合前后转动，尽量减少上下转动。

(3)作用：提高摆臂力量和整体配合能力。

(二)竞走转髋技术

1. 原地转髋交叉竞走

(1)方法：练习者手扶支撑物，原地站立，两脚分开约 1 m 长，左腿向右摆动，以脚跟领先着地，右腿向左摆动，以脚跟领先着地，交互进行。

(2)要求：腿在摆动中，脚与地面接近；上体尽量减少转动；腰髋配合做大幅度转动。

(3)作用：提高髋转动的幅度和灵活性。

2. 行进间转髋交叉竞走

(1)方法：练习者左腿向右前方摆动，以脚跟领先着地，右腿向左前方摆动，以脚跟领先着地，交互前进。

(2)要求：腿摆动时，脚与地面接近；腰髋配合做大幅度转动；两臂有力摆动以配合腿的蹬摆动作。

(3)作用：提高髋转动的幅度和上下肢协调配合能力。

3. 原地转髋练习

(1)方法：练习者手扶支撑物，原地站立，两脚分开约 1 m 长，左腿以足跟着地，右腿以足尖着地，利用髋关节转动动作，交换成左腿以足尖着地，右腿以足跟着地，反复进行。

(2)要求：髋关节转动幅度大。

(3)作用：提高髋转动的幅度和上下肢协调配合能力。

4. 栏架髋绕环

(1)方法：练习者一脚支撑或连续跳跃，另一腿连续由外向内做摆绕纵向栏架(栏高可根据身高决定)练习。

(2)要求：根据练习者的身高调整栏架的高度；以髋关节发力并直腿摆动；正反腿的正反方向连续跳跃动作。

(3)作用：发展髋关节的灵活性和腰肌等力量。

5. 仰卧交叉摆腿送髋

(1)方法：练习者仰卧垫子上，两手侧平举撑地，左腿摆动至右手方向，髋关节随腿转动，然后还原，右腿摆动至左手方向，反复进行。

(2)要求：摆动腿的脚尽量向上触手；髋关节做最大幅度转动。

(3)作用：提高髋转动的幅度和上下肢协调配合能力。

(三)竞走下肢技术

1. 各种手臂姿势竞走

(1)方法：练习者两臂下垂在体侧自然摆动，以髋带动两腿大步竞走。

(2)要求：髋关节做大幅度转动以增加步长；两臂在体侧前后摆动，以获得有效步幅。

(3)作用：体会竞走中以髋带腿的送髋动作。

2. 足跟直腿走

(1)方法：练习者以足跟着地竞走，走时步子小，腿伸直。

(2)要求：脚尽量翘起，足跟明显着地；步长小，但步频较快。

(3)作用：发展小腿的胫骨前肌力量。

3. 小步高频走

(1)方法：练习者以足跟着地做小步高频率竞走，髋关节转动较小。

(2)要求：脚着地做出迅速滚动动作；膝关节放松，着地伸直。

(3)作用：发展竞走高频率和膝关节快速伸直。

4. 体前屈竞走

(1)方法：练习者上体前屈与地面平行，两臂自然下垂，左腿屈膝前摆，以足跟领先着地，并滚动至全脚，当身体重心移过垂直部位后，脚开始后蹬，在后蹬结束瞬间，右腿向前迈步。

(2)要求：膝关节在脚着地至离地前不得弯曲；髋关节沿垂直轴转动；左右手协调地触摸足尖。

(3)作用：提高膝关节的自然伸直和上下肢的协调配合。

5. "8"字竞走

(1)方法：练习者沿着两个直径 5～8 m 的圆圈竞走，走时随着身体重心的变化，调整动作的幅度和转髋的方向。

(2)要求：两脚尽量走在弧线上；身体重心随着弧线的变化，做向内和向外的倾斜。

(3)作用：提高髋关节转动幅度和上下肢的协调配合。

6. 沿直线竞走

(1)方法：练习者沿跑道线竞走，两脚尽量在线上着地。

(2)要求：两脚的落点在直线上；髋关节沿垂直轴和矢状轴转动。

(3)作用：提高竞走的直线性。

7. "S"形竞走

(1)方法：练习者沿着每隔 3～5 m 的标志物，做左右两侧绕标志物竞走。

(2)要求：身体重心随着弧线的变化，做向内和向外的倾斜；髋关节沿垂直轴和矢状轴转动。

(3)作用：提高竞走的协调与平衡能力。

8. 弯道竞走

(1)方法：练习者沿着弯道的弧线，做顺时针和逆时针方向的竞走。

(2)要求：两脚尽量走在弧线上，同时加大髋部的转动幅度；身体重心随着弧线的变化，做向内和向外的倾斜。

(3)作用：提高髋关节转动幅度和调整身体的倾斜角度。

9. 上下坡竞走

(1)方法：练习者沿着 20°～30°的坡道，进行上下坡的竞走。

(2)要求：上坡时，注意身体的前倾，步长适当缩小并加强后蹬；下坡时，注意身体的后倾，步幅适当加大并防止腾空。

(3)作用：上坡走提高竞走的后蹬力量；下坡走发展竞走的动作速率。

10. 变频变速竞走

(1)方法：练习者以每隔 50～100 m 的标志物，进行变换频率与速度的竞走。

(2)要求：根据练习者的技术情况与能力，选择距离、段落和竞走的时间；根据练习者的技术情况与能力，确定竞走的速度和动作的频率。

(3)作用：提高竞走速度与发展竞走的动作频率。

11. 正反向圆周竞走

(1)方法：练习者沿着直径 8～10 m 的圆圈，进行正反向圆周竞走，走时随着身体重心的变化，调整动作的幅度和转髋的方向。

(2)要求：两脚尽量走在弧线上；身体重心随着弧线的变化，做向内和向外的倾斜。

(3)作用：提高髋关节转动幅度和竞走的动作频率。

12. 沿标志竞走

(1)方法：练习者沿着 30～50 cm 的标志线，进行小步高频率竞走，根据标志线长短，调整动作的幅度和转髋的幅度。

(2)要求：两脚尽量走在标志线上；随着标志线的变化，调整步长与步频。

(3)作用：提高竞走技术的节奏和竞走的动作频率。

四、竞走教学提示及注意事项

第一，不急于掌握竞走技术，要领会和认识竞走定义的实质，建立正确的竞走技术概念。教师在讲解竞走技术起源、规则和竞走技术特点时，注意简明扼要，语言准确。同时结合图片、录像和完整技术动作示范，使学生对竞走完整技术动作和技术特征有一个全面的了解。

第二，在学习竞走的腿部动作时，学生要以脚跟先着地，经脚掌外侧迅速滚动到全脚掌，着地瞬间伸直膝关节。学生后蹬动作结束后，脚尖要始终靠近地面，小腿不要后撩，以防止出现跑动。

第三，注意髋关节灵活性的发展，防止只注意腿的技术，忽视髋关节在竞走技术中的作用。在练习髋关节冠状轴绕支撑腿髋关节垂直轴转动时，要求学生主动前移髋部，强调髋部先发力，带动大腿与小腿向前迈步，同时身体重心积极前移。

第四，在学习竞走两臂和两肩的动作时，注意两肩的扭转和两腿及髋部动作的协调配合。可先进行直臂摆动练习，要求前后摆动，身体和两肩都要放松。

第五，初学时应严格控制速度，不宜快走，从慢走、中速节奏中领会竞走是否符合竞走定义中关于不能腾空和不得屈膝的要求。

第六，在组织非体育专业青少年练习竞走时，要向他们说明规则中竞走技术动作的规定，及完成正确竞走技术动作的方法。但不要按规则的要求去规范他们的技术动作，应将重点放在技术动作的协调、连贯和放松上，动作外形基本上像竞走即可，不追求动作的细节。

五、竞走教学中常见错误动作及其产生原因和纠正方法

在学习和掌握竞走技术的过程中，错误动作的产生究其原因往往是：头脑中对技术动作的概念没有一个清晰的认识；专项身体素质达不到支撑规范竞走技术的要求。以下对竞走教学中常见的错误动作、产生原因及其纠正方法进行简要介绍。

(一)摆动腿着地瞬间膝关节未充分伸直

如图 8-6 所示，摆动腿着地瞬间，右膝关节角度为 163°，膝关节必须完全伸直到身体位置处于垂直阶段，该技术动作在比赛中容易被判屈腿犯规。

产生原因：走的速度与身体素质和技术水平不相符，腿部肌肉的专项力量较弱，柔韧性不够。

纠正方法：适当降低竞走配速，增强腿部力量，提高膝关节的柔韧性和灵活性，加强直膝体前屈走、小腿惯性摆动的练习。

图 8-6　摆动腿着地瞬间膝关节未充分伸直

(二)蹬地后小腿后撩过高

如图 8-7 所示，左边运动员单腿垂直阶段摆动腿膝关节角度较小(88°)，高速走时容易呈现小腿后撩过高，大小腿折叠较紧“跑”的技术表象。

产生原因：蹬地时脚过分积极用力，造成后撩小腿动作。

纠正方法：适当减小腿部用力，增加后支撑腿与地面接触的时间，强调以髋关节带动腿部，放松摆动。

图 8-7 蹬地后小腿后撩过高(左)

(三)小臂上摆过高，两大腿夹角较小

如图 8-8 所示，上方运动员小臂上摆过高，两大腿夹角较小。

产生原因：小臂过分用力摆动，肩带肌群紧张，后摆肘关节角度小，摆动半径小，不利于提高后摆幅度和后摆速度；髋关节的柔韧性和灵活性差。

纠正方法：反复强调摆臂动作的用力意识，肘部用力，后摆用力，前摆放松；通过增加协调性、柔韧性练习，增强腿部力量，摆放标志物等辅助手段，可以使大腿夹角小的技术问题在一定程度上得到优化。

图 8-8 小臂上摆过高，两大腿夹角较小(上)

第四节　竞走项目相关竞赛规则

一、竞走的定义

竞走是运动员用双脚向前行进的方式保持与地面接触，连续向前迈进的过程，没有(人眼)可见的腾空。前腿从脚触地瞬间至垂直部位应该伸直(膝关节不得弯曲)。

二、竞走标准比赛距离

室内：3 000 m及5 000 m；

室外：5 000 m、10 km、10 000 m、20 km、20 000 m、50 km、50 000 m。

三、执裁

所有竞走裁判员应独立行使其工作职责，以人眼观察为依据进行判罚。在公路竞走比赛中，包括主裁判在内的裁判员人数，通常最少为6名，最多为9名；在场地竞走比赛时，包括主裁判在内的裁判员人数，通常为6名。

四、黄牌

当竞走裁判员认为运动员的动作不完全符合规则规定时，如可能，该裁判员应向运动员出示两面都有犯规标志的黄牌予以警告，同一名裁判员不能对同一运动员相同的犯规示出第二张黄牌，对运动员出示黄牌后，该裁判员须在赛后向竞走主裁判报告该运动员的行为。

五、红卡

当竞走裁判员在比赛的任何阶段观察到运动员的行进方式不符合规则的规定，表现出可见的腾空或膝关节弯曲时，该裁判员须将一张红卡送交主裁判。

六、取消比赛资格与罚停区

当3个不同竞走裁判员对同一运动员发出的3张红卡送交到竞走主裁判之后，该运动员将被取消比赛资格，并由主裁判或主裁判助理向该运动员出示红牌通知该运动员。如未能通知，也不得恢复已被取消的比赛资格。如果竞赛规程有所规定，任何比赛都可设立罚停区。在比赛中使用此规则时，一旦运动员被判罚有 3 张红卡，主裁判或其代表将告知该运动员需进入罚停区以及在此停留相应的时间，然后再回到赛道继续比赛。任何拒绝进入罚停区的运动员，或未停留到规定的时间，将被主裁判取消比赛资格。在罚停区适用的停留时间如下：项目距离及罚停时间(5 000 m/5 km，0.5 min；10 000 m/10 km，1 min；20 000 m/20 km，2 min；30 000 m/30 km，3 min；40 000 m/40 km，4 min；50 000 m/50 km，5 min)。场地竞走时，运动员被取消比赛资格后，应立即离开跑道；公路竞走时，运动员被取消比赛资格后，应立即取下号码布，并离开赛道。

七、红卡显示牌

应在比赛赛道及邻近终点的地方设置 1 块或多块公告牌，以便告知每名运动员已送至竞走主裁判的红卡数量。每次犯规类型的符号也应该在公告板上显示。

八、主裁判

当运动员的行进方式明显违反竞走的定义时，不管该运动员此前已收到的红卡数量，主裁判有权在比赛最后 100 m 时取消运动员的比赛资格。在此种情况下被主裁判取消比赛资格的运动员允许完成本次比赛。主裁判或主裁判助理应在该运动员完成比赛后的最早时间向该运动员出示红牌，以通知该运动员被取消比赛资格。

思考与练习

1. 竞走与跑的区别是什么？
2. 竞走的一个周期阶段可以划分为哪些步骤？
3. 竞走技术动作的核心是什么？
4. 竞走时对腿部与骨盆动作的要求有哪些？
5. 竞走时对躯干姿势与摆臂动作的要求有哪些？
6. 竞走技术的发展趋势是什么？
7. 竞走“6 步教学法”的具体步骤是什么？
8. 竞走教学时应注意什么问题？
9. 在学习和掌握竞走技术的过程中，错误动作产生的原因主要包括哪两个方面？
10. 竞走标准比赛距离为多少？

第九章
短　跑

本章要点与导学

本章简要介绍了短跑技术发展概况和发展趋势，详细阐述了短跑的技术要领，短跑的教学方法、注意事项、短跑中易犯错误动作，产生原因和纠正方法以及短跑基本竞赛规则。

通过本章学习，学生能够了解短跑技术发展概况和发展趋势，掌握短跑的基本技术和理论，短跑教学步骤与方法、手段，短跑教学中常见错误动作及其产生原因和纠正方法，短跑基本竞赛规则。本章学习重点是短跑的途中跑技术，学习难点是起跑和起跑后加速跑技术以及跑的放松技术。

第九章数字资源

第一节　短跑的起源与发展

一、短跑的起源与演进

田径运动的发展和演变是一个非常漫长的历史过程。古代，人们为了获得生活资料，在与大自然做斗争的过程中，不得不具备快速的奔跑能力，这种快速的奔跑能力被作为一种技能代代相传，这可能就是现代短跑运动最原始的雏形了。因此，可以说短跑运动起源于早期人类的生产和生活活动之中。

公元前 776 年在古希腊伊利斯城邦的奥林匹亚举行了第一届古代奥运会，它的会期只有一天，只有一项比赛，那是一项短距离赛跑。这项古代奥运会的第一个项目的距离为 192.27 m，相传这是大力神脚长的 600 倍，当时古希腊的人们把这项短跑运动称为“斯泰德”，意为“场地跑”。

当初，供“斯泰德”比赛用的跑道仅是一条笔直的场地，场地上也没有分道线，只是在起跑线上每隔 1 m 的地方放一块石头作为分道的标志，对于起跑后的抢道问题，则没有严格的限制。另外在起点和终点线上也均用插在地上的标枪作为标志。起跑时，竞技者把大石块置于脚后，借蹬石的力量来加快起跑的速度，这也是现代田径赛中短跑项目运动员起跑器的最早雏形。后来，随着伊利斯城邦财富的增多，运动场也被修改得越来越好。从公元前 724 年的第十四届古代奥林匹克运动会开始，便以铺平在地上的石板线取代了跑道两头的标枪作为起点和终点的标志。奥林匹克运动会上的起跑石板线是逐段分开的，共有 20 段，每段容一人，可以使竞技者在比赛时独自横占大约 1.3 m 的距离。当时在起跑点的石板上还刻有两条平行槽，两槽之间的距离大约为 0.23 m，显示出当时的运动员在起跑时是双脚一前一后，身体直立前倾在起跑槽(当时的起跑线)上，等待着裁判的命令。

在即将比赛之前，裁判员还要最后一次告诫各城邦的运动员：如果你们的训练无愧于奥林匹克赛会，如果你们不因为懒惰和不光彩的行为而丢脸，那就勇敢地前进吧！那时的竞赛规则很严格，谁只要偷跑一步，就要受到鞭打的处罚，然后再重新从起跑线上开始跑起。

在当时，这个竞赛场可容纳 20 个运动员一起比赛。由于每届参加比赛的人数太多，比赛通常都要分批进行，每批的参赛者的人数多少以便于观察为准；比赛运动员采用抽签的办法决定批次和道次。

在古代奥林匹克运动会上，场地跑的优胜者不是以计算成绩快慢的方法来确定的，而是要求在每轮淘汰赛中始终跑第一名，才有资格进入下一轮，并且一直要坚持到此项目的最后一轮决赛为止。因此，在古代奥运会上从未有“最高纪录”“破纪录”之类的成绩记载，除了一名绝对的优胜者外，其他竞争的选手都意味着失败。

根据史料记载，在公元前 776 年举办的第一届古代奥林匹克运动会上的场地赛跑中，伊利斯城邦的科罗巴斯经过多轮角逐，获得了最后的胜利，摘取了第一届古代奥运会上的唯一桂冠。科罗巴斯也成为古代奥林匹克运动会历史上的第一个冠军，由此他获得了很高的荣誉。在科罗巴斯的一生中，他因为这次的成就而一直受到人们的尊崇，这使他在以后众多的优胜者中间始终处于领先的荣誉地位。据说，当科罗巴斯逝世后，他的坟墓被建在伊利斯和雅典之间，成为这两个强大城邦的边界石，并以此象征着永久的和平。

场地赛跑作为古代奥林匹克运动会第一项比赛项目，在古代奥运会史上有非常重要的地位。从第一届到第七届古代奥运会，场地赛跑都是唯一的比赛项目，只是到了第七届(公元前 724 年)古代奥运会才把中距离跑列入比赛项目，但场地跑仍是最主要的项目。可以说，在古代奥林匹克运动会前期，场地赛跑一直占据主导地位。

场地赛跑这项古代奥运会的短跑项目，对现代奥运会的短跑项目影响很大。今天的短跑比赛中的 100 m、200 m、400 m 比赛当中，仍可隐约地看到当年古代奥运会场地赛跑的影子。古代奥运会的场地赛跑划分好跑道，而今天的田径场地也是按此把跑道画好。古希腊场地赛跑运动员的起跑姿势，也被今天的运动员接受，并加以改进。古希腊运动员们在场地赛跑中起跑时用的蹬石，被今天的人们加以改进，变成了先进的起跑器。

图 9-1　第一届现代奥林匹克运动会场地

总之，古代奥林匹克运动会的场地赛跑比赛对于今天田径比赛中的短跑比赛有着很深的影响，它给今天的短跑运动提供了雏形。

现代奥林匹克运动会复兴于 1894 年。1896 年举行的第一届现代奥林匹克运动会(图 9-1)，设男子 100 m 和 400 m 两个项目。美国运动员托马斯·伯克分别以 12.0① 和 54.2 获冠军。在以后的历届奥林匹克运动会中，短跑是田径必不可少的项目之一。

二、短跑运动世界纪录

100 m 短跑是田径赛中距离最短的比赛，也被誉为“挑战人类速度极限”的比赛。

1896 年第一届现代奥运会 100 m 决赛中，美国运动员托马斯·伯克采用“蹲踞式”起跑获得奥运会史上第一个百米冠军，并在预赛中以 11.8 创造了第一个男子 100 m 的奥运会纪录。

1912 年斯德哥尔摩奥运会，美国包揽全部短跑金牌，其中多纳德·里平科特在 100 m 预赛中跑出了 10.6 的成绩。这一成绩被国际田联批准为 100 m 的第一个正式世界纪录。

1968 年，美国在萨克拉门托举行的美国田径锦标赛半决赛中，吉姆·海因斯创造了 9.9 的新世界纪录。这年可以说是美国短跑人的春天，也是世界田径短跑史上极为重要的一年。因为这一年，人类 100 m 短跑历史迈进 10 s 时代。

---

① 特别说明：径赛成绩的记录方式为小时(：)，分为(：)，秒为(.)。

2009 年 8 月 16 日，在柏林田径世锦赛上，博尔特(图 9-2)在男子 100 m 比赛中跑出 9.58，成为百米比赛中首个跑进 9.6 大关的人。这一惊人的突破也引发人们的思考，人类在 100 m 赛场上的极限在哪里?

弗洛伦斯·格里菲斯·乔伊娜是美国当代优秀的女子短跑运动员。1988 年，她在第二十四届汉城奥运会上，只用了 10.49 就跑完了 100 m。

200 米赛跑从 400 m 标准田径场弯道处起跑，在终点直道结束，需要选手有综合技术才能完成比赛。

1896 年第一届现代奥运会上，男子 200 m 被正式列入比赛项目。

1968 年墨西哥城奥运会上，汤姆·史密斯以 19.83 的成绩打破世界纪录，男子 200 m 项目首次突破 20 s 大关。

2009 年柏林田径世界锦标赛上，博尔特以 19.19 打破其本人保持的世界纪录，保持至今。

1988 年在第二十四届汉城奥运会美国的弗洛伦斯·格里菲斯·乔伊娜以 21.34 的成绩创造女子 200 m 世界纪录。

400 米是田径短跑中最难练的项目，介于短跑和中长跑之间，对运动员身体素质要求很高。

2016 年 8 月 15 日，南非选手范尼凯克在巴西里约奥运会男子 400 m 决赛中以 43.03 创造了奇迹，成为世界纪录保持者。

1985 年，玛丽塔·科赫在堪培拉世界杯赛上以 47.60 的成绩创造女子 400 m 世界纪录。当今短跑世界纪录见表 9-1。

表 9-1 短跑世界纪录

项目/m	组别	人物	国籍	成绩	时间	比赛名称	地点
100	男子	博尔特	牙买加	9.58	2009 年 8 月 17 日	柏林田径世界锦标赛	柏林
200	男子	博尔特	牙买加	19.19	2009 年 8 月 20 日	柏林田径世界锦标赛	柏林
400	男子	范尼凯克	南非	43.03	2016 年 8 月 15 日	巴西里约奥运会	里约热内卢
100	女子	乔伊娜	美国	10.49	1988 年 7 月 16 日	汉城奥运会预选赛	印第安纳波利斯
200	女子	乔伊娜	美国	22.34	1988 年 9 月 29 日	汉城奥运会	首尔
400	女子	玛丽塔·科赫	德国	47.60	1985 年 10 月 6 日	第四届世界杯田径赛	堪培拉

三、我国短跑运动发展概况

19 世纪末，以田径、球类运动为主要内容的欧美体育传入我国。1890 年在上海圣约翰书院举行了第一次以田径为主要项目的运动会。进入 20 世纪，各类学校开设的体育课中普遍采用田径运动项目作为教学内容，不同规模的校际田径运动比赛也不断增多。1910 年 10 月 18—22 日在南京举行了第一届全国运动会。

中华人民共和国成立后，在党和政府的重视和关怀下，田径运动在大、中、小学迅速普及与开展起来，全国各地普遍建立了青少年业余体校田径班，国家和各省、自治区、直辖市建立了田径代表队，全国性田径竞赛制度化，推动了我国田径运动水平的提高。

1957 年在大柏林第三届田径运动会上，我国运动员李中林获得了男子 400 m 冠军。1958 年 8 月在德国居德林堡的国际比赛中，我国女运动员姜玉民获得 100 m 冠军。1965 年我国男子短跑运动员陈家全创造了 10 s 的优异成绩，平了当时 100 m 的世界纪录，女子短跑运动员贺祖芬也创造了 11.6 的全国 100 m 纪录，这些成绩都进入了世界短跑先进行列。男女 200 m 和 400 m 的成绩也都有了大幅度的提高。

1966—1976 年，刚刚起步的中国田径运动遭受了沉重的打击，基本上停止了正常的训练和竞赛活动，不少田径场也遭到极大破坏。田径成绩一度处于停滞不前或下降状态。

1976 年至今，拨乱反正和我国实行的改革开放政策，使田径运动重新恢复和发展，田径运动水平迅速提高。

2010 年，劳义作为广州亚运会中国代表团成员，在男子百米决赛中获得冠军，实现中国男子百米金牌零的突破。2013 年，莫有雪在世界少年田径锦标赛以 10.35 的成绩获得男子 100 m 冠军，成为首位夺得世少赛男子百米冠军的中国运动员。2013 年 8 月 12 日，在莫斯科世锦赛男子百米半决赛中张培萌跑出了 10 s 整的成绩，创造了新的全国纪录。2015 年 5 月，苏炳添在国际田联钻石联赛美国尤金站中以 9.99 的成绩获得男子 100 m 第三名，成为真正意义上第一位进入 9 s 关口的亚洲本土选手。2017 年 5 月，苏炳添在国际田联钻石联赛上海站男子百米赛以 10.09 夺冠，成为第一个在钻石联赛百米大战中夺冠的中国人。

2018 年 2 月 6 日，苏炳添以 6.43 夺得国际田联世界室内巡回赛男子 60 m 冠军，并刷新亚洲纪录。3 月 3 日世界室内田径锦标赛，苏炳添以 6.42 再次打破男子 60 m 亚洲纪录的成绩摘得银牌，成为第一位在世界大赛中赢得男子短跑奖牌的中国运动员，也创造了亚洲选手在这个项目中的最好成绩。6 月 23 日，在国际田联世界挑战赛马德里站上，苏炳添在风速顺风每秒 0.2 m 的前提下，以 9.91 的成绩追平了亚洲纪录获得男子 100 m 的冠军。8 月 26 日，在雅加达亚运会田径男子 100 m 的决赛中，苏炳添以 9.92 打破亚运会纪录的成绩夺冠。

1997 年，李雪梅在第八届全国运动会上以 100 m 10.79 的成绩创造全国纪录。

2018 年 5 月 20 日，国际田联黄金大奖赛日本大阪站，在男子 200 m 比赛中，谢震业以 20.16 的成绩获得冠军，并打破 2017 年他在第十三届全运会上取得 20.20 的成绩再次创造全国纪录。

女子 200 m 全国纪录由李雪梅在 1997 年第八届全国运动会上以 22.01 创造。

男子 400 m 全国纪录是 2017 年第十三届全国运动会上，郭中泽以 45.14 创造的。

女子 400 m 全国纪录是 1993 年第七届全国运动会上，马玉芹以 49.81 创造的。

我国优秀短跑运动员的最好成绩见表 9-2。

表 9-2　我国优秀短跑运动员的最好成绩

项目/m	组别	人物	籍贯	成绩	时间	比赛名称	地点
100	男子	苏炳添	广东	9.91	2018 年 6 月 23 日	国际田联世界挑战赛马德里站	马德里
200	男子	谢震业	浙江	20.16	2018 年 5 月 20 日	国际田联黄金大奖赛	大阪
400	男子	郭中泽	上海	45.14	2017 年 9 月 3 日	第十三届全国运动会	天津
100	女子	李雪梅	四川	10.79	1997 年 10 月 18 日	第八届全国运动会	上海
200	女子	李雪梅	四川	22.01	1997 年 10 月 22 日	第八届全国运动会	上海
400	女子	马玉芹	河北	49.81	1993 年 9 月 9 日	第七届全国运动会	北京

四、短跑技术发展趋势

(一)现代短跑技术更重视基本技术规范化

技术规范化是指跑的技术动作结构更加符合运动生物力学原理，符合人体解剖结构特点，从而使跑的技术更节省化和效率化。短跑技术规范化具体表现为跑的动作协调、放松自然、蹬摆有力、重心平稳、幅度大、速度快、节奏明显、向前性好。

(二)现代短跑技术更突出技术个性化

现代短跑技术个性化是指每位运动员在各自个体的形态、结构、身体素质和机能、心理素质的基础上结合百米跑的特点与规律，形成的具有个体身心特点的技术风格。

(三)现代短跑技术更强调完整技术的最优化

短跑技术的最优化是指运动员完成技术动作时能以最佳的动作、最短的时间、最少的能量消耗获得最佳的运动成绩。

(四)运动训练与高科技装备结合紧密

随着科技的发展，遥测运动心肺功能测试系统、多功能运动遥测系统、高速摄像机等一些高科技技术装备被运用到短跑运动训练中，教练员能更加清晰地了解运动员的机能状况和动作技术，更具针对性地制订科学的训练计划，减少运动损伤，提高运动员的技术水平和运动成绩。

(五)更大限度地满足审美与赛事条件要求

观众对现代赛事的观赏性要求越来越高，短跑运动技术的发展也要遵循观众的审美要求。赛场上激烈的追逐、速度的刺激都让观众心潮澎湃、热血沸腾。由高清摄像机呈现的运动员奋力拼搏、坚持不懈的精神，在传播正能量的同时也提高了观众观看比赛的兴趣。

赛事条件是推动运动技术改革的一个主要因素。从煤渣地到塑胶跑道，从站立式起跑到运用起跑器，场地和器材的革新都推动了运动技术的大发展。未来肯定会有新科技、新材料不断出现在短跑运动赛场上。短跑技术也需要不断发展，才能适应这些新科技、新材料推动的场地、器材，甚至是运动竞赛规则的发展。

第二节　短跑技术

短跑属于极限强度运动，它是以高速向前的单脚支撑与腾空相交替、蹬与摆协调配合、动作连贯的周期性运动。短跑全程技术分为起跑、起跑后的加速跑、途中跑和终点跑 4 个部分。

一、100 米跑的技术

(一)起跑

国际田联规定，短跑的起跑采用蹲踞式起跑方式。运动员借助起跑器，形成良好的预备姿势，以获得较快的起跑速度。其任务是运动员对发令信号做出迅速反应，以最快的速度打破平衡，迅速摆脱静止状态，尽快使身体获得向前的动力，为起跑后的加速跑创造有利条件。常见的起跑器安装方式有普通式、拉长式和接近式三种。

1. 起跑器的安装

短跑起跑器的安装方法应根据个人的身高、体型、身体素质和技术水平等情况来选择。安装起跑器时，要根据正确的起跑方式并结合自身的习惯特点，使其能够发挥出最佳的起跑状态和水平。

普通式：前起跑器距离起跑线后沿为运动员的一脚半长，后起跑器距离前起跑器也为一脚半长。前后起跑器的支撑面与地面夹角分别为30°～45°和60°～80°，两起跑器的中轴线间隔约为15 cm。普通式起跑器的安装方法适合于所有人。

拉长式：前起跑器距离起跑线后沿为运动员的两脚长，后起跑器距离前起跑器为一脚长。起跑器的支撑面与地面的夹角，两起跑器左右间隔与普通式基本相同。拉长式起跑器的安装方法适合下肢力量较好的人。

接近式：前起跑器距离起跑线后沿为运动员的一脚长，后起跑器距离前起跑器为一脚长。起跑器的支撑面与地面的夹角，两起跑器左右间隔与普通式基本相同。接近式起跑器的安装方法适合身高矮小的人。

2. 蹲踞式起跑

蹲踞式起跑过程包括“各就位”“预备”“鸣枪”3个阶段(图9-2)。

“各就位”　　“预备”　　“鸣枪”

图9-2　蹲踞式起跑姿势

“各就位”时，运动员应轻快地走到起跑器前，两手撑地，两脚依次踏在前后起跑器的抵足板上，后膝跪地，两手收回紧靠起跑线后沿支撑于地面，两臂伸直，两手间距离比肩稍宽，双手四指并拢，与大拇指张开成拱形支撑，头与躯干保持在同一平面上，身体重量均衡地落在两手、前脚和后膝之间。在“预备”口令之前，运动员应注意调整自己的呼吸节奏和深度，保持肌肉适宜的放松与兴奋度，同时注意力集中，做好准备起跑的姿势。

“预备”时，运动员慢慢抬起臀部稍高于肩，同时身体重心向前移动，两肩垂直投影线在起跑线上方或稍前。双脚蹬紧抵足板，形成前腿膝关节角度90°～95°，后腿膝关节角度120°～125°的启动姿势。形成前进方向上的稳定角度小，使身体处于不稳定平衡状态，缩短了起跑时重心前移的距离和起动时间。后蹬角小，增加了蹬地时前进的动力，以达到快速启动的效果。

“鸣枪”时，两手迅速推离地面，两臂前后有力地大幅度摆动，两腿迅速蹬离起跑器，使身体向前上方运动。后腿快速蹬离起跑器，迅速屈膝向前上方摆出，前摆时脚掌不要离地过高，以利于摆动腿迅速着地和过渡到下一步。前腿有力地蹬伸，当前腿充分伸展髋、膝、踝3关节并蹬离起跑器时，后腿已完成前摆且积极下压着地完成第一步动作。

(二)起跑后的加速跑

起跑后的加速跑是从蹬离起跑器到途中跑开始的一段距离，一般为 30 m 左右。其任务是尽快加速达到个人的最高速度进入途中跑。

两脚蹬离起跑器后，身体处于较大的前倾姿势，为了不使身体向前摔倒，继续加速，要积极加快腿与臂的摆动和蹬地动作，以保持身体平衡。第一步着地应尽量靠近身体重心投影点，脚着地后迅速转入后蹬(图 9-3)。

图 9-3　起跑后的加速跑

起跑后第一步约三脚半长，第二步约为四脚至四脚半长，以后逐渐增大，直至途中跑的步长。

加速跑最初几步的支撑点是处在身体重心投影点的后面，这可以使后蹬的大部分力量用于提高水平速度。随着跑速的增大，支撑腿的着地点位置逐渐向前移，直至在身体重心投影点前面着地。

加速跑过程中，最初几步两脚着地点并非在一条直线上，随着速度的加快，两脚着地点逐渐合于一条直线上。加速跑时，两臂有力地前后摆动，开始几步大腿前摆幅度较大，与此相适应摆臂的幅度也较大，此阶段注意躯干抬起应顺应起跑后的节奏与协调性，不要过早或过急抬起。

(三)途中跑

途中跑是短跑全程跑中距离最长、速度最快的一段。其任务是继续发挥并保持高速度跑。途中跑时，躯干应稍微前倾，挺胸、收腹、拔腰，面部肌肉放松，眼睛平视前方。下肢是以髋关节为轴进行摆动。一个单步由后蹬与前摆、腾空、着地与缓冲组成。途中跑的技术特征表现为协调性、直线性、向前性、高重心和平稳性等。

1. 后蹬与前摆

后蹬是推动人体向前的重要的动作阶段。当身体重心移过支撑垂直面时，支撑腿开始积极有力地后蹬。后蹬动作速度快，角度小；其用力首先从伸展髋关节开始，依次蹬伸膝关节、踝关节，直到脚掌蹬离地面(图 9-4②⑤)。随着支撑腿的蹬地，摆动腿迅速有力地向前上方摆出，并带动同侧髋前移，大腿前摆与水平面的夹角为 15°～20°角。后蹬与前摆结束时，支撑腿与摆动腿的夹角为 100°～110°角，支撑腿的支点到髋关节的连线与地面的夹角为 55°～60°角，支撑腿蹬离地面时与膝的夹角为 150°～156°角。

图 9-4　途中跑技术

支撑腿与摆动腿的协调配合是途中跑技术的关键，正确完成蹬摆技术，特别是加快摆动腿前摆的幅度和速度，对于增大支撑反作用力、减小支撑腿的后蹬角度、增大水平速度和减小身体重心上下波动都具有十分重要的作用。

2. 腾空

腾空是支撑腿结束后蹬离地面，进入无支撑状态(图 9-4③⑥)。此时，刚结束后蹬动作的支撑腿的小腿因蹬地后的惯性作用和大腿的摆动，迅速向大腿靠拢，形成大腿和小腿边前摆、边折叠的动作。与此同时，摆动腿大腿积极下压，膝关节放松，小腿随大腿下压的惯性向前下方摆出，做积极的下落动作。当摆动腿膝关节几乎伸直下落着地时，腾空结束。

3. 着地与缓冲

腾空结束时，摆动腿积极下压，用前脚掌富有弹性地着地。着地瞬间小腿与地面接近垂直，着地点距离身体重心投影点约一至一脚半(图 9-4①④⑦)。摆动腿积极着地有利于缩短前支撑的时间，并能减小着地时的阻力，有利于身体重心迅速前移转入后蹬阶段。然后迅速屈膝屈踝缓冲，随着跑动惯性，摆动腿的大小腿折叠，迅速向前摆动并与支撑腿靠拢。随着身体的继续前移，当身体重心位于支撑点上方时，身体重心高度几乎接近最低点，支撑腿的膝关节的夹角为 136°～142°角，踝背屈角度为 85°～90°角，身体重心刚超出支撑面瞬间，其位置处于最低点，这时膝关节和踝关节屈角最大，支撑腿伸肌形成良好的拉长压紧待发状态。在支撑腿缓冲过程中，另一侧摆动腿的大小腿折叠角处于最小状态，折叠越好，越能缩短摆动半径，减小摆动阻力，加快摆动速度，从而增大后蹬效果。

4. 摆臂

现代短跑越来越重视摆臂技术，两臂有力地大幅度摆动，不仅可以维持身体的平衡，还可以反射性地增大下肢的蹬地力量，提高向前奔跑的动力和增大步幅。摆臂过程中，两手指自然伸直或半握，两臂以肩关节为轴轻快有力地前后摆动。前摆时，手的高度略超过下颌，肘关节角度为60°～90°角，左右方向不超过人体中轴线。后摆时，肘关节角度为130°角左右。

(四)终点跑

终点跑是全程跑的最后一段，应尽力保持途中跑的高速度跑过终点。终点跑的技术特点表现为强劲的冲刺能力和积极的躯干撞线动作。

终点跑的技术，要求运动员在离终点线15～20 m处时，尽力加大两臂摆动的速度和力量，尽量减少跑速的下降。当离终点线前一步距离时，上体急速前倾，双臂后摆，用躯干撞终点线(图9-5)，跑过终点后随惯性跑几步后逐渐减速。

③ ② ①

图9-5 终点冲刺

二、200 m和400 m跑的技术

200 m和400 m跑，有一半以上的距离是在弯道上进行的。为了适应弯道，技术上应有相应的变化。

(一)弯道起跑和起跑后的加速跑

200 m和400 m的起跑是在弯道上，起跑器的安装方法同100 m，但摆放位置稍有区别。

为了便于弯道起跑后能有一段直线距离进行加速跑，应将起跑器安装在弯道跑道的右侧，右手支撑在跑道右侧的起跑线后沿，左手支撑在起跑线后沿5～10 cm处，起跑器对着弯道的切线方向。弯道起跑后，前几步应沿着内侧分道线的切线方向跑进(图9-6)。加速跑的距离应适当缩短，上体抬起较早。在进入弯道时，应尽可能地沿着跑道内侧跑，身体应及时向内侧倾斜。

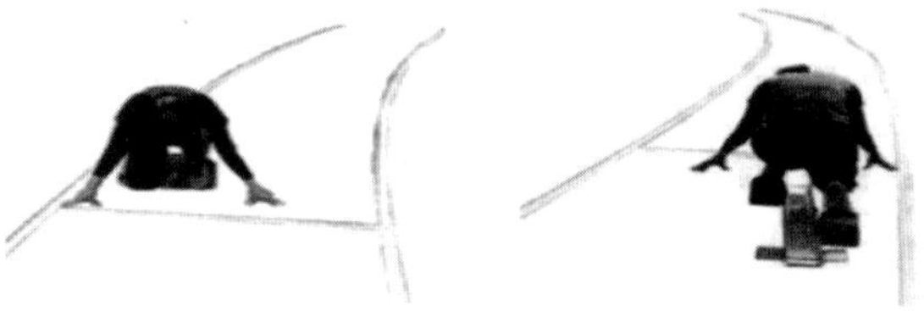

② ①

图 9-6 弯道起跑

(二)弯道跑技术

运动员从直道进入弯道时，身体应有意识地向内倾斜，右肩高于左肩；加大右侧腿和臂的摆动力量和幅度。弯道跑时，身体稍向圆心方向倾斜。后蹬时，右腿用前脚掌内侧，左腿用前脚掌外侧蹬地。两腿摆动时，右腿膝关节稍向内摆动，左腿膝关节稍向外摆动。两臂摆动时，右臂前摆稍偏向左前方，后摆时肘关节稍偏向右后方，且摆动幅度和力量较左臂稍大；左臂稍偏离躯干做前后摆动。弯道跑的蹬地与摆动方向都应与身体向圆心方向倾斜趋于一致，跑速越快，跑道弧度越大，身体倾斜程度越大。从弯道跑进直道时，应在弯道最后几步，身体逐渐减小内侧程度，自然跑几步，逐渐恢复到直道跑的姿势和节奏，然后全力向前跑。

第三节　短跑教学

一、短跑教学重点与难点

(一)教学重点

途中跑是短跑全程跑中，距离最长、速度最快的一段，占全程跑的 60％～70％。其任务是继续发挥和保持高速度跑，通过教学，不仅能够使学生掌握途中跑技术，而且能够发展学生的速度、快速力量、速度耐力等素质，提高学生的加速能力和高速度奔跑能力。因此，在短跑教学中应以途中跑技术教学为重点，在途中跑教学中，应注意双臂摆动和两腿蹬与摆的协调配合。

(二)教学难点

起跑和起跑后加速跑技术，既是短跑技术中比较复杂的部分，又是短跑技术教学的难点。这部分技术需要学生有良好的速度、快速力量、速度耐力以及灵敏、协调等身体素质和快速的反应能力。教学中应注意“各就位”“预备”“跑”3个过程动作的准确性及其之间的连续性。重点抓住起跑后加速跑的教学，应使其协调、连贯、积极有力，随着速度逐渐加快，逐渐增加步长，并逐渐抬起上体。

二、短跑教学步骤与练习方法

(一)学习短跑一般知识，建立正确的短跑技术概念

主要通过教师的讲解、示范和各种演示(如多媒体、录像、挂图等)，使学生建立正确的短跑技术概念，了解短跑技术的要求、方法和要领及其在生活、学习和工作中的重要作用，调动学生学习短跑技术的积极性和主动性。

(二)学习直道途中跑技术

结合各种演示及教师的讲解、示范等，使学生建立正确的直道途中跑技术概念，了解直道途中跑技术的要求、方法、要领和注意事项。

1. 学习摆臂技术(视频9-1)

(1)练习目的。

掌握短跑摆臂技术，建立正确的技术概念。增强大幅度摆臂的意识和能力，更好地协调下肢有力地摆动，提高跑进效果。

(2)动作要领。

短跑的摆臂技术是以肩关节为轴的摆动。练习中应注意肩部放松，两手五指自然伸直或微屈，大幅度有力地前后摆动。前摆时，左右不超过人体中轴线，摆动高度稍超过下颚。后摆时，摆到制动即可。

(3)练习方法。

①原地摆臂练习。

双脚原地前后站立，重心在前脚上。躯干正直或稍前倾，眼睛平视前方。摆臂时肩、肘关节放松，注意前后摆臂时肘关节角度的变化。30～50次一组，反复练习。

②大步走摆臂练习。

躯干正直，腰直立，眼睛平视前方。摆动腿向前迈步时，同侧髋前送，摆臂自然有力。30～50 m一组，反复练习。

③中等跑速摆臂练习。

体会跑动中正确的摆臂技术。30～50 m一组，反复练习。

④学习跑的专门练习。

在跑的练习过程中，加强小步跑、高抬腿跑、后蹬跑、车轮跑等练习，是提高运动成绩、改进短跑技术、发展专项力量和提高短跑专项速度的重要练习手段，也是平时做准备活动的常用热身方法。

2. **小步跑**(视频9-2)

(1)练习目的。

学习下肢摆腿着地与脚掌扒地技术，体会跑步中合理的着地缓冲技术，发展下肢的协调性、灵敏性和动作速率。

(2)动作要领。

高重心、小步幅、快频率。摆动腿屈膝向前摆动时，同侧髋稍前送，髋、膝、踝关节放松，小腿自然下垂，前脚掌落于支撑腿前方一脚远的距离，然后积极向后扒地，与支撑腿并立，髋、膝、踝关节伸直，双脚跟提起。两臂配合下肢协调摆动。

(3)练习方法。

①原地膝关节屈伸练习。

原地站立，双手叉腰，双腿交替做膝关节屈伸练习，动作自然，有弹性。

②原地小步跑练习。

预备姿势，双脚后跟提起，高重心。体会原地小步幅、快频率的扒地动作，动作自然放松。上肢以肩关节为轴配合下肢协调摆动。30～50次一组，反复练习。

③行进间小步跑练习。

注意保持高重心，摆动腿屈膝前摆时，同侧髋稍前送。小步幅、快频率、扒地柔和，有弹性。30 m一组，反复练习。

④行进间小步跑(30 m)＋快速跑(20 m)练习。

体会小步跑与快速跑的自然衔接。小步跑节奏由慢到快，最后过渡为快速跑。

3. **高抬腿跑**(视频9-3)

(1)练习目的。

改进和完善跑步过程中摆动腿高抬和下压技术，发展下肢肌肉力量。增大步幅，提高跑步的频率。

(2)动作要领。

上体正直或稍前倾。高重心、快频率、高抬大腿。摆动腿屈膝前摆大腿至水平高度，并带动同侧髋前送，膝关节放松，小腿自然下垂。同时支撑腿的髋、膝、踝关节伸直，脚跟提起，保持高重心。摆动腿积极下压时，小腿自然下落，用前脚掌着地蹬伸，两臂配合下肢协调摆动。

(3)练习方法。

①原地高抬腿。

原地站立，上体正直，腰直立，眼睛平视前方。摆动腿屈膝前摆至大腿水平高度，髋、膝、踝关节放松。上肢配合下肢大幅度自然摆动。30～50 次一组，反复练习。

②行进间高抬腿走。

上体正直或稍前倾，腰直立，眼睛平视前方。摆动腿脚掌着地，脚后跟稍离地面。两臂大幅度前后自然摆动。30～50 m 一组，反复练习。

③行进间高抬腿垫步跳。

保持高重心，摆动腿向前屈膝摆腿的同时，支撑腿向前蹬跳一小步，摆动腿屈膝前摆大腿至水平高度，下压着地时，脚掌着地支撑。30～50 m 一组，反复练习。

④行进间高抬腿跑。

上体正直或稍前倾，腰直立，两腿快速交替高抬腿跑。30 m 一组，反复练习。

⑤行进间高抬腿跑(30 m)＋快速跑(20 m)练习。

体会高抬腿跑与快速跑的自然衔接。节奏由慢到快，最后过渡为跑。30 m 一组，反复练习。

4. 后蹬跑(视频 9-4)

(1)练习目的。

体会和完善跑的后蹬、摆腿技术。发展腿部力量和提高后蹬能力，增大步长。

(2)动作要领。

上体正直或稍前倾，两臂自然有力地摆动。摆动腿积极向前上方顶膝带髋，支撑腿快速有力地蹬伸，后蹬角要小，髋、膝、踝充分蹬直。重心移动平稳，动作轻快。

(3)练习方法。

①原地支撑后蹬。

双手支撑在 90 cm 左右高度的栏杆上，双脚并拢，距离栏杆 100 cm 左右，身体成斜面支撑。摆动腿屈膝向前上方摆出，带动同侧髋前送。支撑腿的髋、膝、踝关节充分蹬伸，重心前移。节奏由慢到快。20～30 次一组，反复练习。

②行进间后蹬跑。

上体正直或稍前倾，下肢蹬摆有力，重心移动平稳，两臂配合下肢有力地前后摆动。30 m 一组，反复练习。

③行进间后蹬跑(30 m)＋快速跑(20 m)练习。

体会后蹬跑与快速跑的自然衔接。节奏由慢到快，最后过渡为快速跑。2～3 次一组，反复练习。

5. 后踢腿跑(视频 9-5)

(1)练习目的。

体会跑步中小腿后摆折叠技术。发展膝关节的灵活性和大腿后群肌肉力量。

(2)动作要领。

上体稍前倾，高重心，两臂前后自然摆动。脚掌着地后，小腿积极后摆与大腿折叠，脚跟靠近臀部。

(3)练习方法。

①行进间后踢腿跑。

小腿积极后摆与大腿折叠，步幅小，节奏快。30 m 一组，反复练习。

②行进间后踢腿跑(30 m)＋快速跑(20 m)练习。

体会后踢腿跑与快速跑的自然衔接。节奏由慢到快，最后过渡为快速跑。2～3 次一组，反复练习。

6. 车轮跑(视频 9-6)

(1)练习目的。

发展下肢高抬大腿及小腿折叠前摆、积极扒地动作，提高身体协调能力，增强下肢肌肉的蹬摆力量。

(2)动作要领。

高重心，上体稍后仰。摆动腿屈膝前摆大腿至水平高度，小腿自然前伸做“鞭打式”扒地动作。支撑腿前摆时，小腿随惯性与大腿折叠。

(3)练习方法。

①原地支撑单腿车轮跑模仿练习。

原地侧向站立，一只手扶栏杆，同侧腿支撑，异侧腿小腿后摆折叠向前上方摆腿至大腿水平高度，然后小腿自然前伸，积极下压扒地。左右腿交换做，20～30 次一组，反复练习。

②仰卧举腿车轮跑。

身体仰卧于地面，向上举腿，两腿在空中交替做蹬车轮动作，节奏由慢到快。30～50 次一组，反复练习。

③行进间单腿支撑垫步车轮跑。

上体正直，高重心。摆动腿做车轮摆腿动作时，支撑腿向前蹬跳一小步，上肢配合下肢自然摆动。两腿交替进行，20～30 m一组，反复练习。

④行进间车轮跑。

上体稍后仰，高重心。两腿交替做小腿后摆折叠、高抬大腿、前摆、扒地动作。上肢配合下肢自然摆动。20～30 m一组，反复练习。

⑤行进间车轮跑(30 m)+快速跑(20 m)练习。

体会车轮跑与快速跑的自然衔接。节奏由慢到快，最后过渡为快速跑。2～3次一组，反复练习。

7. **直道途中跑练习**(视频 9-7)

(1)练习目的。

掌握短跑直道途中跑技术，建立正确的动作技术概念。发展下肢肌肉群快速蹬摆的力量和快速奔跑的能力，以及上下肢协调配合和神经肌肉快速反应的能力。

(2)动作要领。

身体稍前倾，立腰，收腹，眼睛平视前方，两臂屈肘快速有力地前后摆动。当摆动腿屈膝向前上方摆出，并带动同侧髋前送的同时，支撑腿用力蹬地，伸展髋、膝、踝关节，使身体获得向前的动力。支撑腿蹬地结束后，随即转入小腿后摆折叠，以髋关节为轴快速向前上方摆动至大腿接近水平高度，然后大腿积极下压扒地，进入支撑缓冲阶段。

(3)练习方法。

①弹性跑。

上体稍前倾，高重心。用前脚掌着地富有弹性地慢跑。两臂轻快地前后摆动。50～80 m一组，反复练习。

②大步跑。

上体稍前倾，高重心。在弹性跑的基础上，增大摆动腿向前上方摆动的高度和幅度。同时注意支撑腿蹬地结束后的小腿后摆折叠动作。中等速度。50～80 m一组，反复练习。

③增大步幅练习。

根据学生的身高及身体素质条件，间隔2.5 m左右设置地标跑。强调后蹬、大小腿折叠和高抬腿摆动技术。发展学生的步幅。中等速度，50～80 m一组，反复练习。

④快速反应跑。

原地正面或背面小步跑、高抬腿跑，听声音或口令后快速做出反应，跑30 m左右，提高跑的加速能力及反应速度和灵敏性。

(三)学习蹲踞式起跑和起跑后加速跑技术(视频 9-8)

结合各种演示及教师的讲解、示范等，使学生建立正确的蹲踞式起跑和起跑后加速跑的技术概念，了解蹲踞式起跑和起跑后加速跑技术的要领、方法和注意事项。

(1)练习目的。

发展下肢肌群力量，提高上下肢神经肌肉的反应速度、动作速度和位移速度，提高运动员快速起动和加速跑的能力。

(2)动作要领。

“各就位”，运动员应轻快地走到起跑器前方，两手撑地，两脚依次踏在前后起跑器的抵足板上，后膝跪地，两手紧靠起跑线后沿支撑于地面，两臂伸直，两手间距离比肩稍宽，双手四指并拢，与大拇指张开成拱形支撑，头与躯干保持在同一平面上。

“预备”姿势，双手距离比肩宽，紧靠起跑线后沿支撑于地面。臀部稍高于肩，肩部垂直投影线在起跑线上方或稍前。

“鸣枪”后，双手快速推离地面，屈肘前后摆动，低头，躯干随着重心的升高逐渐抬起，跑进 25 m 左右进入途中跑阶段。

(3)练习方法。

①学习起跑器的安装。以普通式为主，注意结合个人特点，要求稳固、合理，便于起跑和发力。

②学习蹲踞式起跑。

体会蹲踞式起跑过程的三个阶段，“各就位”“预备”“跑”。掌握各阶段的动作要领。起跑后，快速跑 10～15 m，反复练习。

③学习起跑后的加速跑。

原地前后站立，呈弓步姿势，听声音或口令快速启动，加速跑 15～30 m。小步幅，快频率，前 10 m 上体应保持较低的前倾姿势，之后逐渐抬起。

④原地俯撑后蹬。听声音或口令后快速反应，跑 15～30 m。

⑤蹲踞式起跑。听口令快速起动跑 15～30 m。注意躯干慢慢抬起。

(四)学习弯道起跑技术及弯道跑技术(视频 9-9)

(1)练习目的。

结合各种演示及教师的讲解、示范等，使学生建立正确的弯道跑技术和弯道起跑技术概念，了解正确的弯道跑技术和弯道起跑技术的要求、练习方法和注意事项。

(2)动作要领。

①起跑器应安装在弯道跑道的右侧，右手支撑在跑道右侧的起跑线后沿，左手支撑在起跑线后沿 5～10 cm 处，起跑器对着弯道的切线方向。

②弯道起跑后，前几步应沿着内侧分道线的切线方向跑进。加速跑的距离应适当缩短，

上体应抬起较早。

③在进入弯道时，应尽可能地沿着跑道内侧跑，身体向内侧倾斜，加大身体右侧肢体的摆动幅度和力量。右腿用前脚掌内侧，左腿用前脚掌外侧蹬地。

(3)练习方法。

①学习弯道蹲踞式起跑器的安装及起跑技术。

②学习弯道跑技术。

在田径场的弯道上进行半程和全程弯道跑练习。体会弯道跑身体内倾，左右侧上下肢体的摆动幅度、力量及两脚的着地和蹬地技术。

③直道进入弯道跑练习。

体会从直道进入弯道跑的技术，直道 30 m＋弯道 50 m。2～3 次一组，反复练习。

④弯道进入直道跑练习。

体会从弯道进入直道跑的技术，弯道 50 m＋直道 30 m。2～3 次一组，反复练习。

(五)学习终点跑技术(视频 9-10)

(1)练习目的。

结合各种演示及教师的讲解、示范等，使学生建立正确的终点跑技术概念，了解终点跑技术的要求、方法、要领和注意事项。

(2)动作要领。

运动员在离终点线 15～20 m 处时，应尽力加大两臂摆动的速度和力量，尽量减少跑速的下降。在离终点线前一步距离时，上体应急速前倾，双臂后摆，用躯干撞终点线。

(3)练习方法。

①原地练习。

站在距离终点约一步距离的地方，练习双臂后摆，上体前倾的撞线动作。3～4 次一组，反复练习。

②在走和慢跑中练习撞线动作。3～4 次一组，反复练习。

③中速跑或快速跑 20～30 m，在终点前一步做撞线动作。3～4 次一组，反复练习。

(六)改进和提高全程跑技术

(1)练习目的。

体会短跑全程跑技术环节之间的衔接和自然过渡，合理控制各技术环节的跑进节奏和技术变化，使整个跑的过程轻快、有速度感。

(2)动作要领。

起跑时反应迅速，双手快速推离地面大幅度有力地前后摆动，同时两腿快速有力地蹬离起跑，起跑后开始几步，躯干保持较低位置，小步幅、快频率。随着身体重心逐渐升起，大步幅、快频率地进入途中跑。途中跑阶段注意躯干稍前倾，挺胸、收腹、拔腰。上下肢动作协调、步态轻快有力、重心平稳、向前性好。最后冲刺阶段应尽可能保持高速跑进状态，用胸肩压线跑过终点。

(3)练习方法。

①50～60 m全程跑。3～4次一组，反复练习。

②100 m、200 m全程跑。2～3次一组，反复练习。

③技术评定和达标测验。

三、短跑教法提示及注意事项

(一)摆臂技术

(1)短跑教学中应重视摆臂技术的学习。上肢快速有力地前后摆动，可协调下肢快速的蹬摆，获得更大的跑进动力，使跑的动作更加自然、放松、协调。

(2)学习摆臂技术时，应强调摆臂是以肩关节为轴，前后摆动时肘关节角度要有变化。摆臂过程中，前臂和肘关节注意放松。

(二)跑的专门练习

(1)跑的专门练习，可以使学生反复体会短跑动作细节，帮助学生学习和完善跑的技术，同时也能有效地发展短跑专项素质，因而在教学中应大量采用这些手段。

(2)当学生基本掌握正确动作后，应要求在做完跑的专门性练习后逐步转入直道途中跑，使专门性练习与跑的技术结合起来。

(3)做任何一个专门练习，都要注意放松，动作幅度大，节奏由慢到快，向前性要好。

(三)直道途中跑技术

(1)在直道途中跑技术教学中，应始终强调跑的动作要舒展协调、自然放松，注意跑的正确姿势，不要过多要求快速跑，也不应过早地组织教学比赛或用秒表计时。

(2)在学生较好地掌握直道途中跑技术后，可提高跑的速度和加长跑的距离，教学上可采用成组练习法、比赛法、追逐跑、计时跑等方法组织教学。

(3)在安排行进间跑或快速跑教学时，要强调技术动作的正确和放松。

(4)教学中教师应适当选择观察位置(侧面、正面或背面)，也可组织学生互相观察，以提高学生分析动作和纠正错误动作的能力。

(四)起跑和起跑后的加速跑

(1)在学生初步学会起跑和起跑后加速跑技术后，可以根据学生的个人特点，调整起跑器的位置和抵足板的角度。

(2)在起跑技术教学中，要强调听信号(枪声或口令)起跑，提高学生的反应能力，养成不抢跑的良好习惯。

(3)起跑后的加速跑第一步及随后几步的步长和动作，是起跑和起跑后加速跑的技术关键。加速跑最初几步躯干应保持较低位置，形成较小的前倾角度，有利于提高水平速度。同时注意小步幅、快频率的跑步节奏。如果躯干过早抬起，就会减小跑进的动力，影响跑速。

(4)起跑后的加速阶段，两臂有力的大幅度前后摆动对维持身体平衡、协调下肢快速蹬摆具有重要意义。

(五)弯道跑技术

(1)弯道跑教学中应要求学生用慢跑、中速跑和快速跑等不同速度练习，以体会速度的快慢与身体内倾程度之间的关系。

(2)在弯道跑时要强调整个身体的内倾，防止只有上体向内倾斜的缺点。

(3)为了便于观察学生弯道跑技术，教师可站在跑道外侧 3～5 m 处，这样教师能从正面、侧面、背面观察学生弯道跑的技术。

(六)终点跑技术

(1)教学中注意帮助学生掌握好终点撞线的时机，防止过早或过迟的撞线动作和跳步撞线。

(2)应强调终点撞线后要逐渐减速，不能突停，以免跌倒受伤。

(3)在学生基本掌握撞线技术后，应结合全程跑技术教学进行全程跑，要强调后程技术不变形，力争减小速度下降的幅度。

(七)全程跑技术

(1)100 m 或 200 m 全程跑技术是直道短跑项目的完整技术，是建立在各环节技术教学基础上的。掌握全程跑技术，做好各阶段技术的衔接，是短跑技术教学的基本要求。

(2)通过全程跑技术评定和达标测验，可以检查学生学习成绩和教学效果，在技术评定和达标测验时，应结合学生个人小结、集体评议和教师讲评等形式，指出学生在短跑技术中存在的主要优缺点及今后改进的方向。

四、短跑教学中常见错误动作及其产生原因和纠正方法

(一)途中跑的常见错误及其产生原因和纠正方法

1. 坐着跑

(1)产生原因。

①对后蹬动作的概念不明确，支撑腿后蹬时，髋、膝、踝关节蹬伸不充分。

②腰、腹肌松弛，髋关节柔韧性差，前摆时同侧髋前送不够。

③踝关节力量差，下肢前摆不积极。

(2)纠正方法。

①讲清在后蹬时髋、膝、踝这3个关节的用力顺序和充分伸展动作。

②后蹬时，强调摆动腿前摆带动同侧髋前送。

③加强腰、腹肌和下肢力量练习。

④多做高抬腿和后蹬跑练习。

2. 摆动腿前摆太低

(1)产生原因。

①后蹬动作结束后，大小腿折叠不充分，造成前摆速度慢。

②后蹬动作结束时，小腿后摆幅度太大。

③髋关节屈大腿肌群力量不足，伸肌群不放松。

④上体过分前倾，限制了抬腿动作。

(2)纠正方法。

①讲清后蹬结束后，大小腿折叠动作的重要性。并反复做大小腿折叠前摆的辅助性练习。

②加强抬大腿的屈肌群力量和伸肌群的柔韧性练习。

③反复做高抬腿练习。

3. 支撑腿与摆动腿配合不协调，动作脱节无力

(1)产生原因。

①支撑腿蹬伸时膝关节、踝关节用力时间过早或过晚。

②支撑腿蹬伸和摆动腿前摆消极无力。

(2)纠正方法。

①讲清支撑腿与摆动腿配合动作的要领。

②做快速跨步跳练习。要求快蹬快摆动作幅度大。

③弓箭步走练习，体会蹬摆时机和幅度。

④加阻力的拖胶轮跑。要求在有阻力情况下，加大蹬伸和摆腿的力量及二者配合。

⑤用中等速度跑，体会蹬地与摆腿协调用力。

(二)起跑和起跑后加速跑的常见错误及产生原因和纠正方法

1. 抢跑

(1)产生原因。

①有侥幸取胜的心理，猜测枪声起动。

②“预备”姿势身体重心过分前移。

③心理过于紧张，不能控制，手指和臂的力量差。

(2)纠正方法。

①适当调整起跑的“预备”姿势。

②加强手指和臂的力量练习。

③以不同的时间间隔鸣枪，使学生养成听枪起跑的好习惯。

④教育学生克服侥幸取胜的想法。

2. 两腿蹬离起跑器力量不足

(1)产生原因。

①起跑“预备”姿势时臀部抬得过高或过低。

②两脚没有压紧起跑器。

③两腿的力量差。

④起跑时两臂的摆动无力。

(2)纠正方法。

①调整“预备”姿势，使身体处于最佳起动状态。

②提示学生双脚掌蹬紧起跑器。

③阻力起跑。

④加强学生腿部力量训练。

3. 起跑后加速跑时上体抬起过早

(1)产生原因。

①起跑第一步过大，向后摆臂不积极。

②腰部、腿部力量弱。

③下肢快频率的蹬摆和积极摆臂配合不协调。

(2)纠正方法。

①讲清起跑后加速跑动作要领。

②加强腿部、腰部力量训练。

③用胶皮带牵引做起跑后加速练习。

④牵拉布带控制起跑后加速跑时身体的前倾角度。

第四节　短跑项目相关竞赛规则

一、起跑

400 m及400 m以下(包括4×200 m、异程接力和4×400 m接力的第一棒)的各径赛的起跑，必须使用起跑器和采用蹲踞式起跑。在跑道上安放起跑器时，起跑器的任何部分不得触及起跑线或延伸至其他分道，除非没有阻碍其他任何运动员，起跑器框架的后部可以延伸到外侧分道线以外。在“各就位”口令之后，运动员应走向起跑线，完全在自己的分道内和起跑线后做好准备姿势。“各就位”后，运动员不应用手或脚接触起跑线或起跑线前的地面。双手和至少一个膝盖应触地，两脚应接触起跑器。发出“预备”口令时，运动员应立即抬高身体做好最后的起跑姿势，此时运动员的双手仍须与地面接触，双脚不离开抵足板。一旦发令员认为所有运动员的“预备”姿势稳定后，即可鸣枪。

二、起跑犯规

第一，运动员在做好最后起跑姿势之后，只能在接收到发令枪发出的信号之后才开始起跑。如果发令员判定运动员在发令枪发出信号之前起跑，应判为起跑犯规。除全能项目之外，任何对起跑犯规负责的运动员将被发令员取消该项目的比赛资格。

第二，除全能比赛，应取消对起跑犯规负有责任的一名或多名运动员的比赛资格，并在该运动员面前出示红黑牌(用对角线分为两半)。

第三，在全能比赛中，对第一次起跑犯规负有责任的一名或多名运动员给予警告，并在该运动员面前出示黄黑牌(用对角线分为两半)。同时，由一名或多名助理发令员向所有该项比赛的其他运动员出示黄黑牌，以示警告，并告知他们如果任何运动员再次起跑犯规将被取消比赛资格。

如果再次发生起跑犯规，对起跑犯规负有责任的一名或多名运动员将被取消比赛资格，并在该运动员前举起红黑牌，分别在各自分道的道次墩上做出相应的标记。

三、判定运动员的终点名次

判定运动员的终点名次，应以其躯干(不包括头、颈和四肢)的任何部位抵达终点线后沿垂直面的顺序为准。

四、风速测量

在 100 m 比赛中，从发令枪的闪光(枪烟)开始测定风速，测量时间为 10 s；

在 200 m 比赛中，通常应从第一个运动员进入直道时开始测量风速，测量时间为 10 s。

思考与练习

1. 简述现代短跑技术发展的主要趋势。
2. 简述短跑各技术环节的技术要求。
3. 简述短跑途中跑技术的动作结构及要领。
4. 常用蹲踞式起跑器的安装方法有几种？各安装方法的要点是什么？
5. 简述蹲踞式起跑的技术要领。
6. 简述短跑技术的教学重点、难点。
7. 简述短跑技术的教学步骤、方法和手段。
8. 简述短跑途中跑的常见错误动作及产生原因和纠正方法。
9. 简述短跑起跑和起跑后加速跑的常见错误动作及产生原因和纠正方法。
10. 简述短跑起跑犯规的竞赛规则。

第十章
中长跑

本章要点与导学

本章简要介绍了中长跑的发展概况和发展趋势，详细阐述了中长跑的技术要领、中长跑的教学方法和注意事项以及中长跑中易犯错误及其产生原因和纠正方法。

通过本章学习，使学生了解中长跑技术发展概况和发展趋势，掌握中长跑的基本技术和理论，中长跑的教学步骤与方法、手段，中长跑教学中常见错误动作及其产生原因和纠正方法。本章学习重点是中长跑的途中跑技术，学习难点是蹬与摆的配合技术和协调放松的跑步技术的掌握。

第十章数字资源

第一节　中长跑的起源与发展

一、中长跑的起源与演进

中长跑的历史源远流长。在远古时代，人类为了生存捕捉猎物往往需要长时间的奔跑。人类进入阶级社会以后，战争频繁发生，中长跑成了训练士兵的一种手段。中长跑作为竞赛项目有记载的是在公元前 724 年第十四届古代奥运会上增设的一项叫作“狄奥洛斯”的往返跑，距离约为 384 m。到第十五届古代奥运会又增加了叫作“道力霍斯”的往返跑，距离约为 4 608 m。中国的古代、近代史料中，中长跑也是训练士兵的一种手段。

现代中长跑运动首先在英国兴起。18 世纪初英国有些穷人为了挣钱糊口，经常在一些重大节日里为观众表演赛跑。19 世纪中叶中长跑得到广泛开展，19 世纪末出现了首批公认的世界最佳成绩。1896 年第一届现代奥运会在希腊的雅典举行，作为竞赛项目，本届奥运会设立了男子 800 m 和 1 500 m 的比赛项目。1912 年第五届现代奥运会在瑞典的斯德哥尔摩举行，本届奥运会增加了男子 5 000 m 和 10 000 m 的比赛。女子 800 m 是 1928 年在荷兰阿姆斯特丹举行的第九届奥运会上首次被列为比赛项目，只举行了一届，后来由于有人认为不适合女子比赛而被取消，直到 1960 年罗马奥运会才得到恢复。女子 1 500 m 于 1972 年在慕尼黑举行的奥运会上首次被列入比赛项目。1975 年国际田联罗马会议上决定从当年 5 月开始承认女子 3 000 m 世界纪录，从 1983 年起将女子 10 000 m 列为正式比赛项目。1988 年第二十四届奥运会首次设女子 10 000 m 比赛。女子 5 000 m 虽在世界各国广泛开展，但一直未被列为世界大赛的正式比赛项目，直到 1994 年国际田联才将 5 000 m 取代 3 000 m 跑，使女子中长跑项目同男子项目基本一样了。

近代中长跑传入中国是在 1840 年鸦片战争以后。1906 年的京师大学堂第二次运动会设立了男子 600 m 和 800 m 比赛，1910 年新中国成立前第一届全国运动会中长跑仅设一项男子 880 码，1919 年又增加男子 1 mile、5 mile 赛跑，到 1948 年新中国成立前第七届全国运动会中长跑项目男子仅有 800 m、1 500 m 和 10 000 m。20 世纪 70 年代随着国际田联逐渐把女子中长跑列入比赛项目，我国也开始增加女子中长跑项目。20 世纪 60 年代至 80 年代，世界中长跑的成绩突飞猛进。我国男子长跑在 20 世纪 80 年代进步较快，但没有大的突破；女子中长跑由于“马家军”的出现，进步突出。1993 年曲云霞和王军霞共打破 1 500 m、3 000 m、10 000 m 3 项世界纪录，令世界田径界刮目相看。

中长跑技术是在长期的运动实践中发展起来的。现代奥运会以前，人们没有重视研究和改进中长跑的技术。在 20 世纪 30 年代，就出现了用前脚掌外侧先着地过渡到全脚掌着地的方法。第二次世界大战后，又出现了用前脚掌着地，摆动腿积极下压，脚着地距身体重心投影点较近，形成扒地动作，适当缩短步幅，加快步频的跑法。

二、中长跑技术发展趋势

当前中长跑技术在保留了传统的实效性和经济性的基础上，更加合理。过去高大的运动员采用大步幅跑的技术，矮小的运动员采用高频跑技术的模式已被打破。例如，1992 年奥运会 3 000 m 决赛中，独联体选手罗曼诺婕，个子很矮，而且途中跑也是高频跑技术，故实力并不占优势，但在最后 100 m 处突然加大步幅跑，以有力的冲刺跑战胜其同胞，以

0.81 s的微弱优势险胜而获金牌。

高频跑节奏感强、经济省力，其特点表现为：上体平稳，身体重心上下起伏小，躯干前倾角度易保持，摆臂动作轻松自然，多余动作少。两脚落在同一条线上，上下肢配合协调，重心投影点与着地脚距离较近，身体由着地到腾空位移较快，因而很适合中长距离的途中跑技术。其不足之处表现为：步长相对较小，容易造成身体重心过高，膝关节蹬伸不充分，影响了大腿积极前摆，使大小腿折叠幅度过小，影响了腿部中小肌群的交替放松程度，因而单步实效性差，不利于发挥速度。一般情况下，内脏器官功能好的运动员宜采用高频跑，腿部力量强的运动员增大步长较为适宜。因此，在保持较高步频的条件下，适当增加步长(掌握变速跑、冲刺跑、疲劳时不变形等技术)的跑法是目前中长跑的发展趋势。中长跑技术新的发展趋势，强调局部肌肉群的力量，重视脚的着地缓冲技术，保持脚掌肌肉及踝关节的功能状态，加快末端关节的用力速度，使脚的扒地动作更加积极。(视频 10-1)

第二节　中长跑技术

中长跑的各阶段技术要领包括起跑、起跑后的加速跑、途中跑和终点跑。

一、起跑和起跑后的加速跑

(一)起跑

中长跑采用站立式起跑。起跑的目的是使身体迅速摆脱静止状态。

当听到“各就位”口令后，从集合线轻松地走到起跑线后，两腿前后站立，有力的脚放在前，上体前倾，两膝弯曲，两臂自然放松置于体前，颈部放松，两眼看跑进方向地面4～5 m处，整个身体保持稳定姿势。集中注意力听枪声，鸣枪时两腿用力蹬地，迅速摆脱静止状态向前跑进(图10-1)。

图10-1　站立式起跑

(二)起跑后的加速跑

起跑后的加速跑是根据战术需要，采取加速，迅速占据有利的跑进位置。要求朝切线方向和有利于自己战术发挥的位置跑。加速跑时，上体前倾较大，两腿交换频率快，在较短时间内达到预定速度。起跑后的加速度是取得好的赛跑位置和名次的关键。

二、途中跑

途中跑是中长跑的主要阶段(图 10-2)，它是运动员比赛时发挥训练水平和获得锻炼效果的过程。因此，掌握途中跑技术是极其重要的。

图 10-2　途中跑

后蹬阶段是途中跑技术的主要环节。后蹬动作应该迅速而积极，依次伸展髋、膝、踝这 3 个关节，后蹬角度一般为 55°左右。

当支撑腿后蹬的同时，摆动腿前摆。前摆时，小腿应自然放松，依靠大腿的前摆动作，膝关节领先并带动髋部向前上方摆出。

支撑腿离地后，人体即进入腾空阶段。因此，蹬离地面的支撑腿应该放松，依靠后蹬反作用力的惯性和大腿的向前动作，使小腿折向大腿，形成膝关节弯曲，大腿和小腿折叠动作。但是，这种折叠动作比短跑的幅度要小一些。

当摆动腿前摆结束时，大腿开始向下运动，膝关节随之自然伸直，用前脚掌在离身体重心投影点的前方约一脚到一脚半处着地。前脚掌着地后，膝关节稍稍弯曲，进入垂直支撑时，再过渡到全脚掌着地。这种顺势的缓冲动作，可以减小脚着地时对身体前进产生的阻力和使人体尽快地转入后蹬。着地时，脚尖应向前，两脚足迹内缘要在一条线上。中跑比长跑的下落着地动作应积极一些。

中长跑时，上体接近垂直或稍前倾，头部正直。胸部正对前方并微向前挺，整个躯干姿势自然而不僵硬。摆臂时，肩部要放松，两臂弯曲，肘关节约成90°角，两手半握拳，前后自然摆动。前摆时稍向内，后摆时稍向外。

中长跑时，有一半以上距离是在弯道上跑进。根据弯道跑时需要有一定向心力的特点，在跑的技术上也应与短跑一样有相应的变化。但由于跑速较短跑慢，因此变化的程度也比短跑小。

三、终点跑

终点跑是到达终点前的一段加速跑。在此阶段人体已处于极度疲劳状态，应加大摆臂动作，增强腿的后蹬力量，加快步频，动员全身力量，以顽强的毅力，跑过终点。终点冲刺跑的距离应根据项目、训练水平、战术要求、个人特点和临场情况而定。通常 800 m 可在最后约 300 m、1 500 m 在最后约 400 m、3 000 m 以上在最后 400 m 或更长一些距离进行冲刺跑。

四、中长跑的呼吸

合理跑的技术取决于正确的呼吸。呼吸肌的工作与保证跑的动作的肌肉工作有密切关系。中长跑能量消耗大，机体要产生一定的氧债，为了保证机体对氧气的需求，呼吸必须有一定的频率和深度，还必须与跑的节奏相配合。一般是跑 2～3 步一呼气，跑 2～3 步一吸气，随着速度的加快和疲劳的出现，呼吸的频率有所增快，此刻应着重将气呼出，只有充分呼出二氧化碳，才能吸进更多的氧气。呼吸一般用鼻子与半张开的嘴同时进行。冬季练长跑或顶风跑时，为了避免冷空气和强气流直接刺激咽喉，应将舌尖上翘，微微舔住上颚。

在跑的途中，如出现呼吸困难、胸闷、四肢无力，产生难以坚持跑下去的感觉，这种现象称为“极点”。产生“极点”的主要原因是氧气供应落后于机体活动的需要，是一种正常的生理现象。“极点”的反应程度与训练水平高低、运动强度大小、准备活动是否充分等有密切关系。训练水平高的运动员，内脏器官和神经系统适应性强，“极点”现象出现得晚，程度轻，持续时间短。跑的强度大，“极点”出现就早，准备活动充分，能缓和“极点”的反应程度。当“极点”产生时，一定要以顽强的毅力坚持跑下去。(视频 10-2)

第三节　中长跑教学

一、中长跑教学重点与难点

(一)教学重点

途中跑技术是中长跑技术教学的重点。途中跑是起跑后加速跑结束到终点之前的这段距离，中长跑技术中途中跑距离最长。因此，正确掌握并合理地应用途中跑技术是极其重要的。

后蹬阶段是途中跑技术的主要环节。后蹬动作应迅速而积极，后蹬结束时，髋、膝、踝这 3 个关节充分伸直，特别是迅速伸直踝关节，最后用脚趾蹬离地面。当一条腿后蹬的同时，另一条腿前摆。前摆时小腿自然放松，依靠大腿的前摆动作，膝部领先并带动髋部向前上方摆出。后蹬腿离地后，人体即进入腾空阶段。蹬离地面的腿积极放松，依靠后蹬反作用力的惯性和大腿的向前运动，使小腿折向大腿，形成膝关节弯曲、大小腿折叠的动作。当摆动腿前摆结束时，大腿开始向下动作，膝关节随之自然伸直，用前脚掌在身体重心投影点前较近的位置着地。前脚掌着地后，膝关节稍弯曲，进入垂直支撑时，再过渡到全脚掌着地。中长跑时，上体正直或稍前倾，胸部正对前方，整个躯干自然而不僵硬。摆臂时，以肩关节为轴，前后自然摆动。前摆时稍向内，后摆时稍向外，肘关节的角度不是固定不变的，臂处于垂直部位时的角度比向前摆时的角度大一些。

近些年来，中长跑技术有缩短腾空时间和支撑时间，特别是缩短腾空时间，从而使步频加快、步长相对缩短。

(二)教学难点

蹬与摆的配合和呼吸是中长跑技术教学的难点。

在一个跑的周期中，当身体重心移过支撑点以后，即开始后蹬与前摆的动作。这时摆动腿膝关节迅速有力地向前上方摆出，同时支撑腿在摆动腿的积极配合下，快速有力地伸展髋、膝、踝 3 个关节，最后通过脚掌过渡到脚趾蹬离地面，形成了摆动腿与支撑腿协调配合。

前摆技术是小腿自然放松与大腿自然折叠，以大腿带动小腿积极摆出。后蹬技术是首先伸展髋关节，再迅速伸展膝关节和踝关节。前摆与后蹬方向相反，后蹬是推动人体向前位移的动力，但必须有机体各部位的协调配合，特别是摆动腿积极有力地前摆，才能取得好的后蹬效果。

当“极点”现象出现后，要适当调整跑速，这样“极点”现象就会缓解。“极点”的克服不仅是提高训练水平和锻炼效果的过程，而且也是培养顽强意志和克服困难精神的过程。

二、中长跑教学步骤与练习方法

中长跑技术教学，须把掌握技术和提高学生心肺功能及发展耐力素质结合起来，在一系列跑的练习中掌握中长跑技术和提高耐久能力。在教学过程中，注意采用多种教学手段，变换跑的形式，避免枯燥、单调，以调动学习的积极性。

(一)使学生了解中长跑的一般知识

通过讲解，使学生了解中长跑的历史、发展现状、分类与锻炼价值等，提出学习中长跑的要求和注意事项，调动学生学习中长跑的积极性和主动性。

(二)学习途中跑技术

(1)结合示范(或通过图片等直观教学)讲解途中跑技术，使学生建立正确的途中跑技术的概念，了解途中跑技术的要求、方法和要领。

(2)中速放松的匀速度跑 60～80 m，体会摆臂动作。要求跑得自然放松，跑的姿势正确。

(3)中等速度的反复跑100～200 m，每跑一次，休息一定的时间。要求在中速情况下体会上下肢的摆、蹬技术协调配合。

(4)快和慢的交替跑：30 m 快＋20 m 慢＋20 m 快＋30 m 放松跑，或 60 m 快＋40 m 慢＋40 m 快＋60 m 慢。要求快跑与慢跑之间的过渡自然，提高肌肉紧张和放松能力。

(5)定时定距跑：在规定的时间达到预定的距离。要求呼吸与跑的节奏协调配合，培养学生的速度感。

(6)各种变换形式的跑、因地制宜变换环境的跑、快慢交替的四角跑、保持间距的蛇形跑；分组循环的接力跑……越野跑、坡道跑、阶梯跑……

(三)学习起跑和起跑后加速跑技术

(1)结合示范(或通过图片等直观教学)讲解站立式起跑和起跑后加速跑技术，建立正确的站立式起跑和起跑后加速跑技术的概念，了解站立式起跑和起跑后加速跑技术的要求、方法和要领。

(2)以组为单位，在起跑线后做站立式起跑“各就位”口令的起跑预备姿势练习，听口令后做站立式起跑练习(跑出 3～5 m)。要求两脚位置正确，身体保持稳定，腿、臂蹬摆积极。

(3)站立式起跑后的追逐练习。根据水平两人(或多人)一组让 3～5 m，听口令同时起跑 50～80 m。要求在保持技术正确的前提下，全速追逐。

(4)结合 1 500 m 起跑线学习站立式起跑和加速跑技术，教师讲解集合线、起跑线的位置，以口令、吹哨、鸣枪 3 种响声进行分组发令起跑练习(以 10 人一组为宜)。要求起跑后加速跑出 50 m 后返回。

(5)结合 3 000 m、5 000 m 起跑线学习弯道上起跑后的加速跑技术。教师讲解在弯道上起跑后，抢道路线和注意事项，以口令、口哨、鸣枪 3 种响声进行集体发令起跑练习。要求加速跑 30 m 后返回。

(四)根据学生的个体特点在完整练习中改进和提高中长跑技术

(1)讲解终点跑和全程跑的要求和方法。

(2)按水平分组，由站立式起跑出发，进行 200 m、400 m 或 600 m 的中等速度重复跑，在最后 50～150 m 处开始适当加速，以冲刺跑通过终点。

(3)全程跑：组织教学测验或比赛并进行技评。测验、比赛距离：男生 1 500 m，女生 800 m。

三、中长跑教法提示及注意事项

(1)在途中跑技术教学时，教师应注意学生对中长跑技术主要环节的掌握。初学时，让学生按统一要求去做，随着学生对技术的理解和掌握程度的提高，应逐渐对不同水平的学生提出相应的要求。

(2)进行起跑技术教学时，要求学生听信号快速启动。注意姿势的稳定性。开始学习站立式起跑时，必须注意在身体前倾即将失去平衡的瞬间迅速跑出。在起跑和加速跑后，不应突然降低跑速，而应随惯性继续跑一段距离。弯道跑时，应尽量靠近跑道的内侧分道线跑。两眼注视跑进方向。因为正确的视线方向保证着头部和躯干的姿势，同时影响着地和摆臂动作。此外，还应注意抢占有利位置，防止因绊、撞等造成的伤害事故。

(3)改进提高中长跑技术时，教师要鼓励学生克服困难，全力以赴地进行练习。还应从学生的实际出发，区别对待，掌握好运动量。鼓励学生在“极点”出现时，积极调整跑速和呼吸，以顽强的意志来战胜它。

(4)全程跑教学时，除了要求技术动作必须正确外，还要特别强调跑得放松、平稳和注意跑的节奏，也可采用分段报时的方法来培养学生的速度感。同时，注意对学生战术意识的培养，包括全程体力分配、起跑后的加速跑及途中跑的领先跑、跟随跑、超越对手和终点冲刺的时机等。

四、中长跑教学中常见错误及其产生原因和纠正方法

(一)起跑抢跑和起跑后加速过快

(1)产生原因：不重视中长跑的起跑技术，身体重心过分前移，不善于分配体力，急于抢位。

(2)纠正方法：加强中长跑起跑技术练习，强调“各就位”姿势时身体重心的稳定，要教育学生遵守起跑规则，教会学生合理地分配体力和加速跑的方法。

(二)跑的动作紧张不协调

(1)产生原因：技术概念不清，不会放松肩部和腿部的肌肉，身体姿势不正确，过于前倾后仰。

(2)纠正方法：反复讲解与示范，使学生了解正确的动作过程，多做柔韧性练习，增强弱肌群的力量，使各部分肌肉力量发展平衡；多做上体保持正直的慢跑、中速跑、变速跑和跑的专门性练习，强调身体放松。

(三)身体重心起伏过大，跑的直线性差

(1)产生原因：后蹬角度太大，摆臂方向不正确，脚着地呈八字形，使两腿的力量不均匀。

(2)纠正方法：注意膝关节向正前方摆动，用适宜的后蹬角度跑；加强弱腿力量练习，增强手臂、肩带的力量，加强摆臂技术练习，沿跑道的白线跑，强调用前脚掌内侧着地。

(四)后蹬效果不好，形成“坐着跑”

(1)产生原因：技术概念不清，蹬地腿离地过早，关节灵活性和腿的柔韧性差，腿部和踝关节力量差。

(2)纠正方法：反复讲解和示范，使学生建立正确的技术概念，加强后蹬跑、跨步跳、上坡跑、支撑送髋、原地多级跳等练习，要求髋关节、膝关节、踝关节充分蹬直，强调送髋动作，加强腿部力量练习。

(五)呼吸方法不正确和跑的节奏性差

(1)产生原因：学生对跑时的呼吸方法、跑的节奏掌握不好，跑的速度感及均匀分配体力的能力差。

(2)纠正方法：反复讲解示范，使学生了解正确的呼吸方法及跑的节奏性的重要意义。原地跑步，练习呼吸、步子的协调配合，逐渐过渡到途中跑，保持呼吸、步子的协调配合。

多做各种跑的练习，在练习中强调保持稳定的步长和步频以及均匀的跑速，通过分段报时的方法逐渐培养跑的速度感。

第四节　中长跑项目相关竞赛规则

一、起跑

400 m 以上的各径赛项目（除了 4×200 m、异程接力和 4×400 m），所有起跑均应采用站立姿势，起跑时应使用“各就位”口令，然后以发令员发令枪朝天鸣放的信号为起跑信号。在“各就位”口令后，运动员应走向起跑线，并在起跑线后做好起跑姿势（在分道起跑项目比赛中，应完全在各自的分道内）。“各就位”后，运动员不应用手接触地面，且不应用脚触及起跑线或起跑线前的地面。一旦发令员认为所有运动员的起跑姿势正确和稳定后，即可鸣枪。

800 m 跑，运动员应在自己的分道内跑过第一个弯道末端，越过抢道线后沿(距起跑线较近的边沿)之后，即可离开各自的分道。抢道线应为一条弧线，标记在第一个弯道末端，宽 50 mm，横跨除了第 1 道外的所有跑道。为了帮助运动员确认抢道线，可在各分道线与抢道线的交界处前面的分道线上放置锥形物、棱柱体或其他类似标志物，这些标志物规格为 50 mm×50 mm 且最大高度不超过 0.15 m，应与抢道线和分道线的颜色不同。

在 1 000 m、2 000 m、3 000 m、5 000 m 或 10 000 m 跑项目的比赛中，当运动员人数超过 12 人时，可将他们分成两组。大约 2/3 的运动员为一组，在常规弧形起跑线处起跑，其余运动员为另一组，在另一条画在跑道外侧一半上的弧形起跑线处同时起跑。第二组运动员应沿着外侧一半跑道跑至第一弯道末端，该段跑道将用锥形物、旗子或临时突沿标出。

设置第二条弧形起跑线，应使所有运动员跑进的距离相等。2 000 m 和 10 000 m 跑外道组的运动员在越过 800 m 跑抢道线后即可加入常规起跑组的运动员中。

在 1 000 m、3 000 m、5 000 m 分组跑时，则应在进入终点直道处标明外道组运动员可以加入使用常规起跑组抢道线的运动员中。该标记大小是 50 mm×50 mm，位于第 4 分道和第 5 分道(如有 6 条分道，则在第 3 分道和第 4 分道)间的分道线上，在该标记前放置一个锥形物或小旗，直到两组合并。

二、阻挡

如果运动员在比赛中被挤撞或被阻挡，从而妨碍其走或跑进时：

(1)如果挤撞或阻挡被认为是运动员非故意的行为，或者是由其他方式引起的，裁判长认为运动员(或其所属队)因此受到严重的影响，根据规则可以命令比赛(一人、多人或所有运动员)重赛，或者允许受影响的运动员(或队)参加该项目下一赛次的比赛。

(2)如果裁判长发现其他运动员应该对挤撞或阻挡负责时，该运动员(或其所属队)应被取消该项目的比赛资格。裁判长认为运动员(或其所属队)因此受到严重的影响，根据规则可以命令除被取消资格以外的运动员(一名、多人或所有运动员)重赛，或者允许受到严重影响的运动员(或队)参加该项目的下一赛次的比赛(被取消比赛资格的运动员除外)。

三、分道跑

第一，在分道跑的比赛中，运动员应自始至终在自己的分道内跑进。此规则也适用于部分分道跑项目。

第二，所有不分道跑的比赛(或部分赛段不分道)，当运动员在弯道上跑进时，不能踏在或跑出突沿或实际分道线上或内侧。

第三，如果有关裁判长确认了裁判员、检查员或其他人员关于某运动员跑出了自己分道的报告，则该运动员应被取消比赛资格。

第四，运动员不应被取消比赛资格，如果他：

(1)被他人推、挤而被迫踏或跑出自己的分道，或踏在实际分道线上或突沿线内侧。

(2)在直道上踏在分道线上或跑出自己的分道，或者在弯道上踏在或跑出自己分道的外侧分道线。

运动员未从中获得实际利益，且未推挤或阻挡其他运动员以致阻碍了他人进程。如果运动员获得了实际利益，则取消其比赛资格。

四、离开跑道

运动员自愿离开跑道后将不得继续参加该项目比赛，并被记录为中途退出比赛。如果该运动员试图重新进入比赛，裁判长应取消其资格。

五、分段时间显示

可以正式宣告和(或)显示比赛的分段时间，领先运动员的参考时间。除此之外，未经有关裁判长事先批准，在比赛场内的任何人都不得向运动员传递此类时间信息。有在相应点位没有向运动员显示时间，并且保证能够向所有运动员显示的情况下，相关裁判长方能批准这样做。

运动员接受中途报时违反此规则，将视为得到帮助，将受到裁判长的警告，并被告诫如果再犯，将被取消该项目的比赛资格。

六、饮用水／海绵块

第一，在 5 000 m 及以上的径赛项目中，根据天气情况，组委会可向运动员提供饮水和浸水的海绵块。

第二，在 10 000 m 以上的径赛项目中，将设置饮品、饮水和浸水的海绵块供应站。饮品可以由组委会提供或运动员自备，并放置在运动员方便拿取的位置，或由授权人员递送到运动员手中。由运动员提供的饮品，自该运动员或其代表上交之时起，应始终处于组委会指定人员的监控之下。这些裁判员应确保这些饮品不会有任何变质或篡改。

第三，运动员从官方供应站点以外接受或拿取饮品或饮水，除非出于医疗原因得到赛事官员的同意和在其指导下进行，或者拿取其他运动员的饮品，第一次出现时，裁判长通常出示黄牌予以警告。第二次违反本规则，裁判长时出示红牌，取消该运动员的比赛资格。该运动员应立即离开赛道。

注：运动员之间可以接收或传递由起点或沿途官方供应站提供的饮品、饮水或海绵块。但由一名运动员连续向一名或多名运动员递送上述物品，则被视为不公允的援助，应予以警告或取消其比赛资格。

七、计程比赛

在规定时间的计程比赛中，发令员必须在比赛结束前 1 min 鸣枪，以预告运动员和裁判员比赛即将结束。发令员应在主计时员的指挥下，在规定的比赛结束时间再次鸣枪结束比赛。鸣枪瞬间为比赛结束的信号，有关裁判员就应标出每名运动员在鸣枪前或鸣枪瞬间最后一次触及跑道的确切地点。

思考与练习

1. 简述中长跑技术的发展趋势。
2. 简述“极点”产生的原因和克服方法。
3. 简述中长跑技术的教学步骤、方法和手段。
4. 简述中长跑中易犯错误的产生原因和纠正方法。

附：中长跑体能训练方法介绍

中长跑是体能主导类运动项目，体能在其运动员竞技运动能力构成中起关键性作用。了解和掌握中长跑常见的体能训练方法，对中长跑教学和训练有非常现实的作用。在现有中长跑体能训练方法的基础上，简要介绍几种专项训练方法。

一、髋关节练习

(一)走动式跨栏(视频 10-3)

动作介绍：用一只脚跨过栏架，当两只脚都跨过栏架并同时触地后，再用相同的脚跨越下一个栏架。

要点：保持髋部方正，膝盖挺直，不要侧弯保持双脚呈直线。

功能：增加中长跑运动员髋关节纵向移动能力和活动范围。

(二)连续走动式跨栏(视频 10-4)

动作介绍：两条腿依次轮换跨过 5～8 个栏架。

要点：保持髋部方正，膝盖挺直，不要侧弯，保持双脚呈直线。

功能：增强运动员髋关节力量，增加髋关节纵向移动能力和活动范围。

(三)上下交替跨栏(视频 10-5)

动作介绍：以一条腿跨过栏架，另一条腿蹲下从下一个栏架的下方穿过。

要点：在下蹲穿过栏架的过程中，将重心保持在脚跟处。在跨过栏架的过程中，应保持髋部的方正。

功能：增强髋关节肌群力量和稳定性，增加中长跑运动员纵向、横向移动能力和活动范围。

(四)交替性跨栏(视频 10-6)

动作介绍：向前跨过两个栏架，再向后跨过一个栏架。

要点：保持髋部方正，膝盖挺直，不要侧弯，保持双脚呈直线。

功能：增强髋关节肌群力量和稳定性，增加髋关节前后移动范围和灵活性。

(五)向后跨栏(视频 10-7)

动作介绍：用一只脚向后跨过栏架，当两只脚都依次跨过同一栏架并同时触地后，再用相同的脚向后跨越下一个栏架。

要点：跨越栏架的过程中，应向后伸直腿和保持髋部方正。

功能：增强髋关节肌群力量，增加髋关节的灵活性。

(六)向后连续跨栏架(视频 10-8)

动作介绍：两条腿向后依次跨过栏架(5～8 个)，中途不能停顿。

要点：跨越栏架的过程中，应向后伸直腿和保持髋部方正。

功能：增强髋关节肌群力量，增加髋关节向后移动幅度和灵活性。

(七)蛇形跨栏(视频 10-9)

动作介绍：下蹲，并横向穿过栏架。

要点：在下蹲穿越的过程中，将重心置于足跟部，同时避免驼背。

功能：增加髋关节横向移动范围和灵活性。

二、健身房一般性力量练习手段

(一)连续挺举(视频 10-10)

动作介绍：屈膝预蹲，迅速伸膝、髋，蹬地，两脚前后或左右开立，同时两臂向上挺举杠铃直至完全伸直(手臂与身体直线的夹角不得大于 30°)。然后收脚，身体直立。再屈臂将杠铃放回胸与锁骨之间或锁骨上(完成此动作前不得有屈膝动作)。

要点：两手正握杠铃的距离应与肩同宽或稍宽。每次训练，以 8～12 次为一组，4～6 组为宜。

功能：增强运动员全身肌群协调做功的能力。

(二)深蹲(视频 10-11)

动作介绍：两脚平放于地面，与肩同宽，弯曲膝盖完成深蹲动作，保持两脚受力的均衡。两脚脚尖略微向外倾斜，不要指向前方。举重杆置于后肩部，用手在自我感觉舒适的位置抓住杠铃。目视前方，保持后背挺直，弯曲膝盖，直到大腿与地面平行。从脚跟开始，大腿发力，举起重量。

要点：时刻保持上身肌肉的紧张，在运动的过程中，不能翘臀，应配合呼吸。每次训练，以 8～12 次为一组，4～6 组为宜。

功能：发展运动员腿部和臀部肌群力量。

(三)双脚瑞士球连续挺髋练习(视频 10-12)

动作介绍：双脚放在瑞士球上，髋关节和膝关节均屈曲 90°；双臂打开，以臀大肌和腘绳肌发力按压瑞士球；抬起髋关节，直到膝关节与肩关节成一条直线；伸展髋关节，努力收腹并稳定背部。

要点：在完成整个动作的过程中，臀部和下背部不能接触地面。每次训练，以 8～12 次为一组，4～6 组为宜。

功能：增强运动员核心肌群力量及核心区域的稳定性。

(四)卧推(视频 10-13)

动作介绍：身体平躺在卧推架上，眼睛与卧推杠铃成垂直角度，收紧腰腹部，双脚自然打开约一尺的距离，双脚固定在地面上，双手根据自己的手臂长度选择合适的距握握到杠铃上，然后举起杠铃，在举起的过程中呼气。再次将杠铃向下放到胸部，位置为乳头上方 2 cm 处，不要停顿。依次重复以上动作。

要点：选择适合自身力量水平重量。每次训练，以 8～12 次为一组，4～6 组为宜。

功能：增强运动员上肢和胸部肌群力量。

(五)引体向上(视频 10-14)

动作介绍：两手用宽握距正握(掌心向前)单杠，略宽于肩，两脚离地，两臂自然下垂伸直。用背阔肌的收缩力量将身体往上拉起，当下巴超过单杠时稍作停顿，静止 1 s，使背阔肌彻底收缩。然后逐渐放松背阔肌，让身体徐徐下降，直到恢复完全下垂，重复再做。可以弯曲膝关节，将两小腿向后交叉，使身体略微后倾，能更好地锻炼背部肌肉。

要点：上拉时意念集中在背阔肌，把身体尽可能地拉高，不要让身体摆动。下垂时脚不能触及地面。可在腰上钩挂杠铃片来加重。每次训练，以 15～20 次为一组，4～6 组为宜

功能：发展上肢、上背部肌群力量。

第十一章
接力跑

本章要点与导学

本章介绍了接力跑技术发展概况和发展趋势，强调了接力跑的特点和锻炼价值，详细分析与叙述了接力跑技术，接力跑的教学步骤与方法、手段，接力跑技术教学中常见错误动作及其产生原因和纠正方法。

通过本章学习，使学生掌握接力跑的基本理论知识、基本技术和教学方法，了解接力跑的健身、育人价值，具备中学体育与健康课中接力跑教材教学的能力。本章学习重点是掌握"上挑式"与"下压式"传、接棒技术及其运用，学习难点是掌握确定标志线的方法和队员之间的配合。

第十一章数字资源

第一节　接力跑的发展概况

一、接力跑的起源与演进

接力跑的起源有很多种说法。一种说法是由非洲黑人接力运送木材演变来的。非洲人在茂密的森林砍伐木料后，道路崎岖，运送困难，于是采用了接力的方法。搬运过程中，彼此进行速度比赛，看谁搬得快，运得多。另一种说法是在 17 世纪时，葡萄牙一艘军舰外出，水兵上岸游玩，发现当地居民聚在一起进行一种有趣的游戏。参赛者分成若干组，每组 4 人。每组有一人拿着空坛，比赛开始后，持空坛的人迅速跑到 50 m 外的水坛，将水倒入空坛，然后拿着空坛跑回交给本组第二人。如此循环往复，直至全组跑完，最先跑完者获胜。葡萄牙水兵将这种游戏带回欧洲，并加以改进，以木棒代替空坛，很快就成为学校中的一项活动，以后又演变成为田径运动中的接力赛。还有人认为接力跑起源于古代奥运会祭祀仪式中的火炬传递。无论是哪一种，此项目都是由多人团结协作共同努力来完成的。

接力跑是由短跑和传、接棒技术组成集体配合的径赛项目。它既能发展快速奔跑能力，又能培养团结协作的集体主义精神。接力跑包括场地接力跑和公路接力跑。目前在正式的大型田径运动的比赛中，接力跑的比赛项目，一般有男子组 4×100 m、4×400 m 和女子组 4×100 m、4×400 m。历史上还有男子组 4×200 m、4×800 m、4×1 500 m、4×880 码、4×1 mile 世界纪录的记载。除此以外，还有过异程接力跑比赛。

接力跑规则曾有过修改。在过去，各队在各自指定的跑道内跑进，并要求接力棒必须在规定的 20 m 接力区中完成起跑和传、接棒动作。1962 年以后，国际田联规定在 20 m 接力区的始端向后延长 10 m 作为预跑区，接棒队员可以在 10 m 预跑区域内任选一处开始预跑，但传、接棒仍然必须在 20 m 接力区内完成。2018 年国际田联规定在 4×100 m、4×200 m 接力，以及异程接力的第一、第二次交接棒中，各接力区的长度为 30 m，标志线位于距接力区开始分界线 20 m 处。在异程接力的第三次交接棒和 4×400 m 及更长距离的接力中，每个接力区的长度为 20 m，标志线位于中间。接力区的开始和结束都从接力区分界线跑进方向的后沿算起。

接力跑不仅能够有效地发展学生的速度、力量、耐力等身体素质，获得运动技能，培养竞争、合作意识和坚强的意志品质，培养团结协作的集体主义精神，还能加速全身血液循环，增强人体的新陈代谢，改善人体各器官系统的形态构造，提高机体水平。接力跑项目具有趣味性和健身性，符合儿童、青少年的身心发展特点。

二、接力跑世界纪录

接力跑比赛是现代奥运会项目。1908 年第四届奥运会把男子 4×400 m 接力跑列为竞赛项目，但 4 名运动员所跑距离不等。现在男子 4×400 m 接力跑的世界纪录为 2∶54.20，由美国队的杨、佩梯格瑞、华盛顿和约翰逊于 1998 年 7 月 22 日在纽约创造。男子 4×100 m 接力是在 1912 年第五届奥运会上被首次列为奥运会比赛项目的，英国队以 42.2 的成绩获得冠军。1920 年 8 月 22 日在第七届奥运会上美国队创造的 42.2 的成绩被承认为第一个正式世界纪录。现在男子 4×100 世界纪录为 36.84，由牙买加的卡特尔、弗兰特、布莱克、博尔特 2012 年 8 月 11 日在第三十届伦敦奥运会上创造。1928 年第九届奥运会，首次进行了女子 4×100 m 接力赛，加拿大队以 48.4 的成绩获得冠军。1936 年柏林奥运会德国队在预赛中跑出 46.4 的成绩被承认为第一个世界纪录。现在的女子 4×100 m 世界纪录为 40.82。在 2012 年伦敦奥运会女子 4×100 m 接力的决赛中，美国运动员马德森、菲利克斯、奈特、杰特尔以 40.82 打破由民主德国运动员格拉迪希、莉格、奥丝瓦尔德和格尔于 1985 年 10 月 6 日在堪培拉创造的世界纪录。女子 4×400 m 接力开始较晚，1969 年才由苏联莫斯科队创造第一个世界纪录，成绩是 3∶47.4，1972 年慕尼黑奥运会首次被列入比赛。获得冠军的是当时初露头角的东德队。现在女子 4×400 m 世界纪录为 3∶15.17，由苏联运动员莱多夫丝卡娅、娜扎罗娃和布赖兹基娜于 1988 年 10 月 1 日在第二十四届汉城奥运会上创造。

三、我国接力跑发展概况

接力跑在中国历届全运会上都被列为比赛项目。1924 年第三届全国运动会设立了 4×200 m 接力和 4×400 m 接力跑。自 1930 年第四届全国运动会起设立了女子 4×50 m 接力跑项目。1933 年第五届全运会有了 4×100 m 接力跑，男子成绩为 44.4，女子成绩为 54.6。当时我国接力跑的水平很低，新中国成立后，随着短跑成绩的提高，接力跑的成绩有了大幅度的提高。目前，我国男子 4×100 m 接力跑纪录为 37.82 m，是由汤星强、谢震业、苏炳添、张培萌于 2016 年 8 月在里约举办的第三十一届奥运会上创造的。4×400 m 接力跑纪录为 3∶03.66，是由常鹏本、邓仕杰、林洋、刘孝生于 2010 年 11 月在广州举办的第十六届亚洲运动会上创造的。

女子 4×100 m 接力跑纪录为 42.23，是由四川队运动员肖琳、李亚丽、刘晓梅、李雪梅于 1997 年 10 月在上海举办的第八届全运会上创造的。4×400 m 接力跑纪录为 3∶24∶28，是由河北队运动员安晓红、白晓云、曹春英、马玉芹于 1993 年 9 月在北京举办的第七届全运会上创造的。

四、接力跑技术发展趋势

为了提高运动成绩，人们对影响接力跑的因素进行了一些科学研究。一方面，随着科学技术的发展，塑胶跑道、合金空心接力棒、起跑器以及运动员服装和跑鞋等新型材料大量被运用于比赛中，使运动成绩有了一定的提高。另一方面，运动员如何确定最适宜的起跑时机，使传、接棒队员均能在保持高速运动状态下顺利完成传、接棒动作，发挥短跑的绝对速度等个人运动能力，以及使相互之间的合作有了更仔细、更系统的训练，为成绩的提高打下了良好的基础。另外，运动员的心理因素、身体形态、传接棒技术对运动成绩也起到举足轻重的作用。因此，改进和完善传、接棒技术；改进运动器材、装备；从起跑技术、跑的能力、身体形态、心理素质、协作精神、传接棒技术等各个因素选择最佳参赛队员的阵容，以争取发挥最佳的整体效应，是取得最快的跑进速度和提高接力跑成绩的必备条件。

第二节　接力跑技术

接力跑的基本技术包括短跑技术和传、接棒技术两部分。接力跑成绩取决于各棒次队员的速度和传、接棒技术，以及传棒队员与接棒队员传接棒的时机。

一、4×100 m 接力跑技术

(一)起跑

第一棒传棒人以右手持棒，采用蹲踞式起跑，持棒起跑技术和短跑的起跑基本上相同，持棒方法有三种(以右手持棒为例)。

第一，右手的食指握住棒的后部，拇指与其他三指分开撑地(图 11-1)。

第二，右手的中指、无名指握住棒的后部，拇指、食指和小指成三角撑地(图 11-2)。

第三，右手的中指、无名指和小指握住棒的后部，拇指和食指分开撑地(图 11-3)。

图 11-1

图 11-2

图 11-3

(二)传接棒方法

接力跑的传、接棒方法有上挑式和下压式两种。

1. 上挑式

接棒人的手臂自然向后伸出，手臂与躯干成 40°～50°角，掌心向后，拇指与其他四指自然张开，虎口朝下。传棒人将棒向前上方送入接棒人的手中(图 11-4)。

上挑式传接棒技术的优点是接棒人向后下方伸手臂的动作比较自然，传棒人的传棒动作也比较自然，容易掌握。其缺点是接棒后，手已握在接力棒的中部或前部，使后几棒运动员在传、接棒时接棒运动员所抓接力棒前端越来越少，致使持棒运动员必须在跑进中调整手与棒的接触部位，容易造成掉棒和影响快速前进。

2. 下压式

下压式传接棒技术也称“向前推送”的传接棒法。在传棒时，手臂不要太高，而是用手腕动作将棒向前下方推送入接棒队员手中。传棒人可以用手腕动作来调整传棒动作的准确性。因此，在做此动作时，接棒人的手臂向后伸出，手臂与躯干成 50°～60°角，手腕内旋，掌心向上，拇指与其他四指自然张开，虎口朝后，传棒人将棒的前端由上向下“压送”到接棒人手中(图 11-5)。

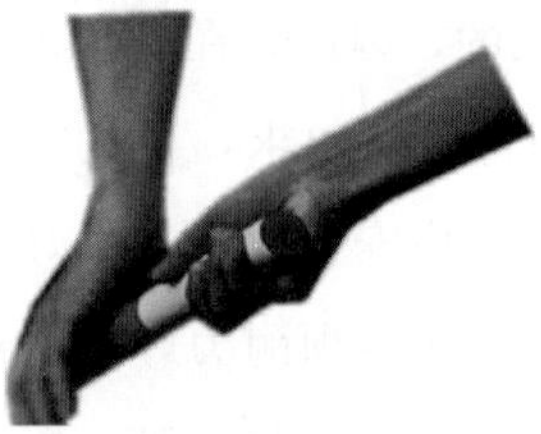

图 11-4

图 11-5

下压式传、接棒技术的优点是每一棒次的接棒，都能握住接力棒的一端，使运动员能够充分利用接力棒的长度和接棒运动员的手臂长度进行交接，便于持棒快跑。其缺点是接棒时，接棒人的手臂比较紧张，不够自然。

在 4×100 m 接力跑比赛中，传接棒方法的实际运用有两种形式：一种是 3 个接力区的传接棒方法都采用下压式。另一种是采用混合式的传接棒方法，即在第 1 接力区第 1 棒运动员用上挑式将棒传给第 2 棒运动员；第 2 接力区第 2 棒运动员用下压式将棒传给第 3 棒运动员；第 3 接力区第 3 棒运动员用上挑式将棒传给第 4 棒运动员。无论采用哪一种传接棒方法，第 1、第 3 棒运动员均应用右手持棒，沿各自分道中线内侧跑进，将接力棒传给第 2、第 4 棒运动员左手。第 2 棒运动员左手接棒后，沿各自分道中线外侧跑进，将接力棒传给第 3 棒运动员右手。第 4 棒运动员左手接棒后，沿各自分道中线外侧跑到终点。

(三)传、接棒时机与位置

传、接棒应该在传棒运动员跑速不下降和接棒运动员已发挥出接近自己最高跑速，两人大约相距 1.5 m，跑速相近的瞬间完成。此时机的位置在接力区前沿 15～17 m 处为宜，因为这时接棒运动员可以发挥出接近自己最高的跑速，同时也能避免在接力区之外传、接棒而犯规。传、接棒的位置可以通过调整接棒运动员的起动标志线(当传棒运动员跑到此标志线时，接棒人开始起跑)来确定。起动标志线受传接棒运动员和接棒运动员的跑速和传、接棒技术熟练程度以及最佳传、接棒时机等因素影响。接力跑运动员应该在反复练习中确定传、接棒的最佳位置和接棒运动员的起动标志线。

(四)一个接力区传、接棒技术全过程的各个阶段动作

一个接力区传、接棒技术动作阶段主要是指从传、接棒运动员进入接力区预跑前的标志点起，到接棒运动员起动至两个人跑进接力区后半段，完成传、接棒动作为止的动作过程。它可分为预跑阶段、相对稳定速度阶段和传、接棒阶段，其中以传、接棒最为重要。传、接棒阶段是指传、接棒运动员以相对稳定的速度进入接力区后，传棒运动员将棒安全、平稳、准确、顺利地传递到接棒运动员手中的过程。

(五)接力跑运动员棒次安排原则

4×100 m接力跑全程是由4名运动员共同完成的，因此，在安排运动员棒次时，应考虑各棒次对运动员的起动、途中跑的加速能力、身高等的要求，尽量发挥每名运动员的特长。一般情况下，一般是第1棒持棒跑106～108 m，应安排起跑技术好并善于跑弯道的运动员；第2棒持棒跑100 m(实际跑126～128 m)，安排专项耐力好，并善于传接棒的运动员；第3棒持棒跑100 m(实际上跑126～128 m)，安排除要具备第2棒的条件外，还要善于跑弯道的运动员；第4棒持棒跑92～94 m(实际跑120 m)，安排短跑成绩最好、冲刺跑能力强的运动员。

二、4×400 m接力跑技术

4×400 m接力跑的传、接棒技术相对比较简单。但是，由于传棒运动员在跑近接力区时的跑速已经明显下降，所以接棒运动员应十分注意接棒技术。当传棒运动员跑近时，接棒运动员要在慢加速跑中目视传棒运动员，顺其跑速主动接棒，随后快速跑出。

第1棒采用蹲踞式起跑，起跑技术同4×100 m接力跑的起跑；第2棒采用站立式起跑，上体左转，目视传棒运动员，要估计好传棒最后一段跑的速度，如果传棒运动员最后一段仍然保持较好的速度，接棒运动员可以早些起动；如果接棒运动员的跑速减慢，接棒运动员应晚些起跑，并主动接棒。4×400 m接力跑全部的交接棒过程，应在20 m接力区范围内完成。传棒运动员将棒传出后，应从侧面退出跑道，避免影响其他接力运动员的跑进。4×400 m接力跑，多采用右手上挑式传递接力棒。即第1棒运动员以右手将棒传给第2棒运动员的左手，第2棒运动员跑出后将接力棒换到右手，以后各棒次接力棒的传递均以此法传、接。

三、接力跑游戏

接力跑游戏有较高的锻炼价值和较强的教育作用，并深受学生喜爱，是体育教学中被广为采用的手段。接力跑游戏包括迎面接力、往返接力、圆周接力等。这些接力跑游戏，还可以进行多种形式的变化，如在跑动路线上设置简易障碍等。

(一)迎面穿梭接力跑

将学生分成人数相等的两个队，再将每队分成两组，分别站在相距30～50 m的起跑线后呈迎面纵队排列。第1棒运动员手持棒用站立式起跑跑至对面本队接棒运动员2 m左右处，采用“立棒式”传、接棒方法将接力棒传至第2棒运动员右手，依次类推，连续穿梭跑进，直至最后一人跑完，最先跑完者为优胜队。为了防止传、接棒时两名运动员冲撞，两队运动员应错开排列。为了防止接棒运动员接棒时犯规，可在两端起跑线上插上竹竿，要求运动员右臂绕过竹竿接棒。

(二)往返接力跑

将学生分成人数相等的2～4个队，在起跑线后纵队排列，每队正前方15～25 m处插一竹竿。第1棒运动员右手持棒用站立式起跑，跑至竹竿后绕过竹竿返回，当跑至本队接棒运动员前2 m左右处时，采用“立棒式”传、接棒方法将接力棒传给下一名运动员右手，以此类推，连续往返跑进，直至最后一人跑完，最先跑完者为优胜队。为了防止传、接棒时两名运动员冲撞，接棒队列应与返回运动员跑进路线错开排列。为了防止接棒运动员接棒时犯规，可在两端起跑线上插上竹竿，要求运动员右臂绕过竹竿接棒。

(三)圆周接力跑

将学生分成人数相等的2～4个队，分别站在圆圈的直径(20～30 m)线两侧靠近圆圈处。第1棒运动员右手持棒以站立式起跑，沿着圆圈以逆时针方向跑进。跑至本队接棒运动员处，用“上挑式”或“下压式”传、接棒方法在10 m内将棒传给下一个运动员。依此类推，直至最后一个人跑完，最先跑完者为胜。

第三节　接力跑教学

接力跑教学，应放在短跑技术教学之后，从学习采用各种接力跑游戏开始，使学生对接力跑项目的特点有初步的了解。然后学习“上挑式”“下压式”传接棒方法和各棒起跑技术。最后学习、掌握在接力区内高速跑进中的传、接棒技术和进行全程跑的练习与比赛。在教学中要树立学生的整体观念，培养学生团结协作和集体主义精神。

一、接力跑教学重点与难点

接力跑技术教学重点是掌握“上挑式”和“下压式”传接棒技术及其运用。传接棒技术差，必然会影响跑速，所以掌握传、接棒技术是接力跑的重要环节。接力跑技术教学难点是掌握确定标志线的方法和队员之间的默契配合，它关系着传、接棒运动员是否都在接近个人最高跑速中不失时机地完成传、接棒，以取得优异成绩。

二、接力跑教学步骤与练习方法

(一)建立完整的接力跑技术概念

第一，介绍接力跑的一般知识，提出学习接力跑的要求，通过讲解、示范及录像资料调动学生学习接力跑的主动性和积极性。

第二，通过采用各种接力跑游戏让学生体验接力跑项目的特点和意义。

(二)学习传、接棒技术(视频 11-1)

1. 练习目的

掌握接力跑技术，建立正确的技术概念。增强交、接棒意识和能力，协调配合，提高跑进效果。

2. 动作要领

(1)上挑式。

接棒运动员的手臂自然向后伸出，手臂与躯干成 40°～50°角，掌心向后，拇指与其他四指自然张开，虎口朝下。传棒运动员将棒的中后部由下向上送入接棒运动员的手中。

(2)下压式。

接棒运动员的手臂向后伸出，手臂与躯干成 50°～60°角，手腕内旋，掌心向上，拇指与其他四指自然张开，虎口朝后，传棒运动员将棒的前端由上向下压送到接棒运动员手中。

3. 练习方法

(1)两人配合，按口令原地做“上挑式”和“下压式”传接棒技术练习

原地摆臂听信号做传接棒练习二列横队，前后两人相距 1.5 m，左脚在前，两脚前后开立，传棒运动员的右肩对着接棒运动员的左肩。

(2)原地摆臂按教师口令，做后伸接棒手、臂动作的练习(先左臂，后右臂交替反复练习)

(3)传棒运动员持接力棒原地统一节奏摆臂，听信号做传棒练习。

(4)在走步中按同伴信号做传、接棒练习。

体会在走步中正确地传、接棒技术。3～4 m一组，反复练习。

(5)在慢跑中做传、接棒练习。

体会在慢跑中正确地传、接棒技术。8～10 m一组，反复练习。

(6)在中速跑中做传、接棒练习

体会在中速跑中正确地传、接棒技术。10～20 m一组，反复练习。

(三)学习各棒起跑技术(视频11-2)

1. 练习目的

掌握接力跑起跑技术，建立正确的技术概念，使人体迅速摆脱静止状态，提高学生快速起动和加速跑的能力。

2. 动作要领

(1)上挑式第一棒传棒运动员以右手持棒，采用蹲踞式起跑。

(2)起跑持棒方式。

①右手食指握住棒的后部，拇指与其他三指分开撑地。

②右手中指、无名指握住棒的后部，拇指、食指和小指呈三角撑地。

③右手中指、无名指和小指握住棒的后部，拇指和食指分开撑地。

3. 练习方法

(1)结合示范或通过图片等直观教具，讲解各棒起跑的正确技术概念，使学生了解技术要求、方法和要领。

(2)右手持接力棒，做弯道蹲踞式起跑练习。

(3)在直道上做左臂支撑地面的半蹲踞式起跑练习。

(4)在弯道上做右臂支撑地面的半蹲踞式起跑练习。

做练习(3)(4)时，开始先单独做，然后再两人1组共同传接棒练习，接棒人应特别注意确定和调整好起动标志线。

(四)学习全程接力跑技术(视频11-3)

1. 练习目的

体会接力跑技术传、接棒环节之间的衔接，合理控制各技术环节的跑进节奏和时机，使运动员之间传、接棒技术自然、流畅，缩短传、接棒时间。

2. 动作要领

(1)传、接棒时机应该是在接力区前段15～17 m处为宜，因为接棒运动员可以在这段距离内发挥出较高的跑速。

(2)传、接棒应该在传棒运动员跑速不下降和接棒运动员已发挥出接近自己的最高跑速，两人大约相距1.5 m，跑速相近的瞬间完成。

3. 练习方法

(1)分组连续进行50～100 m的接力跑练习。

(2)分组进行全程接力跑练习。

(3)分组进行接力跑教学比赛。

三、接力跑教法提示及注意事项

接力跑是《体育与健康课程标准》中规定的教学内容，中学接力跑项目技术教法提示与教学注意事项如下。

第一，接力跑具有趣味性和健身性，符合儿童、青少年身心发展的特点和要求，因此，它是中学体育与健康教学中深受学生喜爱的运动项目。接力跑教学的主要任务是使学生掌握接力跑的基本知识和技术，发展学生速度、灵敏、协调等身体素质，使学生获得运动技能，培养他们竞争合作意识和坚强的意志品质及团结协作的集体主义精神。

第二，在教学中教师要根据实际情况有计划、循序渐进地安排接力跑的教学内容。在教学开始时，教师应向学生讲解接力跑的一般知识和学习要求，使学生认识接力跑项目对改善身体健康、心理健康，提高社会适应能力的价值。

第三，初中阶段应通过各种接力跑游戏培养学生的学习兴趣，然后再学习和掌握传、接棒技术。开始应通过各种接力游戏，让学生学习和掌握简易的“立棒式”传、接棒技术，然后再分别学习“上挑式”和“下压式”传、接棒技术。开始对技术的要求不要太高，在反复的练习和比赛中，使学生逐渐掌握这两种传、接棒方法。到高中时要求学生能在接力区内用较高的速度完成传、接棒动作。在学习传、接棒技术和各棒起跑技术时，应结合示范，“少而精”的讲解技术的方法和要领。示范可找1～2名学生课前先配合练习，示范时要使全体学生都能看清动作。

第四，在接力跑教学中，不能只是练习传、接棒技术，要始终把传、接棒教学和组织接力跑比赛结合起来。这样不仅可以提高传接棒方法的应用能力，而且还可使学生承受一定的生理负荷，发展学生的速度、灵活等身体素质和提高快速奔跑的能力，达到增强学生体质的目的。

第五，接力跑教学时，教师除了做好教学的组织工作外，还要对学生人数、场地情况、练习方法和步骤等进行周密的安排。采用游戏、比赛等方法进行接力跑教学时，应根据实际情况对比赛的距离、分队方法和每队人数进行灵活确定。为了照顾学生的体力和性别差异，可以采用每人跑不同距离的异程接力跑比赛，班级中体力弱的学生或女生，跑的距离可短一些。在组织接力跑的比赛时，必须将比赛方法、规则和要求向学生交代清楚。要采取有效措施，防止接力跑中的冲撞事故发生。

第六，接力跑是一项集体配合共同完成的项目。教师应充分利用项目的特点，通过学生积极的参与使学生在练习中不断体验成功，培养学生的自尊和自信；让学生了解竞争与合作的关系、明确自己的角色与团队的关系，培养学生团结协作、竞争意识和集体主义精神。教师还应对比赛规则的执行情况进行总结，要求学生在比赛中遵守规则和服从裁判，表现出良好的体育道德风尚。

四、接力跑教学中常见的错误动作、产生原因和纠正方法

(一)接棒人过早地超越传、接棒的标志线，传棒人无法传棒

产生原因：接棒人起跑太早，预跑速度和距离没有控制好，高估了传棒人的跑速。

纠正方法：全神贯注地起跑，正确判断同伴的跑速和自己的竞技状态，控制好启动速度和距离。

(二)传棒人超过接棒人

产生原因：接棒人起跑太晚，低估了传棒人的速度，反应太慢(指从看到传棒人到起跑标志线时，到自己真正开始跑时这段时间太长)。

纠正方法：全神贯注地起跑，延长起跑标志线和接力区之间的距离，其余均同上一错误的纠正方法。

(三)接棒人接棒时回头看，影响跑速

产生原因：对接棒信心不足，精神过于紧张。

纠正方法：练习较慢速度时的接棒动作，目光始终向前，反复练习，消除紧张状态。

(四)接棒人没有按应跑的跑道一侧跑进，给传递接力棒造成困难

产生原因：没有形成各棒次在跑道内侧或外侧跑进传、接棒的习惯。

纠正方法：反复讲解和示范各棒次队员正确的跑进路线和传、接棒技术，在队员形成正确的概念之后反复练习。

(五)传棒人持棒手臂前送太早，或接棒人手臂后伸太早

产生原因：传棒人跑到终点时过于疲劳，担心不能及时赶上接棒人，而接棒人担心不能及时接到棒。

纠正方法：在特别强调注意的动作与意义的情况下，反复进行传、接棒动作的练习，消除紧张心理。

(六)掉棒

产生原因：传、接棒时过于紧张，接棒人还没有做好接棒动作就传棒，手持棒的部位

不正确。

纠正方法：在中速跑进中安全地进行传、接棒，传、接棒时严格按照先后次序，传棒人应负主要责任，必须握紧棒，直到安全送到接棒人手中为止。明确传、接棒时手持棒的正确部位。

第四节　接力跑项目相关竞赛规则

一、比赛标准距离

4×100 m，4×200 m，100 m—200 m—300 m—400 m异程接力，4×400 m，4×800 m，1 200 m—400 m—800 m—1 600 m异程接力，4×1 500 m。

二、接力区

第一，应在跑道上画出50 mm宽的横线标明各棒次之间的距离和接力区标志线。

第二，在4×100 m、4×200 m接力，以及异程接力的第一、第二次交接棒中，各接力区的长度为30 m，标志线(scratch line)位于距接力区开始分界线20 m处。在异程接力的第三次交接棒和4×400 m及更长距离的接力中，每个接力区的长度为20 m，标志线位于中间，接力区的开始和结束都从接力区分界线跑进方向的后沿算起。

第三，当接力的全程或第一棒为分道跑时，运动员可在自己分道内用胶布做一个标志，其最大尺寸为0.05 m×0.40 m，颜色应明显区别于跑道上其他永久性标志。不得使用其他标记。

三、接力棒

接力棒为光滑的空心圆管，由整段木料、金属或其他适宜的坚固材料制成，长度为0.28～0.30 m，外径为40 mm±2 mm，重量不少于50 g。接力棒应涂成彩色，以便在比赛中明显可见。

四、不同距离接力跑方法

第一，4×100 m接力比赛，应为全程分道跑。

第二，4×200 m接力比赛，可以采用以下任何一种方法进行。

(1)如有可能，应为全程分道跑(4个弯道均为分道跑)。

(2)前两棒是分道跑，第三棒运动员分道跑越过抢道线后沿以后，可离开自己的分道(3个弯道为分道跑)。

(3)第一棒运动员，分道跑越过抢道线后沿以后，可离开自己的分道(1个弯道为分道跑)。

第三，异程接力比赛，前两棒是分道跑，第三棒运动员越过抢道线后沿以后，可离开自己的分道(2个弯道为分道跑)。

第四，4×400 m接力比赛，可以用以下任何一种方法跑进。

(1)第一棒是分道跑，第二棒运动员越过抢道线后沿以后，可离开自己的分道(3个弯道为分道跑)。

(2)第一棒运动员越过抢道线后沿以后，可离开自己的分道(1个弯道为分道跑)。

第五，4×800 m接力比赛，可用以下任何一种方法跑进。

(1)第一棒运动员越过抢道线后沿以后，可离开自己的分道 (1个弯道为分道跑)。

(2)不采用分道跑。

第六，长距离异程接力及4×1 500 m接力比赛，采用不分道跑的方法跑进。

五、接力跑比赛

第一，运动员必须在接力区内起跑，如果运动员不遵守本规则，他所在的接力队将被取消比赛资格。

第二，异程接力最后一棒运动员和4×400 m比赛的第三、第四棒运动员应在指定裁判员的指挥下，按照同队交棒运动员进入最后一个弯道时的先后顺序(由内向外)排列各自的接棒位置。一旦交棒运动员跑过该点，接棒运动员须保持其排列顺序，不能改变其在接力区起点处的位置。如果运动员不遵守本规定，其接力队将被取消比赛资格。

第三，在体育场内举行的所有接力赛跑必须使用接力棒，运动员必须手持接力棒跑完全程。

第四，不允许运动员戴手套或在手上放置某种材料或物质以便更好地抓握接力棒。

第五，如发生掉棒，必须由掉棒运动员拾起。允许掉棒运动员离开自己的分道拾棒，但不得因此缩短比赛距离。此外，接力棒掉在跑道两侧或跑进方向时(包括越过终点线)，掉棒运动员在拾回棒后，必须至少回到他上次手持棒的位置并继续跑进。如果遵守上述程序，且未侵犯其他运动员，不得因掉棒取消比赛资格。如果运动员没有遵守此规则，则他所属的接力队将被取消比赛资格。

第六，接力棒必须在接力区内交接，接力棒的交接从接力棒初次触及接棒运动员开始，到完全由接棒运动员手持才算完成。仅以接力棒的位置决定是否在接力区内完成接力。在接力区外交接棒将被取消比赛资格。

第七，运动员在接棒之前和(或)交棒之后，应留在各自分道或保持位置直到跑道畅通，以免阻挡其他运动员。如果运动员阻碍其他接力队运动员，其接力队将被取消比赛资格。

第八，在比赛过程中，任何运动员手持或捡拾其他接力队的接力棒时，该接力队将被取消资格。其他接力队不应受罚，除非从中获得利益。

第九，接力队的每位成员只能参加接力赛的其中一棒。参加接力比赛任何赛次的 4 名运动员，可以是报名参加其他项目比赛的任何运动员。然而，一旦开始比赛，每队只允许有两名替补队员参加比赛。如果违反此规定，将取消该队比赛资格。

第十，接力队的成员组成和各棒顺序，必须在公布的每一赛次比赛的第一组的检录开始时间(指运动员必须到检录处报到的时间)之前至少 1 小时正式申报。如再次变动，必须经由组委会任命的医务官员进行核实，但也只能在该接力队所在组的检录结束时间(运动员离开检录处的时间)之前提出。接力队必须按正式申报名单和各棒次顺序参加比赛。如不遵守此规则，将取消比赛资格。

思考与练习

1. 简述接力跑的特点和锻炼价值。

2. 简述接力跑技术以及“上挑式”和“下压式”传、接棒技术的基本要求。

3. 简述接力跑技术的教学步骤、方法和手段。

4. 根据中学接力跑项目技术教法提示与教学注意事项，怎么才能更好地完成中学接力跑教材的教学任务?

5. 根据自己的实际情况创编出 2～3 种接力跑游戏。

6. 简述接力跑的“上挑式”和“下压式”传、接棒技术的优缺点。

7. 简述接力跑技术教学的重点和难点。

8. 简述接力跑技术练习中易犯错误的原因和纠正方法。

9. 简述接力跑起跑时的持棒方法。

10. 简述接力跑的传、接棒时机和位置。

第十二章
跨栏跑

本章要点与导学

本章简要介绍了跨栏跑技术发展概况和发展趋势，分析了跨栏跑全程技术及其主要特点，重点阐述了跨栏跑技术教学步骤与练习方法、教学提示及注意事项、常见错误动作及其产生原因和纠正方法。

通过本章学习，使学生了解跨栏跑的发展概况以及现代跨栏跑的技术特点和发展趋势，掌握起跑至第一栏技术、过栏技术、栏间跑技术，以及跑与跨、跨与跑技术的有机衔接，掌握跨栏跑主要技术教学步骤与练习方法，具备跨栏跑教学的能力。本章学习重点是起跑至第一栏技术、过栏技术和栏间跑技术，学习难点是跑—跨—跑之间的有机结合和良好的全程跑能力。

第十二章数字资源

第一节　跨栏跑的起源与发展

一、跨栏跑的起源与演进

跨栏跑是由人们跨越障碍物的基本技能发展演变而来的。跨栏跑在 19 世纪最早出现于英国(当时叫障碍跑)，属于男子项目，采用一般的栅栏做障碍物。后来出现了埋在地上的木栏架，以后又改为锯木柴用的支架。1837年在英国首次举行了大学生跨栏跑比赛，栏高1.067 m，10个栏架，其中每个栏之间的距离是10码(9.14 m)。作为竞技运动的跨栏跑已经历了100多年的变迁与发展。1896年第一届现代奥运会时，来自美国的托玛斯·柳蒂斯获得冠军，成绩是17.6。当时跨栏的技术很不完善，不是跨栏而是前腿弯着绕过栏架，这样的栏架和技术限制了跨栏技术的改进与提高。以后栏架不断改进，直到1935年国际田联决定用“L”形栏架，才为形成现代跨栏技术奠定了基础，由此跨栏技术开始突飞猛进。

1936年美国运动员汤斯将合理的跨栏技术与提高跑速结合起来，成绩不断提高，三破世界纪录，达到了13.7的成绩。之后30多年，跨栏跑技术虽未发生本质性变化，但各国优秀运动员结合个人身体特点和身体素质水平，在技术动作上更加向实效性发展，形成了不同的技术风格和特点。20世纪70年代以来，由于塑胶跑道的出现，跨栏跑的技术又有了新的变化，这种变化是由跨栏向跑栏过渡，全程跑的速度提高了(110 m跨栏跑平均速度每秒8～9 m，女子100 m跨栏为每秒8 m)，“跨栏步”的绝对速度也有一定提高，过栏和栏间跑的速度更加接近。1979年美国运动员内赫米亚率先突破13 s大关，创造了12.93的世界纪录。1989年美国运动员金多姆以12.92的成绩、1993年英国运动员杰克逊以12.91的成绩、2006年中国田径运动员刘翔以12.88的成绩，先后创造世界纪录，这些都是吸收现代跨栏跑最先进的技术，同时又具有充分发挥个人特点的跨栏跑技术。现在男子110 m栏的世界纪录12.80，由美国运动员阿里斯·梅里特于2012年在比利时布鲁塞尔钻石联赛中创造。

女子跨栏跑始于20世纪20年代初，发展速度较为缓慢。1932年第十届奥运会女子80 m栏，栏高0.762 m。1968年将女子80 m栏改为100 m栏，栏高也增加到0.84 m。1972年第二十届奥运会才把女子100 m栏列入正式比赛项目。现在女子100 m栏世界纪录12.20，由美国运动员肯德拉·哈里森在2016国际田联钻石联赛伦敦站决赛中创造。

400 m栏一直是男子项目，栏高0.914 m。1973年国际田联确定增加女子400 m栏，栏高0.762 m，并在1984年第二十三届奥运会被列入奥运会项目。

竞技项目最初有男子110 m栏，以后又增设了男、女400 m栏和女子100 m栏，在跨栏跑的发展过程中，还曾设过女子80 m栏和男、女200 m栏。跨栏跑技术的演变、发展与场地器材的革新和裁判规则的变化有着直接关系，跨栏跑技术和成绩的进展与栏架的变革有很大关系。

跨栏跑的技术发展通常是指男子110 m栏技术的发展，纵观其发展过程，大致可分为四个阶段。

(一)自然跨跳阶段

1837年首次举行跨栏跑(尚未被承认为正式比赛项目)，过栏技术很差，还保持着收腿跳过障碍的自然动作。1896 年第一届奥运会上，运动员过栏采用的方法仍是直体屈腿过栏，下栏后有明显的停顿，其动作带有明显的“跳跃”现象。

(二)技术成型阶段

1900 年第二届奥运会上，跨栏技术首次有了突破。美国运动员阿尔文·克伦茨莱因首先采用摆动腿伸展前摆，降低身体重心腾起高度的“跨栏步”技术，改变了跳栏动作，加快了过栏速度，成绩达到 15.4。1908 年第四届奥运会上，美国运动员福·史密森采用起跨腿弯曲膝关节经体侧向前提拉过栏技术，创造了 15.0 的世界纪录。1920 年第七届奥运会上，加拿大运动员埃·汤姆逊过栏时采用了加大上体前倾角度和积极前伸摆动腿异侧臂的技术。至此，现代跨栏跑的过栏技术基本成型。

(三)跑跨结合阶段

1930 年以后，世界跨栏跑的水平提高很快，由之前的跑着跳技术到重视平跑速度和跨栏技术的有机结合。此阶段平跑快的运动员通过不断改善过栏技术，成绩提高明显，通过起跨攻栏时摆动腿大腿充分提高，过栏之后积极下压，使身体重心轨迹更接近直线。1959 年德国运动员劳洛尔依靠平跑速度快的优势和前倾上体的“折刀式”过栏技术，当时创造了 13.20 的世界纪录，被视为速度与跨栏技术有机结合的典范。

(四)完善提高阶段

20 世纪 50 年代末出现了由跨栏向跑栏发展的观点，国内外优秀运动员为实现这种技术进行了不懈的努力。法国运动员德鲁特凭借身高腿长和全面的身体发展水平，在过栏时上体保持适度前倾并加快两腿剪绞速度，同时注重跑跨结合的全程节奏，合理地缩小了“跨栏步”的长度，加大了栏间第 2 步的距离，使每一个跨栏周期由“三步一跨”变为“四步中有一大步”的更接近于跑的良好节奏，当时创造了 13.00 的世界纪录。

男子 400 m 栏于 1900 年第二届奥运会被列为正式比赛项目。美国运动员培根在 1908 年奥运会上，以 55.00 的成绩获得冠军，并创造首个 400 m 栏世界纪录。此后到 1972 年共有 16 次手计时的世界纪录被刷新，最后一个手计时的世界纪录是乌干达运动员阿基·布阿，他的成绩为 47.80。在阿基·布阿之后，出现了 400 m 栏历史上最伟大的运动员摩西，1976 年他以 47.64 的成绩打破世纪录之后，又三破世界纪录，最后的成绩为 47.02，他是第一个用 13 步节奏跑完全程的运动员，是连续 10 年保持不败的运动员。目前的世界纪录是美国运动员凯文·杨创造的 46.78。

女子 400 m 栏开展较晚，但成绩有着迅猛的发展。从 1974 年波兰运动员卡斯佩尔奇克创造了 56.51 的世界纪录至今已 14 次被打破，目前的世界纪录是俄罗斯运动员帕科金娜创造的 52.34。当今世界优秀男运动员大都采用 13～14 步的栏间节奏，女运动员多采用 15 步的栏间节奏。

二、跨栏跑技术发展趋势

跨栏跑项目诞生之初，其取胜的核心要素主要是参与人性格勇敢、身体素质好，过栏时跳得快。随着栏架器械的不断改进，到美国运动员阿尔文·克伦茨来因率先对过栏技术进行了探索和改进，使“直线前跨和单臂前导”的过栏技术逐步成熟和完善，也就是在这个时候，“跳栏跑”才真正成为“跨栏跑”。之后，新的跨栏技术不断创新，如“双臂前导”技术、“摆动腿迅速落地动作”技术、“起跨腿迅速前提”技术、“充分前倾上体的折刀式”过栏技术等。这些技术的创新也是人类勇于开拓、不断进取的映照，大大促进和完善了跨栏运动的发展。

当前，在科学选材与科学训练的前提下，跨栏跑技术表现为：技术更加简练实用，跑跨结合能力强，栏间跑重心高、节奏快，栏间 3 步步长比例趋于接近，运动员速度耐力素质高、后程技术动作稳定等，这些均表现出跨栏向跑栏过渡的特征。可以预计，在进一步完善跨栏跑技术的基础上，充分发挥运动员个体潜能，适应运动员个人技术特点，能够十分明显地表现出跨栏跑整体性的新型技术，这将是跨栏跑技术的发展趋势。

三、我国跨栏跑的发展

1910 年中国第一届全运会上跨栏跑被列为正式比赛项目，但发展缓慢，水平很低，比世界水平要落后半个世纪。

新中国成立后，跨栏跑的成绩迅速提高，在 20 世纪 60 年代中期，涌现出许多优秀运动员，梁仕强、周裕光、周连立、高济桥、崔麟、刘正、文蕴珍等进入世界先进行列。1965 年崔麟 110 m 栏以 13.5 的成绩名列当年世界前茅，刘正、文蕴珍 80 m 栏 10.8、10.7 的成绩也进入世界前 6 名。70 年代到 80 年代中期，我国跨栏水平下降，与世界水平有了较大差距。90 年代以来，我国 110 m 栏优秀运动员李彤多次在国际重大比赛中进入前 8 名，以 13.37 的成绩进入世界先进行列。

进入 21 世纪，我国男子 110 m 栏以刘翔、史冬鹏和谢文骏为代表的运动员，成绩突飞猛进，刘翔在 2004 年雅典奥运会 110 m 栏中以 12.91 的成绩平世界纪录并夺冠；2006 年洛桑超级大奖赛中以 12.88 创造了新的世界纪录。史冬鹏在 2007 年大阪田径世锦赛 110 m 栏决赛中跑出个人最好成绩 13.19。谢文骏在 2014 年，国际田联钻石联赛上海站 110 m 栏决赛，以 13.23 的成绩获得冠军，并创造个人历史最好成绩。

我国女子 100 m 栏也涌现出一批优秀运动员，20 世纪 80 年代到 90 年代，中国女子 100 m 栏处于鼎盛时期。刘华金、曾艳、谢柳英和刘静等创造了一个又一个优异成绩。

1987 年在第六届全运会上，刘华金以 12.89 的优异成绩，打破台湾运动员纪政保持 17 年之久的 100 m 栏亚洲纪录；在 1990 年北京第十一届亚运会上，以 12.73 获得 100 m 栏金牌，并刷新自己保持的该项目亚洲纪录。进入 21 世纪，我国 100 m 栏运动员吴水娇在 2014 年仁川亚运会上，跑出 12.72 的成绩并一举夺冠。

第二节　跨栏跑技术

跨栏跑技术的掌握是一项系统的长期学习训练的过程。它需要练习者具有相应的速度、肌肉力量、肌肉爆发力、耐力、柔韧性和协调能力，这是完成跨栏技术跑的基本前提条件。实践表明，要全面掌握跨栏跑技术，需要大约 10 年的时间，运动员才能在技术、能力和经验方面达到高水平，从而进入发挥实力阶段。21 世纪以来，跨栏跑技术方法的趋势趋向于全程跑平跑的速度和跨栏动作的简单实用，尤其注重全程十个栏的节奏以及跑跨和跨跑细节的衔接，重心起伏非常低，全程基本以跑的姿态完成比赛。建立在起跑至第一栏技术、过栏技术、栏间跑技术和终点跑技术四方面动作环节，愈发追求细节的完善与改进。通过科学研究，现代优秀跨栏选手的优势被综合利用，由此形成了以平跑速度、过栏技术、高水平身体素质为代表的高水平跨栏跑中心环节。（视频：优秀跨栏运动员动作鉴赏）

一、男子 110 m 栏技术

110 m 跨栏跑的全程技术可以分为起跑至第一栏技术、过栏技术、栏间跑技术、终点跑技术。

(一)起跑至第一栏技术

男子 110 m 栏从起跑至第一栏的距离为 13.72 m。快速起跑和准确地踏上起跨点是完整跨栏跑的第一环节。它的任务是运动员积极加速，摆脱静止状态，准确踏上起跨点，为过好第一栏和过栏后形成良好的栏间节奏，创造良好的身体姿势和在技术上做准备。因此，适宜的起跑至第一栏技术应该符合以下要求。

1. 适宜的起跑器安装

关于跨栏跑起跑，其本质上是和短跑相同的，都采用蹲踞式起跑。但是由于跨栏跑起跑至第一栏有一定的步数要求，所以起跑器的安装又有其项目特点。其中之一是根据起跑到第一栏选择7步、8步还是9步的问题。一般都是采用8步，这种情况下是摆动腿在后、起跨腿在前的蹲踞姿势。而7步或者9步的起跑则两腿摆放位置相反。需要指出的是，不论哪种起跑步数，起跑器的前后距离过大时，会使蹬离起跑器的时间变长，相对延长了起跑出发的时间。所以最好起跑器的前后距离要小一些，这个条件能使反应速度快的运动员更准确踏上起跨点，尤其有利于力量、素质的有效利用。

2. 积极加速阶段

“预备”动作时，臀部抬起明显高于肩部，这是为了起跑后前几步取得较大的步长。当听到枪声后，运动员起动反应要快，蹬离起跑器的动作要快，尽快地迈出第1步进入加速跑。利用积极的后蹬和有力的摆臂加快位移速度，与短跑加速跑阶段相比，跨栏跑加速跑各步后蹬角度稍大，身体重心位置稍高，身体与地面的夹角稍大，其目的都在于促使起跑后步长能较快地增加，上肢尽快竖直。一般跑到起跨前2步时，上体已抬到正常跑的姿势。

3. 快速积极的栏前短步

为了保持起跨时较高的身体重心位置，要提高重心前移的速度，使身体重心迅速通过支撑点上方而转入起跨攻栏，栏前最后1步是一个比倒数第2步短10～20 cm的短步。

4. 准确踏上起跨点

为了上好第一栏，起跑后要特别注意步幅和节奏的控制，步幅不能忽大忽小，要稳定准确地增加，基本上在起跨前的倒数第2步达到最大步幅，最后一步要准确踏上个人的起跨点。

(二)过栏技术

过栏技术也称过栏步技术，在很多教材中也被称为跨栏步技术，是指从起跨腿踏上起跨点开始到摆动腿过栏后着地为止这一时期表现出来的技术动作。这是一个完整的攻栏、过栏、下栏身体协调配合的过程。其主要任务是在能够越过栏架高度的前提下，在获得适宜垂直速度的同时，尽量不减小起跨时的平跑速度，取得较大的腾空初速度和较低的身体重心抛物线轨迹，最小限度地减轻重心起伏，尽快地越过栏架。过栏技术包括起跨攻栏、腾空过栏和下栏着地三个技术过程(图12-1)。

1. 起跨攻栏

起跨攻栏是指起跨脚踏上起跨点到起跨腿后蹬结束至身体重心腾空后达到最高点这一时期的技术动作。起跨攻栏是跑跨结合的关键技术，在这一阶段的任何失误都会影响腾空过栏和下栏着地以及栏间跑技术的正常发挥。因此，起跨攻栏技术是整个过栏技术的关键。起跨攻栏的有效性主要取决于以下几点。

(1)准确的起跨点。起跨攻栏时，确定好适宜个人特点的起跨距离极为重要。起跨点离栏架过远，必然造成上栏困难或起跨步过大，延长过栏腾空时间；而起跨点过近，则必然加大起跨腾起角度，形成跳栏动作，同样延长过栏腾空时间。优秀运动员的起跨点，一般距离栏架 2.00～2.20 m。

(2)适宜的起跨角度。起跨腿用前脚掌在靠近身体重心投影点附近的起跨点快速着地起跨。根据两点之间直线最短的原理，过栏时身体重心移动的抛物线轨迹越接近平直，越有利于缩短过栏的滞空时间。因此当身体重心通过支撑点上方转入攻栏后，起跨腿要迅速伸展髋、膝、踝这 3 个关节，同时髋部要前送，上体稍前倾，摆动腿异侧臂也前伸，使身体重心有较大距离的前移，以形成适宜的起跨蹬地角，一般以 65°～70°为宜。

(3)充分的高摆攻栏腿。当起跨腿着地时，摆动腿由体后屈膝前摆动。当进入攻栏时，摆动腿大、小腿继续折叠向前上方高摆。这个摆动腿的折叠和向前上方高摆动作，能使运动员在腾空过栏时形成较大的分腿角度。较大的分腿角度，可使两腿的屈伸肌群在收缩前得到较大程度的预先拉长，使屈伸肌群的快速收缩和完成强有力的剪绞动作十分有利。整个起跨攻栏动作应做到迅速、积极。当结束起跨攻栏动作时，起跨腿的髋、膝、踝这 3 个关节应充分伸直，头部、躯干和起跨腿基本上成一条直线。

图 12-1　过栏技术

(4)身体各个部分的动作连贯、协调自然。起跨动作迅猛有力，两臂配合下肢做前后摆动，既是维持了身体的平衡、抵消了部分不必要的身体旋转，也是维持躯干前趋攻栏的重要手段。上体的前倾随着后蹬用力、重心前移而逐渐加大，肩轴基本保持了与栏架的平行。摆动腿异侧手臂的前伸对摆动腿强力攻栏有重要的协调作用。这些动作的自然连贯、配合协调为起跨攻栏创造了有利条件。

2. 腾空过栏

腾空过栏指从起跨脚离地到摆动腿下栏着地这段时间内的技术动作。腾空后，身体重心沿着起跨攻栏所形成的腾空轨迹向前运动。根据身体的相向运动原理，由于腾空后不能改变身体重心的位移速度和运行轨迹，因此腾空过栏时，只能依靠加快摆动腿和起跨腿以及上肢的协调配合，使人体迅速跨过栏架。起跨腿蹬离地面后，当摆动腿膝关节超过栏板高度时，摆动腿小腿迅速前伸，当摆动腿脚跟接近栏板时，摆动腿几乎伸直。与此同时，上体迅速前倾，使胸部几乎靠近摆动腿的大腿；摆动腿异侧臂完成带动肩部积极向前的动作，形成肩横轴与髋横轴交叉扭转状态，以维持身体平衡。此时，起跨腿仍留在身体后面，与上体几乎成一直线，并与在栏前的摆动腿形成一个大幅度的分腿动作。

摆动腿脚掌越过栏板后，随之开始做积极的下压动作。此时起跨腿屈膝外展并经体侧迅速向前提拉。起跨腿向前提拉时，小腿收紧使脚跟接近臀部，膝高于踝，脚尖稍向上翘，并与摆动腿的下压形成协调有力的剪绞动作。与此同时，摆动腿异侧臂配合下肢动作向侧后方做有力的划摆，到接近体侧下方时屈肘收回，另一臂则向前摆出，以维持身体平衡。

由于摆动腿积极下压，必然使上体适度抬起。当摆动腿前脚着地时，膝关节伸直，踝关节缓冲，这样能使身体重心处于较高的位置。摆动腿着地时，上体仍保持一定的前倾。随着起跨腿大幅度地向前提拉动作，使身体重心迅速移动过支撑点，此时跨栏步动作结束，转入栏间跑阶段。为了减少着地时水平速度损耗，着地点应尽量靠近身体重心投影点的附近。优秀运动员跨栏步的着地点一般离栏架 1.30～1.45 m。

合理的腾空过栏技术应该符合以下几个要求：起跨前已经达到的水平速度和过栏后的水平速度相比，下降的幅度不大；适宜的身体腾起角度，起跨和下栏前后都保持着较高的身体姿势，即身体重心的波动差在一个较小的范围内；摆动腿的积极下压促进起跨腿提拉速度，使快速剪绞动作迅速完成。

3. 下栏着地

下栏着地是指身体重心从腾空最高点到摆动腿着地支撑这一时期的技术动作。下栏着地是跨栏跑由跨转入跑的又一关键技术环节。其任务使身体最快从跨的姿态转换为跑的姿态，并达到平稳、快速、良好转入“攻击”下一栏的目的。

当摆动腿着地时，要用前脚掌做出积极向下、向后的扒地动作，着地点距离栏架 1.30～1.45 m 的距离。合理的下栏着地技术应该符合以下要求：积极的起跨腿提拉和积极的摆动腿下压应该保持相当的协调一致性；高重心的下栏支撑，能尽可能减少因为腾起角度带来的水平速度损失，协调两臂配合和上肢躯干配合姿势。

(三)栏间跑技术

栏间跑指下栏着地到下一栏起跨点之间的快速跑动过程。其任务是发挥跑速，保持节奏，准备攻栏。由于栏间跑是在规定的距离内以固定的步数跑完，同时又要为过栏做好准备，故栏间跑技术与短跑途中跑有所不同。栏间跑的特点是重心高，频率快，节奏强，栏间 3 步步长的比例是小、大、中。

栏间第 1 步应与下栏动作紧密相连。摆动腿在下栏着地时膝关节几乎伸直，参加后蹬用力的伸肌群已处于充分拉长状态，与此同时起跨腿经过外展提拉，放脚落地。摆动腿与起跨腿这种不同于短跑的交叉步动作，减小了抬腿速度和后蹬力量，所以步长是 3 步中最小的。为使跨跑动作紧密衔接，在下栏着地时要通过利用支撑腿踝关节及脚掌力量充分后蹬，起跨腿快速带动髋向前提拉和两臂前后用力摆动来加以补偿。优秀运动员这一步步长可超过 1.65 m，后蹬角度为 60°左右。

栏间第 2 步是快速跑进的关键。由于基本恢复了正常跑步动作，故这一步力量强、速度快、抬腿高，步长约为 2.10 m，是栏间跑最大的一步。栏间第 3 步与起跨攻栏相连，是栏间跑速度最快的一步。由于在快速跑进的同时要为起跨做好充分准备，故第 3 步抬腿不高、放脚快且靠近身体重心投影点，是比第 1 步大、比第 2 步小的居中步长。值得注意的是，栏间跑第 1 步的动作效果直接受到下栏着地动作的影响。现代优秀运动员为了争取第 1 步必要的步长，使跨跑衔接更加具有实效性，往往会充分发挥个体的踝关节和脚掌的力量，借助起跨腿的高抬快摆姿态使得第 1 步距离适当延长。

(四)终点跑技术

终点跑是指全程跨越第 10 个栏架后到终点这一段距离的冲刺过程。由于跨越最后一个栏架不再受任何步点的约束，因此过最后一个栏时摆动腿应更积极地下压，着地点较近。起跨腿一过栏架即可向前摆出，要借助于加快摆臂和两腿的摆动，加快步频，以最快的速度全力冲向终点，并在终点处完成撞线动作。

二、女子 100 m 栏技术

女子 100 m 栏与男子 110 m 栏在动作结构上基本相同，全程设 10 个栏架，用 49～50 步跑完。全程跑时，跑跨衔接紧密，动作协调自然，身体重心波动差小，更接近平跑。由于栏高和栏距的差异，使 100 m 栏有不同于 110 m 栏的技术特点。

(1)女子 100 m 栏从起跑至第一栏的距离为 13.00 m，起跑至第一栏主要技术与 110 m 栏相同，采用蹲踞式起跑。“预备”时臀部抬得不像男子 110 m 栏那样高，前 5、6 步身体姿势和蹬地摆腿动作同 100 m 起跑时基本相同。跑到最后 1 步，上体基本直立准备起跨攻栏，步长比前 1 步缩短 10～15 cm。

(2)起跨时前脚掌着地，髋、膝和踝关节缓冲不大，保持高重心并积极前移。攻栏更积极，起跨角度较小，为 60°～65°。起跨点与栏架之间距离较近，为 1.90～2.10 m。

(3)躯干在上栏时没有特别明显的前倾和下压动作，过栏时身体重心运动轨迹起伏不大，跨栏步步长为 3.00～3.10 m，下栏着地点距离为 1.00～1.20 m。

(4)起跨腿向前提拉的幅度较小，摆动腿压栏动作迅速短暂，两腿剪绞速度快，摆臂幅度小、速度快。

(5)全程跑时身体重心波动较小，动作自然，跑跨衔接紧密，接近于跑栏。

(6)终点跑技术，下第 10 栏后，运动员一般用 5 步跑完。终点冲刺时不要过分紧张和拘谨，上体不能过早和过分前倾，要借助加快两臂和两腿的摆动，全力冲向终点。

三、400 m 栏技术

男、女 400 m 过栏技术基本相同，与 110 m 栏相比，过栏技术无本质性差异，但由于栏架高度不同，栏间距离较长，有些栏架设置在弯道上，故在动作形式、动作幅度、用力程度和动作细节上略有些差别。起跑至第一栏步数与栏间跑步数有关，栏间跑用 15 步，起跑至第一栏用 22 步；或 14 步与 21 步；或 13 步与 20 步。

女子过栏技术：由于栏架低，因此起跨后蹬力量、上体前倾角度、摆臂幅度和起跨腿的提拉速度都较其他跨栏项目小，跑跨自然连贯，接近“跑栏”技术。

男子过栏技术：过栏技术要求介于 110 m 栏和女子 400 m 栏之间。

栏间跑技术：栏间跑技术和 400 m 平跑基本相同，但步数固定、步长准确，节奏感非常强。栏间跑步长不但要靠良好的肌肉力量，而且要有目测和空间定向能力才能准确踏入起跨点。栏间跑除去起跨攻栏、下栏落地的距离，实跑距离约为 32.7 m，男子一般跑 13～15 步，女子跑 15～17 步。

跨弯道栏技术：男、女 400 m 栏运动员要在弯道上跨 5 个栏。跨弯道栏时，过栏技术要适当改变，对起跨栏腿的选择也有要求。一般来说，右腿起跨可以利用向心力顺利过栏而不失去平衡，比左腿起跨有利，但必须注意避免过栏时犯规。

400 m 跨栏跑全程距离较长，栏间距离也较长，栏间跑步数较多，要求运动员具有控制栏间步节奏的能力以及良好的专项耐力和坚强的意志品质，以准确、合理的栏间步数，顺利地跑跨全程。

第三节 跨栏跑教学

体育教学方法是体育教学过程中，教师和学生为了实现体育教学的目标，而采取的不同层次、教与学相互作用的活动方式的总称。跨栏跑的教学方法是多种类的，它包括教师的教法和学生的学法，遵从一般素质训练到跨栏专项训练这一由浅及深的设计思路。由此，跨栏跑教学特点应该是：良好身体素质的基础，以现代跨栏跑的理论和技术特征为依据，建立完整一分解一完整概念，按照动作技能形成的阶段性，从分化泛化开始，到基本形成动作技能，最后完全巩固运用自如进行宏观把控。微观上则细化体育教学手段的运用，把细节的提高作为改进技术、跑速、节奏的着力点，由此达到跨栏跑整体性与系统性的特点。

跨栏跑项目自诞生以来，男子 110 m 栏就一直处于技术引导地位，由此衍生的女子 100 m 栏、男女 400 m 栏，大原则趋于统一。因此，跨栏跑教学步骤与练习方法的学习，将以 110 m 栏为重点。

一、跨栏跑教学重点与难点

(一)教学重点

跨栏跑是速度快、强度大、节奏性强、技术复杂的运动项目，对运动员各项身体素质以及正确掌握技术都有很高的要求。学习重点为起跑至第一栏技术、过栏技术和栏间跑技术。

(二)教学难点

1. 跑跨结合、跨跑结合之间的有机衔接

过栏步和栏间跑的衔接技术较难掌握，无论是由跑转为跨，还是由跨转为跑，如果衔接不连贯，均会出现速度减慢。它们之间是相互关联、互相影响的。因此，目前提出的“三步一跨”的所谓“四步周期”是提高跨栏速度的核心，也是技术教学难点。

2. 良好的全程跑能力

跨栏跑技术的特点是在高速运动中完成固定栏高、固定栏距、固定步数、节奏性极强的项目。由于特殊的过栏技术动作存在，如果学生身体素质水平不高，在跑进中节奏稍有不稳，就会影响到技术的发挥，也会影响全程的技术和速度。

二、跨栏跑教学步骤与练习方法

(一)建立跨栏跑正确的技术动作认知

此阶段的教学目标是建立跨栏跑项目整体认知。教法学法为：借助现代传媒技术，通过高水平跨栏的录像、电影、教学训练竞赛视频或通过教师的讲解示范，使学生了解跨栏的一般知识和现代跨栏技术的实质，并形成正确的动作表象，提出学习跨栏跑技术的要求，调动学生学习跨栏跑技术的积极性和主动性。值得注意的是，在此阶段一定要清楚地给学生讲解跨栏跑项目中相关的专业术语，如栏前、栏后、摆动腿(攻栏腿)、起跨腿(提拉腿)、高抬、下压、外展、提拉等。

另外，借助探究式的教学方法，让学生观影后或者观看教师的动作技术展示后，进行积极的讨论和思考，发挥其主观能动性，让学生产生强烈的好奇以及跃跃欲试的意愿。

(二)学习和掌握跨栏跑的良好节奏和过栏技术

1. 学习和掌握跨栏跑的良好节奏

教学目标：从跑入手，注意形成正确的节奏，整体技术中突出“跑跨”和“跨跑”的动作衔接，以跑的概念去完成全程栏的技术动作。

教法学法：

(1)在教师的带领下完成一般性辅助练习后，学生参与跨栏跑相关的专门性练习、速度练习等。(视频 12-1 至视频 12-4)

(2)高重心，大步快速跑(60～80 m)，4～6 组高，强度 100%，间歇时间 6～8 min。体会跨栏跑的全程高重心、高速度状态。(视频 12-5、视频 12-6)

(3)栏中双脚跳。正面连续跳跃栏架(5 个栏，栏间距 1 m 左右)，4～6 组。上体正直，起跳时尽量向上收腿，发展学生腰背肌群、臀部肌群、大小腿前后肌群的速度力量。(视频 12-7)

(4)原地跨栏坐。在练习中使用体操垫或利用草坪，呈现跨栏坐姿势，前腿伸直，上体前压，尽量以胸接触摆动腿的大腿，挺胸抬头，异侧手臂前抓，尽可能抓住前脚，两脚勾脚尖，每 4×8 个节拍左右脚交换。发展学生大腿后群、髋关节和腰部的柔韧性。(视频 12-8)

2. 学习和掌握过栏技术(视频 12-9)

教学目标：从跨栏跑的良好节奏出发，掌握熟练而完整的过栏技术，完成跨栏跑中最基本、最重要的技术环节。

教法学法：

(1)原地、走动或慢跑中做摆动腿屈膝高抬攻栏模仿与鞭打着地练习。(视频 12-10)

(2)走动或慢跑中做起跨腿从栏侧过栏动作练习；站立式跑 8～10 步，跨跑 3～5 个，2～3 m 宽的“障碍区域”。“障碍区域”用白灰画成，各区域间相距 5～6 m。练习时跨越“障碍区域”的动作要自然，各区域之间跑 3 步，跑、跨动作要连贯。(视频 12-11)

(3)同上练习，但在“障碍区域”内约 2/3 处放置较低的障碍物，如实心球等，让学生跨过，强调摆动腿屈膝、高抬、前伸、下压，起跨腿做适当的折叠外展和向前提拉动作。

(4)栏中连续一步过栏走。同上练习，将“障碍区域”内的障碍物换成 60～76.2 cm 高的教学栏架。(视频 12-12)

在进行这一练习过程中，对跨栏步中摆动腿、起跨腿及上肢动作仅做粗略的动作外形要求，不可过分要求动作细节。使学生逐步掌握跨栏步的技术，重要的是保持一定的跑速，逐渐掌握正确的跑、跨节奏和栏间跑技术。

(5)原地攻摆练习：面对栏架直立，摆动腿屈膝高抬大腿，膝盖部分超过栏板高度时迅速前伸小腿，使脚靠近栏板下落，用前脚掌在身体重心投影点前着地。动作熟练后可加上两臂配合，“攻、摆、压、撑”动作一气呵成；走步中摆动腿攻摆练习：练习动作同(1)，每走 3 步或 5 步做一次动作，熟悉后走一步做一次动作，练习速度逐渐加快，动作自然放松；走步或慢跑中摆动腿过栏练习：在摆动腿靠近栏架一侧走步或慢跑至离栏架侧后方 1 m 左右起跨，摆动腿大腿屈膝高抬，同时伸小腿经栏架侧上方做攻摆过栏，直腿下压用前脚掌支撑。动作熟练后可连续过 5～6 栏(栏间距离可在 7～8 m)。

(6)起跨提拉过栏练习：在距肋木 1～1.2 m 处放一栏架。栏架横放(栏架高度视学生情况而定)，双手扶肋木，上体前倾，两眼平视。摆动腿和栏架齐平站立做起跨腿提拉练习。要求展髋抬膝有较大幅度，减少身体扭转，练习速度由慢到快。栏架也可纵放或栏板前略高于后端，起跨腿沿栏板前拉，提拉到身体正前方，小腿与地面垂直，做到“边拉、边收、边外展，膝高、踝低，勾脚尖”；走 2～3 步栏侧提拉起跨腿练习：动作同上，自栏侧走 2、3 步，摆动腿落在栏架前方 30～40 cm 处。起跨腿经栏侧提拉过栏。过栏后上体前倾，双手扶肋木。要求起跨腿大腿抬到身体正前方；走或慢跑起跨腿经栏侧过栏：3～5 栏，栏间距离 7～8 m，先在走动中做，然后在慢跑中做，栏间跑 5 步，熟练后再在快跑中做，栏间跑 3 步。要求起跨腿充分蹬地后迅速提拉过栏。摆动腿必须摆到栏前积极配合过栏动作。

(7)两腿剪绞动作与上下肢配合技术。慢跑中过栏步练习：慢跑中摆动腿屈膝向前上方摆出，接着大腿下压，前脚掌落地。同时起跨腿蹬离地面，屈膝外展经体侧向前提拉到身体正前方。要求两臂协调配合，腾空中两腿交叉换步，开始跑 3 步做一次，熟练后可 1 步一次；栏上剪绞换腿练习：将摆动腿屈膝置于栏架上，小腿放松下垂，摆动腿提至膝上摆动，大腿积极下压，用前脚掌支撑落地，与此同时起跨腿蹬地迅速提拉过栏，在栏上两腿做有力的剪绞动作；走、跑中起跨腿经栏侧过栏练习：在跑道上摆放 3～5 个栏架，栏间距离 6～7 m，起跨腿在栏后 1～1.2 m 起跨，摆动腿积极向栏前摆动，然后大腿积极下压，同时起跨腿快速向前提拉过栏，上肢协调配合；高抬腿跑中从栏侧或栏中过栏：高抬腿跑至栏前 1 m 左右起跨，两腿空中做快速剪绞动作，两臂积极配合。下栏后继续做高抬腿跑，准备过下一栏；栏间跑 1 步连续跨栏：栏间距离 3.5 m(可根据学生能力来定)，用较快速度跑第一栏，过栏时两腿和两臂协调配合，下栏后跑 1 步接跨下一栏继续练习。在此之前可先做栏侧连续 1 步过栏技术练习。

(三)学习栏前跑和跨越第一栏技术

教学目标：加速跑时没有准确的步点和正确的栏前 1 步技术动作不可能迅速准确地过栏，从而影响全程跑的速度和节奏。因此，在跨栏跑教学中要根据栏前跑及跨越第一栏的特点和要求，快速、准确地完成栏前跑跨过第一栏。

教法学法：

(1)试跑练习。不设栏架，用站立式起跑保持正确技术，快速跑 8 步，以检查步长和起跨距离。要求最后像起跨过栏一样，第 8 步做出自然的"短步"。

(2)当发现学生步长不准确、起跨点过远或过近时，可在跑道上放标志物，标出 8 步步长，帮助学生建立起跑步长的空间定位感。

(3)跑 8 步跨越横杆或橡皮条练习：去掉跑道上的标志物，让学生按已习惯的步长和节奏快跑 8 步跨过横杆或橡皮条，跨后继续跑进。

(4)蹲踞式起跑过第一栏。要求跑时步幅逐渐增大，蹬摆有力，富有弹性，第 6 步后，抬起上体按要求起跨。单个练习若干次后，可听信号成组进行起跑过栏练习。(视频 12-13)

(四)学习过栏和栏间跑相结合的技术

教学目标：在栏高、栏距固定的前提下，栏间跑也表现出特殊的步数、步频和步长等技术特点。高速高质量完成，需通过大量反复练习，不断提高起跨过栏和下栏跑的技术，形成过栏与栏间跑的良好衔接。此阶段以完整教学为主。

教法学法：

(1)栏间跑。降低栏架高度，在跑道上放置 4～5 个短于标准距离 50 cm 的栏架。蹲踞式起跑过栏中，要求栏间采用 3 步快速跑过。(视频 12-14)

(2)站立式起跑反复跨 3～5 栏。男生用 91.4 cm 高的栏架，栏间距离 8.5～8.9 m 跑 3 步；女生用 76.2 cm 高的栏架，栏间距离或 7.5～8.0 m 跑 3 步。

(3)成组按信号站立式起跑跨 3～5 栏，栏高和栏间距根据学生情况确定。

(4)适当缩短栏间距离，站立式起跑连续跨 5～8 栏，培养栏间快节奏跑。

(五)学习和掌握终点跑技术

教学目标：培养下第 10 栏后，以合理的衔接动作最快到达终点的能力。

由于跨越最后一个栏架不再受任何步点的约束，因此过最后一个栏时摆动腿应更积极地下压，着地点较近。起跨腿一过栏架即可向前摆出，要借助于加快摆臂和两腿的摆动，加快步频，以最快的速度全力冲向终点，并在终点处完成撞线动作。

教法学法：

(1)终点跑。蹲踞式起跑跑过第 10 栏后，积极主动冲刺撞线。(视频 12-15)

(2)短距离终点撞线技术练习。

(六)学习和改进全程跨栏跑完整技术

教学目标：熟练掌握并合理运用跑跨栏技术。

合理把过栏技术和栏间跑技术结合起来构成了全程跑的基本任务。在认识上，应该把全程直道上的 10 个栏看成一个整体，进而分解前 3 栏、4 栏到 6 栏，最后 4 栏的内容结构。全程跑的前 3 栏属于积极加速阶段，本阶段应该使速度素质得到最大的发挥。第 4 栏到第 6 栏，在进入状态后，跑栏时有略微的放松，让技术动作更加轻松、灵活、流畅，尽可能保持速度。过最后 4 栏时，伴随着体能的下降，技术动作可能会出现变形走样的趋势，容易出现打栏、栏间节奏紊乱等现象。此时，应严格注意控制动作技术的正确性，尽可能保持身体的向前性。过 10 栏后，应该加快下栏动作的速度，以短跑撞线的姿态迅速冲向终点。

教法学法：

(1)站立式起跑跨过缩短栏间距离的 8～10 栏，建立正确的节奏感。

(2)成组起跑跨越 5～10 栏。

(3)全程跨栏跑。可采用计时测验方法，分析评定起跑后在加速跑中的过栏技术栏间跑和跑跨结合以及全程跑节奏等技术的质量。(视频 12-16)

三、跨栏跑教法提示及注意事项

近些年来，关于跨栏跑技术教学方法的研究很多，从而构成了跨栏跑技术的不同教法模式。现代跨栏跑的理论和优秀运动员技术特点作为教法设计的基本依据，尤其注重跨栏跑项目三大中心环节的落实，也只有在此夯实的基础上，才能从动作技能形成规律、技能水平提高的适应性规律，形成高水平跨栏跑的系统性、整体性和个体性特征。

建立跨栏跑正确技术动作认知的教法提示使学生通过视觉和听觉体验跨栏跑技术的整体感、高速度的动作感以及连续的节奏感。

学习跨栏跑的正确节奏的教法提示：各种练习应具有较高速度，栏间跑 3 步，节奏感强，跑的重心高，下栏后第一大步要大，过最后一栏后奋力向前跑 10～15 m。及时确定起跑至第一栏的步数(开始练习时跑 4 步，然后跑 6 步，再过渡到跑 8 步)，起跑至第一栏的节奏是掌握跨栏跑节奏的前提。

改进过栏技术的教法提示：注意摆动腿动作和起跨腿动作的同步性和骨盆的积极向前运动，尤其是摆动腿下压时的扒地式落地动作。注意保持栏前和下栏瞬间的高重心起跨和支撑动作。

改进跑跨和跨跑相结合技术的教法提示：身体保持高重心，栏间节奏感强，起跨攻栏重心高、速度快，下栏后高重心的积极支撑，扒地式落地。下栏第 1 步要求向前上方摆动跑出，这一步要求学生有意识加大这一步。

学习和掌握蹲踞式起跑过第一栏技术的教法提示：起跑至第一栏跑 8 步，起跨点准确，在起跨点上做一标记(注意跑的节奏)。

改进和提高跨栏跑完整技术的教法提示：坚持每节课都做跨栏的专门练习和熟悉栏架的练习。注意改进技术细节和建立整体技术节奏感，注意学生的个体学习特点。

良好的身体素质是跨栏跑项目必须具备的基础性条件，也是课堂上需要不断提高的部分，可采用多样化的辅助性练习进行训练。(视频 12-17)

速度以及速度耐力练习：摆臂、单腿支持的跑步动作平衡练习、踝关节小步跑、后踢腿、高抬腿折叠跑、车轮跑、身体前倾跑、台阶跑、沙滩跑、上坡跑、拖人跑等。

力量素质练习：借助实心球或者瑞士球，俯卧腿拉球练习、仰卧腿拉球练习、单腿支撑前移、靠墙单腿下蹲、侧蹲练习；借助于杠铃的各种力量练习等。

柔韧以及协调素质练习：脚趾和脚趾下部的上拉练习，脚趾和脚趾下部的下拉练习，踝关节的外展内伸练习，小腿前部和外侧扶柱屈髋练习，小腿后部和跟腱的单腿跪拉练习，扶墙拉伸练习，大腿和大腿后部的坐压腿练习，坐拉引练习，正压，侧压腿练习，髋部和臀部的台上侧卧拉引练习，坐立反向转体练习，体操垫上前后分腿练习等，腰部和腹部的跪立背弓练习、俯卧背弓练习、体前屈蹲起练习、站立体侧屈练习等。

四、跨栏跑教学中常见错误动作及其产生原因和纠正方法

(一)蹲踞式起跑，不能准确踏上起跨点，栏前出现垫步、栏前最后 1 步不能出现短步

产生原因：摆动腿和起跨腿的概念不清，加速过程没有平稳而均匀地增加步幅，身体

姿势没有为积极的起跨攻栏做好准备。

纠正方法：运用起跨、摆动的专业术语概念，落实正确跨栏跑加速动作要求，树立良好的栏前短步认识。

(二)起跨时身体重心低，蹬地不充分，屈腿跳栏

产生原因：起跨点太近，怕栏，栏前跑的技术差；速度过慢。

纠正方法：高重心跑，画出起跨点标志，适当降低栏架高度，反复做起跨攻栏练习。

(三)腾空后两腿动作消极，剪绞时机不正确

产生原因：起跨腿蹬地不充分，过早提拉；髋关节、膝关节灵活性差，摆动腿直腿摆动，下压动作消极，上体过直。

纠正方法：反复做起跨腿经栏侧过栏练习。适当加长起跨距离，加快跑速发展髋关节、膝关节的灵活性和柔韧性。

(四)下栏时身体不平衡，动作停顿

产生原因：起跨腿后拖，当摆动腿脚掌着地时，起跨腿提举不到身体前方，摆动腿下压消极，身体重心落后，起跨时蹬伸不充分，上下肢配合不协调。

纠正方法：做各种跨栏专门练习，做上下肢协调配合模仿练习，改善髋关节、膝关节的灵活性，发展摆动腿踝关节和脚掌力量，提高下肢支撑能力。

(五)栏间跑第 1 步过小，影响栏间跑的节奏

产生原因：下栏停顿或起跨腿提拉过快，两腿落地的时差太小，支撑腿屈髋、弯膝，下栏时起跨腿提拉不到身体前方。

纠正方法：栏间跑第 1 步着地处放一标志物，反复练习，增大下栏第 1 步，在栏侧跨过双重栏架，发展摆动腿支撑力量。

(六)蹲踞式起跑至第一栏起跨点不准，加速不及时

产生原因：起跑后第 1 步太小，跑的节奏不稳定，自信心不强。

纠正方法：起跑后第 1 步着地处放一标志物，反复练习，降低第一栏高度，建立正确的 8 步跑的节奏，增强自信心。

(七)全程跑节奏不稳定，不能用 3 步一个栏地跑完全程

产生原因：全程跑练习较少，没有发挥跑速，节奏感不强。

纠正方法：增加全程练习的次数，提高练习强度，尤其是起跑至第一栏必须发挥跑速，建立正确的全程跑的节奏感。

第四节　跨栏跑项目相关竞赛规则

一、跨栏跑标准比赛距离

成年男子、青年男子(U20)和少年男子(U18)：110 m、400 m。

成年女子、青年女子(U20)和少年女子(U18)：100 m、400 m。

每条分道按规定设置 10 个栏架，各项目栏架设置如下(表 12-1、表 12-2)。

表 12-1　成年男子、青年男子(U20)和少年男子(U18)栏架的设置

全程距离	起点至第一栏	栏间距离	最后一栏至终点
110 m	13.72 m	9.14 m	14.02 m
400 m	45.00 m	35.00 m	40.00 m

表 12-2　成年女子、青年女子(U20)和少年女子(U18)栏架的设置

全程距离	起点至第一栏	栏间距离	最后一栏至终点
100 m	13.00 m	8.50 m	10.50 m
400 m	45.00 m	35.00 m	40.00 m

放置在跑道上的栏架底座的支架应指向运动员的跑来方向。放置栏架时，栏板后沿应与跑道上放置栏架的标记后沿重合。

二、栏架规格

栏架的标准高度(表 12-3)。

表 12-3　栏架的标准高度

全程距离	成年男子	青年男子(U20)	少年男子(U18)	成年女子、青年女子(U20)	少年女子(U18)
110 m	1.067	0.991	0.914	—	—
100 m	—	—	—	0.838	0.762
400 m	0.914	0.914	0.838	0.762	0.762

栏架高度的允许误差为±3 mm，栏架宽度为1.18～1.20 m，栏架底座最长为0.70 m，栏架总重量不得少于10 kg；栏顶横木应漆成黑白相间的颜色，或涂以其他强烈醒目的对比颜色(要与周围环境的颜色区分开)。

三、取消比赛资格

出现下列情况，运动员将被取消比赛资格。

第一，运动员应跨越每一个栏架，如果没有做到将被取消比赛资格。

第二，在过栏瞬间，其脚或腿在栏架两侧以外(任意一边)，低于栏顶水平面。

第三，裁判长认为运动员有意撞倒任一栏架。

第四，所有跨栏跑项目均为分道跑，运动员应自始至终在各自分道内并跨越每个栏架完成比赛。如果运动员直接或间接撞倒另一分道的栏架或使其明显移位时，除非他没有影响或阻挡比赛中的其他运动员，否则将会被取消资格。

四、风速测量

应按下列规定时间从发令枪的闪光(枪烟)开始测定风速：

——100 m栏测量13 s。

——110 m栏测量13 s。

思考与练习

1. 了解当前男子110 m栏和女子100 m栏的世界纪录。
2. 简述跨栏跑的项目特征。
3. 现代优秀跨栏跑运动员应具备的中心环节是什么？
4. 过栏路技术分几个阶段以及各个阶段要求？
5. 起跑至第一栏技术应符合哪些要求？
6. 简述栏间跑的技术要求。
7. 简述跨栏跑技术教学的重点和难点。
8. 学习和初步掌握跨栏跑正确节奏感的练习方法有哪些？
9. 改进和完善过栏技术的练习方法有哪些？
10. 男子110 m栏的常见错误动作有哪些？

第十三章
障碍赛跑

本章要点与导学

本章阐述了障碍赛跑运动发展概况、障碍赛跑跨越障碍架的技术和过水池的技术，以及障碍赛跑的教学步骤与练习方法、教学提示及注意事项等。跨越障碍架的技术有“跨栏法”和“踏上跳下法”两种方法。过水池的方法也有两种：一是先踏上水池前的障碍架，再由障碍架跳过水池；二是用“跨栏法”既越过障碍架，又越过水池。

通过本章学习，使学生了解障碍赛跑的基本技术，掌握跨越障碍栏架和过水池的方法，熟悉障碍赛跑的教学特点、步骤和注意事项。本章学习重点是“踏上跳下”跨越障碍栏架技术，学习难点是掌握“跨栏法”障碍架和过水池的技术。

第一节　障碍赛跑的发展概况

一、障碍赛跑的起源与演进

19 世纪中叶，障碍赛跑项目首先在英国出现，最初的障碍赛跑是在野外进行，源于越野跑和儿童游戏，跨越的障碍架并非特制，而是用其他物品替代，如树枝、河沟，各障碍间的距离不定，障碍栏架的摆放和距离随意安排，比赛的地点是在公路或越野跑的路线上，以后有时也在田径场地上进行。

1864 年，牛津大学曾举行过障碍赛跑，据认为是障碍赛跑的第一次比赛。随后，障碍赛跑又相继传到其他国家，逐渐被人们接受。有文献记载，19 世纪的障碍赛跑距离不统一，具有很大的随意性，距离短的大约 440 码，距离长的可达 3 mile。1900 年第二届奥运会上，障碍赛跑首次成为正式比赛项目，设立了 2 500 m 和 4 000 m 两个项目，但随后的几届奥运会障碍赛跑比赛的距离各不相同。1920 年第七届奥运会确定障碍赛跑比赛的距离为 3 000 m，并沿用至今。1954 年障碍赛跑的栏架和水池位置被统一固定下来，国际田联才开始承认其世界纪录。1954 年 8 月，匈牙利运动员山罗日纽伊创造出 8：46.6 的成绩，被国际田联批准为第一个 3 000 m 障碍世界纪录。

障碍赛跑项目起初只有男运动员参加比赛，女子障碍赛跑的发展非常晚。国际田联于 1997 年开始推广女子障碍赛跑。2000 年 1 月 1 日女子 3 000 m 障碍赛跑正式成为世界比赛项目。2008 年第二十九届奥运会将女子 3 000 m 障碍设为正式比赛项目。目前，3 000 m 障碍赛跑世界纪录成绩分别是：2004 年 9 月 3 日，国际田联黄金赛布鲁塞尔站，男子纪录由卡塔尔名将沙辛以 7：53.63 的成绩创造；2018 年 7 月 20 日，国际田联钻石联赛摩纳哥站，女子纪录由肯尼亚选手切普科希以 8：44.32 的成绩创造。

我国的 3 000 m 障碍赛跑，是从 1956 年开始的，田秀东创造了 9：53.6 的第一个全国纪录；2002 年全国田径冠军赛才设女子 3 000 m 障碍赛跑的比赛，鞠英兰就创造了 10：01.53 的第一个全国纪录。目前，我国的 3 000 m 障碍赛跑纪录分为：1997 年 10 月 19 日，上海第八届全国运动会，孙日鹏以 8：10.46 的成绩创造；2007 年 11 月 2 日，武汉第六届城市运动会，刘念以 9：26.25 的成绩创造(截至 2018 年 7 月)。

二、障碍赛跑技术发展趋势

3 000 m 障碍跑是中距离跑和越过障碍技术相结合的田径运动项目。它要求运动员不但具备中跑运动员的速度，不断提高速度耐力和专项耐力水平，掌握合理的节奏，而且具备良好的协调性、柔韧性和关节灵活性，熟练地掌握越过障碍栏架和水池的技术。所以，障碍赛跑是难度较大的田径项目之一。

以男子 3 000 m 障碍赛跑为例：

男子 3 000 m 障碍跑运动员不仅要在 1 500 m、3 000 m、5 000 m 和 10 000 m 跑中取得优异成绩，而且还要具有越过障碍栏架和水池的正确技术和顽强拼搏的意志品质。男子 3 000 m 障碍跑属于大强度运动项目，它的有氧代谢和无氧代谢的比例为 70%：30%，要求运动员必须具备较高的有氧代谢和无氧代谢的能力。3 000 m障碍跑与3 000 m平跑的成绩差为20～30 s，越过一个障碍平均消耗0.6～0.9 s的时间，跳过水池速度下降25%左右。可见缩短越过障碍架和水池的时间，是提高障碍跑成绩的重要环节。男子3 000 m障碍跑的起跑、起跑后的加速跑、障碍栏架间的平跑技术和终点跑技术与中长跑基本相同。

20世纪70年代以来，中长跑和障碍赛跑进入到“高频跑”技术时代，其特点是摆动腿积极前摆和着地，不强调支撑腿的充分蹬伸，注重两腿的蹬摆结合，步长适宜，步频较快，节奏感强，经济省力。在保留传统的时效性和经济性的基础上，更加合理。

目前，障碍赛跑的途中跑技术的发展趋势是，强调局部肌肉群的力量，重视脚的着地缓冲技术，保持脚掌肌肉群及踝关节的功能状态，加快末端关节的用力速度，使摆动腿着地时脚掌的扒地动作更加积极。随着运动员的体型往身高、腿长、高重心的方向发展，运动员开始在比赛中采用跨栏法过带水池障碍栏架，很大限度上缩短了跨越带水池障碍栏架的时间，这要求运动员具备很强的踝关节、膝关节力量，同时具备较高的训练水平，这就需要不断的强化训练和训练积累。

第二节　障碍赛跑技术

一、跨越障碍栏架技术

田径竞赛规则规定，运动员在障碍赛跑比赛中越过障碍栏架时，可以借助手、脚支撑或直接越过。因此，运动员可采用“跨栏法”和“踏上跳下法”两种方法越过障碍栏架。

(一)“跨栏法”越过障碍栏架技术

“跨栏法”近似400 m栏的过栏技术，栏高相同，人体重心起伏小，水平位移大，速度快，跨越障碍过渡自然，容易创造出优异的成绩，男女优秀运动员可广泛采用。障碍赛跑不分道，障碍架间距长。因此，确定合理的起跨点，培养运动员的目测能力，对跨越障碍栏架有重要意义。准确踏上起跨点，具备左、右腿起跨的技术，保持跑的节奏和快速跨越栏架的能力，是“跨栏法”越过障碍栏架的制胜技术。

障碍赛跑的速度不是很快，起跨点距障碍栏架为1.50～1.80 m。起跨前适当加速，最后一步的步长应适当缩短，以减小着地时的支撑反作用力。起跨时，躯干稍前倾，摆动腿以膝领先向前上方摆出。在骨盆前移的同时，开始蹬伸起跨腿。在起跨结束的瞬间，躯干与起跨腿几乎成一直线。摆动腿的膝部达到障碍栏架的高度时，即停止上摆。为了避免腿部碰撞栏架，起跨角较大，过栏架时运动员的臀部与栏顶之间留有 0.08～0.12 m 的高度，在较好地掌握跨越障碍栏架技术时，逐渐缩小这个空间。摆动腿在无支撑状态下伸直，躯干更加前倾，起跨腿屈膝从体侧向躯干提拉。过障碍栏架时，摆动腿积极下压，下压后躯干前倾角度逐渐减小，摆动腿以前脚掌着地，下栏后运动员的身体姿势与起跨攻栏时相似。

(二)“踏上跳下法”越过障碍栏架技术

“踏上跳下法”是摆动腿先踏上障碍架获得支撑、起跨腿过栏落地的常规过栏技术。重心高，速度慢，效果差，优秀运动员采用者少。在赛事后半程，机体疲劳，节奏被破坏，起跨点不准确，也可采用“踏上跳下法”调整。但在障碍赛跑的教学中依然重点采用此法，它在过水池技术中行之有效。

运动员在踏上障碍栏架前，要目测起跨点，起跨点距离栏架 1.20 m，调整步长，适当加快跑速。起跨腿踏上起跨点时，躯干前倾，两臂积极摆动，摆动腿屈膝向前上方积极摆出，同时蹬伸起跨腿（图 13-1①～③）；当摆动腿踏上障碍栏架时，起跨腿要借助起跨蹬地的力量，放松屈膝顺势向摆动腿靠拢，逐渐形成一个团身姿势(图 13-1④)；随着身体重心向前移动，摆动腿由上而下用脚前掌大部分踏上障碍栏架横木成为支撑腿，并积极地屈膝

图 13-1　“踏上跳下法”越过障碍栏架技术

缓冲，身体重心平稳地前移超过栏架横木上支撑腿，同时加大躯干的前倾(图 13-1⑤)；栏架横木上的支撑腿提踵跪膝，并及时蹬离栏架横木，仍用最初的起跨腿在障碍栏架前 1～1.3 m 处着地(图 13-1⑥～⑨)，然后顺势向前跑进。

二、过水池技术

水池是最难、消耗体力最大的障碍，因为运动员既要越过障碍栏架，又要越过长 3.66 m 的水池，比赛的后程又要在疲劳的情况下去完成。运动员越过水池，速度将下降 25%左右，因此，掌握正确越过水池的技术是十分重要的。

(一)“跨栏法”越过障碍水池技术

“跨栏法”，即一次性地跨越过水池边的障碍栏架和水池。“跨栏法”容易创造出优异的成绩，已成为障碍赛跑技术的发展趋势，近年来被多数世界水平运动员所采用。

当运动员跑到水池前 15～20 m 时，加快跑速，力争跨越障碍栏架的一步(跨栏步)能跨得更远些。它的特点是，起跨点距离栏架相对较近，而跨过障碍栏架后摆动腿的落点距离栏架比较远。这样，运动员的摆动腿才能落在水池较浅的水中。

运用“跨栏法”越过障碍栏架和水池，必须加快起跨前的跑速，起跨时用力较大，消耗能量较多，但身体重心移动轨迹的起伏比“踏上障碍架越过水池法”小，因此跨越带水池障碍的速度要快得多。

(二)“踏上跳下法”越过障碍水池技术

“踏上跳下法”，即先踏上水池前的障碍栏架，再由障碍栏架上跳过水池。20 世纪许多优秀运动员采用此法，有少数世界级运动员也选用此法。

当运动员跑到距水池障碍栏架 15～20 m 时，加快跑速，保持较高的身体重心，将踏上栏架之前的最后一步，适当地缩短步长，起跨点距栏架 1.50～1.80 m，正确踏上障碍栏架的动作应和跑上栏架一样。

踏上起跨点时，保持水平速度，迅速前移重心；起跨腿积极有力地完成蹬伸动作；摆动腿屈膝积极前摆，使摆动腿膝关节向前上方摆出到较高位置；两臂积极向上摆臂提肩，带动身体快速向前上方腾起（图 13-2①～③)；起跨腿蹬离地面，身体向上腾起到最高点时，躯干积极前倾，使身体重心以较低的抛物线越过障碍栏架；摆动腿用足弓着地的方式，柔和地踏在障碍栏架的横木上成支撑腿，这时膝关节弯曲成直角(图 13-2④～⑥)；踏上障碍栏架横木时，随着身体的向前移动，支撑脚向前滚动，前脚掌远端鞋钉扒住栏架横木的前沿(图 13-2⑦)；运动员的躯干前倾，身体重心超过障碍栏架时，栏架横木上弯曲的支撑腿开始积极向后下方有力地完成蹬伸(图 13-2⑧)；适度减少躯干前倾，双臂积极摆动维持身体平衡，横木上摆动腿(原起跨腿)积极向前上方摆动，以增加腾空距离。这时运动员进入第二次腾空，成一个向前的跨步姿势(图 13-2⑨～⑩)；在栏架横木上的支撑起跨腿蹬离栏架横木后，大小腿折叠放松向躯干靠拢；栏架横木上的摆动腿自然下放，小腿指向落点，膝关节接近伸直，以脚跟着地的方式落地(图 13-2⑪)；合理的落地技术是，栏架横木上摆动腿的落点在水池远端浅水处，落地时脚尖上翘，躯干前倾，身体重心投影点在落地支撑脚上或稍超越落地支撑脚(图 13-2⑫)。栏架横木上摆动腿落地成支撑腿后，栏架上起跨腿随即成为水池位置的摆动腿；在运动员落地支撑后，摆动腿应快速高抬前摆，迅速跑出水池(图 13-2⑬～⑭)。运动员在水池中落地时需维持身体平衡，切勿停顿。

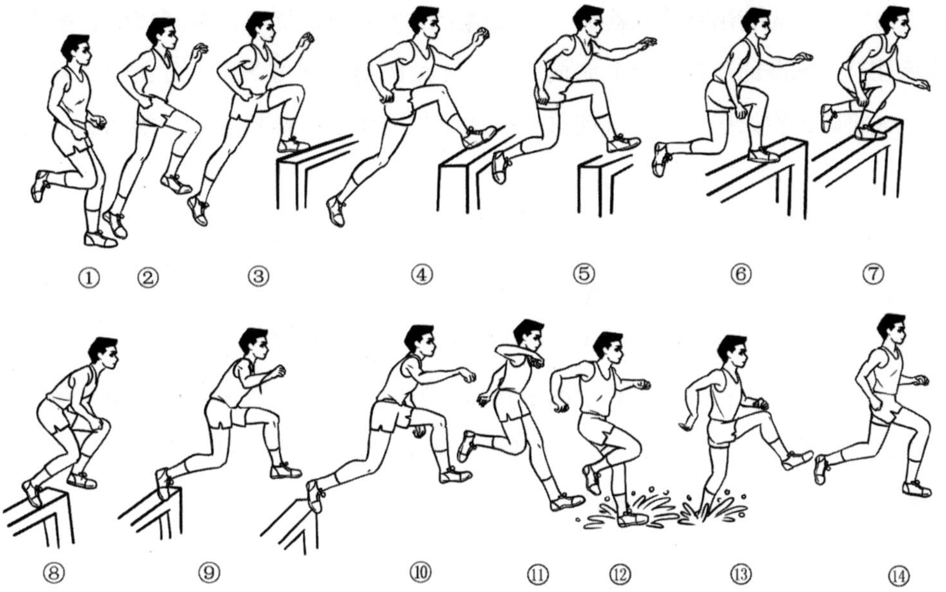

图 13-2　“踏上跳下法”越过障碍水池技术

第三节　障碍赛跑教学

一、障碍赛跑教学特点

障碍赛跑是中长跑与跨越障碍相结合的项目，它要求运动员具备中长跑运动员的身体素质和顽强的意志，还需要掌握跨越障碍和水池的技术，一般属介绍项目，教学时数少。

由于障碍赛跑项目的特点，教学应安排在中长跑与跨栏跑的技术教学之后。在障碍赛跑的教学过程中，应使学生了解障碍赛跑的技术特点、有关规则和相关的场地设施情况。在障碍赛跑的技术教学过程中，应适时利用技术图片、录像等直观教具，讲解跨越障碍栏架和过水池的基本方法。

二、障碍赛跑教学重点与难点

(一)教学重点

学习用"踏上跳下法"跨越障碍技术，是障碍赛跑的教学重点。

教学时，可以先利用跳箱等器械，完成踏上跳下的模仿练习，再到较低栏架上完成练习，最后在符合标准的障碍栏架上完成练习；在过障碍栏架练习时，可在障碍栏架后放置薄海绵垫或将障碍栏架摆放在沙坑前进行，使学生在跳下障碍栏架时，摆动腿在较软的地方着地。

(二)教学难点

跨越带水池的障碍，是障碍赛跑中的难点。

在"踏上跳下法"跨越障碍技术教学之后，需要进行水池的教学。教学过程中，可以在沙坑或跑道上，让学生在慢跑过程中踏上障碍栏架，然后向前跳出成腾空跨步的姿势，脚着地后继续向前跑出 10～15 m。随后逐渐增加学生从障碍栏架上跳下的远度，并通过反复练习提高过水池后继续向前跑进的能力。

由于障碍赛跑的教学时数少，主要是让学生认识、体会跨越障碍架和过水池的技术及教学方法，以便在以后的实践中应用。

三、障碍赛跑教学步骤与练习方法

(一)介绍障碍赛跑，使学生初步了解障碍赛跑的技术

1. 讲解障碍赛跑的技术特点、要求和锻炼价值

(1)技术特点：中长跑与跨越障碍栏架相结合的项目。

(2)要求：具备中长跑运动员的身体素质和顽强的意志，而且需要掌握跨越障碍和水池的技术。

(3)锻炼价值：可以发展耐力素质，提高人体的内脏机能，培养运动员勇敢、顽强的精神。

2. 介绍障碍赛跑的场地设施规格及比赛规则

(1)介绍场地的设置和障碍栏架的布置。

(2)介绍障碍栏架和水池的规格。

(3)介绍相关的竞赛规则。

(二)学习跨越障碍的技术

1. 学习运用“踏上跳下法”越过障碍栏架的技术

(1)教师示范讲解“踏上跳下法”越过障碍栏架的技术。

(2)借助跳箱等器材设施，辅助学生完成“踏上跳下法”越过障碍栏架的模仿练习。

(3)学生 3～4 步助跑完成“踏上跳下法”越过障碍栏架的练习。

(4)学生完成短距离助跑的“踏上跳下法”越过障碍栏架练习。

2. 学习“跨栏法”越过障碍的技术

(1)复习跨栏跑的专门练习，可以反复完成短距离跑跨越 2～3 个 400 m 栏高度的栏架练习。

(2)反复进行中等速度短距离跑的跨越障碍栏架的练习。

3. 学习越过带水池障碍的技术

(1)教师讲解示范越过带水池障碍的技术。

(2)将障碍栏架摆放在沙池边，让学生完成从障碍栏架横木上跳下的练习。

(3)在沙池中划一条距离栏架 3.66 m 的线段，组织学生完成助跑踏上横木并跳过沙池中线段的练习。

(4)学生在无水的水池障碍前，完成短距离助跑踏上横木并跳过水池的练习。

四、障碍赛跑教学提示及注意事项

(一)注意安全，加强保护措施

教学时，教师要站在跳箱或障碍架后进行保护；练习过水池时，模拟水池和沙坑一定要松软、平整。

(二)消除学生的恐惧心理

鼓励学生克服胆怯障碍的心理，培养其勇敢顽强的意志品质。学生在完成辅助练习时，所用跳箱高度应由低到高，逐渐增加练习高度。

(三)培养学生目测起跨点

跑进过程中，距离障碍栏架 10～15 m 时需目测起跨点的位置，及时调整跑动步伐，果断加速跨过障碍。在日常训练中，一定要让学生掌握目测起跨点的位置，调整步伐和栏前加速的技能，避免在障碍前出现捣小碎步或步伐犹豫等减速现象发生。

(四)提高学生左右腿都能顺利起跨过障碍栏架的能力

障碍赛跑比赛过程中，可能因运动员拥挤，较难目测与障碍间的距离，因此要求学生能及时调整节奏，顺利完成跨越障碍的动作。

(五)因人而异，关注个体

根据学生的身体素质、跨栏技术和心理素质的差异，注意运用区别对待原则。

五、障碍赛跑教学中常见错误动作及其产生原因和纠正方法

(一)“踏上跳下法”跨越障碍栏架技术

1. 摆动腿踏上栏架时冲击力量太大

(1)产生原因。

起跨点太近，用直腿摆动上栏，上栏后没有立即屈膝缓冲。

(2)纠正方法。

①按标记出的起跨点调整步长，准确踏上起跨点。

②摆动腿在踏上栏架后，立即屈膝缓冲。

③降低重心，并以教师所持栏架上方的竹竿下越过栏架。

2. 过栏架后双足同时着地，形成动作停顿

(1)产生原因。

支撑腿在栏架上没有用力蹬栏，从栏上向下跳。

(2)纠正方法。

①在栏上支撑腿要用力蹬，摆动腿要积极向前摆动。

②形成跨步姿势，并用摆动腿先落地。

(二)“跨越法”跨越障碍栏架技术

1. 起跨消极，上栏动作不积极

(1)产生原因。

①上栏前没有加快跑的速度，犹豫，造成捣小步或拉大步跑。

②摆动腿没有屈膝向前摆动动作。

③踝关节和脚掌肌肉力量差。

④有惧怕心理。

(2)纠正方法。

①画出标志点，让学生加快跑速，准确踏上标志点起跨。

②明确技术概念，反复做屈膝摆腿模仿练习。

③利用跳绳、跳沙坑、负重后蹬跑等练习，发展踝关节和脚掌肌肉力量。

④解除思想负担。

2. 摆动腿直腿摆动上栏

(1)产生原因。

①技术概念不清。

②摆动腿上栏时，小腿伸摆过早。

③摆动腿膝关节过分紧张。

(2)纠正方法。

①明确技术概念。

②面对肋木、鞍马等，利用橡皮筋反复做摆动腿屈膝摆动练习。

③徒手做大小腿折叠和膝关节放松摆伸练习。

3. 跳栏

(1)产生原因。

①起跨点太近。

②有惧怕心理。

(2)纠正方法。

①按照标记出的起跨点调整步长，准确踏上起跨点起跨。

②解除思想顾虑。

4. 起跨蹬地动作不充分、收腿早、栏上停顿

(1)产生原因。

①起跨腿蹬伸动作不充分。

②有惧怕心理。

(2)纠正方法。

①加大蹬地腿的力量，充分蹬伸髋、膝、踝各关节。

②在腿蹬直、髋展开后，再提拉起跨腿。

5. 起跨腿后拖、下栏停顿

(1)产生原因。

①起跨腿提拉不连贯，先慢后快，致使起跨腿与摆动腿几乎同时落地。

②髋关节的柔韧性和灵活性不够，影响提拉动作。

③下栏时上体过直，重心落在支撑点后面。

(2)纠正方法。

①反复做摆动腿的摆动下压练习。

②加强髋关节的柔韧性和灵活性的练习。

(三)跨越水池技术

1. 落地时身体重心落于支撑点后面较远，形成停顿现象

(1)产生原因。

支撑腿在栏架上没有用力蹬，摆动腿没有向前上方摆出。

(2)纠正方法。

①支撑腿在栏上要迅速用力蹬离栏架，摆动腿要向上方摆出，腾空后要成跨步姿势。

②加强腿部力量练习。

2. 落在水池中部水较深处，造成动作停顿

(1)产生原因。

①蹬离栏架后上体和头部过渡前倾。

②蹬栏力量小。

③摆动腿前摆不积极。

(2)纠正方法。

①在蹬离栏架后，上体保持正直。

②眼看前方，臂的摆动与两腿要协调配合。

第四节　障碍赛跑项目相关竞赛规则

一、场地与器材

(一)场地

(1)标准距离应为 2 000 m 和 3 000 m。

(2)3 000 m 障碍赛跑，应越过 28 次栏架和 7 次水池；2 000 m 障碍赛跑应越过 18 次栏架和 5 次水池。

(3)在第一次过终点线后，障碍赛跑每整圈应设 5 个障碍，水池栏架为其中第四个障碍。

(4)在 3 000 m 障碍赛跑中，从起点至第一圈开始处之间不放置障碍栏架，待运动员进入第一圈后再在这段距离内放置，且起跑第一圈至终点不通过水池。在 2 000 m 障碍赛跑中，第一个要跨越的是常规圈中的第三个障碍栏架。此前的栏架在运动员第一次跑过时要移开。

(二)器材

(1)障碍栏架高度，男子应为 0.914 m±0.3 mm，女子应为 0.762 m±0.3 mm。

(2)男女栏架宽度至少为 3.94 m。栏架重量为 80～100 kg。

(3)放置栏架时，应使顶端横木的一端伸入跑点内沿以内 0.30 m。

(4)在比赛开始阶段，水面应与跑道表面齐平，最多不能低于 20 mm。

二、规则与判罚

(1)运动员必须越过或涉过水面，并且跨过每一个栏架，否则将被取消比赛资格。

(2)如出现下列情况，也将被取消比赛资格：踏上水池两边的任意一边；或在过栏瞬间，其脚或腿在栏架侧面以外(任意一边)，低于栏顶水平面。

(3)只要遵守上述规则的规定，运动员可以用任何方式跨越栏架。

思考与练习

1.“踏上跳下法”跨越障碍栏架的技术要点有哪些？

2. 怎样教会学生运用“踏上跳下法”越过障碍？

3. 障碍赛跑中过水池的技术有哪些？

4. 障碍赛跑的教学特点有哪些？

5. 运用“跨栏法”越过障碍时，可能会出现什么问题？如何解决？

6. 障碍赛跑的教学应注意些什么问题？

7. 障碍赛跑教学中，如何解决学生跳下栏架横木时，身体后仰、停滞不前的问题？

8. 怎样培养学生在障碍赛跑过程中目测起跨点的能力？

9. 讨论：运动员集体过水池时，有运动员摔倒在水池中，而影响或阻挡后面运动员的前进路线，后面运动员避免从摔倒运动员的身体上踏过，一脚踩在水池边上，随即又踏入水池，继续向前跑进，这两位运动员可否犯规？

第十四章 跳 高

本章要点与导学

本章介绍了跳高技术的发展概况和发展趋势，分析了背越式跳高技术动作结构和特点，重点阐述了背越式跳高技术教学步骤与练习方法、教法提示及注意事项、背越式跳高教学中常见错误动作及其产生原因和纠正的方法。

通过本章学习，使学生了解跳高运动发展过程和趋势、跳高技术动作结构和特点、跳高技术教学的一般原则与规律，尤其是能根据不同教学对象，科学、合理、有效地选择跳高技术教学的练习方法。本章学习重点是起跳技术，学习难点是助跑与起跳的衔接技术。

第十四章数字资源

第一节 跳高的起源与发展

一、跳高的起源与演进

跳高是一项具有悠久历史的田径运动竞技项目，距今已有100多年的发展史。跳高运动最早起源于英国，19世纪中叶已在英国开展。据资料记载1864年跳高在英国被列为田径比赛项目。男子跳高是第一届奥林匹克运动会的正式比赛项目，女子跳高是在1932年第九届奥林匹克运动会被列为现代奥运会正式比赛项目的。

跳高是人体通过助跑、起跳、腾空、落地一系列动作形式跳越高度障碍的运动，跳高运动成绩的优劣取决于起跳时人体重心的高度、蹬离地面瞬间腾起的初速度、腾起角度和过杆动作的合理性。

根据跳高运动技术发展所经历的历程及其发展的规律，通常将跳高运动技术的发展分为自然发展期、技术创新期、技术稳定发展和相对完善时期3个时期。

(一)自然发展时期

据记载，最早的跳高纪录是英国运动员用跨越式过杆的技术创造的，成绩是1.67 m。1867年英国运动员布鲁克斯用跨越式过杆的跳法越过1.89 m的横杆高度。1895年美国运动员斯维尼改用剪式过杆的技术跳过1.97 m横杆高度。以后又出现了滚式过杆技术的跳法，1912年美国运动员霍列因首次突破2 m大关，被国际田联确认为第一个正式的跳高世界纪录。

1860年至1920年，跳高运动技术的发展基本上处于自然发展阶段。在此期间，由于跳高运动的开展只限于世界的部分地区，其动作技术的研究受体育科学的缓慢发展制约，跳高技术受场地设施、条件的制约而呈现发展停滞不前的状态。当时跳高训练主要是依靠运动员天生的弹跳、速度进行训练，跳高动作的技术含量不高。

(二)技术创新时期

20世纪20年代以后，在滚式过杆技术的基础上，1923年出现了俯卧式过杆动作技术的新跳法，1935年美国运动员约翰逊和阿尔布里顿用俯卧式过杆动作技术跳过了2.07 m，从那时起至20世纪60年代末俯卧式过杆技术逐渐地占据了跳高技术的主导地位。

20世纪50年代以后，人们开始重视对人体极限运动能力的开发，目标是尽可能提高助跑起跳的功率，获得最快的腾起初速度、适宜的腾起角度。具体表现在运动员助跑的速度有所加快，并采用了直膝摆动平翻的俯卧式过杆动作技术，对运动员的力量素质和柔韧性素质提出更高的要求。与此相适应，在跳高运动训练中也逐步形成了较为完整的力量与柔韧性素质训练体系。

1961年至1963年，苏联运动员布鲁梅尔6次创世界纪录，使纪录从2.23 m提高到2.28 m。1970年我国运动员倪志钦跳过2.29 m。从1935年至1970年长达35年的时间内，可以说俯卧式过杆技术占据了跳高技术领域的主导地位。

一种传统的跳高方法不断地被新的方法所取代，是跳高运动发展的显著特点。俯卧式与它之前的各种跳法相比，在身体重心腾起高度相等的条件下，其过杆效率高于其他过杆技术 10～25 cm。在长达一个多世纪的时间里，运动员的跳跃能力的提高并不明显，其运动成绩的增长主要靠跳高过杆动作技术的不断创新、改进和完善，更确切地说是通过提高过杆的效率，缩小身体重心与横杆之间的距离来实现的。

跳高技术这一发展趋势，在 20 世纪 60 年代末期以后更加明显。1968 年美国运动员福斯贝里首创背越式新技术，并以 2.25 m 夺得墨西哥奥运会金牌而引起人们重视。在 20 世纪 70 年代开始了背越式与俯卧式过杆技术的比较研究。通过实践和研究证实，背越式跳高这种技术结构，提供了从速度上挖掘运动能力的可能性。各国运动员竞相学习和掌握背越式跳高技术，使跳高运动水平不断有新的突破。

(三)技术稳定发展和相对完善时期

从 20 世纪 70 年代至今，跳高运动技术的发展主要体现在人体运动能力的提高和动作技术的改进及完善方面。

1973 年美国运动员斯通斯以 2.30 m 的成绩，首次打破由俯卧式过杆技术所保持的世界纪录。在这以后，除苏联运动员雅辛科曾用俯卧式过杆技术创造过 2.33 m 和 2.34 m 的世界纪录以外，全部纪录都是由背越式跳高运动员创造的。其中我国优秀跳高运动员朱建华，连续 3 次打破世界纪录，把世界纪录从 2.37 m 提高到 2.39 m。目前，男女跳高世界纪录分别为2.45 m 和 2.09 m，分别是由古巴运动员索托马约尔和保加利亚运动员科斯塔迪诺娃创造的，他们采用的过杆技术均为背越式过杆技术。

背越式过杆技术作为现代最先进的跳高技术已经得到世界的公认。20 世纪 70 年代至今，世界跳高运动水平的提高是通过发展与增强运动能力，加快助跑起跳速度与增大腾起高度，完善动作技术 3 个方面实现的。提高跳高成绩的主要途径是对人体极限运动能力的不断开发，重视力量素质、速度素质的训练，此外还包括心理素质训练和运动潜力的挖掘。

二、我国跳高运动发展概况

我国跳高运动虽然开展于 20 世纪前叶，但是发展缓慢。新中国成立前男子跳高纪录只有 1.87 m，女子仅 1.40 m。新中国成立后，跳高运动才获得迅速的发展。其过程大体分为五个阶段。

(一)起步和初获成就阶段 (20 世纪 50 年代)

新中国成立以后在群众性体育运动蓬勃开展的基础上，很快刷新了新中国成立前的跳高纪录。至 1956 年，男女跳高纪录分别达到 1.95 m 和 1.61 m。1957 年，我国优秀女运动员郑凤荣以 1.77 m 的成绩打破了 1.76 m 的女子跳高世界纪录，成为我国田径史上第一个创造世界纪录的运动员。在这一阶段里，不仅造就了一代女子剪式跳高优秀选手，而且我国男子跳高也突破了两米大关。

(二)发展和步入世界先进水平阶段(20世纪60年代)

1958年以后，我国跳高出现了一个稳定发展时期。由于我国在发展俯卧式跳高技术上取得了成功，跳高运动水平有了较大幅度的提高。1960年史鸿范和康驹培先后跳过2.08 m和2.09 m，接着倪志钦连续跳过2.10 m和2.12 m，1970年他终于以2.29 m的成绩打破了男子跳高世界纪录，使我国跳高运动的发展又一次出现了飞跃。在这段时间里，女子跳高也取得了可喜的进展，尤其在1965年，我国有5名运动员进入了世界前十名。

(三)恢复和登峰阶段(20世纪70年代后期和80年代前期)

“文化大革命”对我国跳高运动发展的大好局面产生了影响，直到70年代后期才有所改变。随着背越式跳高技术的引进，很快涌现出一批优秀的背越式跳高运动员，运动水平逐步回升，其中最杰出的代表是朱建华。他在18岁那年，飞身越过2.30 m的高度，打破了保持11年之久的亚洲纪录，继而在1983年和1984年，又分别以2.37 m、2.38 m和2.39 m的成绩三破世界纪录。在这期间，我国跳高运动的总体水平也有进一步提高，男子除朱建华以外，蔡舒和刘云鹏的最好成绩也达到了2.29 m，女子也有一批选手的成绩在1.90 m以上。

(四)暂时停滞阶段(20世纪80年代后期至21世纪初)

从1986年开始，由于朱建华等一批优秀运动员成绩的下降和部分运动员相继退役，加之后备力量不足，我国跳高运动水平出现了停滞现象。1990年前后，虽然又涌现出一批年轻的选手，如周忠革、徐扬和金铃等，成绩也分别达到了2.33 m、2.30 m和1.97 m，但从总体水平来看，仍没有走出停滞局面。

(五)再恢复阶段(2010年以后)

2010年以来，我国陆续涌现了张国伟、王宇等一批优秀选手，在国际大赛上斩获颇丰。我国跳高，特别是男子跳高出现了再一次恢复阶段。

2013年，张国伟在全国室内田径锦标赛中以2.32 m打破了朱建华保持了27年的室内全国跳高纪录。2014年，张国伟以2.33 m的成绩获得仁川亚运会男子跳高决赛银牌。2015年4月，张国伟以2.35 m的成绩获得美国摩圣安东尼奥学院接力赛男子跳高比赛冠军。这是中国跳高选手近30年来在室外赛中跳出的最好成绩；5月，张国伟以2.38 m的刷新个人室外纪录的成绩获得国际田联钻石联赛尤金站男子跳高比赛亚军；6月，张国伟以2.36 m的成绩获得国际田联钻石联赛奥斯陆站男子跳高比赛冠军，这是他首次获得钻石联赛赛事冠军；8月30日，张国伟在2015年北京世界田径锦标赛男子跳高比赛中以2.33 m的成绩获得亚军。

2013年，王宇获得北京鸟巢国际田联挑战赛男子跳高项目冠军并创造个人最好成绩2.33 m。2015年，王宇在北京鸟巢国际田联挑战赛男子跳高项目获得亚军2.31 m，并在该比赛中达到奥运会标准。2016 年 5 月，国际田联挑战赛日本川崎站王宇经过 3 年的沉淀重回 2.33 m 个人最好成绩，获得该赛事的亚军。2018 年 8 月 27 日，王宇以 2.30 m 的成绩夺得 2018 雅加达亚运会田径男子跳高冠军。

三、现代跳高运动的发展趋势

现代跳高的背越式过杆技术已处于稳定发展和相对完善时期，跳高运动的世界纪录已基本达到现代人类跳高的极限水平。背越式跳高技术的优势在于能够充分利用速度提高跳跃的效果。背越式跳高技术在其发展过程中，逐步形成了不同的技术类型，如速度型、幅度型(力量型)和介于两者之间的混合型。但从技术发展趋势来看，已趋于速度与幅度、速度与力量的有机统一，使背越式过杆技术成为一种独特结构的跳高技术。

从现代跳高运动的发展趋势来看，人们将更广泛地从各领域挖掘人体的极限运动能力，表现在以下几个方面。

第一，为了更充分地发挥运动员的潜在运动能力，将会在提高和助跑速度做进一步的突破，以使运动员在起跳前获得较大的水平冲量，并通过合理的动作技术转移为垂直冲量。

第二，充分发掘运动员的身体潜能，更加重视速度素质与力量素质的有机结合，使身体各部分发挥出更大的爆发力量，形成更快的动作速度，从而使身体获得更大的腾起初速度和适宜的腾起角度。

第三，更加重视对运动员的科学选材，强调运动员先天遗传因素中的专项运动素质与能力，以及预测他们在后天训练中可能达到的运动能力。

第四，建立新的科学训练体系和选择有效的训练手段，加强科研力度，通过先进的科学技术和仪器设施对跳高运动员的身体训练和技术训练进行技术诊断、调节与监控。

第五，更加重视跳高运动员心理素质方面的训练，包括心理选材、心理训练、大赛前的心理准备和临场时自我调节的能力等。

第二节 背越式跳高技术

背越式跳高技术按其动作技术结构和完成动作技术的规律可分为助跑、起跳、腾空和

落地 4 个紧密结合的技术部分(图 14-1、图 14-2)。(视频：优秀跳高运动员动作鉴赏)

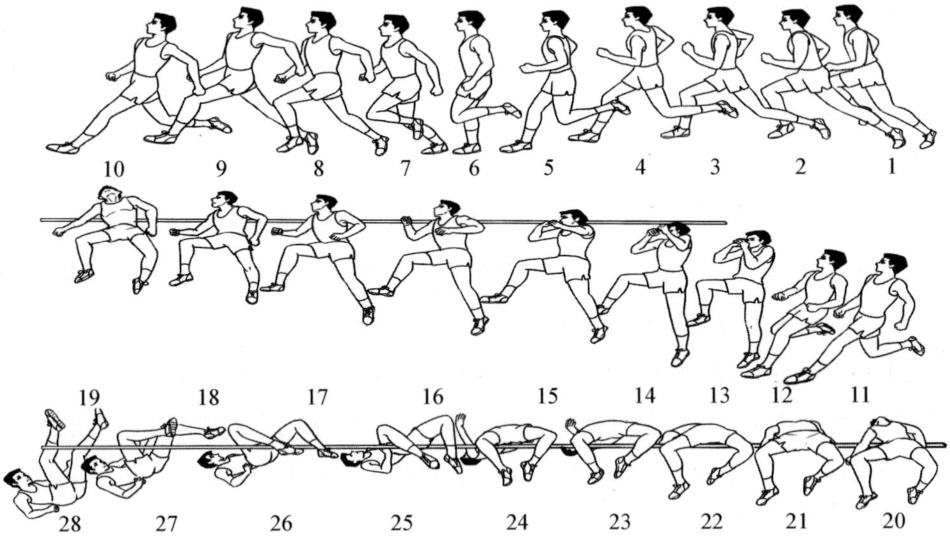

图 14-1 背越式跳高技术 1

图 14-2 背越式跳高技术 2

一、背越式跳高的助跑

助跑的任务是使运动员在起跳前获得一定的水平速度，使人体在起跳前获得较大的水平方向动量，通过最后 4 步弧线助跑及时调整动作结构和节奏，形成合理的准备起跳动作姿势，为有力地起跳和越过较高的横杆创造良好的条件。

(一)背越式跳高的弧线助跑

背越式跳高采用弧线助跑，由于沿着弧线跑进，必须使身体向内倾斜获得一定的向心力与弧线跑进时所产生的离心力相平衡，对形成良好的起跳动作具有十分重要的意义。

背越式跳高属于典型的混合性动作系结构，在混合性动作系中两类不同动作的组合部分是动作系的关键结构，因而在背越式跳高完整动作技术中，助跑与起跳的衔接是其技术结构的关键环节。

弧线助跑的最后几步技术是由助跑到起跳阶段的过渡，运动员助跑时身体向内(向弧线的圆心方向)的倾斜随着跑速的增加而增大，弧线助跑的向内倾斜，可以形成一定的向心力与弧线助跑所形成的离心力相互平衡，保持身体在弧线助跑过程中的平衡稳定性。同时由于身体的倾斜，使身体重心适度下降，能形成较好的准备起跳动作，有利于在起跳动作过程中获得较大的工作距离，增大起跳动作的幅度，并为增大起跳动作速度创造良好的条件。弧线助跑时身体向弧线圆心处倾斜的大小程度，与其助跑速度成正比，助跑速度越快，则向弧线圆心处倾斜的程度越大。

从身体向内倾斜状态进入起跳腿着地支撑，所形成的弧线运动制动和弧线助跑的惯性作用和起跳腿的制动作用，能使身体自然竖直，这样可以把起跳的偏心推力控制在较为合理的范围内，有利于提高起跳时向垂直方向运动的速度和效果。

弧线助跑时，运动员身体逐渐形成侧对横杆的动作状态，最后从向内倾斜状态进入起跳，使肩轴与髋轴相互扭转，在起跳前将机体蹬伸摆动运动的主动肌群适度拉长，构成最佳的生物学条件，使摆动腿的摆动更加有力，有利于人体借助动量矩转移形成整体围绕纵轴的转动，使身体在腾空后自然地背对横杆。

弧线助跑是使运动员形成背向越杆、产生高效率起跳的重要条件。为了更好地发挥运动员弧线助跑的作用，还要注意助跑弧线曲率的大小及合理性。背越式跳高的助跑路线采用直线加弧线的助跑形式，即全程助跑的路径，是一条直线线段和一定半径的弧线路段。

直线加弧线路径的助跑特点是：助跑前段是一条直线或曲率很小的曲线。它便于加速和发挥速度，向弧线段过渡较为平滑自然，可以避免减速。而后，随着弧线曲率由小变大，身体向内倾斜逐渐加大。助跑最后两步两脚连线的延长线与横杆投影面构成约为30°的切入角。

在具体确定某一运动员的助跑曲线时，应考虑运动员个体的身体素质与训练水平、技术特点及跑动能力等因素。跑动能力强、速度快的运动员，弧线半径相对较大。如果再考虑加上步长、步频等因素，不同的运动员应该有各自合适的助跑路径。

(二)助跑的目的和作用

助跑的目的是使运动员在起跳前获得较大的水平速度和形成良好的准备起跳动作。助跑的起动方式有行进间起动与站立式起动两种。助跑的起动技术要求动作放松、动作节奏稳定，助跑的最后4步为弧线段，是跳高助跑过程中最难掌握的环节之一。

一个正确的弧线助跑可产生以下几个方面的作用。首先是通过弧线助跑能使运动员的身体获得旋转的动量；其次是弧线助跑能使运动员获得垂直起跳(直接向上)的动作效果；再就是弧线助跑有利于增加起跳时作用于地面的合力，同时通过弧线助跑有利于运动员在起跳前降低身体重心的高度，从而形成良好的起跳开始动作。

(三)助跑动作技术的要点

助跑应有足够的距离，以获得良好的助跑节奏和速度，形成良好的起跳动作，为起跳创造最好的生物力学条件。优秀运动员背越式跳高的助跑大多采用 8～12 步技术，助跑距离最长可达 30 m 左右。助跑的开始是 3～4 步的直线距离，紧接着是 4 步的过渡距离，最后是 4 步弧线助跑，起跳点靠近近端的横杆立柱，助跑的步幅、节奏、速度变化在尽可能发挥快速的基础上要求稳定。

助跑中应让运动员将注意力集中于横杆与远端横杆立柱的结合处，而不是让运动员的注意力集中在横杆的中间，因为注意力集中于横杆的中间会使运动员助跑时偏离弧线。同样，运动员的眼睛也不能向下看起跳点，因为眼睛看着起跳点会导致身体向前倾斜。

助跑的动作，要求在短跑途中跑技术的基础上，强调助跑过程中身体重心高而平稳，上体适当前倾，后蹬充分有力，前摆积极抬腿，脚着地时应靠近身体重心投影点，两臂配合大幅度地摆动。

在弧线助跑时，身体随跑速的增加逐渐向内倾斜，加大外侧手臂和腿的摆动幅度，头、躯干与脚的支撑点应力求在力的作用线上。助跑整个过程应具有明显的加速和稳定的节奏感。最后 4 步的节奏应自然加快，最后一步最快。同时，要特别注意每一步支撑阶段身体重心前移的幅度和速度，以及上体位置的相对稳定，以便能够顺利地过渡到起跳，并在起跳时使身体重心迅速地移向起跳点的上方。

二、助跑与起跳相结合技术

助跑与起跳的结合技术是跳高技术动作过程中十分重要的衔接技术，它起着承上启下的作用，同时对提高起跳动作的效果、正确地完成起跳动作均具有十分重要的影响。助跑与起跳结合技术的目的是充分利用由助跑获得的水平速度，并通过起跳使人体水平方向的动量有效地转移为垂直方向的动量。

背越式跳高从助跑的最后第 4 步进入弧线段开始，就应具有准备起跳的意识，这体现在助跑的积极加速和向起跳点快速跑进上。由快速助跑连贯地过渡到起跳，要求最后这几步助跑在保持较快速的情况下动作结构不变，上体稍前倾，摆动腿积极前摆，使着地点接近于身体重心的投影点。到最后第 2 步，摆动腿着地时积极下压着地，在脚内侧的牢固支撑下，迅速前移身体重心。到支撑腿处于垂直部位时，身体向内倾斜和膝关节弯曲达到最大程度。

起跳前的最后一步助跑，为了加速前移身体重心，在倒数第 2 步支撑腿快速蹬伸的同时，有力地摆动伸摆动腿，并充分地伸展髋关节、膝关节、踝关节，推动髋部和躯干大幅度快速前移。支撑腿蹬离地面瞬间，摆动腿膝关节的角度约为 160°，使其动作伸展的幅度达到 50°～60°。摆动腿这一积极主动的动作，对起跳脚迅速地踏上起跳点和起跳时身体迅速地由向内倾斜变为竖直，有着十分重要的意义。

在弧线助跑的最后 4 步跑进过程中，为了使助跑与起跳紧密地衔接起来，应特别强调保持倒数第 2 步跑进的积极性和发挥摆动腿在推动身体重心快速前移过程中的积极作用，它包含两个十分关键的技术要点。

第一，最后两步助跑足迹连线的延伸线应与横杆垂面延长线构成约 30°的切入角度，强调摆动腿的牢固支撑，能使身体保持向内倾斜状态下进入起跳，防止身体过早地竖直和倒向横杆。

第二，注重摆动腿的快速摆动与前伸，使身体重心快速前移，避免出现臀部后坐和摆动腿落地速度较慢的错误动作。

正确地完成摆动腿前伸主动着地的技术性动作，有机地将助跑与起跳动作紧密联系和衔接，是为起跳创造良好的生物学、力学条件的关键技术环节。

三、背越式跳高的起跳动作技术

起跳是整个背越式跳高完整动作技术中最重要的技术阶段。起跳技术动作的任务是通过快速、有力的起跳动作，迅速改变人体运动的方向，使人体获得最大的腾起初速度和适宜的腾起角度，并获得身体在腾空后因惯性转动力矩形成的整体绕其纵轴和前后轴的转动速度。

助跑的最后一步着地过程中起跳腿积极踏向起跳点，此时要依靠支撑腿快速有力地蹬地，保持身体向内倾斜姿势及向前送髋和前移身体重心，使肩轴与横杆纵轴构成垂直，并形成肩轴与髋轴的相互扭紧状态，紧接着起跳腿以大腿带动小腿积极下压做向下的扒地动作。着地时以起跳腿脚跟的外侧接触地面，继而通过脚跟外侧滚动至全脚掌，脚尖正对弧线的切线方向，随着身体由向内倾斜转为垂直，迅速地完成缓冲与蹬伸摆动动作。蹬伸动作按伸展髋关节、膝关节、踝关节先后顺序依次用力，尽可能增大动作幅度，使 3 关节充分伸展(图 14-3)。

图 14-3 背越式跳高的起跳动作技术

放脚的位置正确与否对运动员起跳动作方向及动作效果具有重要的作用。起跳点应靠近横杆立柱右侧(以左脚起跳为例)向中点方向 1 m 的起跳点，切入角度与横杆垂面延长线约构成 30°角。放脚的位置位于助跑最后一步的延长线方向，确保运动员起跳过杆后能安全落在海绵垫上，构成运动员身体以头、颈、肩、背、髋、膝、踝为顺序，并形成身体纵轴与横杆纵轴的“十”字交叉，从横杆的中间最低点过杆。

运动员为了能在起跳时获得最大的腾起初速度，应尽可能增大人体对地面的冲量作用，起跳时施加的力越大，时间越长，其冲量作用越大，则腾起的初速度越快，在合理的腾起方向上跳过的高度就越高。背越式跳高的起跳阶段，通过合理的起跳动作能有效地将助跑中所获得的速度(水平速度)转换成向上的垂直速度。如果运动员在起跳时能保持正确的身体向内倾斜姿势，在起跳过程中充分利用离心力作用，就能有效地将水平速度转换成垂直速度，这种速度的转换是背越式跳高优于其他跳高姿势的地方。从技术原理上分析，背越式跳高运动员助跑速度快以及速度的转换率高，对跳越横杆高度具有重要的决定意义。

跳高运动员以快速的助跑速度到达起跳点起跳，在助跑中所获得的水平速度(助跑速度)，通过起跳时身体对地面施加力的作用而转化成垂直速度(上升)。垂直速度越大，重心的上升越高，跳得就越高。在此过程中保持起跳开始瞬间身体向助跑弧线圆心处的倾斜度是技术的重点。

合理的倾斜度包含两个因素，即该瞬间动作时身体的后仰和身体的向内倾斜。身体的倾斜在起跳时会产生 3 种旋转。第一种旋转是身体的后仰所形成的，以支撑点(起跳点)为轴的向前转动(如同跳远一样)。第二种旋转是身体的向内倾斜所形成的，以支撑点向横杆垂直方向(从助跑弧线的圆心向横杆的平面)转动。跳高运动员对身体的后仰这个动作都能自然地做到，这样会产生一种向前空翻的旋转。这种走步式跳远运动员用来防止面部着地的旋转动作，在背越式跳高中同样有用和可取。身体的向内倾斜，是正确的弧线助跑的结果，为第三种旋转提供一定的动力。这种身体的向内倾斜动作较难掌握，而且也是背越式跳高所特有的技术性动作。第三种旋转是在起跳过程中所获得的对身体纵轴形成的惯性力矩，使人体腾空后产生沿纵轴、前后轴的转动，产生背对横杆和身体纵轴与横杆纵轴呈“十”字交叉的转动动作效应。这 3 种分向转动的综合运动，即向前、向横杆方向和沿身体纵轴旋转合成在一起的综合运动，就是背越式跳高的起跳动作技术的重要结构和特点。

俯卧式运动员的起跳动作技术与背越式起跳动作技术有很大的差别，俯卧式运动员几乎是保持了与支撑垂直阶段相同的屈膝角度前移身体重心，上体明显后仰，而背越式运动员在更大限度上发挥了摆动腿蹬伸的积极作用，蹬离地面时，膝关节蹬伸的幅度达到 50°～60°角。动作技术结构上的这一差异，充分体现出了背越式跳高助跑与起跳结合技术，更注重强调身体重心前移的速度和幅度。

在起跳过程中，摆动腿和两臂的摆动动作应积极、协调地配合起跳腿的蹬伸动作，腿臂摆动相对于支撑点的位置是不断发生变化的，加速靠近支撑点，加速离开支撑点，减速离开支撑点。它们分别产生减压、加压和减压的动作效应，这一效应可使身体重心获得更大的垂直速度。

目前，国内外大多数运动员采用屈膝摆动方法。在支撑腿蹬离地面以后，借助已充分伸展的屈髋肌群有力收缩，以大腿带髋加速前上摆，同时小腿随着惯性自然折叠，同时使膝关节内扣，形成局部环节的动量矩并使其向整体转移，构成躯干围绕纵轴和前后轴旋转，形成良好的腾空动作。蹬离地面的瞬间，强调“突停”(使身体瞬间固定，形同刚体)动作技术，提高力的作用效率，从而提高蹬地摆动的效果。

摆臂的方法有交叉双臂摆动和交叉单臂摆动两种。前者有助于加大摆动力量；后者着眼于积极快速，有利于迅速完成起跳动作。

在双臂的摆动中，在助跑的倒数第 2 步时，将双臂置于体前，接着在起跳腿前伸的同时向后拉，这个动作看起来像游泳中的蛙泳的手臂动作。关于手臂摆动，最后要讨论的是在起跳时肩轴(指通过运动员双肩的一条连线)与横杆的角度问题。肩轴应该与横杆垂直，对着横杆稍微露出后背，这将有利于运动员在起跳时获得垂直起跳的姿势，也有助于起跳腾空后身体旋转背对横杆。

弧线助跑的技术要考虑身体重心运动的方向应是弧线助跑的路线与横杆之间的切线方向。运动员通过弧线助跑、起跳时所产生的垂直分力能使身体重心的高度达到最大值，而且还能确保安全落地。如果运动员不能正确地完成这个过程，将会导致身体过早地倒向横杆，形成过早倒体的错误动作。

四、背越式跳高的过杆与落地动作技术

过杆是最终决定跳跃是否越过横杆的重要技术环节。为了提高过杆的效果，必须形成合理的过杆技术，尽可能缩小过杆时身体重心与横杆之间的距离，利用补偿动作，使身体各部分依次顺利地越过横杆(图 14-4)。

图 14-4　背越式跳高的过杆动作技术

腾空后的过杆动作，应按头、颈、肩、背、髋、膝、踝的先后顺序，构成身体纵轴与横杆纵轴“十”字交叉背越横杆的合理过杆动作，尽量减小身体过杆时在杆上的横向截面面积，保持动作的连贯性，掌握好各环节过杆的时机。起跳离地之后，尽量保持整体伸展的姿势向上腾起，并在摆动腿和同侧臂的带动下，加速围绕身体纵轴的向内旋转。起跳离地时伸展的身体姿势，有助于加大身体的转动惯量，减慢围绕身体横轴转动的速度，防止身

体过早地倒向横杆，随后以摆动腿的同侧臂和肩背为前导，顺着身体重心的运动方向依次越过横杆。

当身体(重心)上升，起跳时所形成的旋转将使身体沿横杆旋转。当运动员起跳离地后，其起跳腿的运动方向应保持向下，摆动腿的膝关节应保持向上运动。头在肩上保持平衡，而不是倾斜倒向横杆方向。头和肩部应首先过杆，接着背部过杆，肩平行于横杆向前，同样头应该在肩上保持平衡并朝上。肩部在横杆上时，应迅速后仰倒肩放腿，未过杆部分保持接近横杆时上升，已过杆部位则下降，使过杆部位处于身体最高点。身体重心位于最高点时，双脚应自然下放，双臂自然置于体侧，形成良好的过杆动作理想姿势，使运动员的身体重心保持在最大高度位置。

当头和肩越过横杆后，及时地仰头、倒体、放腿，并利用身体重心向上的速度，积极顶髋，两小腿稍后收，形成“桥形”动作的背弓姿势。这时两臂置于体侧，有助于缩短围绕身体横轴的旋转半径，减小其转动惯量，加快身体在杆上的旋转。当身体重心越过横杆时，要及时地收腹、举腿，控制上体继续下旋，运用相向运动原理，以髋部发力，带动大腿和小腿加速向上方举腿，使整个身体的最后部位(指大腿、小腿及脚踝)越过横杆。

当髋部过杆后，运动员应及时地低头、含胸、屈髋，同时提升膝关节，以保持正确的姿势使腿部过杆，随着双膝向上伸直双腿使脚顺利地越过横杆。向海绵垫落下时，运动员应在保持双腿伸直的同时，将双臂展开并离开身体，将背部的上半部分落在垫子上，以确保落地安全。

过杆的全过程，应使躯干和肢体尽可能靠近身体重心的运动轨迹。根据身体各环节与横杆相对位置的变化，依次顺势和快速地越过横杆，以获得更好的过杆动作效果。

落地技术比较简单，在身体重心越过横杆后，以肩背部位为前导，保持屈髋伸膝的姿势下落，最后以肩背部先落在跳高垫上。为了防止损伤，不能做过大的屈膝屈髋动作，两腿应适当分开，保持膝关节伸展并避免两腿撞击脸部(图 14-5)。

图 14-5　背越式跳高的落地动作技术

第三节　背越式跳高教学

一、背越式跳高教学重点与难点

(一)教学重点

在背越式跳高技术的教学中，应将“以速度为中心”的指导思想贯穿于跳高技术教学的全过程，使跳高技术教学与现代跳高技术发展特点相适应，并根据人体运动技能形成的规律和教育学的基本理论进行其教学过程的设计、组织、调节与控制。

跳高技术是由助跑、起跳、过杆和落地等技术环节组成的，其中最重要、起决定作用的是起跳技术，其他部分可以看作是它的前驱动作技术和后续动作技术。因此，在教学中，学习和掌握起跳技术是教学重点。

(二)教学难点

背越式跳高的技术结构属于混合性动作系统，根据其动作系结构特点及教学规律，两类不同的动作系结构组合部分是该动作系的难点。在背越式跳高的技术教学中，助跑与起跳的衔接是教学难点。

根据各环节技术教学的规律与特点，人们总结出以首先抓短程助跑起跳为重点，随着教学进程发展而后进行过杆、落地技术和全程助跑技术教学的程序化模式。也有采用按与术动作过程相反的教学顺序，首先进行落地，然后依次进行过杆起跳至全程助跑技术的“逆向式”教学模式。

二、背越式跳高教学步骤与练习方法

在跳高教学中宜采用技术动作较为完整的练习手段，以保证跳高技术的系统、完整性。采用完整教学到分解教学再发展过渡到完整动作技术教学的模式进行。教学步骤则从建立正确的完整动作技术概念开始，以学习和掌握助跑起跳技术为主线，然后按照完成技术动作的过程向前(腾空动作技术)、向后(半程助跑、全程助跑技术)延伸，最后采用完整动作技术教学的方法进行教学过程的组织与调控，达到完成教学任务和教学目标的要求。

(一)建立正确的背越式跳高技术概念

通过教师的正确示范与讲解，配合运用技术录像或图片，分析背越式跳高的技术要点和要求，使学生建立正确的背越式跳高完整动作技术概念。

(1)优秀运动员动作技术图片演示。

(2)背越式跳高技术动作示范。

(3)背越式跳高动作技术要点与要求讲解、分析。

(4)优秀背越式跳高运动员动作技术录像资料演播。

(二)学习起跳技术

1. 练习目的

了解、熟悉起跳过程，学习、掌握起跳技术。

2. 练习方法(视频 14-1)

(1)原地摆腿摆臂练习。

(2)直线上 1 步起跳练习。

(3)直线上 2 步起跳练习。

(4)直线上 4 步起跳练习。

3. 练习要求

(1)摆动腿摆动时，要折叠屈膝，上摆带髋，以髋带腿，以摆带蹬。

(2)两臂摆动时，要提肩、拔腰，快速、有力，并与摆动腿同步完成制动动作。

(3) 上步节奏明显，摆腿摆臂配合自然，起跳向上性强，突停动作主动积极。

(三)学习助跑与起跳技术

1. 练习目的

了解、熟悉弧线助跑与起跳结合技术，学习、掌握背越式跳高弧线助跑与起跳结合技术。

2. 练习方法(视频 14-2)

(1)沿 5～9 m 为半径的圆进行弧线跑练习。

(2)沿 5～9 m 为半径的圆进行弧线 2～4 步助跑起跳练习。

(3)全程步点丈量练习。

①起跳点的确定。

起跳点的位置一般在离近侧跳高架的立柱 1 m 左右(或横杆长四分之一处)，离横杆投影点 50～90 cm 处。

②助跑弧线的丈量与确定。

助跑步点的丈量通常采用直角丈量法，丈量路线分为 3 段，3 段的比例约为 5：6：7

(图 14-6(1))，或 4∶6∶7(图 14-6(2))，可采用走步、脚掌、皮尺等丈量方法确定各段的长度。以走步方法为例，先从起跳点向助跑一侧平行于横杆的方向走 5 步自然步，然后转 90°角向助跑起点方向(与横杆垂直)走 6 步自然步，在此做一标记，它是直、弧线助跑的交接点，由此点继续向前走 7 步自然步，就是助跑的起点。把起跳点和直、弧段的交接点用弧线连接起来，就成为弧线段，弧线段一般跑 4 步。把直、弧线交接点与助跑起点用直线连接起来，就是直线段，直线段一般也跑 4 步。在此基础上，要经过反复练习和调整，最后再把步点确定并丈量下来(图 14-6)。

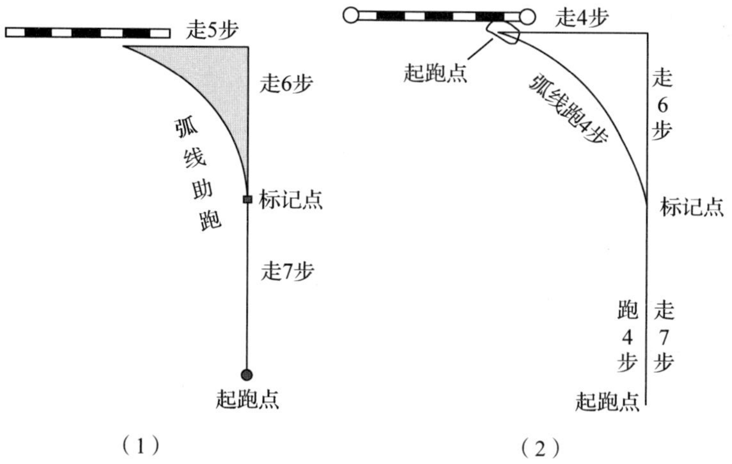

图 14-6　背越式跳高全程步点丈量方法

(4)全程助跑起跳练习。

3. 练习要求

(1)弧线助跑时，身体保持适度内倾，高重心，强节奏，有弹性，上下肢协调配合，摆动腿脚内侧和起跳腿脚外侧先着地，并迅速滚动到前脚掌。

(2)通过不同半径的弧线跑，或直线转入弧线跑的练习，感受在加速跑进中身体内倾的变化，体会在身体内倾情况下进入起跳的感觉。

(3)直线助跑转入弧线助跑时要圆滑、顺畅，自然跑进，整个助跑速度由慢到快，节奏明显，助跑起跳的倒数第 2 步摆动腿着地支撑过渡技术是衔接助跑与起跳的关键，以及起跳动作正确完成的前提，须重点学习，熟练掌握。

(4)起跳时，摆动腿要内扣上摆，完成转体，背对横杆，向上效果好。

(四)学习过杆技术

1. 练习目的

了解、熟悉背越式跳高过杆技术，学习、掌握背越式跳高过杆技术。

2. 练习方法

(1)倒肩放腿练习。(视频 14-3)

①原地倒肩放腿练习。

②弧线上 1～4 步起跳倒肩放腿练习。

③全程助跑起跳倒肩放腿练习。

练习要求:

①倒肩放腿是形成“桥”的过杆动作姿势的关键所在，放臂倒肩靠垫，积极主动放腿，补偿性地带动髋的挺出，要反复练习。

②助跑速度适中，直线过渡到弧线流畅，身体内倾，起跳积极，向上性强，倒体不能早，倒肩放腿充分，动作放松舒展。

(2)助跑起跳倒肩放腿勾皮筋和勾杆练习。(视频 14-4)

①弧线上 1～4 步起跳倒肩放腿勾橡皮筋练习。

②全程助跑起跳倒肩放腿勾橡皮筋练习。

③弧线上 1～4 步起跳倒肩放腿勾杆练习。

④全程助跑起跳倒肩放腿勾杆练习。

练习要求:

①助跑速度可控，有加速变化，利用起跳速度和身体重心向上的惯性，顺势、连贯地呈“反弓形”落在垫子上，注意起跳时身体落垫的方向与位置，要与横杆垂直，甚至可略为偏向垫子的左侧。

②放腿和倒肩动作充分舒展，要强调摆动腿积极上摆后的主动下放，小腿要放松、下垂。

(3)助跑起跳过杆练习。(视频 14-5)

①弧线上 1～4 步起跳过杆练习。

②全程助跑起跳过杆练习。

练习要求:

①通过倒肩放腿落垫、倒肩放腿勾皮筋和勾杆练习步骤，掌握倒肩放腿这一重要技术环节，同时也逐渐克服学生怕摔怕杆心理。

②在教学未进行过杆完整练习步骤前，杜绝进行过橡皮筋和横杆的收腿完整练习。当学生对倒肩放腿动作有一定的体会和掌握时，即转入助跑起跳过杆练习，在强调倒肩和放腿的基础上，增加收腿动作，掌握完整背越式跳高技术。

(五)学习背越式跳高完整技术

1. 练习目的

熟练掌握完整背越式跳高技术和初步的技术评定方法，提高运动成绩。

2. 练习方法

(1)丈量、确定全程助跑步点和全程助跑。

(2)全程节奏跑练习。

(3)逐步加大助跑速度的完整技术练习。

(4)逐步加大过杆高度的完整技术练习。

(5)对完整技术进行技术评定和教学比赛。

3. 练习要求

(1)在初步掌握背越式跳高完整技术以后，要逐步加大助跑速度和横杆高度，以增加练习难度，使学生的技术进一步得到熟练与巩固。

(2)通过技术评定和教学比赛，对学生掌握技术的情况做出客观评价，使学生了解自己存在的缺点和改进的方向。

三、改进与提高学生掌握背越式跳高动作技术的方法

(一)改进助跑技术和提高动作实效性的方法

改进动作技术和提高动作实效性，虽然其含义不完全相同，但在教学实践中作为技术教学的深化和继续，使学生掌握技术日趋合理和有效，往往是把两者结合起来加以贯彻和实施。相对学习和掌握阶段而言，改进动作技术和提高动作实效性是一个难度更高的教学过程。在这一阶段里，要根据对象的不同特点和技术上存在的缺点进行教学，因此练习手段的选用和教学方法的运用，有较强的针对性。通常采用各种诱导性练习和加阻力或加助力条件的练习，以及增加难度的专门性练习等。

1. 改进助跑时的跑动技术

在助跑时，由于着地支撑阶段身体重心前移的幅度和速度不够，后蹬不充分，会影响助跑速度的发挥。同时，身体重心过于靠后，会造成与起跳难以衔接的后果，这是助跑跑动技术中最常见的错误动作之一。

(1)“后蹬跑”接加速跑练习。

(2)上坡跑练习。

(3)负橡皮带牵引或负重(轻杠铃)弓箭步走练习。

(4)弯道途中跑练习。

2. 改进助跑的节奏

助跑过程呈明显的加速趋势，是背越式跳高技术的一个重要特征，因此在学生初步掌握助跑技术以后，对助跑的节奏应提出新的更高的要求。

(1)弯道加速跑练习。

(2)弯道跨步跑练习。

(3)直线接弧线的加速跑练习。

(4)设置标志(画线或胶布)的全程节奏跑练习。

(5)改进全程助跑节奏练习。

(二)改进助跑与起跳结合技术和提高动作实效性的方法

在助跑与起跳结合这一技术环节中，最常见的技术错误是摆动腿着地支撑不够积极主动，造成倒 2 步的制动或停顿，或者由于身体重心前移幅度和速度不够，而影响到起跳的效果。因此，改进倒 2 步摆动腿支撑阶段的动作，发挥其积极作用，应作为后继教学的重点。

(1) 10～25 m 单足跳练习(摆动腿)。

(2) 负重(杠铃或纱衣)做弓箭大步走练习。

(3) 4～6 步助跑跳或单足连续(三级)跳练习。

(4) 橡皮带牵引上一步或上两步做起跳动作的蹬伸摆动模仿练习。

(三)改进起跳技术和提高起跳动作实效性的方法

合理的动作结构和各种技术环节之间的协调配合，是正确完成起跳和提高起跳效果的前提。因此，在学生初步掌握起跳技术以后，应着重改进和完善技术环节的结构关系。尤其要增强学生完成弹性反射性起跳的意识和能力。在提高腿臂摆动速度和力量的同时，要协调好起跳过程的其他各技术环节。

(1) 持哑铃摆臂或徒手摆臂练习。

(2) 负橡皮带或沙袋的摆腿练习和不加阻力的快速摆腿练习。

(3) 连续做 2～6 步助跑的起跳和跳过较低障碍练习。

(4) 负重穿沙衣或不穿沙衣做上一步或上两步的跳深练习(跳深高度 50～60 cm)。

(5) 负重穿沙衣或不穿沙衣做短程或全程助跑起跳，用手、膝、头摸(触)高练习。

(四)改进和完善完整动作技术的方法

局部技术环节的改进，有助于完整动作技术的改进和完善，但要使学生熟练地掌握背越式跳高的完整技术，在教学的中、后期，需要采用一些改进、提高及完善动作技术的教学方法与手段。

(1)全程助跑过杆练习。

(2)中上强度或大强度的完整动作技术练习。

(3)模拟比赛环境的技术测验。

(4)参加各种类型、各种规模的跳高比赛。

四、跳高教法提示及注意事项

(一)建立正确的背越式跳高技术概念

(1)教师的讲解应简明扼要、深入浅出，不宜分析过细，要重点突出起跳技术要点。充分利用现代化教育手段，配合运用技术录像或图片，使学生建立正确的背越式跳高完整动作技术概念。

(2)动作技术示范力求正确，强调在教学的初期以完整动作技术示范为主，并注意示范面及学生观察示范动作的位置与方向。

(二)学习起跳技术动作的教学与练习

(1)助跑距离可由短距离助跑发展到较长距离的助跑，助跑速度由慢到快。但教学过程中短距离、速度不快的助跑与起跳练习不宜太多，应以较快的助跑速度和较长的助跑距离进行练习，以保持动作技术结构的完整性和充分发挥速度因素在背越式跳高中的作用。

(2)掌握弧线助跑技术和身体向内倾斜状况下进入起跳，是这阶段教学的一项重要任务，开始时可以设置标志或画线进行练习，以后逐步减少标志，直至能够合理、正确地完成助跑与起跳动作。

(3)由于倒数第 2 步摆动腿落地动作对支撑过渡技术的影响与作用至关重要，会直接影响助跑与起跳的衔接和起跳动作的正确完成。因此，在教学中应作为整个单元技术教学与身体练习的重点，仔细观察，发现问题，采用有针对性的措施，及时纠正错误动作。

(三)学习原地双脚起跳和三至五步助跑单脚起跳的背越式过杆技术

(1)跳起后进行的各种过杆练习，都要求形成正、直、挺、稳、快的动作技术状态，利用身体重心向上的趋势，顺势、依次、连贯地完成过杆动作，并强调身体各部位与横杆相对位置的变化应处于最佳的状态。

(2)过杆时，要正确掌握动作的顺序、速度与幅度的变化，使过杆动作有明显的节奏感。

(3)原地跳起的过杆练习，有助于体会过杆时的身体姿势和动作过程。由于双脚起跳，对形成过杆技术没有直接的效果，因此，当学生对动作有体会时，应及时地过渡到单腿起跳过杆的完整动作技术练习。

(4)身体重心位于杆上时所形成的“桥”形动作技术，主要来自倒肩放腿的动作效应，应注重以头部、肩部为前导的倒肩与放腿动作，避免单纯片面地追求形成身体背弓而忽视起跳及倒肩放腿的错误动作，在教学中应加强正确动作技术概念的理解与应用提示，以及正确的练习方法，发现错误动作时要及时采取改进措施并进行纠正。

(四)学习和掌握背越式跳高全程助跑起跳的技术与练习

(1)在教学中，应使学生掌握大量全程助跑距离及助跑路线的方法，并通过全程节奏跑和全程助跑起跳练习，提高助跑动作节奏的稳定性和步点的准确性。

(2)逐步加快助跑速度、加大练习的难度和提高练习强度。

(3)掌握因技术以外条件因素变化时(场地松软度、比赛条件、生理、心理因素等)，助跑距离及步点的调整方法。

(4)在学习阶段结束以后，应及时进行技术评定。通过技术评定，教师对学生掌握技术的情况做出客观评价，使学生了解自己掌握技术的进展情况和程度，以及下一阶段技术改进的方法。

(五)改进助跑技术

(1)助跑教学与练习要求上体保持正直或稍向前倾，在身体重心充分前移的基础上，加强后蹬，并注意支撑腿在后蹬结束后的折叠前摆动作。

(2)跳高助跑与普通跑在技术规格上有共同的要求，但跳高的助跑技术更强调在支撑阶段身体重心前移的幅度，因此要求后蹬充分，折叠前摆放松自然，上体适当前倾，使身体重心处于靠前的位置，为过渡到起跳创造更好的条件。

(3)上坡跑和负橡皮带牵引或负重弓箭步走的练习，都是增加阻力的条件作业练习，可与徒手跑的练习交替进行，目的是增强学生的后蹬能力和后蹬意识。

(4)在充分前移身体重心的基础上，加快步频和加大步长的技术练习是两种不同的跑法，教师应做出明确评价，帮助学生正确地区分和逐步形成正确的技术概念。

(5)提高学生对快速助跑重要意义的认识，逐步建立积极跑进的正确的技术概念。

(6)在练习时教师可通过提示性语言或信号刺激，强化学生的加速意识。在全程节奏跑练习时，测定最后 4 步助跑的速度，并及时反馈给学生，注意培养学生形成良好的速度感觉。

(六)改进助跑与起跳相结合技术

改进助跑与起跳相结合技术，应以发挥摆动腿支撑动作的主动性和积极性为重点。

加阻力的条件作业练习，目的在于增强摆动腿支撑和蹬伸阶段动作的用力感觉，它与不加阻力的练习相配合，可以加快动作的速度。

改进技术与发展摆动腿的支撑力量和用力速度同步进行，会获得更好的教学效果。因此，在进行单足跳等练习时，应对速度及强度提出一定的要求。

(七)改进起跳技术

(1)负重或加阻力的练习，要按正确的技术动作要求，并尽力按正常速度和幅度完成。

(2)徒手练习和不加阻力负载的练习，要以最快的速度完成，要体现出明显的速度变化节奏，逐步提高练习强度。

(3)负重和加阻力的练习，负荷重量应适宜，从学生的实际情况出发，合理安排阻力负荷。

(4)在进行跳深训练时，跳深的高度应符合学生的实际能力，以防受伤。

(5)在负重或徒手练习时，以不降低动作速度为前提，并确定适宜的练习次数，这有助于学生在动作速度上取得新的突破。

(八)改进和完善完整动作技术

(1)应将“以速度为中心”的指导思想贯穿于跳高技术教学的全过程，在完整动作技术练习中，要尽力保持技术的完整性，逐步体现出速度因素在各技术环节中的积极作用。

(2)在高强度的技术练习和比赛时，努力做到动作结构不变形，逐步提高技术的稳定性和形成个人的技术风格，有目的、有计划地安排学生参加各种测验和比赛。

五、背越式跳高教学中常见错误动作及其产生原因和纠正方法

在背越式跳高动作技术教学中，教师应根据教学中常见的错误动作，从动作技术的运动学特征、力学特征和生物力学特征几方面，分析错误动作的产生原因并提出纠正错误动作的方法与措施。

(一)起跳前减速和制动

1. 产生原因

(1)过早地为起跳做准备的心理，造成最后几步助跑减速，上体后仰。

(2)倒数第 2 步摆动腿支撑过渡过于消极，身体重心前移的幅度和速度不够。

(3)起跳腿前伸过远，着地时摆动腿未靠近起跳脚的支撑点，它所产生的冲击力减缓了身体重心前移的速度，造成制动。

2. 纠正方法

(1)重复讲解背越式跳高的技术特点，进一步建立助跑与起跳结合技术的正确概念。

(2)反复连续进行单足起跳和上步起跳练习，发展起跳腿的爆发力和增强摆动腿的蹬摆意识。

(3)使助跑与起跳衔接合理、快速有力。

(二)起跳后过早倒体

1. 产生原因

(1)起跳动作不充分、动作速度慢。

(2)有急于过杆的心理，最后两步助跑向内倾斜程度不足，致使离心力过大。

(3)倒肩动作过早，腾起角度较小。在起跳时增加了向横杆方向的用力。

(4)在沿弧线跑进时，没有很好地控制身体，逐步地加大向内倾斜，或者由于最后两步跑成直线，在离心惯性力的作用下，加快了上体过早倒向横杆。

(5)在倒数第2步摆动腿支撑过渡阶段，由于没有获得牢固的支撑和保持身体向内倾斜姿势踏向起跳点，造成过早倒向横杆。

2. 纠正方法

(1)通过全程节奏跑和全程助跑起跳练习，使学生逐渐习惯于在不断地加速中过渡到起跳，从而使助跑和起跳紧密地结合起来。

(2)练习过程中注意弧线助跑时随跑速加大身体向内倾斜，获得足够的向心力，保持弧线助跑的平衡，注意最后两步与横杆构成25°～30°的切入角度。

(3)多做助跑起跳头顶高物(或双手反摸足球门横梁)的辅助练习，注意着重解决助跑起跳的衔接动作技术。

(4)反复进行全程助跑练习，全程助跑起跳过杆练习。开始时用实线或虚线画出助跑路线，熟练后只设少数标志，强调依靠自身的本体感觉控制身体逐步加大向内倾斜，保证助跑曲线的合理和准确。

(三)“挺髋”动作不充分，“坐杆”或在杆上举腿过高

1. 产生原因

(1)过杆时没有完成倒肩放腿的技术动作。

(2)由于自我保护意识过于强烈有恐惧心理，在身体重心未过杆之前，就收腹举腿。

(3)起跳不充分，腾起高度不够，无充足的时间完成一系列过杆动作。

(4)动作顺序和用力部位概念不清，没有形成使身体各环节在其处于最高点时的依次过杆动作。

2. 纠正方法

(1)在过杆教学时，可先用橡皮筋或橡皮带代替横杆，并注意横杆垂面设置靠海绵垫近一些，以确保练习时的安全，消除学生的恐惧心理。

(2)重复做原地倒肩“挺髋”动作练习和原地跳起过杆练习，进一步体会过杆的动作顺序

和用力部位。

(3)借助于助跳板或低跳箱做助跑起跳上高海绵垫练习，使学生能在较大的腾空高度和较充足的腾空时间的条件下，克服惧怕心理，体会倒肩放腿、身体重心过杆后的收腹举腿动作，掌握好各环节依次过杆的顺序与时机。

(4)加强身体素质训练，尤其是发展起跳能力的训练。

(四)过杆时身体纵轴与横杆不能构成“十字交叉”

1. 产生原因

(1)助跑的最后两步与横杆平行，没有与横杆垂面构成30°左右的切入角度。

(2)最后一步时身体向内倾斜不足而使身体重心向后倒，采用跨越式过杆的起跳方法起跳。

(3)起跳时蹬摆动作幅度小、速度慢，尤其是摆动腿摆动内扣的力度、幅度不足导致身体不能背对横杆，不能形成以头、颈、肩、背、髋、膝、踝各环节依次过杆。

2. 纠正方法

(1)加强对动作技术概念的正确理解，改跨越式直线助跑起跳为背越式弧线助跑起跳，强调摆动腿屈膝上摆内扣并带动转髋的动作技术。

(2)弧线助跑时注重身体向弧线圆心处倾斜，起跳时应形成垂直转体背对横杆。强调起跳时要尽可能增大蹬摆动作幅度，尤其是摆动腿摆动内扣带动身体整体的转动背向杠杆。

(3)3～5步弧线助跑起跳跳上高垫，体会以肩背部位落垫，并使身体纵轴与横杆方向构成垂直交叉。

第四节　跳高项目相关竞赛规则

一、场地

第一，助跑道的最小宽度为16 m，长度不得短于15 m。在规则规定的一些国际比赛中，助跑道长度至少为25 m。

第二，助跑道和起跳区朝上横杆中心点最后15 m的总的最大倾斜度不得超过1∶250(0.4%)。该区域为半圆形，圆心在立柱之间的中心部位，起跳区应保持水平。

第三，在规则规定的一些国际比赛中，落地区最小为 6 m×4 m×0.7 m(长×宽×高)，放置于横杆垂直面后方。其他比赛，落地区最小为 5 m×3 m×0.7 m。跳高比赛时，跳高架立柱与落地区之间至少应有 0.1 m 的空隙，以免由于落地区移动而触及立柱，导致横杆掉落。

二、器材

第一，各种类型结构坚固的立柱或跳高架均可使用。跳高架应有能稳定放置横杆的横杆托。跳高架应有足够的高度，至少应超过横杆实际提升高度 0.10 m。两立柱之间的距离为 4.00～4.04 m。横杆托应水平放置，横杆托呈长方形，宽 40 mm，长 60 mm。在跳跃过程中，横杆托必须牢固地固定在立柱上且不可移动，朝向对面立柱。横杆两端放置于横杆托上，若被运动员触碰时，应易于向前或向后掉落。横杆两端与立柱之间至少应有 10 mm 的空隙。

第二，在比赛过程中不得移动立柱或跳高架，除非有关裁判长认为该起跳区或落地区已变得不适合比赛。如需移动立柱或跳高架，应在试跳完一轮次之后进行。

第三，为有助于执行规则，应在位于两个立柱外 3 m 处标出一条 50 mm 宽的白线(通常可用胶布或类似物质)，该白线后沿应与横杆后沿垂直面在一条线上，并延伸至立柱以外 3 m 处。

三、试跳

第一，比赛开始前，裁判长或主裁判应向运动员宣布起跳高度和每轮结束后横杆的提升高度，直至比赛中只剩下一名已获胜的运动员或存在并列第一名的情形。

第二，运动员可以在裁判长或主裁判事先宣布的横杆升高计划中的任何一个高度上开始试跳，也可在以后任何一个高度上根据自己的愿望决定是否试跳。只要运动员连续 3 次试跳失败，不管发生在任何高度，即失去继续比赛的资格，第一名成绩相等而进行决名次跳的情况除外。

允许运动员在某一高度上第一次或第二次试跳失败后，在其第二次或第三次试跳时请求免跳，并在后续的高度上继续试跳。运动员在某一高度上请求免跳后，不得在该高度上恢复试跳，除非出现第一名成绩相等时决名次跳的情况。

第三，即使所有其他运动员均已失败，一名运动员仍有资格继续试跳，直至他放弃继续比赛的权利。

第四，除非比赛中只剩下一名运动员，并且他已获得该项目比赛的冠军，否则：每轮次试跳结束后，跳高的横杆升高不得少于 2 cm，并且横杆升高的幅度不得增大；当某运动

员已在比赛中获胜时，经与相关裁判员或裁判长协商，由该运动员决定横杆提升的高度。（此规定不适用于全能比赛项目）

第五，出现下列情况之一者，应判为试跳失败。

其一，双脚起跳。

其二，试跳后，由于运动员的试跳动作，致使横杆未能留在两边的横杆托上。

其三，在越过横杆之前，运动员身体的任何部位触及横杆后沿（靠近助跑道）垂直面以前的（在两个立柱之间或之外的）地面或落地区。如果运动员在试跳中一只脚触及落地区，而裁判员认为他并未从中获得利益，则不应因此原因判该次试跳失败。

其四，运动员助跑后未起跳，触及横杆或两立柱垂面以前的地面或落地区。

思考与练习

1. 简述近百年来跳高技术的演变。
2. 现代跳高运动的发展趋势表现在哪些方面？
3. 简述背越式跳高助跑的目的和作用。
4. 简述背越式跳高的助跑技术要点。
5. 简述背越式跳高的起跳动作的目的及其动作技术要点。
6. 背越式跳高腾空动作的目的和任务是什么？
7. 简述背越式跳高练习中常见错误动作的产生原因和纠正方法。
8. 简述对背越式跳高的助跑速度的作用及与起跳的关系的理解。
9. 试分析背越式跳高过杆技术中“倒肩放腿”与“挺髋反弓”的关系。
10. 简述背越式跳高比赛中成绩相等时的名次判定。
11. 背越式跳高比赛中出现哪些情况应判为试跳失败？

第十五章
跳　远

本章要点与导学

本章介绍了跳远技术发展概况和发展趋势，详细分析了跳远技术，重点阐述了跳远技术的教学步骤与方法、手段，以及教学提示和注意事项，跳远教学中常见错误动作及其产生原因和纠正方法。

通过本章学习，使学生了解跳远技术的发展过程、趋势，跳远技术的特点和要求，根据不同教学对象的实际情况，能科学合理地选择正确的跳远教学步骤与方法、手段，掌握跳远技术和跳远技术教学中的一般教学规律、原则、注意事项，教学中常见错误动作及其产生原因和纠正方法。本章学习重点是跳远的起跳技术，学习难点是快速助跑和有力起跳的衔接技术。

第十五章数字资源

第一节　跳远的起源与发展

一、跳远的起源与演进

跳远源于远古时期。当人类还处于茹毛饮血的时代，原始人类在追逐猎物时，倘若遇到沟渠或障碍物，可纵身一跃而过。久而久之，跳远就逐渐成为人们生活、生产实践中的一种技能。同时人们还经常进行比赛，最终演变成现代竞技体育运动中的跳远项目。

跳远比赛是田径运动中最古老的一项比赛，它源于古希腊。据史料记载，世界上第一次正式的跳远比赛是在公元前 708 年在古希腊举行的第十八届古代奥运会上举行的，距今已有 2 700 多年的历史。当时的设施非常简单，只是把地面刨松，然后在前面放一块类似“门槛”的木板，竞技术者必须踏板而跳。这个“门槛”就是现在起跳板的前身。为避免落地时产生伤害事故，以后又发明了沙坑。古时跳远的成绩不用皮尺丈量，竞技者每跳一次后，在着地点画一条线，最后看谁跳得最远。评定名次时，不仅要看远近，还要看姿势是否优美，只有两者兼备的竞技者才能获胜。

近代跳远是在 19 世纪开始的。第一次较正规的比赛是 1860 年在英国牛津大学举行的，帕韦尔以 5.28 m 的成绩获胜。1886 年美国人发明了起跳板，这一改进使跳远的成绩出现了较大幅度的提高。1896 年第一届现代奥运会上男子跳远被列为正式比赛项目，而女子跳远从 1948 年起，才被列为奥运会的正式比赛项目。

二、跳远世界纪录

公元前 656 年，斯巴达选手齐奥尼斯在古代奥运会比赛中，跳出了相当于现在 7.04 m 的优异成绩，创造了古代奥运会的跳远最高纪录。近代早期跳远纪录，是 1860 年帕韦尔在英国牛津大学运动会上创造的，成绩为 5.28 m，可视为近代第一个正规比赛的原始成绩。1864 年英国选手麦切尔以 5.48 m 成绩创造了第一个公认而非正式的男子跳远世界纪录。1874 年 5 月 11 日，在都柏林，爱尔兰人雷恩第一个跳过 7 m，成绩为 7.04 m，与古代奥运会的跳远最高纪录相同。1898 年美国运动员米·普林斯坦首先采用了“两步半”的走步式跳远技术创造了 7.24 m 的世界纪录。1920 年芬兰运动员 B. 图洛斯以挺身式的新技术，跳出了 7.56 m 的好成绩。美国运动员欧文斯跳出的 8.13 m 和皮科尔跳出的 8.03 m 的成绩，使他们一举成为率先越过 8 m 的运动员。欧文斯在 1935 年创造的世界纪录曾经保持了 25 年之久。1960 年，美国运动员波斯顿用“三步半”的走步式技术，数次打破欧文斯保持的世界纪录，并于 1965 年将该纪录提高到 8.35 m。在 1968 年第十九届奥运会上，美国运动员比蒙以助跑速度快、动作幅度大、起跳时间短、腾空高的技术特点，创造了震惊世界的 8.90 m 的跳远世界纪录，舆论界曾称它是 20 世纪人类不可打破的纪录。1991 年在东京举行的第三届世界田径锦标赛上，美国运动员米·鲍威尔在助跑最后几步加速上板，以较高助跑速度和较大腾起角度的起跳技术，把比蒙保持了 23 年的跳远世界纪录改写为 8.95 m，创造了新的跳远世界纪录。

1928 年，日本运动员人见娟技以 5.98 m 的成绩创造了第一个正式的女子跳远世界纪录。1939 年德国选手 Y. 舒尔茨以 6.12 m 的成绩首先突破 6 m 大关。从 20 世纪 30 年代到 20 世纪 50 年代末，女子跳远世界纪录提高不快。进入 20 世纪 60 年代以后，女子跳远水平则显著提高。20 世纪 70 年代末到 20 世纪 80 年代初世界女子跳远成绩又有新的进展，女子跳远的世界纪录多次被苏联运动员刷新。1978 年苏联运动员 B. 巴尔道斯基涅以 7.09 m 的成绩成为第一个越过 7 m 大关的女运动员。1986 年德国运动员德雷克斯勒创造了 7.45 m 的世界纪录。1988 年，契斯佳柯娃把世界纪录提高到 7.52 m。

三、我国跳远项目的发展概况

新中国成立之前，第一届运动会就设立了男子跳远项目，当时来自上海的潘文炳以 5.918 m 的成绩夺冠。1948 年举行的第七届全运会上，郝春德以 6.91 m 的成绩创造了全国纪录，而当时近邻日本的国内纪录达到了 7.98 m。

跳远在中国直至 20 世纪 50 年代初期才开始有较好的开展和提高。1953 年，解放军运动员高树贵以 6.93 m 的成绩打破了新中国成立前的男子跳远纪录。1956 年，张启山以 7.25 m 的成绩成为国内第一个跳过 7 m 大关的运动员，后来又创造了 7.53 m 的全国纪录。20 世纪 60 年代中期，邓力行、黄智梧先后 3 次打破全国纪录，最高成绩达到 7.72 m，大大缩短了与世界水平的差距。

我国优秀运动员刘玉煌是第一位跳过 8 m 大关的国内跳远选手。1981 年和 1982 年，刘玉煌连续以 8.11 m、8.14 m 的成绩，两度改写亚洲跳远纪录。陈尊荣是第二位突破 8 m 大关的中国跳远运动员。1986 年至 1992 年，陈尊荣先后跳出了 8.23 m、8.26 m、8.36 m 的成绩，并三次打破了亚洲纪录。1990 年北京亚运会，陈尊荣成为第一个获得亚运会冠军的中国男子跳远运动员。20 世纪 90 年代后，国内又涌现出黄庚、劳剑峰、黄乐等一批男子优秀跳远选手。黄庚、劳剑峰分别在 1995 年、1997 年先后以 8.38 m、8.40 m 创造了新的全国和亚洲纪录。20 世纪 90 年代后期，中国男子跳远成绩出现停滞的现象。男子跳远成绩很难突破 8.30 m 大关，21 世纪初甚至出现倒退。经过一段时间的沉寂，中国男子跳远水平出现回升之势。2007 年以来，周灿、李灿灿、张晓一、李金哲等多名选手先后突破 8.20 m 大关。尤其是李金哲，连续跳出 8.30 m 的佳绩。2014 年，李金哲获得国际田联室内世锦赛男子跳远银牌，成为首个站在世界最高水平田径赛亚军领奖台上的中国男子跳远选手。当年 6 月，李金哲以 8.47 m 的成绩获得德国巴特朗根萨尔察跳远专项赛冠军，并打破了劳剑峰在 1997 年创造的 8.40 m 的全国纪录。

新中国成立前，我国女子跳远水平很低，纪录仅为 5.06 m。新中国成立后，女子跳远技术水平和运动成绩得到不断提高。1965 年肖洁萍以 6.44 m 的成绩创造了全国和亚洲的新纪录(列当年世界第 9 位)。1986 年，廖文芬以 6.57 m 成绩打破肖洁萍保持近 20 年的亚洲纪录。随后几年中，黄东活、王智慧、熊其英、刘淑珍等不断改写亚洲纪录，到1989年，成绩已达到6.89 m，进入了世界水平。1993年姚伟丽以7.01 m首次冲破7 m大关，并创造了新的亚洲纪录，此亚洲纪录仍保持至今。

四、跳远技术发展趋势

纵观现代跳远技术的发展过程，大体经历了力量型和速度型两个不同类型的发展阶段。20世纪60年代前，形成以苏联以及东欧国家为代表的力量型技术发展阶段。这一阶段，注重和强调对运动员进行最大力量训练。在完成起跳技术时，以打击式技术着地，以产生较大的制动力量。这种起跳技术，虽然能够获得较大的垂直速度，但水平速度损失也较多。跳远成绩不断提高与人类百米速度的提高、跳远技术的发展以及体育科研水平的提高有着密切的关系。在跳远技术发展过程中，速度越来越被人们重视，其在跳远的技术教学与训练领域中的主要作用更加凸显。以速度型为主的现代跳远技术也随之发展起来，并在现代跳远技术中占据主导地位。跳远的发展趋势主要包括以下三个方面。

(一)适当延长跳远助跑距离，增大助跑速度

由于速度在跳远中的重要作用，跳远项目越来越重视速度的利用。高水平运动员在起跑后40～50 m段落中才能达到个人的最高速度。为了在跳远中充分利用助跑所获得的最大水平速度，目前世界上一些优秀的男子跳远运动员助跑距离已经达到50 m(包括行进起动距离)。例如，鲍威尔的助跑距离为50.64 m，助跑速度为11 m/s(8.95 m)；刘易斯的助跑距离为51.3 m，助跑速度为11.06 m/s(8.92 m)。

(二)以速度为核心，抓好助跑与起跳相结合的跑跳衔接技术的训练

现代跳远起跳前的助跑速度已经达到11 m/s，增大助跑速度和起跳速度是跳远技术的发展方向。当人们越来越重视助跑速度时，会清楚地看到，助跑的速度越快，起跳时的难度越大。对优秀跳远运动员技术的分析与研究表明：最重要、起决定作用的是快速助跑和快速起跳相结合的技术。助跑最后几步的技术与起跳的结合是保证充分利用水平速度和获得理想起跳效果的关键，只有这一部分的技术合理、有效，才能获得最大的腾起初速度和适宜的腾起角度，从而取得理想的跳远成绩。

(三)重视摆动技术的运用和发挥其作用

近年来，通过对优秀跳远运动员技术的力学分析，人们更清楚地认识到，摆动腿和两臂摆动的时机、摆动的幅度、摆动的速度等，都对跳远起跳起着至关重要的作用，并且影响着起跳技术的正确与否以及跳远成绩的好坏。因此，在跳远技术的教学与训练中也都加强了对摆动技术的学习、掌握和提高，以有效地提高跳远成绩。

第二节　跳远技术

根据跳远动作技术的结构与完成动作的先后顺序，跳远的完整技术由助跑、起跳、腾空和落地 4 个部分组成(图 15-1)。

图 15-1　跳远动作技术的结构

一、助跑

跳远助跑的任务是使运动员在起跳前获得最快的水平速度，并为准确踏板和快而有力的起跳做好技术、身体和心理上的充分准备。助跑的具体要求是快速、准确、平稳、轻松、有弹性和有节奏。

(一)助跑的距离和步数

跳远的助跑距离并不是固定不变的，要根据比赛时跑道的弹性(或土质的软硬)、气候情况、风向关系、运动员的身体状况、比赛经验、心理状态等进行相应调整。

跳远助跑距离的长短，应以确保助跑任务顺利完成为依据。助跑距离过长或过短，都不利于助跑速度的充分发挥与利用，会直接影响起跳的效果。一般来说，运动员的加速能力和加速方式是决定助跑距离长短的主要因素。优秀男子运动员的助跑距离一般为 45 m 左右，跑 18～24 步，优秀女子运动员一般为 35 m 左右，跑 16～18 步。

一般来讲，30 m 和 100 m 跑的成绩，可作为确定运动员助跑距离的指标之一(表 15-1)。

表 15-1　短跑成绩与跳远助跑距离关系

30 m 起跑成绩/s	100 m 成绩/s	助跑步数/步	助跑距离/m
4.7	13.0	12	18—20
4.5	12.5	14	22—24
4.3	12.0	16	26—30
4.1	11.5	18	32—36
3.9	10.9	20	36—40
3.7	10.4	22	42—46

在助跑时，一般采用两个标志，第一个标志设在助跑的起跑线，第二个标志设在起跳板后 6～8 步的地方。

(二)助跑的方法

跑是跳的基础，跳是跑的发展与结果。如果跑不好，自然就不会跳得好。为了便于发挥助跑速度和准确踏板，应当固定助跑开始姿势。

助跑开始姿势一般有以下两种。

从静止状态开始起动：一般采用两腿微曲、两脚左右平行站立的"半蹲式"，或两腿前后分立的"站立式"起动姿势开始加速助跑。助跑开始 1～3 步的步幅和速度变化较小，有利于提高助跑的准确性。

行进中起动：行进间先走几步或用慢跑、垫步等方法踏上第一个起跑标志点后开始加速助跑。助跑动作放松、自然，有利于发挥助跑速度。由于是动态中进行助跑，因此其步点和速度不易控制，增加了助跑准确踏板的难度。

助跑的加速方式也有两种。

积极加速方式：从助跑一开始就积极加速，并保持较高的步频。这种加速方式虽能较快地摆脱静止状态，获得较高的助跑速度。但因其助跑动作紧张，故起跳的准确性也较差。

逐渐加速方式：与一般加速跑相似，它是在逐渐加大步长或保持步长的基础上提高步频。其加速时间较长，加速过程比较均匀平稳，跑的动作比较轻松、自然。起跳的准确性较好，每次试跳成绩也较稳定。刘易斯、鲍威尔等优秀运动员都是采用这种方式。

不论采用哪种加速方式，都要在起跳前获得较高的助跑速度，并有助于准确踏上起跳板和正确地进行起跳。

(三)最后几步的助跑技术

跳远最后几步(6～8 步)助跑是整个助跑技术的关键。在最后几步助跑中，既要保持高速度，又要为起跳做好充分准备，创造良好的起跳条件，这是一个难度较大的技术环节。

因此，在最后几步助跑中优秀运动员所具有的技术风格和特点，也往往体现在这一阶段。

最后几步的助跑技术，优秀运动员主要表现为两种技术特征：一种是最后几步的步长相对缩短，步频明显加快，形成一种快速进入起跳的助跑技术节奏。另一种是在步长相对稳定的情况下，加快步频，形成快速上板的技术特征。目前，世界优秀运动员大都采用后一种跑法。这种助跑技术有利于保持和发挥最高助跑速度，最后几步呈加速状态，使助跑和起跳的衔接更加紧密。例如，鲍威尔和刘易斯在 1991 年东京第三届世界锦标赛上创造世界纪录和最高成绩时，均表现出最后几步加速上板的特点。

在完成最后几步助跑时，要强调起跳前能保持跑的动作结构和放松，并保持高速度，这是现代跳远技术的一大特征。同时，强调保持较高的身体重心和最后几步的动作节奏，一般情况下，最后 3 步步长的比例为中、大、小(倒数第三步中等，倒数第二步大，倒数第一步小)。例如，鲍威尔跳 8.95 m 时，最后 3 步的步长分别为 2.42 m、2.52 m 和 2.25 m；刘易斯跳 8.92 m 时，最后 3 步的步长分别为 2.50 m、2.67 m 和 2.39 m。

二、起跳

起跳的任务是改变身体重心向前运动的方向，充分利用助跑所获得的速度，在较短的时间内，创造尽可能大的腾起初速度和适宜的腾起角(一般腾起角度为 18°～24°)。起跳时腾起的速度越大，就越有可能跳出更好的成绩。优秀运动员的腾起初速度可超过 9 m/s。例如，鲍威尔的腾起初速度为 9.09 m/s，刘易斯的腾起初速度为 9.72 m/s。起跳是从助跑最后一步摆动腿蹬地到起跳腿蹬离地面瞬间为止。起跳时间为 0.10～0.13 s。起跳技术按其动作过程的特征分为 3 个动作技术阶段：起跳腿的放脚着地阶段、屈膝缓冲和起跳腿蹬伸阶段(图 15-2)。

图 15-2 跳远起跳技术

(一)起跳腿的放脚着地(即着板)阶段

在助跑最后一步，支撑的摆动腿积极后蹬时，起跳腿积极前摆，大腿抬得比短跑时稍低一些，然后快速有力地下压。起跳脚应积极、主动地着地，这既可减少着地时的冲撞力，也可以为着地后快速前移身体做准备。起跳脚着地时，足跟与足掌几乎同时接触地面，着地瞬间上体基本正直，小腿与地面夹角约为65°角，膝关节为175°角。

起跳技术阶段放脚着地时要用全脚掌在身体正前面着地，以产生最大的垂直分力。如果用脚跟先着地，会导致制动和停顿。另外，如果用前脚掌先着地，会导致起跳腿在着地冲击力的作用下失去稳定性并被冲击力压垮。起跳时，在身体移向腾空的过程中，要不停地向上用力，直至蹬离地面。

（二）屈膝缓冲阶段

起跳脚着板后，身体重心继续积极前移，由于助跑水平速度的作用，迫使起跳腿的髋、膝、踝这3个关节退让弯曲，这就是屈膝缓冲阶段。缓冲的作用主要在于减缓起跳过程中前支撑时期所产生的制动力，减少助跑速度的损失，迅速改变身体重心的运动方向，保证身体重心继续积极前移，为快速有力的蹬伸创造有利条件。

优秀跳远运动员在缓冲时膝关节弯曲角度是138°～145°，如刘易斯是140°、鲍威尔是148°。研究结果表明，随着训练水平的提高和起跳技术的完善，起跳缓冲时，膝关节的弯曲度趋于减小。起跳时，膝关节的缓冲大小与提高蹬伸动作的幅度有密切的正相关，膝关节的弯曲度越大，起跳时间也就越长，这不利于完成爆发式的蹬伸动作，影响起跳的效果。因此，在运动实践中要提高起跳效果，要获得最大的腾起初速度，首先要重视提高缓冲动作的效果。缓冲是蹬伸的基础和前提，它决定了蹬伸时运动员的身体姿势、蹬伸效果、生理以等条件。

（三）起跳腿蹬伸阶段

蹬伸阶段是由起跳腿膝关节最大弯曲时始至起跳脚蹬离地面瞬间止。起跳腿蹬伸阶段是取得腾起速度的有效阶段，起跳腿蹬伸越快、越充分、越有力，则获得的腾起速度就越大，因而成绩也就越好。

在蹬伸时，不只是强调起跳腿的蹬地动作，而是要使整个身体向上伸展，并与摆腿、摆臂和提肩等动作协调配合。当蹬伸动作结束时，运动员的身体重心应位于较高的位置，起跳腿的髋、膝、踝这3个关节充分伸展，上体和头部保持正直姿势，此时身体前倾或后仰都会产生回旋或加大制动。摆动腿大腿接近水平，小腿自然下垂，双臂前后摆动，蹬地的角度为70°～75°，并注意提肩、拔腰。

起跳中的摆动动作对于减少着地时的制动力，加大动作幅度，提高起跳速度，增强起跳效果有着十分重要的作用。因此，起跳时不仅要强调起跳腿的快速有力蹬伸，还要十分注意摆动动作，以及起跳过程中蹬与摆的协调配合。

摆动动作在不同的起跳阶段有着不同的作用。起跳开始时，向前、稍向下的摆臂动作，可缓和起跳脚着地时的冲击，减小缓冲期中的压力。但当摆动腿和臂用力向上摆时，则可增大起跳腿的肌紧张，提高肌肉用力的效果。当起跳动作接近完成时，臂、腿摆动“突停”以产生制动，有助于将助跑获得的动量“传递”到全身，通过起跳腿的有力蹬伸，获得最大的腾起初速度。

三、腾空技术

起跳离地后人体向空中腾起，并在空中完成各种动作到落地的过程就是腾空与落地动作技术阶段。腾空作技术的任务是保持身体在空间运动的平衡和为落地创造有利条件。而正确的落地是为了获得理想的运动成绩，以及防止运动损伤情况的发生。

身体腾空后，在没有外力的作用下，身体重心移动的抛物线轨迹是不会改变的，但可以改变身体各部分的相对位置，利用补偿原理，使之保持身体平衡和为有效的落地创造条件。

跳远起跳后进入腾空，不论采用哪种空中姿势都有一个腾空步动作，腾空步可以较大限度地克服起跳中产生的身体向前旋转，有利于完成起跳后的各种空中姿势。腾空步之后，根据空中动作的形成可以分为蹲踞式、挺身式和走步式三种。

(一)蹲踞式跳远

蹲踞式跳远动作非常简单、自然，特别适合初学者和中小学生学习。蹲踞式跳远时，运动员在空中保持腾空步的时间较长，摆动腿大腿抬得较高，膝关节的屈度大，两大腿之间的夹角也较大，同时两臂向前挥摆。腾空步后，起跳腿逐渐向摆动腿靠拢，然后两腿一起上举，使膝接近胸部，形成空中蹲踞的姿势。由于屈腿和上体前倾，下肢靠近身体重心，旋转半径较短，容易产生前旋，因而要注意上体与头保持正直的姿势，以维持身体的平衡。落地前大腿上抬，接着小腿前伸，同时两臂向前使腿臂动作协调一致，两臂下落经体侧摆到体后(图 15-3)。

图 15-3　蹲踞式跳远空中动作技术

(二)挺身式跳远

起跳腾空后，摆动腿下放、伸髋与稍稍顺势前移的起跳腿靠拢。在腾空最高点时，身体充分伸展形成挺胸展髋的姿势，两臂上举或后摆，然后收腹举腿，双腿前伸完成落地动作(图 15-4)。

图 15-4　挺身式跳远空中动作技术

起跳后，保持腾空步的时间比蹲踞式的要短。腾空步后，展髋放下摆动腿，并后摆向起跳腿靠拢。腾空步开始时，两臂保持一前一后，当摆动腿放下时，两臂同时下落。然后摆动腿继续向后运动，两臂外展，头和上体也适当同时向后运动，并挺胸展髋使躯干呈反弓形，继而收腹举腿，两臂上举，准备做落地动作。着地前两膝向胸部靠拢，小腿和两臂前伸增加着地的远度。

挺身式空中动作，能使体前肌肉拉长，有利于收腹举腿和前伸双腿落地。同时，挺身式在空中展体挺身姿势，与蹲踞式相比，它相应地加大了身体前旋半径，减慢了前旋的角速度，这样有利于维持身体平衡和落地动作的顺利完成。

(三)走步式跳远

走步式跳远是目前效果最好的一种跳远腾空技术动作，世界大多数优秀跳远运动员都采用这种姿势。其优点是走步式跳远的各种技术部分衔接紧密，动作连贯自然，便于发挥助跑速度、保持跑的节奏、快速起跳和维持身体平衡。走步式有两步半和三步半两种。它是由运动员的腾空高度、滞空时间、动作速度和协调性来决定的。腾空步后摆动腿下落，继续向后运动，同时展髋、起跳腿屈膝前摆，在空中完成一个自然的换步动作，形成起跳腿在前、摆动腿在后的空中“跨步”动作(图 15-5)。

换步时，要注意保持跑的自然动作，摆动腿由曲到直向后摆动，起跳腿由直变曲，以大腿带动小腿向前摆动，摆动的动作幅度要大。完成一个换步接着做落地动作的叫两步半走步式；完成两次换步再做落地动作的叫三步半走步式。

走步式的摆臂方法有两种：一种是摆臂与下肢动作协调配合的自然前后摆动；另一种是摆臂和下肢动作协调配合，做直臂轮摆动作。

走步式跳远对运动员的身体素质要求较高。因此，初学者掌握走步式跳远技术有一定的难度。

图 15-5 走步式跳远空中动作技术

四、落地技术

选择合理的落地技术，尽可能地推迟脚落地的时间，充分利用身体重心腾起的远度，保证身体移过着地点，防止伤害事故的发生，安全落地，获得理想的跳远成绩。

着地前两腿屈膝高抬成团身姿势，大腿要主动向胸部靠拢，上体前倾。即将着地时，膝关节迅速伸直，小腿向前伸出，以脚跟先接触沙面。当脚跟触及沙面时，立即屈膝，骨盆前移，两臂前摆，使身体迅速前移越过落点，避免后坐，以使跳远成绩不会受到影响（图 15-6）。

图 15-6 跳远落地动作技术

第三节 跳远教学

一、跳远教学重点与难点

(一)教学重点

起跳技术是跳远技术中最为关键的环节，是跳远教学重点。起跳技术主要由起跳腿的起跳技术和摆动腿的摆动技术两部分组成。

(二)教学难点

快速助跑和有力的起跳相结合是跳远教学难点。在起跳过程中应提高助跑速度的利用率，减小速度的损失，以获得较理想的腾起初速度和适宜的腾起角度。

二、跳远教学步骤与练习方法

(一)介绍跳远的一般知识

教师通过讲解或利用录像、电影、图片等方法，介绍跳远的基本知识和竞赛规则，使学生明确蹲踞式、挺身式和走步式三种技术的概念与要求。

(二)学习起跳技术(视频 15-1)

1. 学习目的

让学生明确跳远起跳技术的各个环节，培养学生快速助跑与有力起跳相衔接的能力。

2. 动作要领

起跳腿上板时，上体应保持正直或稍后仰。着地时脚掌和脚跟几乎同时接触起跳板的扒地式落地。缓冲时膝关节弯曲角度为 135°～145°，蹬伸时起跳腿的髋、膝、踝三个关节充分蹬直。摆动腿以膝关节领先向前上方高摆，摆动腿异侧手臂屈肘向前上方摆动，同侧手臂后引向体后摆动，以维持身体在空中的平衡。

3. 练习方法

(1)原地做两臂和摆动腿的摆动练习。

双腿原地站立，支撑腿在前，摆动腿在后，然后摆动腿折叠向前上方高摆，支撑腿顺势蹬直，摆动腿异侧手臂配合摆动腿折叠向前上方摆动，同侧手臂折叠自然后引向身后摆动。20～30 次一组，反复练习。

(2)走动中起跳接腾空步练习。

要求起跳脚快速有力蹬伸的同时，摆动腿积极向前上方摆动，上下肢协调配合，落地时摆动腿先接触地面，身后的起跳腿折叠自然向前迈步。15～20 次一组，反复练习。

(3)上一步起跳接腾空步落入沙坑练习。

两脚前后站立，起跳腿在后，上一步做起跳练习，体会蹬地腿与摆动腿、上肢与下肢的协调配合。要求起跳脚快速着地蹬伸的同时，摆动腿以膝关节领先迅速向前上方高摆，双臂配合下肢协调进行摆动，并使身体重心迅速前移，上体保持正直，落地时摆动腿先落入沙坑，身后的起跳腿折叠自然向前跑出。15～20 次一组，反复练习。

(4)连续助跑 3～5 步起跳接腾空步练习。

要求助跑动作要轻快，体现出跳远最后几步的快节奏。完成起跳动作时，上体正直，挺胸、拔腰、提肩、顶头，起跳腿充分蹬伸，摆动腿折叠向前上方摆动，在空中形成腾空步姿势，腾空结束后，摆动腿积极下压落地，快速向前跑出接着完成下一个腾空步。5～10次一组，反复练习。

(5)短距离助跑起跳成腾空步落入沙坑练习。

要求助跑要轻快、有弹性、有节奏地向前跑进，助跑与起跳快速衔接，起跳后在空中呈腾空步姿势，落地时摆动腿先下压落地，随即向前跑出沙坑。10～15次一组，反复练习。

(6)中程距离助跑起跳成腾空步练习。

要求助跑应高重心、有弹性、大步幅和有节奏地向前跑进，强调快速助跑与有力起跳相衔接，以使运动员掌握正确的起跳技术。起跳后在空中呈腾空步姿势，落地时摆动腿先下压落地，随即向前跑出沙坑。10～15次一组，反复练习。

(三)学习助跑技术(视频15-2)

1. 练习目的

培养学生控制助跑节奏的能力，强化其快节奏上板的意识。

2. 动作要领

助跑需高重心、高抬膝、大步幅、快频率地向前跑进，并使助跑与踏跳技术紧密结合。助跑距离能保证运动员在上板瞬间达到最高的助跑速度。

3. 确定助跑距离的练习方法

(1)反测法：以起跳板为起跑点，按预定的步数和节奏向跳远助跑道相反的方向助跑起跳，然后再以该起跳点为起跑点顺向进行助跑起跳，反复校正。

(2)定距测量法：根据运动员的速度能力和训练水平，确定一定范围的助跑距离，在跑道上按照所定的区域进行助跑起跳，确定好起跑点到起跳点之间的距离后，将此距离移至跳远的助跑道上进行修正。也可按上述的测量方法直接在跳远的助跑道上测量助跑距离。

(3)分段计时测量法：采用自由启动加速跑，在25 m、30 m、35 m、40 m、45 m等处计时，找出运动员发挥最高速度的区域，并在此区域内结合踏跳，确定起跳点，然后丈量起跑点与起跳点之间的距离，最后将此距离移至跳远助跑道上进行修正。

(四)学习蹲踞式跳远技术(视频15-3)

1. 练习目的

让学生初步掌握蹲踞式跳远技术，感受腾空时的身体姿态。

2. 动作要领

起跳腾空后，保持腾空步时间较长，当身体到达最高点时，起跳腿向前上方提举与摆动腿靠拢，形成团身蹲踞姿势，两臂自然上举，落地时两腿前伸落入沙坑。

3. 练习方法

(1)原地向上起跳，在空中收腹举腿屈膝成蹲踞姿势。

要求起跳后摆动腿屈膝积极向上高摆，起跳腿充分蹬直，然后起跳腿向摆动腿靠拢，形成蹲踞姿势落地。20～30 次一组，反复练习。

(2)走动中的蹲踞式跳远模仿练习。

要求在走动过程中做好腾空步姿势后，起跳腿屈膝向前上方抬起，向摆动腿靠拢，然后团身收腹举腿成蹲踞式姿势落地。15～20 次一组，反复练习。

(3)4～8 步助跑由高处向沙坑跳下，做蹲踞式跳远动作练习。

起跳成腾空步后，起跳腿快速向摆动腿靠拢，完成团身收腹举腿成蹲踞式姿势，同时小腿前伸以双脚落入沙坑。10～15 次一组，反复练习。

(4)中、短程助跑起跳以蹲踞姿势越过障碍的练习。

要求起跳成腾空步后，起跳腿向摆动腿靠拢，形成蹲踞姿势越过障碍，然后小腿前伸落入沙坑内。10～15 次一组，反复练习。

(5)半程助跑蹲踞式跳远练习。

要求助跑轻快、放松、有节奏地向前加速跑进，起跳后空中采用蹲踞式技术动作，然后双腿前伸落地。10～15 次一组，反复练习。

(6)全程助跑蹲踞式跳远练习。

要求助跑轻快、高重心、有弹性、有节奏地积极加速攻板起跳，起跳成腾空步后，起跳腿迅速向摆动腿靠拢，空中形成蹲踞动作，然后双脚前伸落入沙坑。2～3 次一组，反复练习。

(五)学习挺身式跳远技术(视频 15-4)

1. 练习目的

让学生初步掌握挺身式跳远技术，感受腾空时的身体姿态。

2. 动作要领

起跳腾空后，摆动腿下放与起跳腿靠拢，同时伸髋形成挺胸展髋姿势，两臂自然上举或后摆，然后收腹举腿，双腿前伸落入沙坑。

3. 练习方法

(1)原地、走动中的挺身式跳远模仿练习。

要求原地做好腾空步姿势，摆动腿下放时注意要带有弧度，展髋挺胸，两臂自然向后上方摆动，然后收腹举腿落地。20～30 次一组，反复练习。

(2)走动中由高处向沙坑或海绵垫跳下，做挺身式跳远的模仿动作。

要求起跳做好腾空步动作后，在空中摆动腿下放，并向后摆，髋部前移，挺胸展体成挺身姿势，两臂由前经体侧向后上方摆动，然后收腹举腿前伸小腿落入沙坑。15～20次一组，反复练习。

(3)短、中程距离助跑用跳板起跳完成挺身式跳远动作。

要求助跑轻快、高重心、有弹性、有节奏地积极加速完成起跳，空中动作注意摆动腿的下放，挺胸展髋成挺身式姿势，两臂摆动协调配合，落地时注意收腹、举腿、前伸小腿落入沙坑。5～10次一组，反复练习。

(4)全程助跑的完整挺身式跳远练习。

要求助跑轻快、高重心、有弹性、有节奏地积极加速攻板起跳，空中注意摆动腿的下放后摆，挺胸展髋成挺身式姿势，两臂摆动协调配合，落地时注意收腹、举腿、前伸小腿落入沙坑。2～3次一组，反复练习。

(六)学习走步式跳远技术(视频15-5)

1. 练习目的

让学生初步掌握走步式跳远技术，感受腾空时的身体姿态。

2. 动作要领

起跳形成腾空步后，摆动腿向下、向后摆动，同时起跳腿屈膝前摆，在空中完成一个自然的换步动作，形成起跳腿在前、摆动腿在后的空中“跨步”动作。完成一个换步接着做落地动作的叫“两步半走步式”，完成两次换步再做落地动作的叫“三步半走步式”。换步时，要注意保持跑的自然动作，摆动腿由曲到直向后摆动，起跳腿由直变曲，以大腿带动小腿向前摆动，摆动的动作幅度要大。

3. 练习方法

(1)原地、走动中走步式跳远模仿练习。

要求原地(双杠或单杠上)、走动中模仿走步式跳远空中换步动作，摆动腿向前向后做“车轮式”的大幅度摆动模仿走步式的空中动作，体会在空中走两步半的动作过程。上体保持正直，随着迈步向前走的同时，两臂配合腿部动作做环绕摆动，上下肢摆动动作的配合要协调一致。20～30次一组，反复练习。

(2)走动中从高处向沙坑跳下，完成走步式跳远动作。

换腿摆动动作，同时两臂协调配合，收腹举腿前伸小腿落入沙坑。10～15次一组，反复练习。

(3)短、中程距离助跑用跳板起跳完成走步式跳远动作。

要求助跑轻快、高重心、有弹性、有节奏地积极加速完成起跳，蹬伸充分，空中动作注意两腿大幅度地换腿摆动动作，上体保持正直，同时两臂与两腿协调配合，收腹举腿前伸小腿落入沙坑。5～10次一组，反复练习。

(4)全程助跑完成走步式跳远的技术练习。

要求助跑轻快、高重心、有弹性、有节奏地积极加速攻板起跳，起跳腾空后，上体保持正直，两臂与两腿协调配合，完成“两步半”的换腿动作，以双脚同时落入沙坑，完成走步式跳远。2～3次一组，反复练习。

(七)学习跳远的落地技术(视频15-6)

1. 练习目的

使学生掌握合理的跳远落地技术。

2. 动作要领

着地前两腿屈膝高抬成团身姿势，大腿主动向胸部靠拢，上体前倾。即将着地时，膝关节迅速伸直，小腿向前伸出，以脚跟先接触沙面。当脚跟触及沙面，立即屈膝，骨盆前移，两臂前摆，使身体迅速前移越过落地点。

3. 练习方法

(1)原地向上跳起，空中做收腹举腿练习。

要求大腿尽可能向胸部靠近。10～15次一组，反复练习。

(2)立定跳远练习。

强化腾空后的收腹举腿练习。空中收腹团身后，前伸小腿落地。5～10次一组，反复练习。

(3)助跳板起跳的落地技术练习。

4～6步助跑，起跳脚踏上助跳板起跳后，空中完成团身收腹举腿，前伸小腿的落地动作。5～10次一组，反复练习。

(八)学习跳远的完整技术

1. 练习目的

提高学生快速助跑与有力起跳相衔接的能力，改进和完善全程跳远技术，不断提高跳远成绩。

2. 动作要领

全程快速助跑，尽可能在保持最高速度的前提下完成起跳，腾空后身体较为平衡，并在落地前形成了最佳的身体姿势，以取得落地的最佳效果。

3. 练习方法

(1)全程助跑的起跳技术练习。

要求在确定助跑的距离、步数以及标志物设置的地点后，进行全程助跑练习，反复体会助跑节奏和加速上板的跑跳衔接技术。助跑应轻快、高重心、有弹性、有节奏地积极加速跑进，能较好地发挥出助跑速度，使助跑与起跳的跑跳衔接连贯，逐步做到跑得快、跑得准，能快速攻板起跳，并注意结合个人特点改进技术。

(2)全程助跑的完整跳远技术练习。

通过全程助跑的完整跳远技术练习，逐步加快助跑速度、加大练习的难度和提高练习的强度，反复体会助跑节奏、快速上板的跑跳衔接技术和腾空与落地技术，使学生能较好地掌握跳远的完整技术。

(3)重视运用技评和教学比赛，加快信息反馈，改进和完善跳远技术。

通过技术评定与教学比赛，客观准确地将有关信息及时反馈给学生，使学生能准确了解自己掌握技术的程度以及存在的问题和不足，有针对性地采取有效改进技术的方法与措施，不断改进和完善学生的跳远技术动作，提高运动成绩。

三、跳远教法提示及注意事项

第一，练习速度由慢到快，动作幅度由小到大，练习的助跑距离由短程助跑到中程助跑再到全程助跑。

注意事项：助跑的步长、步频应相对稳定，采用固定的助跑起动姿势和起跑加速方式，保持跑的正确技术，以加快步频来达到和发挥较高的助跑速度，并确定一个较适宜的起跳区，让学生在快速助跑的情况下进行起跳练习，逐步提高起跳的稳定性和准确性。

第二，练习时强调快速助跑和快速起跳之间的跑跳衔接技术，强调以发挥速度为核心的技术教学。

注意事项：保持跑的正确技术，用最快速度进行起跳技术练习，最后几步助跑身体应保持高重心，以加快步频来达到和发挥高速助跑，起跳时要积极主动攻板，用全脚掌上板进行快速有力的跑动式起跳，上体保持正直，向前上方快速起跳。助跑过程中不能出现改变跑的姿势或跨步、捣小步、停顿等现象，起跳应做到放脚快，蹬伸起跳快，注意提肩、拔腰、顶头以及整个身体的伸展动作，强调摆腿与摆臂的动作协调配合和上下肢动作的协调配合，尽可能地获得大的腾起初速度和适宜的腾起角度，提高跳远的成绩。

第三，无论采用何种空中姿势，都要求保持上体正直，腿臂协调配合，以维持身体的空中平衡，在落地前尽量收腹举腿将腿向前伸出，获得理想的跳远成绩。

注意事项：起跳时产生向前回旋的力在腾空后仍然继续存在，腾空阶段头部、躯干、摆动腿和两臂的正确位置和技术，有利于减慢身体向前回旋以维持好身体的平衡。头部应稍微抬起，将两眼的平视转为向前上方看，以保证头部位置的平稳；躯干要保持正直，躯干的任何前倾都会加速身体的前旋，影响身体的平衡；摆动腿和两臂摆动的正确动作技术以及它们之间的协调配合，能有效地保证身体的空中平衡。上述各环节动作都是在相互紧密配合中完成的。它们之间衔接得越好，配合得越协调一致，身体的平衡就越稳定，效果就越显著。落地的方式有前倒落地、侧倒落地、坐式落地、下滑式落地。但无论采用哪一种落地方式，都要掌握正确的落地技术，即要尽可能地推迟脚着地的时间，加大着地点和使身体重心投影点之间的距离，避免身体向后坐在沙坑，影响跳远远度，并防止伤害事故的发生。落入沙坑前应收腹举腿、膝关节向胸部靠拢，然后向前伸小腿，用脚跟首先触及沙坑，使身体重心迅速向前移过着地点。

第四，选择适合充分发挥个人身体素质特点和技术特长的跳远技术。

注意事项：学生无论在身体条件、身体素质、技术特点上都各不相同，即存在着一定的差异。有的速度较快，有的弹跳好些，有的起跳技术好，要根据他们的具体情况，在选择适合于他们个人特点的技术时，应更多地考虑如何充分利用和发挥他们自身的这些特点和优势，而不仅仅是盲目地模仿某一个优秀运动员的技术动作。个人的技术特点和技术风格应该是符合技术原理和正确技术的基本要求。通过全程助跑的完整跳远技术练习，使学生反复练习和体会助跑节奏、快速上板的跑跳衔接技术和腾空与落地技术，在练习中发现问题和存在的不足，采取有针对性地改进技术的措施、方法与手段，不断改进和完善学生的跳远技术动作，形成有个人技术特点的跳远技术。

四、跳远教学中常见错误动作及其产生原因和纠正方法

(一)助跑步点不准

1. 产生原因

(1)跑的技术不好，助跑起动方式不固定。

(2)助跑加速时步长变化大，助跑最后几步步长、节奏不稳定，最后一步起跳脚踏板技术不正确。

(3)受气候、场地、身体机能状况和心理因素的影响。

2. 纠正方法

(1)反复进行各种跑的练习，改进跑的技术，固定助跑的起动方式和加速方式，正确使用助跑标志，掌握正确的助跑节奏。

(2)反复进行不同距离的助跑起跳练习，着重改进和掌握起跳脚的攻板放腿技术。

(3)加强在变换练习条件和练习环境的情况下的练习，培养和提高适应能力与应变能力，以提高助跑的稳定性。

(二)助跑的最后几步减速

1. 产生原因

(1)步点不准，最后几步步长过大或过小。

(2)助跑技术概念不清楚，助跑节奏不好，害怕犯规，缺乏积极的攻板意识。

(3)跑的技术和体力差，缺乏快速助跑的能力。

2. 纠正方法

(1)反复进行助跑练习，特别要注意最后几步步长的稳定以及有规律的变化。

(2)明确助跑技术的概念，掌握跑的正确技术和合理的助跑节奏，提高积极地向板进攻的意识，在最后几步保持较大步长的前提下，快频率上板。

(3)提高跑的技术，提高身体素质，增强快速助跑的能力，以保证加速上板的能力。

(三)起跳腿蹬伸不充分

1. 产生原因

(1)起跳时髋关节没有积极前“送”。

(2)摆动腿和两臂摆动的速度慢，幅度较小。

(3)动作不协调，起跳腿力量不足，快速起跳的能力差。

2. 纠正方法

(1)反复进行短距离助跑起跳练习，强调起跳时顶头、提肩、拔腰、送髋。

(2)起跳时积极加大摆动腿和两臂的摆动速度和幅度。

(3)做各种跳跃练习，改进动作的协调性和发展腿部力量。

(四)起跳后身体前旋，失去平衡

1. 产生原因

(1)起跳时身体过于前倾。

(2)过早地向前收起跳腿。

(3)急于做落地动作。

2. 纠正方法

(1)反复进行起跳成腾空步的练习，注意起跳时头和上体的正确姿势。

(2)短、中距离助跑跳远练习，要求起跳时上体保持正直，目视前方，做好腾空步，在腾越一定距离后再做落地动作。

(五)着地时，小腿前伸不够

1. 产生原因

(1)落地前低头，上体过分前倾。

(2)腰腹力量和下肢柔韧性差。

2. 纠正方法

(1)立定跳远练习，要求落地前小腿向前伸出。

(2)跳远落地阶段，强调大腿高抬和小腿积极向前伸出。

(3)发展腰腹肌力量和下肢肌群、韧带的柔韧性。

第四节　跳远项目相关竞赛规则

一、场地

(一)助跑道

助跑道长度从起跳线量至助跑道尽头至少应为 40 m。条件允许时，应为 45 m；助跑道宽度为 1.22 m±0.01 m ，应用 50 mm 宽的白线标出助跑道；助跑道的左右最大倾斜度不超过 1∶100(1%)。

(二)起跳板

起跳板是起跳的标志，应水平埋入地下，上沿与助跑道及落地区表面齐平。起跳板靠近落地区的边沿为起跳线，紧靠起跳线前端应放置一块橡皮泥显示板，以便于裁判员进行判罚。起跳线至落地区远端的距离至少应为 10 m，至落地区近端的距离为 1～3 m。

(三)落地区

落地区的宽度最小为 2.75 m，最大为 3 m。助跑道应对准落地区中央，使助跑道中心线延长时与落地区的中心线重合。

二、试跳

(一)如出现下列情况，应判为试跳失败

(1)在起跳过程中，无论是助跑后未起跳还是做了试跳动作，运动员身体任何部位触及起跳线以前的地面(包括橡皮泥显示板的任何部分)。

(2)从起跳板两端之外起跳，无论是否超过起跳线的延长线。

(3)在助跑或跳跃中采用任何空翻姿势。

(4)起跳后，在第一次接触落地区前接触了助跑道、助跑道外的地面或落地区外的地面。

(5)在落地过程中(包括任何失去平衡)触及落地区边沿或落地区以外地面，而落地区外的触地点较落地区内的最近触地点更靠近起跳线。

(6)当运动员离开落地区时，其脚在落地区边线或边线外地面的第一触地点，应比在沙坑内的最近触地点离起跳线更远(该最近触地点可能因为失去平衡而留下的完全在落地区内的痕迹，或运动员向回走时留下的距起跳线较落地点更近的痕迹)。

(二)以下情况不应判为试跳失败

(1)运动员在任意位置跑出助跑道白色标志线。

(2)运动员在抵达起跳板之前起跳。

(3)运动员的脚或鞋的一部分触及起跳板任何一端以外、起跳线之前的地面。

(4)运动员在落地过程中其身体的任何部分(或任何附着于身体上的东西)触及了落地区以外的地面。

思考与练习

1. 简述跳远技术的发展概况及发展趋势。
2. 简述跳远助跑的任务与要求。
3. 简述跳远助跑的开始姿势和助跑的加速方式。
4. 简述蹲踞式、挺身式空中姿势的基本要求。
5. 简述跳远教学的重点与难点。
6. 简述蹲踞式、挺身式跳远技术教学的步骤与方法。
7. 简述跳远助跑最后几步减速所产生的原因及纠正方法。
8. 简述跳远起跳的任务。
9. 简述跳远教学中选择不同的跳远技术的依据。
10. 简述跳远助跑时步点不准的原因及纠正方法。

第十六章
三级跳远

本章要点与导学

本章简要介绍了三级跳远技术发展概况，分析了三级跳远的技术要求，重点阐述了三级跳远技术的教学步骤与方法，以及三级跳远教学中常见错误动作及其产生原因和纠正方法。

通过本章学习，使学生掌握三级跳远的技术，熟悉三级跳远三跳的技术特点，掌握其教学特点和注意事项。本章学习重点是学习和掌握第一跳技术，学习难点是扒地式起跳技术和各跳间的衔接技术。

第十六章数字资源

第一节　三级跳远的起源与发展

一、三级跳远的起源与演进

三级跳远起源于18世纪的苏格兰和爱尔兰，苏格兰采用单腿跳、跨步跳、跳跃，爱尔兰采用单腿跳、单腿跳、跳跃。现代国际田联规定必须采用苏格兰跳法。三级跳远最早的正式比赛可追溯到1826年3月17日首次举行的苏格兰地区运动会，比蒂创造了12.95 m的第一个三级跳远纪录。1896年第一届奥运会上，男子三级跳远被列为正式的比赛项目。

最初的三级跳远技术是比较低级的，人们对于这项运动的技术特点认识比较肤浅，第二跳的跨步跳，仅仅是作为第一跳和第三跳的过渡。1936年日本运动员第一个跳了16 m，其技术特点是第一跳跳得高而远，起跳有力，动作灵巧。但第二跳起跳迟缓，远度较短，三跳的节奏不均匀。以后各国运动员曾努力使三级跳远发展到三跳紧密衔接，没有停顿的技术阶段。20世纪50年代中期，苏联运动员改进了"单脚跳"的技术，形成了"高跳型"的技术风格，其特点是腾空抛物线高、交换腿的时间晚、用高摆腿的落地方式，使成绩又有了新的提高。20世纪60年代出现了平跳型技术，波兰运动员施密特采用平跳型技术首次跳过了17 m，其技术特点是助跑速度快、腾空抛物线低、身体的向前性好、第三跳跳得远。20世纪70年代以后，三级跳远的技术发展较快，世界各国的优秀运动员不断总结经验，改进了起跳和落地的技术，使三跳远度的比例更加合理，世界纪录不断被打破。1995年英国运动员爱德华兹以18.29 m打破了男子三级跳远世界纪录，他也成为第一个突破18 m大关的运动员，他的技术特点为助跑速度快，三跳的起跳快、节奏快、比例合理，这也标志着三级跳远技术又进入了一个崭新阶段。女子三级跳远直到1990年才被国际田联列为正式比赛项目，1992年成为奥运会正式比赛项目。

二、三级跳远的世界纪录

1896年第一届奥运会上，男子三级跳远运动员创造了13.71 m的奥运会纪录。不久之后，三级跳远比赛成绩上升到了14 m。1928年第九届奥运会上，三级跳远运动员跳出了15.21 m的世界纪录。1936年日本运动员田岛直人创造了16 m的世界纪录，1955年巴西的一名运动员将三级跳远世界纪录提高至16.56 m的新水平。20世纪60年代初，波兰运动员施密特以17.03 m的成绩创造了世界纪录，1975年巴西运动员奥利维拉又将世界纪录提升至17.89 m。目前男子三级跳远的世界纪录为18.29 m，是由英国运动员爱德华兹于1995年在第五届世界田径锦标赛上创造的。1990年女子三级跳远才成为正式的比赛项目，同年8月，我国运动员李慧荣在日本札幌创造了14.54 m的第一个女子三级跳远世界纪录。目前的女子三级跳远世界纪录成绩为15.50 m，是由乌克兰选手克拉维茨于1995年在第五届世界田径锦标赛上创造的。

三、我国三级跳远的发展概况

1923年我国才开始有三级跳远比赛，当时三级跳远的水平很低，全国最高纪录才是14.36 m。新中国成立以后，我国的三级跳远水平有了较大幅度提升，许多运动员的成绩已经达到了世界先进水平。1979年我国运动员邹振先创造了17.02 m的亚洲纪录，也成为第一个突破17 m大关的亚洲运动员，1981年他又将亚洲纪录提升至17.34 m。目前的亚洲纪录成绩为17.59 m，是由我国运动员李延熙于2009年在第十一届全运会上创造的。在女子三级跳远方面，我国运动员李慧荣、任瑞平、谢荔梅等也取得过较好的成绩。目前我国女子三级跳远的全国纪录为 14.90 m，是谢荔梅于 2007 年在全国田径冠军赛暨大奖总决赛上创造的。

四、三级跳远的发展趋势

(一)助跑速度逐渐加快的趋势

三级跳远是经过一定距离的直线助跑后，通过三次连续跳跃达到尽可能远的水平距离的运动项目。近些年来，随着三级跳远技术的不断发展，人们对其技术的理解不断深刻，无论是在理论还是在实践层面，都认识到助跑速度是取得优异成绩的前提和保障。例如，爱德华兹在第五届世锦赛上创造 18.29 m 世界纪录时，最后 5～6 m 的助跑速度达 11.9 m/s，其速度在本次比赛的所有参赛运动员中是最快的，成绩也是最好的。

(二)水平速度的利用率不断提高的趋势

水平速度对三级跳远成绩的影响固然非常重要，但好的助跑速度不能很好地被利用在三级跳的三跳中，同样不能有效提高运动成绩。爱德华兹创造世界纪录时的第一跳至第三跳的助跑速度分别为 9.84 m/s、8.58 m/s 和 7.72 m/s，速度利用率分别为 82.9%、72.1% 和 64.8%，此速度利用率是目前世界上所有三级跳远运动员中速度利用率最高的。因此，不断挖掘运动员速度水平的同时，提高水平速度的利用率才是提高三级跳远成绩的关键。

(三)三级跳技术向“速度—平跳型”发展

随着三级跳远助跑速度利用率逐渐提高的趋势，三级跳远技术朝着更为有利于最大限度地延续助跑速度的方向改进与发展，技术类型由“高跳型”“平跳型”向“速度—平跳型”发展，其技术表现为助跑最后几步尽可能保持最高速度，缩短第一跳的距离，以跑板形式完成单腿跳，然后加大第三跳的距离。“速度—平跳型”的技术被认为是目前最为先进、合理的三级跳远技术。

第二节　三级跳远技术

三级跳远是在助跑以后沿直线连续进行三次跳跃的一项运动。这项运动使下肢的负担很大，故对身体素质的要求比其他项目高一些。它要求运动员有快速的助跑速度和良好的弹跳力，以及强大的腿部力量。

正式比赛要求，三级跳远的第一跳须用起跳脚落地，第二跳须用摆动脚落地，第三跳用两脚落入沙坑内，才算完成三级跳远的完整动作。三级跳远的成绩取决于助跑时所获得的水平速度和起跳产生的垂直速度，同时还与每一个动作完成的质量、维持身体平衡的能力和三跳的比例有关。由于从助跑中获得的水平速度在三跳的过程中不断降低，故如何减少水平速度的损失而又获得合理的垂直速度，是三级跳远技术中需要解决的主要问题。

一、助跑

如何获得最大的水平速度是三级跳远技术的关键，而获得最大水平速度是通过助跑来实现的。三级跳远的助跑距离一般为 35～40 m，跑 18～20 步。由于普通运动员不具备高水平运动员的身体素质和技术水平，因此在教学中应将助跑距离缩短一些，通常全程跑用 8～12 步。

良好的助跑技术一般表现为通过助跑能获得最快的速度并准确踏板，并且使身体处于起跳前的合理姿势。三级跳远的助跑技术与跳远的助跑技术基本相同，但由于三级跳远的第一跳不像跳远那样强调获得一定的高度，因而在助跑的最后阶段步长和步频都没有明显变化，节奏稳定，身体重心比较平稳。

二、第一跳(单腿跳)

三级跳远的第一跳是从起跳脚踏上起跳板开始至起跳脚再次着地时止(图 16-1)。通常都是用有力的腿做起跳腿，整个过程包括起跳脚着板、身体重心移过垂直支撑点和蹬离起跳板。由于此阶段要尽量减少水平速度的损耗，因此在助跑的最后一步，摆动腿积极有力地蹬地后，以快速的“积极前摆”动作使摆动腿尽快跟上起跳腿，并快速向前摆动，起跳腿以积极、自然的动作踏向起跳板。着地前大腿抬得比平跑时稍低些，脚着地时要有明显的快速积极和柔和的扒地动作，着地点应该离身体重心投影点较近。

图 16-1　三级跳远第一跳技术

起跳腿着地后，因重力和地面反作用力的作用，膝关节被迫弯曲，随着身体重心的前移，同时摆动腿较近前摆。当身体重心移过支撑点垂直上方时，起跳腿要及时做蹬伸动作，同时摆动腿和两臂，迅速向前上方做大幅度摆动，使身体向上伸展并蹬离地面。起跳结束时的身体姿势是：上体正直，起跳腿的髋、膝、踝 3 关节充分蹬伸，摆动腿屈膝前摆高抬，同时抬头、挺胸，两臂摆起。第一跳的蹬伸角度为 60°～64°角，身体重心腾起角度为 16°～18°角。

起跳离地后先呈“腾空步”姿势。在保持一段“腾空步”后(在腾空距离的 1/3 处)，摆动腿向下、向后摆动，起跳腿屈膝前抬，大、小腿收紧，足跟靠近臀部。接着摆动腿后摆，起跳腿向前高抬，小腿自然下垂，完成换步动作。换步动作结束后，起跳腿继续向前上方提拉，髋部积极前送，开始准备着地进入第二跳，此时摆动腿向后摆至最大幅度。换步动作应做到适时、连贯，若过早或过晚都会影响下一跳。两臂的摆动要和节奏相适应，上体保持正直，两臂以补偿性动作保持身体平衡。

三、第二跳(跨步跳)

第二跳的起跳是从第一跳的着地动作开始的，在第一跳的腾空尚未结束前，就要准备开始第二跳(图 16-2)。当身体重心从最高点往下落的过程中，起跳腿应继续高抬，摆动腿继续后摆，以加大两大腿之间的夹角。同时两臂摆到身体的侧后方，为着地后起跳做好准备。接着起跳腿大腿主动积极下压，做一个先向前，然后转为由前向下、向后的有力的扒地动作，同时摆动腿和两臂应有力地向前摆动。为了避免落地时下肢过分的弯曲缓冲，着地时应保持高重心，腿不能完全放松，膝部和大小腿的后群肌肉都要保持适度的紧张，上体保持正直。

图 16-2　三级跳远第二跳技术

起跳腿着地后，应及时屈膝、屈踝进行缓冲，以促使身体重心快速前移。当身体重心移到接近支撑点上方时，摆动腿和两臂快速有力向前上方摆动，躯干向上伸展，起跳腿做快速有力的蹬伸动作。在蹬离地面瞬间，起跳腿的髋、膝、踝 3 关节充分蹬伸。第二跳的蹬地角度为 58°～62°，重心腾起高度较低，腾起角度为 13°～15°。

第二跳腾空后，运动员要保持较长时间的跨步姿势。在这个过程中，摆动腿应积极上提，上体前倾，起跳腿屈小腿向后摆动，使两大腿的夹角达到最大。在腾空离地后 1/3 处时，摆动腿大腿应带动髋部再一次向前上方做抬摆动作。接着摆动腿开始下落，准备着地进入第三跳。

四、第三跳(跳跃)

经过前两跳着地后助跑获得的水平速度已有明显下降。因此，在第三跳中，要充分利用剩余的水平速度，尽可能地提高垂直速度，以获得一个较高、较远的身体重心腾空轨迹，从而获得第三跳的最大远度(图 16-3)。

在第二跳即将结束时，摆动腿应以大腿带动小腿做主动积极的下压后扒动作准备着地。着地时，仍然保持高重心，与前两跳的着地动作一样，着地不能完全放松，膝部、踝部和大小腿的后群肌肉都要保持适度紧张。接着起跳腿的髋、膝、踝 3 关节进行缓冲，身体重心迅速前移，准备起跳。起跳时摆动腿和两臂快速有力地向前上方摆出，积极伸髋和伸背。起跳结束瞬间，起跳腿的髋、膝、踝 3 关节充分蹬伸，上体呈稍前倾姿势，摆动腿和两臂高摆。第三跳的起跳角度和腾起角度都稍大于前两跳，分别为 60°～66°角和 16°～18°角。

图 16-3　三级跳远第三跳技术

在第三跳的腾空过程中，一般采用蹲踞式或挺身式空中动作，其技术与蹲踞式跳远或挺身式跳远空中动作基本相同。

第三节　三级跳远教学

一、三级跳远教学重点与难点

(一)教学重点

三级跳远教学中，学习和掌握第一跳技术是教学重点，因为第一跳技术的好坏直接影响第二、第三跳的动作效果。

(二)教学难点

扒地式起跳技术和各跳间的衔接技术是三级跳远教学难点。

二、三级跳远教学步骤与练习方法

三级跳远的技术比较复杂，练习强度大，故教学要在已具有一定的协调性和专项力量、速度训练的基础上才能进行。目前有逆向和正向两种三级跳远的教学顺序，比较普遍采用的是正向教学法，其顺序是：第一，学习三级跳远的各阶段的动作(“助跑”“单足跳”“跨步跳”“跳跃”)；第二，主要学习“单足跳”与“跨步跳”的衔接；第三，主要学习“跨步跳”与“跳跃”的衔接；第四，进行完整的三级跳远练习。注意各跳间的紧密衔接，随着技术的提高而逐渐增加助跑距离与速度。

(一)建立正确的三级跳远技术概念

通过讲解或利用录像(VCD)、幻灯片、技术图像、电影等直观方法，建立正确的三级跳远技术概念。

(二)学习三级跳远第一跳技术(视频 16-1)

1. 练习目的

让学生初步掌握三级跳远的单腿跳技术，体会快速助跑过程中完成第一跳的跑跳衔接技术。

2. 动作要领

助跑最后一步，身体稍有前倾，起跳脚用全脚掌以积极自然的跑步动作踏向起跳板，做出快速有力的扒地和起跳动作，同时摆动腿大小腿折叠积极前摆，两臂协调配合摆动。起跳结束进入腾空阶段后，摆动腿大腿带动小腿自然向下、向后摆动，同时起跳腿大小腿折叠向前上提摆，两腿在空中完成换步动作，两臂配合腿部动作，自然维持身体平衡。当起跳腿前摆和摆动腿后摆至最大幅度时，起跳腿顺势、积极地做扒地式落地动作。

3. 练习方法

(1)4～6 步助跑单腿跳。

用有力腿踏跳做单腿跳，落在沙坑内，然后继续向前跑进。5～10 次一组，反复练习。

(2)中短程距离助跑单腿跳。

用有力腿踏上跳板做单腿跳，要求在空中做换步动作。10～15 次一组，反复练习。

(3)在草坪上或松软的土地上做连续单腿跳。

要求起跳腿要蹬直，然后及时在空中做换步动作。10～15 次一组，反复练习。

(三)学习第一跳和第二跳结合的技术(视频 16-2)

1. 练习目的

让学生初步掌握第一跳落地后迅速衔接第二跳的技术。

2. 动作要领

第一跳落地后，及时屈膝缓冲，使身体重心迅速移至支撑点上方，然后在摆动腿和两臂积极向前上方摆动及伸展上体的配合下，支撑腿快速有力蹬伸完成第二跳的起跳动作。第二跳腾空后，身体正直，空中保持较长时间的跨步姿势。

3. 练习方法

(1)4～6 步助跑，做连续的多级跨步跳。注意腿的扒地式落地及两臂的协调配合。5～10 次一组，反复练习。

(2)连续做 2～5 次单腿跳接 1 次跨步跳的循环练习。如单腿跳—单腿跳—跨步跳—单腿跳—单腿跳—跨步跳。循环 5～10 次一组，反复练习。

(3)单腿跳开始，紧接着做跨步跳，然后用摆动腿落在沙坑内。10～15 次一组，反复练习。

(四)学习第二跳与第三跳相结合的技术(以左脚踏跳为例)(视频 16-3)

1. 练习目的

让学生初步掌握跨步跳和跳跃的连贯动作。

2. 动作要领

第二跳落地前，落地腿的大腿带动小腿和脚，积极主动地向前、向下、向后摆动，为第三跳的起跳做好准备。落地时积极扒地，并快速充分蹬伸起跳腿完成第三跳的起跳动作，腾空后根据第三跳的远近，可选择采用蹲踞式、挺身式或走步式的方法，落地技术与跳远基本相同。

3. 练习方法

(1)用 4～6 步助跑腾空步练习。

以左腿踏跳做腾空步练习。5～10 次一组，反复练习。

(2)用 4～6 步助跑跳远练习。

以左腿踏跳做跳远练习。5～10 次一组，反复练习。

(3)立定三级跳远练习。

最后一跳跳过适当高度的横杆。5～10 次一组，反复练习。

(4)用 4～6 步助跑接跨步跳和用左腿踏跳做跳远练习，落在沙坑内。5～10 次一组，反复练习。

(五)学习完整三级跳远技术(视频 16-4)

1. 练习目的

让学生初步掌握在快速助跑的前提下完成三级跳远的完整技术。

2. 动作要领

全程快速助跑，尽可能在保持最高速度的前提下完成起跳，各跳间衔接连贯，节奏平稳，速度快，幅度大，三跳的比例适合各自的素质发展水平。

3. 练习方法

(1)4～8 步完整三级跳远练习。

注意各跳的技术衔接，要求上体姿势正确，腿和臂的动作配合协调。3～5 次一组，反复练习。

(2)短距离助跑，按不同的远度标志来完成各跳的动作。

要求第一跳、第二跳、第三跳的节奏要好，第三跳要用力，第二跳的距离要比其他两跳短些。3～5 次一组，反复练习。

(3)中等距离助跑三级跳远练习。3～5 次一组，反复练习。

(4)全程助跑三级跳远练习。

按照每个学生的特点，确定助跑距离，确定三跳的节奏和第三跳的空中姿势。2～3 次一组，反复练习。

三、三级跳远教学提示及注意事项

(1)教学初期要尽可能帮助学生体验三跳的节奏和确立三跳的合理比例，不可过早追求远度。

(2)尽管三级跳远成绩与学生三次跳跃过程中的支撑能力高度相关，但完善合理的技术更为关键。助跑与起跳衔接得好坏，仍然是关系到能否在保持已获得水平速度的前提下，完成正确起跳技术动作。因此，反复进行助跑与起跳相结合的专门练习是必需的。

(3)教师讲解力求精练，重点应放在三跳结构、节奏、衔接和腿臂的协调配合上。

(4)强调后两跳的身体平衡，注意发挥速度，培养学生积极攻板的意识，保证助跑和三跳落点的直线性。

四、三级跳远教学中常见错误动作及其产生原因和纠正方法

(一)助跑节奏不好，最后几步减速

1. 产生原因

(1)跑的技术不好，动作紧张。

(2)步点不准导致跨大步或捣小步，破坏了跑的节奏。

(3)助跑的最后几步，过多地为起跳做准备，动作紧张，速度下降。

2. 纠正方法

(1)反复进行各种跑的技术练习。

(2)固定每次助跑的加速方式和助跑开始前几步的步长，可设标志进行助跑练习。

(3)反复进行全程助跑练习，固定每次的助跑节奏。

(二)第一跳腾空过高

1. 产生原因

(1)助跑最后一步的步幅较大，起跳时身体后仰。

(2)起跳时小腿过分前伸，落地点距身体重心较远。

(3)技术概念不清，盲目追求第一跳的高度和远度。

2. 纠正方法

(1)反复进行助跑练习，强调不改变跑姿的前提下快速跑过起跳板。

(2)反复进行快速助跑与起跳结合的技术练习，要求上板时身体保持直立，起跳脚积极扒地。

(3)明确三级跳远技术的正确概念，不盲目追求第一跳的远度和高度。

(三)第一跳空中换步动作不好

1. 产生原因

(1)动作概念不清楚，换步时机掌握不好。

(2)助跑与起跳脱节，急于完成第一跳动作，起跳不充分，直腿换步或屈髋换步。

2. 纠正方法

(1)悬垂或支撑在器械上(单、双杆上)做交换腿动作，体会交换腿的时机和节奏。

(2)中短程练习助跑与起跳的衔接技术，要求起跳时向前用力，动作完成充分。

(3)连续单腿跳越过一定远度的低障碍，要求用大腿带动小腿屈髋前摆、高抬越过障碍。

(四)第二跳跳不起来

1. 产生原因

(1)第一跳的腾空过高，距离过远，落地产生的冲击力过大，造成第二跳的起跳比较困难。

(2)单腿跳落地瞬间，着地点远离身体重心投影点，产生了较大的制动力。

(3)第一跳的空中换步时机掌握不好，影响了第二跳的起跳效果。

2. 纠正方法

(1)加强单腿跳技术的训练，并强调落地时积极向后扒地。

(2)加强单腿跳接跨步跳的技术训练，可进行单腿跳过一定高度的障碍后，接着跨步跳越过一定水平远度障碍的练习，也可进行助跑单腿跳接跨步跳落入沙坑的练习。

(五)第三跳跳不起来

1. 产生原因

(1)第二跳着地大小腿前伸，产生制动。

(2)第二跳着地时，上体前倾过大，身体重心太低，起跳腿过于弯曲。

(3)腿部力量差，蹬地起跳慢。

2. 纠正方法

(1)加强腿部力量和弹跳力的训练。

(2)反复进行跨步跳接跳远落入沙坑的练习，并强调扒地式落地起跳。

(六)三跳节奏不好

1. 产生原因

(1)第一跳太高或太远，影响了后两跳的效果。

(2)各跳起跳不充分。

(3)身体平衡不好。

(4)腿部力量较差。

2. 纠正方法

(1)加强腿部力量的训练，尤其是弱腿的练习。

(2)反复进行快速助跑向前冲跳的练习，改进第一跳技术，降低其高度和远度。

(3)按节奏或标志进行各种形式的多级跳练习。

第四节　三级跳远项目相关规则

一、起跳线

(1)男子起跳线至落地区远端的距离不得少于 21 m。

(2)在国际比赛中，建议起跳线至落地区近端的距离：男子不少于 13 m，女子不少于 11 m。在其他比赛中，此距离应与比赛者的水平相适应。

(3)为了便于运动员完成跨步跳和跳跃，在起跳板和落地区之间应为 1.22 m±0.01 m 宽的坚实、匀质的地面。

二、比赛

(1)三级跳远的三跳顺序是一次单足跳、一次跨步跳和一次跳跃。

(2)单足跳时应用起跳腿落地，跨步跳时用另一条腿(摆动腿)落地，然后完成跳跃动作。

(3)运动员在跳跃中摆动腿触地不应视为试跳失败。此外，如果运动员有下列情形，也不应判罚失败。

第一，在助跑道和起跳线之间，触及白色标志线或线以外的地面。

第二，如果运动员自身并没有犯规情况，而在跨步跳阶段触及落地地区，如果裁判员对触及起跳板的判罚有误，此种情况下，相关裁判长通常应给予运动员一次补跳的机会。

三级跳远试跳失败等内容，可参见跳远项目的相关竞赛规则。

思考与练习

1. 简述三级跳远的发展概况。
2. 简述三级跳远完整技术划分的环节。
3. 简述三级跳远的发展趋势。
4. 简述三级跳远第一跳技术的动作要领。
5. 简述三级跳远第二跳技术的动作要领。
6. 简述三级跳远技术教学的重点和难点。
7. 简述三级跳远技术教学特点、步骤和注意事项。
8. 简述三级跳远教学中导致第二跳跳不起来的原因及其纠正方法。
9. 简述三级跳远教学中导致第三跳跳不起来的原因及其纠正方法。
10. 简述三级跳远教学中导致三跳节奏不好的原因及其纠正方法。

第十七章
推铅球

本章要点与导学

本章简要介绍了推铅球技术发展概况和发展趋势，系统地阐述了推铅球的技术要领，推铅球的教学步骤与方法、手段，教学提示及注意事项，易犯错误的产生原因及纠正方法，竞赛规则等内容。

通过本章学习，使学生了解推铅球技术发展概况，掌握推铅球的基本技术，熟悉推铅球技术教学步骤与方法、手段，教学注意事项，易犯错误动作和纠正方法以及铅球竞赛规则。本章学习重点是最后用力技术，学习难点是滑步与最后用力的连贯衔接和形成正确的用力顺序。

第十七章数字资源

第一节　推铅球的起源与发展

推铅球是一项以力量为基础、速度为核心的体能主导类快速力量型运动项目。投掷者在投掷圈内通过旋转或滑步，单手将铅球从肩部推出。在投掷时需要全身肌肉协调和爆发性地用力，对增强体质，特别是发展躯干和上下肢力量有显著的作用。

一、推铅球运动的起源与演进

推铅球运动最早起源于古代人类用石块猎取野兽和防御攻击的活动，后来又逐渐从军事游戏中演化而来。奴隶制时期，随着人类的进化和社会的进步，投掷重石块成为重要的作战方法。为提高作战能力，投掷重石块就当作重要的训练手段。在《荷马史诗》中曾记载，在公元前12—前11世纪，特洛伊战争中就有士兵投掷石块游戏。古希腊时期曾一直流传着投掷石块的比赛，并作为选拔大力士的重要标准。相传，在1150年左右，希腊雅典举行过一次规模宏大、声势浩大的掷重圆石比赛，根据规定，大力士们把圆石高高举起投向远方，以投掷距离的远近来决定胜负，这可说是推铅球运动的前身。

大约在1340年有了炮兵，当时炮弹是圆形的，重量是16磅。士兵们利用和炮弹形状、重量相同的石头，进行投掷游戏和比赛。后来人们把石头改成了金属材料，逐渐演变成现在的铅球，并将这个重量折合成7.257 kg，作为男子铅球的重量，1975年又改为7.26 kg，并一直沿用至今。

推铅球在历史上曾采用过按运动员体重分级进行比赛的办法。后来实践证明，推铅球距离的远近，并不完全取决于体重，更重要的是能否掌握合理的技术和是否具有全面发展的身体两方面。

最初推铅球比赛是在一条直线后进行，没有固定的形式，可以采用原地推或助跑投掷，可以单手推也可以双手推，后来为了限制助跑距离，规定在一个方形场内进行，之后改成在直径2.135 m的圆圈内进行，并要求铅球落在规定的投掷区内，投掷区的角度最初是90°，经过多次改变，现在是34.92°。

推铅球作为田径运动项目，于19世纪出现在英国。1886年记载了第一个纪录(10.62 m)。不久，其他国家的运动员也开始练习推铅球。1896年第一届现代奥运会上，就把男子推铅球列为正式比赛项目，成绩是11.22 m。1948年第十四届奥运会上，又把女子推铅球列为正式比赛项目，成绩是13.75 m。

推铅球技术的形成和发展的历程大致可以分为5个阶段：第一阶段，原地推铅球、上步推铅球阶段(1896年以前)；第二阶段，侧向滑步推铅球阶段(1896—20世纪20年代末)；第三阶段，半背向滑步推铅球阶段(20世纪20—50年代)；第四阶段，背向滑步推铅球盛行阶段(20世纪50—70年代中期)；第五阶段背向滑步推铅球与旋转推铅球鼎立阶段(20世纪70年代中期至今)。

二、铅球世界纪录

在1896年第一届现代奥运会上，男子铅球被列为正式比赛项目，美国的加雷特以

11.22 m 的成绩获得冠军。1912 年在第五届奥运会上，推铅球比赛还增加了一项左右手推铅球比赛，按左右手成绩之和决定名次，美国选手获得冠军，成绩 27.70 m，以后这种比赛就停止了。1953 年到 1959 年的 6 年间内，美国铅球运动员帕里·奥布莱恩采用背向滑步推铅球技术，先后十次刷新世界纪录，把原纪录由 17.95 m 提高到 19.30 m。

女子铅球是在 1948 年第十四届伦敦奥运会上成为正式比赛项目，法国运动员奥斯特迈尔以 13.75 m 创下了第一个奥运会女子铅球纪录(球重 4 kg)。

20 世纪 70 年代初期，民主德国运动员巴尼泽尼克·德采用了“短长步点”背向滑步推铅球技术，1973 年他以 21.67 m 打破欧洲男子铅球纪录。民主德国运动员乌尔夫·蒂默曼更为成功地采用了“短长步点”背向滑步推铅球技术，他曾在 1985、1988 年分别以 22.62 m、23.06 m 的成绩两次打破世界纪录。20 世纪 80 年代民主德国女子铅球运动员被誉为“铅球女王”的伊伦娜·斯卢皮亚内克成功运用了这一技术，1980 年是斯卢皮亚内克运动生涯中最辉煌的一年，她先是以 22.36 m 和 22.45 m 的成绩两破世界纪录，接着又以 22.41 m 的成绩夺得奥运会金牌。1981 年在第三届世界杯田径赛上她以 20.60 m 的成绩第三次蝉联冠军。

旋转式推铅球技术的先驱苏联运动员巴雷什尼科夫在 1972 年慕尼黑运动会上首次采用。虽然在本届奥运会上没有取得名次，但在 4 年后，巴雷什尼科夫不仅以 21.00 m 成绩获得了奥运会铜牌，还以 22.00 m 的成绩打破了世界纪录。从此在世界田径大赛中出现了旋转式推铅球和背向滑步推铅球双足鼎立的局面。美国运动员巴恩斯在 1990 年 5 月 20 日世界田径锦标赛上采用旋转式推铅球技术以 23.12 m 的成绩创造了男子铅球世界纪录，成为 20 世纪铅球投得最远的人。

美国长期在男子铅球方面占有优势地位，而苏联则在女子铅球运动的前期保持了领先地位，女子铅球世界纪录大部分由苏联创造。1952—1965 年，女子铅球发展非常迅速，苏联女子铅球运动员加琳娜·济宾娜在这期间 8 次刷新世界纪录，塔玛拉·普雷斯在 1959 到 1965 年的时间里 6 次刷新世界纪录。1968—1975 年，民主德国运动员玛尔吉塔·古默尔—赫姆博尔特 4 次刷新世界纪录，苏联女子运动员纳杰日达·奇约娃 9 次刷新世界纪录并且是第一个突破 20 m 大关的运动员，并将纪录提升到 21.20 m。1975—1987 年，世界纪录从 21.60 m 提升到 22.63 m，苏联的纳塔莉娅·利索夫斯卡娅的纪录 22.63 m 保持至今。

三、我国铅球运动的发展概况

20 世纪初期随着西方文化的传入，我国的现代铅球运动开始发展。1907 年在南京召开的“宁垣学界第一次联合运动会”上就出现了“持送铁蛋(推铅球)”的比赛。在 1910 年我国举办的第一届全运会上，男子铅球项目被列为正式比赛项目。当时铅球的重量是 5.44 kg，华北运动员李树池获得冠军。1932 年起我国开始使用国际田联统一重量的铅球。1934—1936 年一代铅球名将陈宝球曾 4 次打破全国纪录，将当时的全国纪录提高到 13.26 m，并一直保持到新中国成立。

新中国成立之初的 10 年间，我国的铅球运动得到了较快的发展，辽宁铅球运动员郑仁强将全国纪录提高到了 14.58 m。从 1956 年到 1964 年，解放军选手贺永宪先后 18 次打破全国纪录，将全国纪录提高到了 17.30 m。1986 年辽宁铅球运动员马永峰成为我国第一位首次突破 18 m 的运动员，随后他连续 8 次打破自己的铅球纪录，将铅球纪录提高到了 19.78 m。2005 年就读于北京体育大学的山西选手张奇以 20.15 m 的成绩打破了马永峰于 1990 年 6 月创造的 19.78 m 的全国纪录，成为新中国成立以来，中国第一个突破 20 m 大关的男子铅球选手。2009 年 12 月 11 日上海铅球运动员张竣获得第五届东亚运动会男子铅球金牌，并刷新该项目的赛会纪录。2012 年年初，张竣在全国室内田径锦标赛上以 20.16 m 的成绩打破了亚洲纪录，20.16 m 的成绩也将卡塔尔名将哈巴士保持的纪录提升了 7 cm。张竣是中国参加奥运会男子铅球项目的第一人，也是中国第一位采用旋转式推铅球技术的运动员。但总体来看我国男子铅球水平距世界先进水平还有一定的差距。

女子铅球的比赛可追溯到 1930 年 4 月 1—11 日在杭州举行的第四届全运会，辽宁选手何振坤获得冠军，当时成绩为 7.85 m，铅球重量为 3.632 kg。山东选手王灿华在 1948 年旧中国第七届运动会上以 10.97 m 的成绩创造了新中国成立前中国女子铅球的最后一个全国纪录。

新中国成立后，我国女子铅球水平提高很快，自 1955 年到 1965 年，我国女子铅球的纪录由 11.66 m 提高到了 16.61 m(铅球重量为国际田联统一规定的 4 kg)达到世界先进水平。

20 世纪 80 年代末和 90 年代初是我国女子铅球发展的高峰期，这一时期涌现出了李梅素、隋新月、黄志红、张榴红、丛玉珍、周天华、甄文华等能突破 20 m 成绩的优秀运动员。其中黄志红连续夺得 1989 年世界杯和 1991 年、1993 年世锦赛金牌，并获得 1992 年巴塞罗那奥运会女子铅球比赛银牌。近年来，我国女子铅球水平一直处于世界先进水平，主要代表人物有巩立姣。

2007 年，初登大阪世界田径锦标赛的巩立姣以 18.66 m 的出色成绩夺得第 7 名。2008 年，在北京奥运会女子铅球比赛中获得第 5 名。2009 年，在柏林田径世锦赛女子铅球比赛中以 19.89 m 的成绩夺得首枚世锦赛铜牌。2010 年，巩立姣以 20.13 m 的成绩获得斯普利特田径世界杯女子铅球比赛铜牌。2012 年，巩立姣夺得伦敦奥运会女子铅球亚军。2013 年，巩立姣在莫斯科田径世锦赛女子铅球比赛中以 19.95 m 的成绩再夺世锦赛铜牌。2015 年，巩立姣以 20.30 m 的成绩获得了北京世界田径锦标赛女子铅球亚军。2017 年 6 月 9 日，国际田联钻石联赛罗马站女子铅球比赛中，巩立姣以 19.56 m 的个人赛季最好成绩夺冠，8 月 10 日，在伦敦田径世锦赛上以 19.94 m 夺冠，这是巩立姣首夺国际大赛的金牌。2017 年 8 月 25 日，在瑞士苏黎世举行的国际田联钻石联赛总决赛第一站的比赛中，巩立姣以 19.60 m 的成绩力压对手，夺得女子铅球冠军 ，在 9 月 6 日全运会田径比赛中，以 19.46 米的成绩夺得女子铅球决赛冠军。2018 年 3 月 24 日，巩立姣获 2018 全国室内田径锦标赛总决赛女子铅球冠军，7 月 19 日，国际田联钻石联赛摩纳哥站，以 20.31 m 夺得冠军，8 月 30 日，在布鲁塞尔举行的国际田联钻石联赛总决赛中，夺得女子铅球冠军。9 月 8—9 日在捷克俄斯特拉发举行的 2018 年国际田联洲际杯比赛中，以 19.63 m 的成绩夺得女子铅球项目冠军。

四、铅球运动的发展趋势

(一)运动员选材模式化

选材的“模式化”，指选择铅球运动员不仅偏向于身高体大，而且随着选材指标的增加，逐渐“模式化”。身材高大的运动员，一方面可以从高度上提高投掷时的出手点，增加铅球飞行的时间；另一方面，从速度上来说，其绝对力量大，也为增加出手速度提供了前提条件。但是，绝对力量只是速度增加的必要条件，而非充分条件。因此，还要看其绝对力量在短时间内的发挥情况，即爆发力。这只是最重要的几个指标，随着推铅球训练理论的不断完善和技术要求精细程度的提高，选材的指标会越来越系统化。

(二)推铅球技术发展趋势

1. 更加注重发挥各项技术参数的综合效益

推铅球完整技术正在从强调某一动作参数的最优，向追求最优的整体效益转变。在过去很长一段时间内，铅球运动员的日常训练以提高上肢的绝对力量为主，而随着训练水平的不断提高，人们开始意识到不是各技术动作参数的单一提高，就一定能带来铅球成绩的提高，单一的技术参数提高还有可能给其他动作参数带来负面影响。

2. 追求技术动作的合理节奏

根据运动生物学的观点，推铅球技术可分为动作结构和速度结构，其中动作结构揭示了推铅球各项动作的顺序及其内部的联系，而速度结构则阐明了推铅球过程中人体对铅球的速度传递以及铅球从运转到推出过程的速度分配等。推铅球技术合理的速度节奏是有的阶段快，有的阶段慢，如最后出手要求运动员速度要尽可能快。如果破坏了合理的动作节奏，铅球就不会被推得更远。

3. 更加注重前期动作与最后用力的衔接

无论是过去还是现在，推铅球前期动作与最后用力的衔接始终是教师重点强调的技术环节，在滑步、旋转以及最后的用力等技术都已经相对成熟之际，充分利用滑步或旋转动作，并使之与最后的用力衔接起来是推铅球技术的一个发展趋势。

4. 更加重视左侧支撑与制动技术

对于右手选手来说，左侧的技术和右臂的投掷技术同样重要。以右手投掷为例，当运动员完成助跑、滑步或旋转到最后一步，即右脚落地后，左脚必须紧接着落地，以左脚、左腿和左肩形成牢固的左侧支撑，以制止下肢继续向前移动，避免使助跑、滑步或旋转中形成的超越器械动作被破坏，提高最后用力的效果。长期以来，人们过分重视右臂的投掷技术训练，而对于左侧的支撑重视程度不够，随着投掷技术的日渐成熟，左侧支撑技术的好坏将对铅球出手高度和出手速度产生直接影响，而出手高度和出手速度是影响推铅球成绩的决定性因素，出手高度越高，出手速度越大，则铅球推出的距离就越远。良好的左侧支撑可以使运动员减小前期动作与最后用力之间出手速度的损失量，并提高出手点，使身高和臂展的作用得以充分发挥。除了左侧支撑技术，左臂牵引也是一项重要的左侧技术。左臂牵引就是在铅球最后用力阶段，左臂、躯干、右臂均向投掷方向运动，左臂领先躯干并对躯干构成牵引，在投掷的一瞬间左臂制动，躯干和右臂利用左臂挥摆动作增大了用力半径，并利用左臂形成的惯性使最后用力获得更大的加速能力，从而提高铅球成绩。

(三)推铅球运动训练发展趋势

1. 训练的“模式化”

训练的“模式化”是指训练的各项指标要有相对固定的模式。模式训练以优秀运动员为样板，根据实践经验的累积与科学预测，推算制定出标准模型，然后按照这个模型进行训练，做到方向明确，针对性强，可查可比，从而有步骤、有计划地实现目标。

2. 追求训练质量、强度的同步提高

虽然运动员全年投掷总数有一定的限度，但是质量和强度可随技术的发展和训练水平的不断提高而不断提出新的要求。以力量训练为例，每次力量练习不仅要求保质保量地完成训练任务，而且要求运动员必须结合铅球专项用力特点，加长练习的工作距离，并且做到全身快速突然发力。因此，在技术训练和力量训练中注意质量和强度的同步提高已是教师不容忽视的重要环节。

第二节　推铅球技术

现代推铅球技术主要有两种，即背向滑步推铅球和旋转推铅球。为了便于分析技术和教学，一个完整的推铅球技术可分为如下几个部分：握持球技术、滑步(旋转)技术、过渡阶段技术、最后用力技术和维持身体平衡技术五个技术。

一、背向滑步推铅球技术(以右手推球为例)

(一) 握持球技术

1. 握球方法

五指自然分开，把铅球放在靠近食指、中指和无名指的指根上，拇指和小指扶在球体两侧，手腕背屈。手指和手腕力量较强者，可将铅球适当地移向手指的第二指节上；手指和手腕力量弱者，铅球可放在更靠近指根处(图 17-1)。

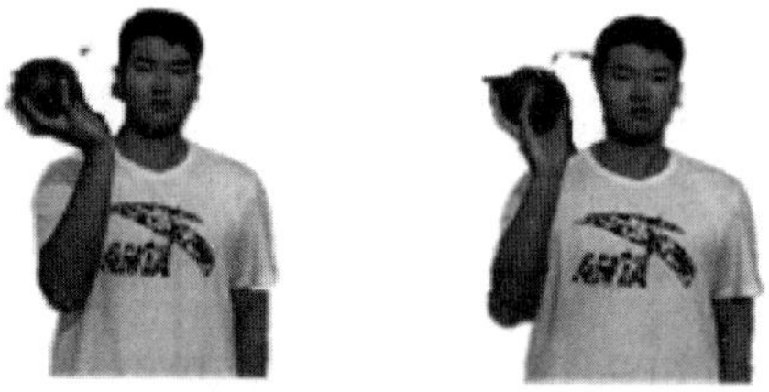

图 17-1　握球方法

2. 持球方法

握持好铅球后，将铅球放在肩上锁骨窝处，贴紧颈部，食指、中指和无名指在球体的后面，拇指在锁骨窝的上面与球体的下面，小指在球体的前上方，掌心向前，右臂屈肘，大臂与躯干夹角约为 60°～90°(图 17-2)。

图 17-2　持球方法

(二)滑步技术

滑步技术分为预备姿势、团身动作、滑步动作三个环节。滑步的主要目的是使身体和铅球迅速摆脱静止状态，获得一定的向前运动速度，为最后出手做好准备。

1. 预备姿势

滑步前的预备姿势是运动员进入滑步状态前身体姿势调整的过程，对铅球成绩起着重要作用，也为顺利进入滑步创造条件。它主要有高姿势和低姿势两种，大多数人采用高姿势。持好球后，背对投掷方向，站在投掷圈内靠近后沿处，两脚前后站立，身体重心落在右脚掌上，左脚位于右脚后 20～30 cm，脚尖着地，左臂自然前平举，两眼目视前方，躯干与头部基本在一个垂直(图 17-3)。这种姿势较自然，有利于做好心理上的准备，集中精力滑步。

图 17-3　高姿势预备姿势

2. 团身动作

做好预备姿势后，眼看前下方，肩部稍右转，上体前俯，使躯干接近水平位置。左腿向后上方抬起，右腿微屈，使体重均匀地分布在整个右脚掌上(图 17-4①)。完成预摆动作并维持好身体平衡后，紧接着低头、扣左肩、含胸收腹、前俯上体，右腿屈膝下蹲，左腿左膝回收至靠近右腿处(图 17-4②③)。随着屈腿团身动作，准备向投掷方向平移臀部，完成准备滑步动作。

3. 滑步动作

完成准备滑步动作后，臀部向投掷方向主动平移，左腿向抵趾板方向有力摆伸，身体重心移离支撑点；与此同时，左膝和左脚稍向外转动，右腿积极有力地向投掷方向蹬伸。躯干仍保持前倾姿势，左臂向投掷方向的后下方伸出，低头，眼看投掷方向的后下方。当右腿蹬直、右脚跟或右脚掌即将离地时，两大腿的分腿角约为 125°，躯干与大腿夹角约为 80°(图 17-4④～⑦)。紧接着向投掷方向收拉右腿和右脚，以右脚掌着地于投掷圈中心附近，右脚尖与投掷方向约成 120°角；右腿弯曲，右膝同右脚方向，体重落在弯曲的右腿上；左腿稍弯曲，左脚很低但尚未着地；左髋稍外转，腹部微收，肩部稍右转；头部仍然目视投掷的相反方向，完成滑步动作。

图 17-4 背向滑步推铅球技术

(三)过渡阶段技术

完成滑步动作后，从右脚着地至左脚着地为过渡阶段。其主要作用是为保持和增加铅球在滑步中获得水平速度，并为最后用力形成合理的身体姿势。右脚以前脚掌着地，右小腿顺势内扣；左脚低而快地以前脚掌内侧贴紧抵趾板内下沿处压插着地；左脚尖与右脚跟在一条直线上，左膝微屈适度用力支撑。此时，仍微收腹，稍含胸，肩部开始右转；左臂前臂内旋，扣紧左肩并稍向前运动，但仍指向投掷方向的后下方，两眼则仍目视投掷方向的后下方。此时，身体左侧肌群适度拉紧，肩、髋扭紧，右腿压紧，整个身体为形成一个良好的后继“侧弓形”姿势打下了坚实的基础(图 17-4⑧～⑩)。

(四)最后用力技术

完成过渡动作后，左脚着地至铅球出手为最后用力动作，它是推铅球技术中最重要的动作。这一过程可分为两个阶段即蓄力阶段和加速推球阶段(爆发用力阶段)。

1. 蓄力阶段

它是指从最后用力开始到投掷臂给铅球加速之前的阶段。其主要任务是保持铅球已有的速度，为投掷臂的最后用力做好准备。滑步结束，左脚落地瞬间，右脚及右腿膝关节继续向投掷方向转动并积极蹬伸，左臂向左上方转动，同时配合左腿的有力支撑，右髋向前上方送出，此时肩关节在髋关节后，运动员身体形成“超越器械的侧弓状”预先拉长工作的肌肉群，为最后用力推球做好准备(图 17-4⑪)。

2. 加速推球阶段

它是指从投掷臂加速推球到铅球出手这一阶段。其主要任务是使铅球以最大的速度、适宜的角度将球推出。身体形成“侧弓状”，左腿有力地支撑后，右侧身体以右髋关节为轴继续向前转动，下肢产生的力继续向上传导，使运动员的胸部前挺正对投掷方向，右臂在肘关节处有力伸展，手腕外拨屈腕，手指在离球瞬间有弹性地拨球，将球向前上方推出(图 17-4⑫～⑯)。

(五)维持身体平衡动作技术

铅球离手后，为了避免犯规，获得有效的运动成绩，左、右腿应及时换步，并降低身体重心，维持身体平衡(图 17-4⑰～⑱)。在铅球落地和人体稳定后，再从投掷圈的后半圈走出。

二、旋转推铅球技术(以右手推球为例)

旋转推铅球技术近似背向旋转掷铁饼技术。从整个动作结构看，旋转推铅球技术比背向滑步推铅球技术复杂，对腿部力量和平衡能力要求较高。但由于旋转加长了铅球运行的距离，从而能使铅球获得较大的速度。

旋转推铅球技术可分为握球与持球、预备姿势、旋转、最后用力和维持身体平衡等几个部分。

(一)握球与持球

旋转推铅球的握持球方法与背向滑步推铅球的基本相同。右手持球放在肩上锁骨窝处，铅球贴紧颈部，由于在旋转中有较大的离心力，故应把铅球握得更稳固些。

(二)预备姿势

运动员背对投掷方向，两脚左右开立，稍比肩宽，脚尖靠近投掷圈后沿，身体重心落在两腿之间。右臂肘关节外展与肩平行，左臂自然向下，两膝稍屈，上体稍前倾(图 17-5①)。

图 17-5　旋转推铅球技术

(三)旋转

开始旋转前，上体前屈并向右转动，左肩和左臂也随之向右转动，膝关节弯曲至适宜程度，右腿支撑体重，右侧肌肉扭紧，做好向左旋转的准备(图 17-5②～④)。开始旋转时，首先是上体向身体左侧转动，随之逐渐加大上体前倾及两膝弯曲程度，降低身体重心。此时以左脚前掌为轴转动，身体重心平稳地从右腿移向左腿，左膝、左腿继续外转(脚跟提起)。当身体重心完全移至左腿时，右脚已蹬离地面，形成了以左脚为支撑点的左侧单腿支撑旋转轴。在转动过程中，上体稍向左侧倾斜，以保持身体平稳，右腿膝关节弯曲，以左腿为轴摆动(图 17-5⑤～⑧)。随着身体向投掷方向继续转动，左腿迅速蹬离地面，产生一个低的腾空，此时右腿不失时机地完成扣髋动作并迅速向前跨出，用前脚掌着地，落在投掷圈中心附近(图 17-5⑨⑩)。右脚落地后，膝关节逐渐弯曲并负担体重，左腿屈膝积极向右腿靠拢，以缩小下肢转动半径，加速以右腿为轴的单腿支撑旋转，给右髋迅速超越上体创造条件。此时左髋继续积极沿逆时针方向转动，以加快旋转速度和左脚落地动作。左脚用前脚掌着地，落在中线稍偏左侧处，形成最后用力前双腿支撑的有利姿势；身体重心较低，上体呈扭紧状态，左臂微上举并内扣，左肩高于右肩，使参与最后用力的左侧肌群处于充分拉长状态，为最后用力快速推球创造了条件(图 17-5⑪～⑫)。

在旋转过程中，头部和左臂的动作有着重要的作用。开始旋转时，头和上体向身体左侧转动，左臂也随之摆到左侧。当进入以右脚为轴旋转时，由于髋部快速转动，使头、左肩和左臂落在后面，使左侧肌肉扭紧拉长。在右脚支撑旋转中，如果头和左臂向左转动，必然造成体重过早移向左腿的现象，从而不能形成最后用力前超越器械的有利姿势。

(四)最后用力和维持身体平衡

左脚着地后，右腿积极用力蹬转，推动右髋向前上方移动，使上体和铅球进一步留在后面，然后如背向滑步推铅球那样完成推球出手动作和铅球出手后维持身体平衡动作(图 17-5⑬～㉑)。

第三节　推铅球教学

一、推铅球教学重点与难点

推铅球技术教学应以最后用力技术作为重点。在技术教学过程中，一般先教学生握球、持球和最后用力推球的动作，然后再学习滑步，最后过渡到完整练习。在完整的技术教学中，要抓住滑步与最后用力的衔接这个难点进行教学。

二、推铅球教学步骤与练习方法

(一)掌握推铅球运动的基本知识、建立完整的推铅球技术概念

(1)通过讲解、示范、看技术图片或技术电影等方式，使学生对推铅球的完整技术有初步了解。

(2)简要介绍铅球运动的起源与发展、技术演变、比赛场地、器材规格和竞赛规则等内容。

(3)提出推铅球教学过程中的安全措施和具体要求，加强安全意识。

教法提示：

讲解、示范动作要简明扼要，抓住关键。

(二)学习推铅球最后用力技术

结合教师的示范、图片或多媒体等直观教具讲解推铅球的握持方法、原地推铅球的预备姿势和最后用力推球的技术动作，使学生建立正确的原地推铅球的技术概念，了解原地推铅球的技术要求、方法和要领，练习原地握球和持球的方法。

1. 学习铅球的专门性练习(视频 17-1)

在铅球的练习过程中，加强前抛实心球、后抛实心球等专门性练习，体会推铅球的用力顺序及上下肢的配合。

(1)练习目的。

掌握推铅球的握持球方法，建立正确的握持球动作概念，体会铅球的重量，建立推铅球正确的肌肉感觉，养成良好的球感。

(2)握持球动作要领。

握球：五指自然分开，铅球放在靠近食指、中指和无名指的指根上，拇指和小指扶在球体两侧，手腕背屈。手指和手腕力量较强者，可将铅球适当地移向手指的第二指节上；手指和手腕力量弱者，铅球可放在更靠近指根处。

持球：握持好铅球后，将铅球放在肩上锁骨窝处，贴紧颈部，食指、中指和无名指在球体的后面，拇指在锁骨窝的上面与球体的下方，小指在球体的前上方，掌心向前，右臂屈肘，上臂与躯干夹角为 $60°\sim90°$。

(3)练习方法。

①双手轮换传接球。

两脚左右开立与肩同宽，右手持球，将球传给左手，然后左右手交替传球，20 次一组，反复练习。

②前抛实心球。

面对投掷方向，两脚左右开立比肩稍宽。双手持球举过头顶，然后身体前屈，双臂持球下摆实心球，双腿蹬地，双臂用力将球向前上方抛出。

③后抛实心球。

背对投掷方向，两脚左右开立比肩稍宽。屈体下蹲，用下肢和背部肌肉带动上臂，自下而上经头上方用力将球向后上方抛出。

2. 学习推铅球最后用力技术(视频 17-2)

(1)练习目的。

学习推铅球最后用力技术，建立正确的技术概念，掌握原地背向推铅球最后用力技术的要领。

(2)动作要领。

以右手为例，右侧身体以右髋关节为轴向前转动，同时左臂稍内旋经体前带领左肩边移、边抬、边转，使运动员的胸部前挺正对投掷方向，紧接着右腿开始转蹬，两腿进行快速蹬伸，左肩制动，右肩充分向前，抬肘、伸右臂、用手指拨球，将铅球从肩上向前上方推出。

(3)练习方法。

①原地向上推铅球。

持球面向投掷方向，两脚开立与肩同宽，左臂自然抬起。两腿屈膝下蹲时右肩下沉，然后迅速蹬腿、挺腰、挺胸将球向上推出。体会推球时的用力顺序。

②原地正面推铅球。

持球面向投掷方向，两脚左右开立与肩同宽(或稍宽于肩)，左臂自然抬起。屈膝下蹲，躯干向右后方转体，扭紧身体，右肩下沉，左臂和左肩稍向内扣，然后下肢迅速用力蹬地、转体，利用躯干和手臂的力量将铅球向前上方推出。

③原地侧向推铅球。

以右手持球为例，左肩侧对投掷方向，两脚开立稍比肩宽，左脚脚尖和右脚脚后跟在一条直线上，左腿自然伸直，前脚掌内侧着地。右腿膝关节弯曲，身体重心落在右脚上，身体向右屈体。右脚用力蹬转，左腿支撑，全身协调用力将铅球向投掷方向推出去。

④学习原地背向推铅球。

持球背对投掷方向，两脚前后开立略比肩宽，右腿弯曲，身体重心落在右脚上。躯干前屈，右脚前脚掌蹬地内旋，下肢向投掷方向蹬转，送髋，身体重心由右脚移向左脚，全身协调用力将球向投掷方向推出。

(三)学习背向滑步技术(视频 17-3)

1. 练习目的

体会摆动腿的摆动和支撑腿的蹬伸配合，熟练掌握滑步动作，建立正确的滑步动作概念。

2. 动作要领

以右手推球为例。背向投掷方向，两脚前后站立，重心在右脚上，左臂自然上举。屈膝、屈髋降低身体重心，左腿于身后摆腿、收腿一次，然后伸展髋、膝关节向投掷方向摆出，同时右腿快速、有力地蹬地滑步，推动身体向投掷方向移动。右脚滑步结束后，脚尖向内转动，在投掷圈圆心附近与投掷方向呈 90°～135°角着地。紧接着左脚积极下落，脚尖稍向外转，脚掌内侧在投掷圈正对投掷方向的直线左侧与投掷方向约成 45°角着地，左脚尖与右脚跟在一条直线上。此时，肩轴与髋轴呈扭紧状态，形成良好的超越器械姿势，为最后用力创造条件。

3. 练习方法

(1)团身练习。

背向投掷方向站立，然后右腿屈膝下蹲，降低身体重心，躯干前屈与地面接近平行，身体重心在右脚前脚掌上，左臂自然下垂。左腿向后上方摆起、收回做团身练习。

(2)摆动腿的摆动练习。

团身动作准备好后，重心在右腿上保持不动，左腿快速有力地沿直线向后摆动。

(3)蹬摆配合练习。

团身后，身体稍向后移，当身体快要失去平衡的瞬间，左腿向投掷方向伸出，左脚尖落在投掷圆中线偏左约 10 cm 的位置，同时右腿蹬伸，使膝关节接近伸直。

(4)连续滑步练习。

练习时要沿直线后退，左腿的后伸和牵引要沿直线向后，右腿蹬地要快速有力，躯干应前倾，双肩保持与地面平行。

(四)学习背向滑步推铅球完整技术(视频 17-4)

1. 练习目的

通过教师的讲解和学生的反复练习，熟练掌握背向滑步推铅球的完整技术。

2. 动作要领

以右手为例，握、持好球后，背对投掷方向，两脚前后开立，右脚在前，左脚在后，以前脚掌着地。上体正直放松，左臂自然上举，身体重心在右腿上。上体前倾接近水平位置。左腿做摆腿团身一次后，向抵趾板方向摆伸，右脚积极蹬地滑步，脚尖向内转动，以脚掌着地于投掷圈中心附近，同时左脚积极下落，脚尖稍向外转，左脚尖与右脚跟在一条直线上。此时，肩轴与髋轴呈扭紧状态，形成良好的超越器械姿势。右侧身体以右髋关节为轴向投掷方向转动，左臂自然打开至身体左侧制动，胸部前挺正对投掷方向，右肩充分向前，抬肘、伸右臂、用手指拨球，将铅球从肩上向前上方推出。铅球出手后及时交换左、右腿的位置，屈膝、屈髋维持铅球出手后的身体平衡。

3. 练习方法

(1)背向滑步推铅球徒手模仿练习。

(2)背向滑步推实心球练习。

(3)投掷圈内背向滑步推轻铅球练习。

(4)投掷圈内背向滑步推铅球练习。

三、推铅球教法提示及注意事项

(一)培养完整技术过程加速用力的动作节奏

建立由慢到快、加速用力的动作节奏，整个技术动作加速特征明显，一气呵成。

(二) 加强原地推铅球技术的教学

原地推铅球是最后用力技术的基础，通过各种方法、手段，反复练习，帮助学生体会正确的最后用力顺序和全身协调用力的配合。

(三)注重滑步与最后用力的连贯衔接

强调滑步结束时右腿的提拉内扣和左脚快速主动着地，以及身体左侧的有效制动支撑和良好的超越器械姿势。

(四)加强直观教学，启发学生思维

在教学的各个环节中，要根据具体情况选择一些诱导性的练习，启发学生的创造性思维，培养学生的分析、接受能力，使学生尽快掌握推球的技术。在教学中，教师要注重直观教学，适当讲解技术分析和技术原理，以更好地完成推铅球技术教学的任务。

(五)重视安全教育

要有具体的安全措施，加强安全教育和组织纪律性，严密组织教学，一般不安排面对面推铅球练习。

四、推铅球教学中常见错误动作及其产生原因和纠正方法

(一)握球时用手心将球托起

1. 产生原因

握球的概念不清楚，手指、手腕力量较弱。

2. 纠正方法

(1)通过示范或讲解帮助学生建立正确的动作概念。

(2)加强手指、手腕力量，如指卧撑、持杠铃翻腕。

(二)推球时手腕、手指用不上力或挫伤手指

1. 产生原因

(1)手腕、手指力量薄弱。

(2)推球时右肘下降或没有屈腕拨指动作。

(3)推球时手指过于放松。

(4)用力顺序不正确，手臂用力过早。

2. 纠正方法

(1)加强手腕、手指的力量练习，如持杠铃杆或轻杠铃屈腕练习等。

(2)向下对地推球练习。手腕、手指适当紧张，体会推拨球动作。

(3)注意正确的用力顺序，养成自下而上的用力习惯。

(三)推球时肘部下降，造成抛球

1. 产生原因

持球时肘部位置太低，最后用力时头部过早地转向投掷方向，使铅球离开了颈部。

2. 纠正方法

(1)多做原地正面推球练习，强调转体时的抬肘动作。

(2)持球做最后用力的慢动作，体会头与肩的转动时机。

(四)推球时臀部后坐

1. 产生原因

推球时右腿蹬地无力，右髋顶送不充分，用力前两脚距离过大。

2. 纠正方法

(1)多做原地推球模仿练习，体会正确的用力顺序。

(2)注意发展腿部和躯干的力量。

(五)推球时身体向左倒

1. 产生原因

左脚的位置太偏左，未能及时做好左侧支撑，左肩过分左转。

2. 纠正方法

预先画好标志，做放左脚推球练习，可在左侧用手抵住左肩帮助练习。

(六)用不上躯干及下肢力量，只用手臂力量推球

1. 产生原因

用力顺序不明确，手臂用力过早，最后用力前姿势不正确，重心在两腿之间。

2. 纠正方法

做好投前准备姿势，慢速徒手或持球做原地推球练习，利用下肢和躯干的鞭打动作将球顺势推出。

(七)滑步距离太短

1. 产生原因

蹬摆力量小，蹬摆配合动作不协调，右腿收腿不积极。

2. 纠正方法

(1)在地上画出右脚落地的标志，要求滑步后右脚落在标志上。

(2)徒手或持球做摆蹬结合练习。

(3)滑步时强调以摆带蹬。

(八)滑步后上体过早抬起，身体重心移至两腿之间

1. 产生原因

右腿收腿动作不正确，主要表现在收拉距离短，右腿未落在身体重心下方。滑步中头部和非投掷臂过早地向投掷方向转动，对超越器械的概念理解不清楚。

2. 纠正方法

(1)练习者双手或左手拉住同伴或橡胶带做滑步练习。

(2)滑步中要始终目视地上 2～3 m 处的标志，防止头部过早抬起。

(九)滑步与最后用力衔接不紧密，出现停顿

1. 产生原因

左腿摆动幅度过大，落地时不积极。腿部力量差，右腿内收不到位。滑步结束时身体重心落在右脚跟上。

2. 纠正方法

(1)养成滑步后两脚积极主动用力的习惯，不能落地后才蹬地用力。

(2)徒手或持轻铅球或实心球做衔接动作的专门练习。

(3)加强腿部力量，特别是爆发力。

(十)滑步后不能保持良好的最后用力姿势

1. 产生原因

右腿收拉未到身体重心投影之下。滑步中头部转动过早，带动了上体移动。左臂和肩内扣不够，使上体抬起过早。左脚着地不积极或左腿屈膝，造成重心过早前移。

2. 纠正方法

(1)在同伴拉手或压上体帮助下进行滑步练习，滑步过程中，始终看着地上的标志物。

(2)在规定高度的竹竿或皮筋限制下做滑步练习。

第四节　推铅球项目相关规则

一、铅球结构

铅球应用铁、铜或其他硬度不低于铜的金属制成，或由此类金属制成外壳，中心灌以铅或其他固体材料。铅球的外形必须为球形，表面不得粗糙，结点处应光滑。

二、铅球场地

(一)投掷圈

推铅球投掷圈内沿直径应为 2.135 m±0.005 m。从金属圈顶两侧向外各画一条宽 50 mm、长至少为 0.75 m 的白线。此线可以画出，也可用木料及其他适宜材料制成。白线后沿的延长线应能通过圆心，并与落地区中心线垂直(图 17-6)。

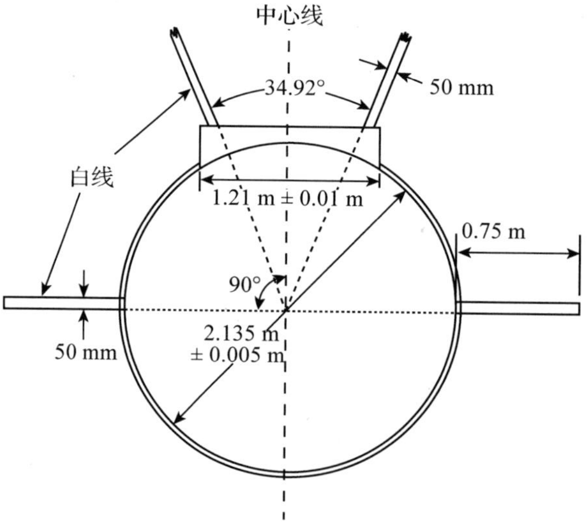

图 17-6　推铅球投掷圈

(二)抵趾板

抵趾板用木料或其他适宜材料制成，漆成白色，其形状为弧形，以便使其内侧面与投掷圈内缘重合，并与投掷圈地平面垂直。抵趾板的中心应与落地区的中心线重合，并且牢固固定于地面或投掷圈外的水泥地面。抵趾板宽度为 0.112～0.30 m，弦长为 1.21 m±0.01 m，弧线的半径与投掷圈的半径相同。高出投掷圈内附近地面 0.10 m±0.008 m(图 17-7)。

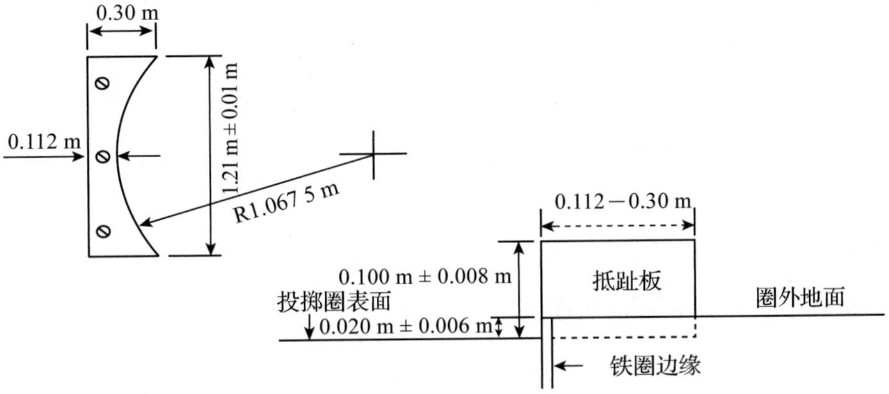

图 17-7　推铅球抵趾板(俯视与侧视图)

(三)落地区

落地扇形区应用煤渣或草地或其他适宜材料铺设，器械落地时应能留下痕迹。落地区在投掷方向上向下的总倾斜度不得超过 1∶1 000(0.1%)。落地区用夹角为 34.92°的两条 5 cm 宽的白线标出，其内缘的延长线应通过投掷圈圆心。

三、试掷

第一，只能用单手从肩部将铅球推出。当运动员在投掷圈内开始试掷时，铅球要抵住或靠近颈部或者下颌，在推球过程中持球手不得降到此部位以下，也不得将铅球置于肩轴线后方。

第二，推铅球应从投掷圈内掷出，在圈内进行试掷时，运动员应在圈内以静止姿势开始。允许运动员触及铁圈内侧，允许运动员触及抵趾板内侧。

第三，不允许使用胶带将两个或更多的手指捆在一起，如果用胶带捆扎手和手指，必须是连续不间断的，并未将两个或更多的手指捆在一起，这种捆扎方式使得手指不能单独活动。

第四，当运动员试掷时，不允许使用任何类型的装置提供帮助，包括在身上附着重物。

第五，运动员不得在比赛中使用手套。

第六，不允许运动员向投掷圈内或鞋底喷洒任何物质，或使圈内地面粗糙。

第七，在每次试掷后，应将器械运回投掷圈附近的区域，不得掷回。

第八，如果运动员在试掷中出现下列情况，判为试掷失败。

(1)出手姿势不符合规则规定。

(2)在进入投掷圈内并开始投掷之后，身体的任何部分触及了铁圈上沿(或内侧上沿)或圈外地面。

(3)推铅球时，身体的任何部分触及了抵趾板除内侧(不包括内侧上沿，这部分也视为上沿的一部分)的任何部分。

(4)铅球第一次接触地面时，触及了落地区角度线或落在落地区角度线以外的地面，或触及了落地区角度线以外的任何物体。

(5)运动员在铅球落地前离开了投掷圈。

(6)离开投掷圈时运动员首先触及投掷圈上沿或投掷圈外地面并非完全在圈外白线的后面(该线后沿理论上要通过投掷圈的圆心)。

(7)采用侧手翻投掷技术。

(8)铅球第一次接触地面时，触及了落地区角度线或落在落地区角度线以外的地面，或触及了落地区角度线以外的任何物体。

在试掷过程中未违反上述有关规则，运动员可中止已开始的试掷，可将器械放在投掷圈内或圈外，也可离开投掷圈，但此行为应在规则规定的最长时限之内。

思考与练习

1. 简述推铅球运动技术的演变历程。
2. 简述背向滑步推铅球的滑步和最后用力的技术要领。
3. 简述现代铅球运动的发展趋势。
4. 试述左侧支撑在推铅球最后用力中的作用，为什么最后用力是推铅球的重点？
5. 简述推铅球运动教学重点和难点。
6. 简述背向滑步推铅球中的超越器械。
7. 试分析背向滑步推铅球与旋转式推铅球技术异同。
8. 分析背向滑步推铅球技术教学应采用哪几个教法步骤？
9. 简述推铅球教学中常见的几种错误及纠正方法。

第十八章

掷实心球

本章要点与导学

本章首先介绍了掷实心球的概念、锻炼价值和对培养学生意志品质的作用，继而讲解了各种不同掷实心球的方法，详述了掷实心球的教学重点和难点、教学步骤与练习方法、教学提示及注意事项，分析常见错误动作及其产生原因和纠正方法，最后介绍了掷实心球测试的相关规则。

通过本章学习，使学生了解掷实心球及其健身的价值和作用，领会掷实心球的核心技术原理，掌握基本技术动作，并能分析、发现、纠正错误动作，初步具备中学体育课中掷实心球的教学能力，最终发展学生掷实心球综合能力。本章学习重点是掌握各种掷实心球的方法及全身的协调用力，学习难点是掷实心球的最后用力顺序。

第十八章数字资源

第一节　掷实心球的发展概况

掷实心球是一项以力量为基础、以动作速度为核心的投掷项目。投掷者用单手或双手，采用推掷、抛掷、投掷等方式，将一定重量的实心球向前、向上或向后掷出。由于实心球属于力量、速度性项目，在投掷时不仅需要正确、合理的动作方法，而且需要全身肌肉协调和爆发性地用力，才能取得一定的投掷效果。因此，投掷实心球可以发展全身(尤其是上肢)的肌肉力量和爆发力，改善中枢神经系统的调节机能，有效提高投掷能力，并能培养学生坚毅、顽强的意志品质。

实心球是我国许多省市中考体育考试项目之一，实心球在作为中考体育考试项目之前，只是在素质项目以练习或游戏形式出现，在体育教材中必修和选修内容中尚未介绍实心球的技术动作，因此，给指导中考体育考试训练的老师带来了一定的困难。投掷实心球项目发展至今从器材和动作上随着场地、气候、技术的需求也做了许多改进。

第二节　掷实心球技术

掷实心球的方法包括用单手或双手的推掷、抛掷、投掷等。

一、单手肩上向前推实心球

(一)持球和预备姿势（以右手持球为例）

右手持球后下方于肩上，左臂自然向前上举。身体以左肩侧对投掷方向，两脚左右(或前后)开立比肩稍宽，两膝稍屈，躯干伸直，体重移至弯曲的右腿上(图 18-1①)。

①

②

图 18-1　单手肩上向前推实心球

(二)推球方法

两腿膝、踝关节快速用力蹬伸，向投掷方向蹬转送髋，躯干转向投掷方向，抬头挺胸，右臂快速用力将实心球向前上方推出(图 18-1②)。球将出手时，出手角度 36°左右，并做屈腕和手指拨球动作。

二、单手肩上向前掷实心球

(一)持球和预备姿势(以右手持球为例)

右手持球后下方于肩上稍后，左臂向前上伸。身体侧对投掷方向，两脚左右开立(或前后开立)比肩稍宽，两膝稍屈(图 18-2①)。

(二)掷球方法

原地或者助跑 3～6 步后，两腿快速用力蹬伸并迅速挺胸转体，右臂持球经肩上方快速用力将实心球向前上方掷出(图 18-2②③)。注意躯干和投掷臂的鞭打动作和球出手时的手指拨球动作。

① ② ③

图 18-2 单手肩上向前掷实心球

三、单手侧向掷实心球

(一)持球和预备姿势(以右手持球为例)

右臂伸直，右手托球后下方于体侧，左臂微屈于左肩前，目视投掷方向。身体侧对投掷方向，两脚左右开立比肩稍宽，躯干向右倾斜，体重落在弯曲的右腿上，左腿自然伸直，且左脚用前脚掌内侧着地(图 18-3①)。

(二)掷球方法

右腿用力蹬地，转髋、挺胸、身体重心前移，做好左侧支撑(左肩、左髋、左脚在同一条垂线上)。同时，上体转向投掷方向，右臂翻转到右肩后上方，然后经肩上快速将实心球向前上方掷出(图 18-3②③)。

图 18-3 单手侧向掷实心球

四、双手体前向上抛实心球

(一)握、持球和预备姿势

双手十指自然分开，两大拇指紧扣在球的后上方成“八”字，两手托球下方于体前。两脚左右开立比肩稍宽，两膝稍屈，躯干稍前倾。

(二)抛球方法

两腿髋、膝、踝 3 关节用力蹬伸，背肌收缩，同时双臂托球快速用力将实心球向上方抛起(图 18-4①)。注意球离手时的手指拨球动作，以提高球的出手速度(图 18-4②)。球下落时，主动伸出双臂接球。

图 18-4 双手体前向上抛实心球

五、双手胸前向上推实心球

(一)持球和预备姿势

两臂弯曲，两手托球下方于胸前。两脚左右开立比肩稍宽，两膝稍屈，躯干伸直。

(二)推球方法

两腿膝、踝关节快速用力蹬伸，同时双臂快速用力将实心球向上方推起(图 18-5①)。

注意球离手时的手指拨球动作(图 18-5②)。球下落时，主动伸出双臂接球。

①　　　　　　②

图 18-5　双手胸前向上推实心球

六、双手体前胯下向前抛实心球

(一)持球和预备姿势

两臂伸直，两手托球后下方于体前或胯下，目视投掷方向。两脚左右开立比肩稍宽，两膝弯曲，躯干前屈(图 18-6①)。

(二)抛球方法

两腿膝、踝关节快速用力蹬地，双臂快速用力将实心球向前上方抛出(图 18-6②)。注意球离手时的手指拨球动作。

①　　　　　　②

图 18-6　双手体前胯下向前抛实心球

七、双手胸前向前推实心球

(一)持球和预备姿势

两臂弯曲，肘关节外展，两手托球后下方于胸前。面对投掷方向，两脚左右开立(或前后开立)比肩稍宽，两膝稍屈，躯干伸直(图 18-7①)。

(二)推球方法

推球时双腿先弯曲，上体适度后倾，两腿膝、踝关节快速用力蹬伸，同时挺胸，双臂快速用力将实心球向前上方推出(图 18-7②)。注意球离手时的手指拨球动作。

① ②

图 18-7 双手胸前向前推实心球

八、双手头后向前掷实心球

(一)持球和预备姿势

两臂屈肘，肘关节外展，两手持球后下方于头后。面对投掷方向，两脚左右开立(或前后开立)比肩稍宽，两膝稍屈，躯干稍向后屈(图 18-8①)。

(二)掷球方法

原地或者助跑 3～6 步后，两腿膝、踝关节快速用力蹬伸，体前肌肉收缩，与此同时，快速用力向前挥直两臂，将实心球向前上方掷出(图 18-8②③)。球将离手时，应做屈腕和手指拨球动作。这个练习应两人一组，一人推球，一人接球，然后交换练习；或者练习者可对网或墙投掷。

① ② ③

图 18-8 双手头后向前掷实心球

九、双手体前胯下向后抛实心球

(一)持球和预备姿势

两臂伸直，两手托球后下方于体前胯下。背对投掷方向，两脚左右开立比肩稍宽，两膝稍屈，躯干前屈(图 18-9①)。

(二)抛球方法

两腿髋、膝、踝 3 关节快速用力蹬伸，背肌收缩，与此同时，快速用力向后上方挥臂，将实心球向后上方抛出(图 18-9②)。球将离手时，应做屈腕和手指拨球动作。这个练习应两人一组，一人推球，一人接球，然后交换练习；或者练习者可对网或墙投掷。

图 18-9　双手体前胯下向后抛实心球

十、双手体前经体侧向后抛实心球

(一)持球和预备姿势

两臂微屈，两手持球后下方于体前左(右)下方。背对投掷方向，两脚左右开立比肩稍宽，两膝稍屈，躯干前倾(图 18-10①)。

(二)抛球方法

两腿膝、踝关节快速用力蹬伸，体右(左)侧肌收缩，以左(右)腿为轴，旋转一周约 360°，同时快速用力向右(左)后方挥臂，将实心球由体前左(右)下方经体右(左)侧从体前抛出(如同抛链球方法抛出)(图 18-10②③)。注意球离手时的手指拨球动作。

①　　②　　③

图 18-10　双手体前经体侧向后抛实心球

十一、双手跪投实心球

(一)持球和预备姿势

练习者两膝跪立，面对投掷方向，双手握住实心球，置于头后上方，肘关节弯曲，躯干适度后仰(图 18-11①)。

(二)投球方法

体前肌肉收缩，然后躯干带动双臂快速用力向前挥直，向前上方将球投出，出手角度 36°(图 18-11②③)。

①　　②　　③

图 18-11　双手跪投实心球

十二、双手头后经胯下向后抛实心球

(一)持球和预备姿势

两臂屈肘，两手持球后下方于头后。背对投掷方向，两脚左右开立(或前后开立)比肩稍宽，两膝稍屈，躯干稍向后屈(图 18-12①)。

(二)抛球方法

两腿膝、踝关节快速用力蹬伸，屈体，收腹，双手用力快速将实心球从两腿中间向后抛出(图 18-12②③)。

① ② ③

图 18-12　双手头后经胯下向后抛实心球

第三节　掷实心球教学

一、掷实心球教学重点与难点

掷实心球的教学重点是最后用力技术环节。在教学中，要以教会学生正确的用力顺序、建立稳定的最后用力技术教学为重点内容。

教学难点是采用不同的推、抛、掷球姿势所调动的身体各部位肌肉发力的连贯性与最后用力的衔接，直接关系到投掷的效果。初学者一般处理不好全身各部位协调发力与最后用力的关系，会破坏合理用力技术的形成。因此，随着教学的不断深入，教师要重视学生全身各部位肌肉协调用力与最后用力衔接技术的教学，使学生更好地解决这一技术难点。

二、掷实心球教学步骤与练习方法

(一)建立完整的掷实心球技术概念

(1)通过教师讲解、示范和看技术图片(有条件的看录像)等，使学生初步了解投掷实心球的技术特点、锻炼价值等一般知识，提出学习要求，调动学生学习的积极性和主动性。

(2)简要介绍掷实心球的场地、器材规格。

(3)提出在掷实心球教学中有关安全的措施及具体要求。

(二)熟悉实心球球性练习(视频18-1)

在开始掷实心球技术教学时，或者在每次技术教学课的准备活动中，应经常进行熟悉实心球球性练习。

1. 练习目的

通过拨、抓握实心球练习，提高手指手腕力量，增强手指手腕对球的触感，为掌握掷实心球技术奠定基础。

2. 动作要领

抓握时，手指指根和指尖快速地抓紧球。拨球发力时依次从指根到指尖将球拨出。

3. 练习方法

(1)双手体前交替拨球练习。

两臂屈肘于胸前，双手掌心相对，右手持球，手腕、手指用力将实心球拨至左手，左手接球后又将实心球拨回右手，两手交替进行。练习过程中，注意手指来回拨球的连贯性和放松。20～40次一组，3～5组。

(2)双手绕腿部8字交替倒球练习。

双脚前后开立，身体前倾，右手握球于右膝外侧，左手置于胯下，右手顺时针绕过右腿将球交至左手，左手接球逆时针绕过左腿交至右手，成8字绕环运动。10～20次一组，3～5组。

(3)双手体前交替抓握球练习。

两脚左右开立与肩同宽，身体微向前倾，右手抓球于体前，然后松开，快速抓球。抓球时要求掌心朝下，反复进行。20～30次一组，3～5组。

(三)学习掷实心球的最后用力技术(视频18-2)

在掌握掷实心球的最后用力技术环节上主要采用原地练习方法进行。

1. 练习目的

体会不同的最后用力感觉，确定正确的发力动作。

2. 动作要领

两臂经体后向前上方快速用力，双脚快速蹬地、送髋、腰腹收缩用力，两臂迅速前摆并向前拨指和腕，将球向前上方45°投出。

3. 练习方法

(1)前掷练习。

双手自然持球于头后下方，两脚平行或前后站于投掷线后，比肩稍宽，两膝微屈，躯干成反弓，吸气。两臂经体后向前上方快速用力，发力瞬间双脚快速蹬地、送髋、腰腹收缩用力，两臂迅速前摆并向前拨指和腕，将球向前上方45°投出。10～20次一组，3～5组。

(2)后抛练习。

双手自然持球置于身体下方，两脚平行站于线后，比肩稍宽，双腿半蹲，重心落在两脚中间偏前，身体微向前倾，肌肉放松，眼睛看前下方。发力顺序蹬腿、送髋、腰腹急震用力，两臂迅速后摆并向后拨指和腕，将球向后上方45°抛出。10～20次一组，3～5组。

(四)学习双手向前掷实心球完整技术动作(视频18-3)

1. 练习目的

按照原地徒手、持轻辅助器材、实心球完整练习顺序，使练习者逐步掌握完整技术动作及正确的发力顺序。

2. 动作要领

两脚平行或前后站于投掷线后，双手自然持球于身体前下方。肌肉放松，预摆1～2次，然后将球依次从前下方经胸前至头后上方，上体后仰，形成反弓。最后用力时，两臂经后向前上方快速用力，蹬地、腰腹收缩用力，两臂迅速前摆并向前拨指，将球向前上方投出。

3. 练习方法

(1)原地徒手技术练习。

体会原地徒手向前掷实心球完整技术动作及发力顺序。

(2)持轻器械辅助练习。

持胶球或轻重量实心球等辅助器材进行向前掷实心球完整技术练习。将学生分成两组迎面站立，距离15～20 m，交替练习。15～20次一组，3～5组。

(3)持实心球完整技术练习。

持标准重量实心球进行双手向前掷实心球完整技术练习。将学生分成两组迎面站立，距离15～20 m，交替练习。15～20次一组，3～5组。

三、掷实心球教学提示和注意事项

第一，掷实心球是中学“体育与健康”课程的主要教学内容，是中学生十分喜爱的运动项目，也是提高学生体能水平、增强体质的锻炼手段。其教学任务是：使学生掌握掷实心球的基本技术和技能，并使之成为锻炼身体的一种手段；发展学生上肢、下肢、躯干、肩部的力量(爆发性力量)和肩关节、脊柱的柔韧性，提高身体的协调性和投掷能力；培养学生顽强、果断的意志品质和团结协作、勇于竞争的精神。在教学中，应从增强学生体质任务出发，把传授“三基”和增强体质紧密结合起来，把思想品德教育贯穿于教学的全过程，全面完成掷实心球的教学任务。

第二，教学开始时，应向学生讲述掷实心球教材的特点和锻炼价值，充分调动学生学习、锻炼的积极性和主动性。在教学中，应把运用全身力量进行投掷作为重点。初学时，用力程度可以小一些，待基本掌握了正确投掷动作后，再加大爆发性用力的程度。

第三，教师要善于观察学生的练习，及时发现错误动作，如投掷时没有运用全身力量或用力顺序不正确、投掷角度过小或过大、助跑与最后用力衔接不好等。在分析错误动作产生原因后，应采取有效措施，及时纠正。

第四，在中学掷实心球教学中，一定要把技术教学和锻炼学生身体紧密结合起来。同时，要合理组织教学和使用场地器材，以保证练习密度。

第五，在中学掷实心球教学中，为了提高学生学习和锻炼的兴趣，应尽量采用一些游戏和比赛的方法。在游戏和比赛前，要设计标明投掷距离和“靶心”的场地或设置专门“靶子”，让学生把掷实心球动作与掷远或掷准结合起来，使学生能看到自己的投掷效果和同伴竞争的胜负结果，从而提高学生学习与锻炼的积极性。

第六，在掷实心球教学中，为了完成思想品德教育任务，在教学开始时，教师应向学生讲明掷实心球的锻炼价值，提出明确要求，帮助学生树立正确的学习思想和态度。在教学中应根据掷实心球教学本身存在的教育因素和学生在学习与锻炼中表现出来的各种思想品德教育因素，及时、认真地进行教育。教师应特别注意通过严密的组织，培养学生的组织性和纪律性。

第七，在中学掷实心球教学中，要经常对学生进行安全教育，组织教学工作时应把男、女生以投掷能力按高低分组练习，防止伤害事故的发生。要认真做好准备活动，尤其是要做好腕、肘、肩关节和腰部的准备活动。教师应经常提醒学生注意安全，如发现有安全隐患时，应立即停止练习，规范教学秩序，重新安排场地。

四、掷实心球常见错误动作及其产生原因和纠正方法

(一)掷实心球时，手腕、手指无力

1. 产生原因

持球手指完全放松，手指、手腕力量差。

2. 纠正方法

要求持球时两手手指适度紧张。注意发展手指、手腕力量，可用铅球进行抓握练习。

(二)投掷实心球时两臂肘关节过早下降或摔小臂现象，造成出手角度过小

1. 产生原因

球出手时肩部前移过早，上臂用力不当，使球出手点低，投掷近。

2. 纠正方法

两臂肘关节不能过早弯曲，投球时不能低头，眼看前上方。

(三)掷实心球时腰腹收缩与两臂用力不协调

1. 产生原因

投掷时单纯用两臂力量将球投出，而腰腹没有协调用力。

2. 纠正方法

先进行徒手练习，注意蹬地，收腹，投球协调，再由轻球到重球进行练习。

第四节　掷实心球相关测试规则

一、场地器材

掷实心球应在 30 m 以上的平整场地，地质不限，在场地一端画一条直线作为起掷线。实心球的器材要求根据测试者的年龄而有所区分，小学三至六年级的实心球重为 1 kg，初中、高中、大学的实心球重为 2 kg。

二、测试方法

测试时受试者站在起掷线后，两脚前后或左右开立，身体面对投掷方向，双手举球至头上方稍后仰，原地用力将球向前方掷出。每人投掷三次，记录其中成绩最好的一次。记录以米为单位，取一位小数。丈量从实心球着地点后沿至起掷线后沿之间的垂直距离。

三、测试规则

第一，受试者测试时应站在起掷线后，不得踩线。

第二，必须是原地投掷，不得助跑或垫步。每人投掷三次(连续)，球落在测量范围内方可有效，电子仪器自动择取最好一次成绩记录储存。

第三，必须双手举球从头部上方向前投掷，不能从侧面、背面或者下面投出。不能单手投掷或双手低甩。

第四，投掷时，双脚不能同时腾空，或者两脚前后换脚。

第五，实心球出手的瞬间，脚可以同时蹬地。如受试者两脚前后开立投掷，出手的同时后脚可以向前迈出一步，但不得踩起掷线。

第六，投掷完后，身体的任意部位不能触摸到投掷线以前的地面。

第七，犯规，投掷成绩无效。如三次投掷均犯规无成绩者，允许补投一次。

第八，受试者可以任意选择投掷线(3 m、6 m、9 m)，受试者成绩超过 13.5 m 的可另选起掷线。

四、注意事项

受试者预估成绩在 7.5 m 以下的投掷线选择 3 m 线，7.5 m 至 10.5 m 之间的投掷线选择 6 m 线，10.5～13.5 m 的投掷线选择 9 m 线。

思考与练习

1. 简述掷实心球的特点和锻炼价值。
2. 简述掷实心球的各种方法。
3. 掷实心球的教学重点和难点是什么?
4. 简述掷实心球的教学步骤和教学方法。
5. 双手体前胯下向后抛实心球与向前抛实心球的主要差异在哪里?
6. 简述掷实心球的教学提示和注意事项。
7. 简述掷实心球常见错误动作及产生原因和纠正方法。
8. 简述掷实心球的相关测试规则及注意事项。

第十九章
掷标枪

本章要点与导学

本章详细分析了掷标枪技术，阐明了掷标枪的教学步骤、特点和注意事项。

通过本章学习，使学生了解掷标枪的技术结构和技术特点，掌握掷标枪的基本技术、教学程序和主要教学方法。 本章学习重点是形成良好的超越器械和最后用力条件以及最后用力技术，学习难点是助跑与最后用力的衔接。

第十九章数字资源

第一节　标枪的起源与发展

一、标枪的起源与演进

标枪最早是人类远古时期用于捕捉猎物时的一种竹制或木制工具。在古希腊和古罗马时期，标枪已发展成为广泛用于军队的一类带铁枪头的远程作战武器(图 19-1)。

公元前 708 年标枪被列为第十八届古代奥运会五项全能之一。19 世纪的欧洲开始了现代标枪运动，国际田联于 1912 年成立并制定了严格的标枪规则。男女标枪分别于 1908 年和 1932 年被列为奥运会比赛项目。在 20 世纪 50 年代初，一种中间细、两端粗的木制滑翔式标枪出现，它延长了标枪在空中的飞行时间，提高了运动成绩。60 年代，瑞典制造出的

图 19-1　标枪作为狩猎工具和战争武器

金属标枪能增加空中飞行性能，更是大幅度地提高了运动成绩。70 年代，广泛采用了塑胶助跑道，进一步提高了最后用力的效果。掷标枪在这一时期出现了采用前交叉步的“芬兰式”，强调动作流畅性的“美式”等技术风格，投掷标枪的技术也由原来的钳式握法肩下携枪变为了现代握法肩上持枪，投掷步也由原来的单足跳转变为前交叉，标枪发力沿纵轴进行，更加符合超越器械的做功原理。

1984 年，男子运动员乌威·霍恩创造了 104.8 m 的惊人成绩。为保证看台观众的安全，国际田联于 1986 年将男子标枪重心向标尖方向前移了 4 cm；于 1999 年将女子标枪向前移了 3 cm，降低了标枪在空中的滑翔性能，因此，104.8 m 的成绩成了“永久世界纪录”（图 19-2）。

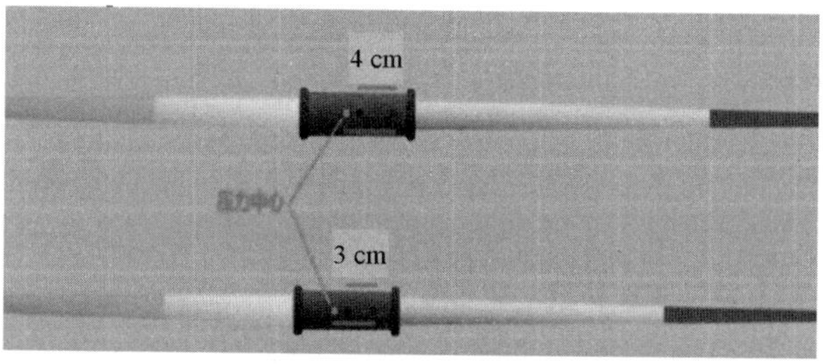

图 19-2　“永久世界纪录”的创造者乌威·霍恩及改造重心的标枪

标枪由金属或其他适宜的类似材料制成，装有尖形金属枪头。正规男子标枪重 800 g，长 260～270 cm；女子标枪重 600 g，长 220～230 cm。男子标枪世界纪录是在 1996 年，由捷克运动员泽列兹尼在美国亚特兰大奥运会上所创造的 98.48 m 的成绩；女子世界纪录是在 2009 年由捷克名将波塔科娃创造的 72.28 m 的成绩。（视频 19-1）

二、我国标枪运动的发展概述

我国的标枪运动开展相对较晚，早期由于对标枪项目以及投掷技术的理解还较浅显，发展也较缓慢。五四运动之后，在学校的大力推广下，掷标枪运动才得以逐步发展起来。

在 1924 年的第三届全运会上，男子标枪首次被列为比赛项目，当时的冠军成绩是 43.78 m。而当年世界男子的标枪是 66.62 m(由瑞典人林德斯特勒姆创造)。到 1936 年我国男子运动员将标枪的全国提高到 53.85 m，当年的标枪世界纪录是 77.23 m(由芬兰人加维宁创造)。我国女子标枪发展也比较缓慢。1935 年第五届全运会上才设立女子标枪比赛项目，当时的冠军成绩是 26.38 m，到新中国成立前全国女子的标枪为 32.29 m。

新中国成立后，我国男女标枪运动得到迅速发展。1953 年国家田径队正式成立，同年 12 月，周健在上海举行的中苏田径友谊赛上投出了 38.84 m，打破了女子标枪的全国纪录。1955 年 6 月举行的上海市第一届教育工作者体育运动大会上于金安投出了 61.11 m，打破了男子标枪全国纪录，同时也成了我国突破 60 m 大关的第一人。1956 年 11 月 8 日，中国奥林匹克代表团在武汉的表演赛上，马长路投出 71.12 m 的成绩，使我国男子标枪突破 70 m 大关。1957 年至 1960 年王毅多次打破女子标枪全国纪录，并把全国提高到 49.13 m。1964 年 8 月董荷在大连举行的旅大地区田径表演赛上，以 50.43 m 突破了 50 m 大关的成绩创造了女子标枪全国纪录。1977 年 9 月在北京举行的中日田径对抗赛上，我国男子标枪运动员申毛毛投出了 81.68 m 的好成绩，不仅刷新了全国纪录，成为我国男子标枪突破 80 m 大关的第一人，而且是标枪项目第一次打破亚洲纪录。1986 年由于比赛使用低重心新型标枪之后，我国标枪成绩大幅度下降。进入 20 世纪 90 年代，男子标枪才有了上升趋势，在 2000 年曾出现 84.29 m 的成绩，但其他年份中，只是在 81～82 m；而女子标枪水平呈起伏发展趋势，但与欧美强国还有一定的差距。目前我国男子标枪纪录是由郑兆村在 2017 年世界大学生运动会中所创造的 91.36 m，该成绩也成为亚洲纪录；女子标枪纪录是在 2017 年由吕会会在德国哈勒赛上创造的 67.69 m 的成绩，该成绩打破了她自己保持的 67.59 m 的亚洲纪录，成为新的女子标枪亚洲纪录(图 19-3)。

图 19-3　男子标枪运动员郑兆村和女子标枪运动员吕会会

第二节　掷标枪技术

掷标枪的完整技术是一个连续过程，为了便于分析，将掷标枪技术分为握枪和持枪、助跑、最后用力和维持身体平衡4个部分。(视频19-2)

一、握枪和持枪(以右手投掷为例)

(一)握枪

标枪的握法有三种：普通式握法、钳式握法和现代式握法。其中常用的标枪握法是普通式握法和现代式握法(图19-4)。

图19-4　标枪三种握法

普通式握法(拇指和食指握法)：用右手拇指、食指握在缠绳把手末端边沿，其余手指顺着食指方向握在缠绳把手上面。

钳式握法(中指和食指握法)：中指和食指像钳子一样夹在标枪缠绳把手末端，其余手指自然弯曲握在缠绳把手上。

现代式握法(拇指和中指握法)：将标枪斜放在右手掌心上，拇指和中指握在缠绳把手末端边沿，食指自然弯曲斜放在枪身上，无名指和小指自然地握在缠绳把手上。

目前，标枪运动员多采用现代式握法。其优点是中指长而有力，有利于增加最后用力的工作距离，发挥更大的力量，便于掷标枪时的鞭打动作和出手瞬间使标枪产生绕纵轴的旋转。

(二)持枪

常见的持枪方法有肩上持枪和肩下持枪两种。目前标枪运动员多采用肩上持枪法，因为它不仅动作简单，而且有利于控制标枪。

肩上持枪：运动员在预备姿势和预跑时，右手持枪于右肩上方，持枪手在头侧耳朵附近，使枪尖稍低于枪尾或枪身与地面平行(图 19-5)。

肩下持枪：运动员在预备姿势和预跑的前半段，右手持枪，枪尾向前，右臂自然下垂，随跑的同时两臂前后自然摆动，在跑动过程中，右臂举起成肩上持枪姿势。

图 19-5　肩上持枪

二、助跑

助跑的目的是使人体和标枪获得一定的初速度，在投掷步阶段完成引枪和超越器械动作，为最后用力创造良好的条件。掷标枪的助跑形式为直线。助跑的距离虽然不受比赛规则的限制，但一般采用的助跑距离为 22～30 m(女子稍短一些)。在较快的助跑速度下，为了与最后用力紧密衔接，不仅要求整个助跑过程动作自然、流畅、节奏鲜明，而且需要有很好地控制标枪的能力使标枪在整个运行过程中保持平稳。

通常将助跑分为预跑和投掷步两个阶段。

(一)预跑阶段

预跑阶段通常采用周期性的助跑动作，此阶段的主要任务是使人体和标枪获得一定的速度，为进入投掷步做好准备。运动员在预跑前测量好助跑距离后，在助跑道外侧地面放两个标志物。第一标志为开始助跑的标志，第二标志为开始投掷步的标志。预跑阶段是从第一标志线至第二标志线的距离，一般为 15～20 m，通常用 8～12 步完成(图 19-6)。开始助跑时，通常是左脚踏在第一标志线上，迈右腿开始助跑，跑至第二标志线预跑结束，进入投掷步阶段。力量型的运动员通常助跑速度稍慢，预跑的距离较短，而速度较好的运动员预跑的距离较长，以便于更好地发挥速度。助跑速度的快慢，应与运动员的技术熟练程度和身体素质水平相适应。随着技术的改进和训练水平的提高，运动员应逐渐提高助跑的速度。预跑阶段的动作应放松自然，上体保持与地面垂直的姿势，下肢动作基本上同平跑，但跑的动作要求富有弹性和节奏，注意逐渐加速和保持助跑的直线性，跑动时两眼平视前方。

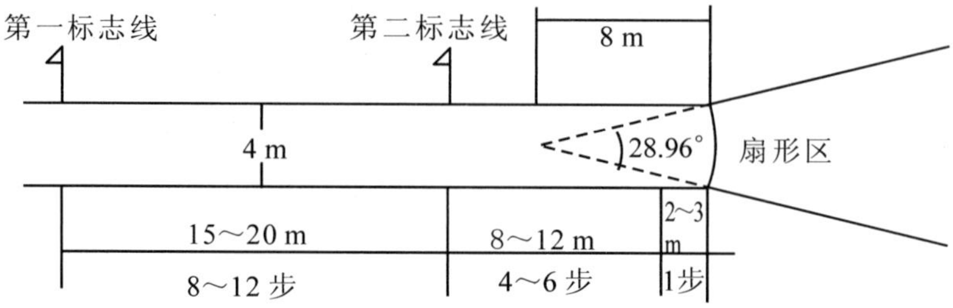

图 19-6　助跑阶段的划分与助跑标志的安放

(二)投掷步阶段

投掷步的主要任务是尽量保持已获得的速度，加快两腿的蹬摆动作，正确完成引枪、交叉步和超越器械动作，为最后用力创造良好的条件。投掷步阶段通常是从左脚踏上第二标志线迈右腿开始，至最后一步左脚落地时止。完成投掷步的形式有两种，即跳跃式投掷步和跑步式投掷步。标枪运动员通常多采用较平的跳跃式投掷步，它有利于两腿充分地蹬摆，完成引枪和超越器械。近年来，优秀运动员完成投掷步时，表现出低、平、快的特点，即身体重心的腾起高度较低，运动轨迹较平，能发挥较快的助跑水平速度。投掷步阶段要求动作顺畅连贯、节奏性好，投掷步与最后用力衔接紧密，超越器械动作充分。

投掷步的步数一般是 4 步或 6 步，也有采用 5 步或 7 步的。当采用偶数步时，迈右腿开始投掷步；反之，迈左腿开始投掷步。当投掷步为 4 步时，第 1、第 2 步完成引枪，第 3 步为交叉步，第 4 步过渡到最后用力。下面介绍 4 步投掷步的技术。

第 1 步：左脚踏上第二标志线后，右腿前摆，同时上体向右转，持枪臂向后引枪，左臂在胸前自然摆动，眼睛注视前方，髋部正对投掷方向(图 19-7③～⑤)。

第 2 步：右脚落地后积极蹬地。左腿前摆开始投掷步的第 2 步。此时上体继续向右转动，形成侧对投掷方向的姿势。持枪臂继续后引，在左脚落地时右臂伸直完成引枪动作。引枪结束时，右手与右肩同高，枪头靠近右眉(图 19-7⑥⑦)，标枪纵轴与髋轴、肩轴平行。在完成前两步动作中，躯干应基本与地面保持垂直，以避免人体过早减速。

第 3 步(交叉步)：这是投掷步中最关键的一步，是从左脚落地后右腿积极前摆开始的。左脚落地后，积极蹬伸，右腿以大腿带动小腿积极有力地向前方摆出，使下肢加速向前形成良好的超越器械姿势。右脚落地时，左腿应位于右脚的前方，以加快左脚落地的时间(图 19-7⑧～⑩)，这时身体的后倾角为 20°～25°。

第 4 步：这是从助跑过渡到最后用力的衔接步，完成动作正确与否，将直接影响最后用力的效果。右脚落地后，右腿被动屈膝缓冲，当身体重心越过右脚支撑点上方时，右腿积极用力蹬地，推动髋部向前运动。左脚落地瞬间，应保持躯干的后倾角(图 19-7⑪)。投掷步各步的步长和步时决定了投掷步的速度，形成了一定的动作节奏，并对最后用力的动作效果产生直接或间接的影响。根据对国内外优秀运动员的数据统计，可以把步长/身高指数作为确定投掷步各步长的依据。优秀男子运动员投掷步 4 步的步长一般是：第 1 步大，可达到 2 m，以便于完成引枪动作；第 2 步较大，通常为 1.8～2m，为过渡到后两步打下良好的基础；第 3 步最大，可达到 2～2.2 m，以便有时间做出适宜的超越器械动作，为最后用力做好准备；第 4 步最小，通常为 1.4～1.6 m，以利于助跑和最后用力的衔接，从而做好左侧支撑动作。世界优秀运动员最后一步所用的时间通常为 0.18～0.20 s。投掷步阶段应尽量保持预跑阶段获得的速度，跑的节奏各步也有所不同，通常第 1、第 2 步较快，第 3 步稍慢，第 4 步最快。世界水平的男子标枪运动员在投掷步阶段的平均速度可达到 6～8 m/s，女子运动员的平均速度可达到 5～6 m/s。由于助跑使人体和器械获得一定的初速度，因而助跑投可比原地投的成绩提高 20～30 m。

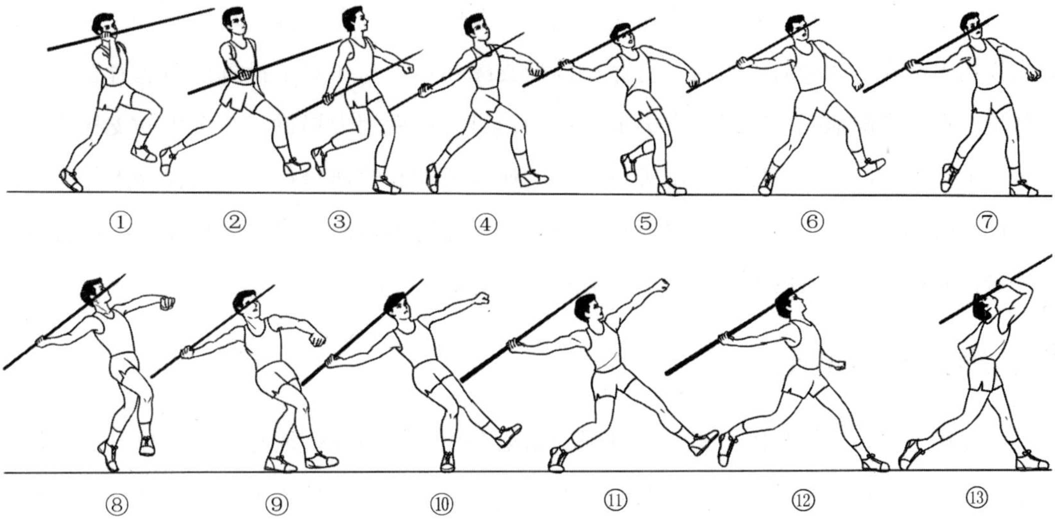

图 19-7　掷标枪投掷步和最后用力技术

三、最后用力

最后用力通常是指最后一步左脚着地瞬间至标枪出手瞬间的动作过程。最后用力的任务是充分利用助跑速度，最大限度地发挥人体的力量，使标枪获得最大的初速度和最佳飞行初始条件。标枪获得的出手初速度中大约有 70%的速度来自此阶段。

投掷步的第 3 步右脚着地后，右腿被动屈膝缓冲，身体继续向前运动，在身体重心越过了右脚支撑点上方时(左脚还未着地)，右腿积极蹬伸用力。左脚着地时，左腿做出有力的制动动作，可加快上体向前的运动速度。右腿继续蹬地，推动右髋加速向投掷方向运动，使髋轴超过肩轴，并带动肩轴向投掷方向转动。在肩轴向投掷方向转动的同时，投掷臂快速向上翻转，使上体转为面对投掷方向，形成“满弓”姿势。此时投掷臂处于身后，与肩同高，与躯干几乎成直角。形成“满弓”后，胸部继续向前，将投掷臂最大限度地留在身后，使右肩部的肌肉最大限度地伸展(图 19-7⑫)。由于向前惯性的作用，左腿被迫屈膝，随即做迅速有力的充分蹬伸，同时以胸部和右肩带动投掷臂向前做爆发性“鞭打”动作，并使用力的方向通过标枪纵轴(图 19-7⑬)。在最后用力时，以髋关节为起点的躯干“鞭打”动作、以肩关节为肘的投掷臂“鞭打”动作与左腿有力制动支撑和蹬伸相配合，是完成投掷动作和获得最大出手速度的关键。最后用力时身体右侧肢体的动作顺序依次为脚掌、踝、腿、髋、胸、肩、臂、肘和腕，人体参与用力的各环节肌肉群形成自下而上的用力顺序。从右腿落地后的及时发力至右臂的快速鞭打和标枪出手，人体各环节形成了一个完整的运动链。

标枪的出手速度是助跑速度和投枪速度的合速度，为了提高助跑速度的利用率，在现代掷标枪技术中，越来越重视助跑和最后用力的衔接动作。为了做好衔接动作，运动员在做交叉步时身体不应腾空过高，右脚着地后，应及时发力，左脚应主动快落，并做好制动和支撑用力动作。在最后用力时，身体左侧的支撑和用力动作对于投掷成绩起着至关重要的作用。在左脚触地时，左腿强有力的支撑动作可为最后用力提供一个牢固的支撑点，可以大大加快上体向前的速度，左膝关节短暂的屈膝缓冲和快速蹬伸用力可提高人体和器械向上的垂直速度和出手高度。在最后用力过程中，左臂的适时、快速摆动和制动可有效地加快身体右侧向前运动的速度，提高标枪的出手速度。

四、维持身体平衡

标枪出手后，维持身体平衡是全过程的结束动作，能够有效地防止人体越过投掷弧以免造成犯规。标枪出手后，右腿应及时向前跨出一大步，降低身体重心，同时身体前倾两臂自然摆动，以保持身体平衡(图 19-8)。为了保证最后用力时运动员可以大胆向前做动作而又不犯规，最后一步左脚落地点至投掷弧的距离应在 2 m 以上。

图 19-8　标枪出手后的维持身体平衡

第三节　掷标枪教学

一、掷标枪教学重点与难点

(一)教学重点

在掷标枪教学中，最后用力的技术、投掷步与最后用力的衔接以及预助跑与投掷步的衔接是教学重点，在各个教学阶段应予以重视，教学时应注意将分解动作和完整技术的教学相结合，以保证投掷技术的完整性。

(二)教学难点

掷标枪技术复杂，要求高，运动员需要将多关节肌群以精准的协调、控制能力作用于标枪，从而产生较高的出手速度，且能够很好地控制标枪的出手角度。投掷步的节奏、最后用力的发力顺序以及沿标枪纵轴的用力效果是教学难点。

二、掷标枪教学步骤与练习方法(视频 19-3)

(一)建立正确的掷标枪技术概念

1. 教学方法

(1)介绍掷标枪的比赛规则、场地和器材。

(2)介绍掷标枪的技术，观看技术图片、视频和录像，教师讲解和示范。

2. 注意事项

使学生了解掷标枪的技术、场地和器材，对学生进行安全教育。

(二)学习标枪的握、持方法和各种专门性练习

1. 教学方法

(1)肩关节的灵活性及柔韧性练习。

①单人徒手双臂同时做向前、向后或一前一后的绕环练习。

②双人背向或背对肋木做背弓姿势拉伸练习。

③双手持标枪做压肩、前后绕肩、左右涮肩、涮腰的练习。

(2)学习握枪方法。一般学习现代式握法，用右手握住标枪缠绳把手，拇指和中指对扣在把手的后端末圈。介绍普通式握法。两种方式进行对比分析，根据习惯选择一种握法。

(3)学习肩上持枪法。持枪时，大小臂大致垂直屈肘将标枪置于肩上，靠近头部，标枪与地面保持平行，枪尖略低于或平行于枪尾。

(4)鞭打练习。

①右手持小树枝，采用原地正面和侧向投枪的预备姿势，然后快速向前上方的标志物做鞭打动作。

②右手持棒球，面对投掷方向采用跪姿或坐姿，用原地、上步和短跑等不同姿势做好预备姿势，然后以胸带臂快速掷出。

(5)转肩成“满弓”。

①右手持枪或用其他器械，成原地侧向投枪的预备姿势，左手握住枪头，用力时，左腿向前迈一步，右腿蹬转，向前送髋，右臂翻转至肩上，上体转成正对投掷方向，呈“满弓”姿势。

②拉臂推肩成“满弓”姿势练习，练习者做好投掷的准备姿势，同伴一手握住练习者的手，一手放在练习者肩胛处，当练习者做送髋翻肩动作时，同伴协助做拉臂推肩动作。

2. 注意事项

持枪臂放松自然，鞭打动作利用胸带臂快速有力。

(三)学习原地和上步掷标枪

1. 教学方法

(1)原地正面插枪。两脚前后开立，左脚在前，右手持枪置于肩后上方，枪尖更多地低于枪尾，身体微后倾，左臂向前伸出抬起。用力时右手腕微微内旋，将标枪向前下方 4～6 m 处掷出，并尽量使枪尖先着地。

(2)原地侧面插枪。两脚前后开立，左脚在前并靠近右腿，右腿弯曲并承担身体重量，躯干适度后倾，上体微侧对投掷方向，投掷臂向后伸直，持枪稍高于肩部，枪头低于枪尾且指向前下方，用力时左腿向前迈一步，翻肩转体，利用两腿蹬地和振胸的力量，以胸带臂将标枪向前下方 8～10 m 处掷出，枪落地时最好能插在地上。

(3)原地侧向投枪。预备姿势为两腿前后开立，左腿在前并靠近右腿，身体侧对投掷方向，投掷臂向后伸直，标枪指向约为 30°的前上方，左臂稍弯曲位于身体前方。用力时右脚掌支撑，蹬转送髋带动身体重心前移，进一步翻肩转体形成“满弓”，利用两腿蹬地和振胸的力量，以胸带臂做好鞭打动作将标枪向前上方掷出。

(4)上步掷标枪。预备姿势同原地侧向掷标枪。上步的步数通常为 2～4 步，在最后一个交叉步形成适宜的超越器械姿势，两腿用力蹬伸，上步后将标枪掷出。

2. 注意事项

(1)做好翻肩的动作，掌握自下而上的用力顺序，鞭打动作快速有力，用力方向应通过标枪纵轴。

(2)预备时标枪头位于前额附近，用力时积极蹬伸右腿，形成髋关节在前、肩在后的“满弓”姿势，翻肩后要使标枪保持正确的角度和方向。

(3)上步掷标枪，向前迈步时，两腿积极用力蹬伸，获得向前的速度，左臂在体侧前后协调摆动，上体不要主动后倒。在倒数第二步时依靠下肢动作积极向前超越器械，上步动作和最后用力紧密衔接。体会助跑与最后用力的衔接动作，控制好标枪的角度和方向。

(四)学习投掷步掷枪

1. 教学方法

(1)原地引枪。面对投掷方向站立，左脚在前，肩上持枪。引枪时，上体向右转，同时投掷臂向后伸展，沿标枪纵轴延长线引枪。

(2)走步引枪。面对投掷方向，左脚在前，肩上持枪。迈右腿时上体向右转。投掷臂向后伸展引枪，迈左腿时投掷臂伸直。完成引枪时，身体应侧对投掷方向。

(3)原地助跑引枪。面对投掷方向原地助跑，在右脚向前迈步的过程中，完成引枪练习。

(4)慢跑中引枪。预跑若干步，然后用两步完成引枪。动作要自然连贯，与下肢协调配合。

(5)引枪接交叉步。持枪或小树枝做引枪按交叉步的走步练习，然后跑步做此练习。

(6)持枪做连续交叉步跑。身体侧对投掷方向，两脚前后开立，右臂持枪后引，两眼注视投掷方向，然后两腿用力蹬摆向投掷方连续做交叉步练习。

(7)投掷步投枪(跑 4 步)。面对投掷方向站立，跑两步完成引枪，然后接交叉步和最后用力，将标枪掷出。

2. 注意事项

学习引枪时要注意保持标枪的稳定性，上步时两腿协调用力，加大蹬摆动作的幅度；在最后一个交叉步做出超越动作，上体不要主动后倒。注意开始引枪和完成引枪的时间。

(五)学习全程助跑掷标枪技术

1. 教学方法

(1)20～30 m 持枪助跑。

(2)持枪助跑接投掷步。

(3)短程助跑掷标枪或小垒球。

(4)采用不同的速度全程助跑掷标枪。

2. 注意事项

持枪助跑或全程助跑掷枪，先在慢速助跑中进行，然后逐渐加快助跑的速度。在练习助跑投掷时，应特别强调动作的连贯性和节奏。从预跑、投掷步至标枪出手，动作要连贯。全程助跑投掷前，应先确定助跑步数，测量助跑距离，反复练习，以达到基本稳定。助跑与投掷动作要协调配合，不要急于追求成绩，以防影响正确地完成动作。

(六)改进和提高掷标枪技术

1. 教学方法

(1)在助跑道上全程助跑投枪。

(2)针对个人在技术上存在的错误，选用不同的方法，改进和完善技术。

2. 注意事项

在学生掌握助跑投掷的基础上，介绍不同形式的投掷步和引枪动作，根据学生的特点，选择适宜的投掷技术。要及时指出学生在技术上存在的错误，并提出纠正的方法。分组练习时，应将教学重点放在完成动作的质量和培养学生分析技术、发现和纠正错误动作的能力方面。

三、掷标枪教学提示及注意事项

(一)加强柔韧性和灵活性的练习

掷标枪教学中，要加强学生的柔韧性和灵活性的练习，注重发展学生的协调性。在进行这些素质练习时，注意结合掷标枪的技术结构和技术要求，重点发展学生肩、胸、腰、髋等部位的柔韧性和灵活性，以提高动作幅度和参与掷标枪肌群、韧带的伸展性。

(二)强调沿标枪纵轴用力的技术要点和要求

在教学初期必须反复强调沿标枪纵轴用力的技术要点和要求，通过专门性的练习，提高学生枪感和控制标枪的能力，体会并掌握沿标枪纵轴用力的技术，以保证标枪在空中飞行的稳定性，为学习、掌握完整技术和成绩的提高创造条件。

(三)注意全身协调用力能力的锻炼与提高

掷标枪技术非常强调全身协调用力，要使学生尽可能体验由下而上的全身协调用力。通过变换投掷器械和各种模仿练习，重点提高最后用力顺序的合理性，提高投掷臂的“鞭打”速度，从而使沿标枪纵轴用力的效果和投掷远度达到最大化。

四、掷标枪教学中常见错误动作及其产生原因和纠正方法

(一)握枪方法不正确，如握枪时总是用全部手指裹在缠绳把手上

1. 产生原因

握枪概念不清，手指、手腕过度紧张不灵活。

2. 纠正方法

(1)帮助学生建立正确的握枪动作概念。

(2)一手扶在缠绳把手下方，将握枪手臂的食指或中指扣紧缠绳把手末端，多做向下用力拔枪旋转练习。

(二)引枪的位置和方向不正确，如标枪距离身体太远、手臂过低等

1. 产生原因

肩关节的灵活性及柔韧性不足，对引枪动作还不够熟练。

2. 纠正方法

(1)多做发展肩关节的灵活性及柔韧性的练习，如绕肩、压肩和辅助振肩等。

(2)原地、走步、慢跑中体会引枪动作，提高手臂空间感觉。

(3)在练习中，辅助者站在引枪后方协助控制标枪的位置和方向。

(三)投掷步明显减速，助跑与用力衔接不好

1. 产生原因

(1)预跑阶段速度过快，增加了投掷步的难度，以致最后用力前被迫减速。

(2)引枪时上体主动后倒，后倾幅度过大。

(3)交叉步腾空过高，影响向前的水平速度。

(4)交叉步落地时左脚还在右脚后方，左脚落地速度慢，时间长。

(5)交叉步右脚落地后，右腿不能及时发力。

(6)投掷的协调性和节奏感不好。

2. 纠正方法

(1)调整预跑阶段的速度。

(2)原地、走步、慢跑中体会引枪动作，保持上体正直。

(3)在做投掷步时用信号提示，体会投掷步的节奏，控制第3、第4投掷步的腾空高度。

(4)做右腿蹬转用力的模仿练习和各种跳跃练习。

(四)最后用力不通过标枪的纵轴，造成肩侧出枪或屈肘投枪

1. 产生原因

(1)在做投掷步阶段，投掷臂低于肩横轴，造成最后用力时翻肩困难。

(2)在达到最后用力前，手臂提前用力形成不了“满弓”，投掷臂的手腕没有外旋，以致最后用力时，标枪不能翻到肩上。

(3)肩关节柔韧性差，做不出翻起动作，或翻肩不充分。

2. 纠正方法

(1)右手持标枪，一端抵至墙上一定高度，持枪臂高于肩横轴，手腕外旋，做投掷步练习，在此过程中体会标枪所处的位置，最后做出“满弓”。

(2)持标枪做投掷步练习，在完成第 4 步时，左手握住标枪头近处，做出将要掷枪出手的动作，做发展肩关节柔韧性的练习。

(五)只用臂力掷枪

1. 产生原因

用力顺序不明确；最后用力前，身体重心过早前移，未做出超越器械的动作。

2. 纠正方法

明确用力顺序和全身用力的作用；将一定长度的橡皮带一端系于双杠或其他支柱上，右手握另一端，做左脚上一步的最后用力练习，上肢稍用力，体会下肢力量的传递及用力顺序；右手握住已固定好一端的橡皮带，做两步交叉步练习，体会下肢超越器械的动作。

(六)出手角度过大

1. 产生原因

标枪出手前没做甩腕动作，或甩腕不够有力，持枪手过度仰腕。

2. 纠正方法

(1)多做正面、侧向插枪练习，体会甩腕动作。

(2)在墙上画一条与地面成 30～35°的彩色斜线，持枪原地或左脚上一步做出“满弓”，此时，检查标枪的角度是否同墙上的斜线一致，稍停一会再把标枪掷出。

第四节　掷标枪项目相关规则

一、标枪

(1)标枪由三个主要部分组成，即枪头、枪身和缠绳把手。

(2)枪头固定于枪身，末端尖形，应完全由金属制成。枪身可以实心或空心，由金属或其他适宜的类似材料制成，以便组成一个固定的整体，枪身表面不得有凹窝、凸起、沟槽、突脊、空洞、粗糙，枪尾必须自始至终平滑和均匀一致。绳索把手须包绕标枪重心，其直径不得超过枪身直径 8 cm。

(3)标枪的规格(表 19-1)。

表 19-1

允许比赛和承认纪录的最小重量(包括绳索把手)标枪全长(LO)				
最小	2.000 m	2.200 m	2.300 m	2.600 m
最大	2.100 m	2.300 m	2.400 m	2.700 m
枪尖至重忟距离(L1)				
最小	0.780 m	0.800 m	0.860 m	0.900 m
最大	0.880 m	0.920 m	1.000 m	1.060 m
枪尾至重心(L2)				
最小	1.120 m	1.280 m	1.300 m	1.540 m
最大	1.320 m	1.500 m	1.540 m	1.800 m
金属枪头长度(L3)				
最小	0.220 m	0.250 m	0.250 m	0.250 m
最大	0.270 m	0.330 m	1.330 m	1.330 m
把手宽度(L4)				
最小	0.135 m	0.140 m	0.150 m	0.150 m
最大	0.145 m	0.150 m	1.160 m	1.160 m
枪身最粗处直径(在把手前—D0)				
最小	20 m	20 m	23 m	25 m
最大	24 m	25 m	28 m	30 m

二、掷标枪助跑道与落地区

(1)助跑道的最短长度应有 30 m，条件允许时，最短长度应为 36.5 m。

(2)助跑道应用两条相距 4 m、宽为 50 mm 的平行白线标出。助跑道的前端是半径为 8 m 的一条弧线，运动员应在投掷弧后面试掷。投掷弧可以画出，也可用木料或类似塑料的且抗腐蚀性的适宜材料制成，弧线至少宽 70 mm，涂成白色，与地面齐平。投掷弧两端向外各画一条白色直线，与助跑道标志线垂直，线宽至少 70 毫米，长至少 0.75 m。

(3)落地扇形区应用煤渣或草地或其他适宜材料铺设，器械落地时应能留下痕迹。

(4)落地区在投掷方向上向下的总倾斜度不得超过 1∶1 000(0.1%)。

(5)落地区应用两条 5 cm 宽的白线标出，其内缘的延长线必须通过投掷弧内缘与助跑道标志线内缘的交点并相交于投掷弧的圆心。落地区的夹角约为 28.96°(图 19-9)。

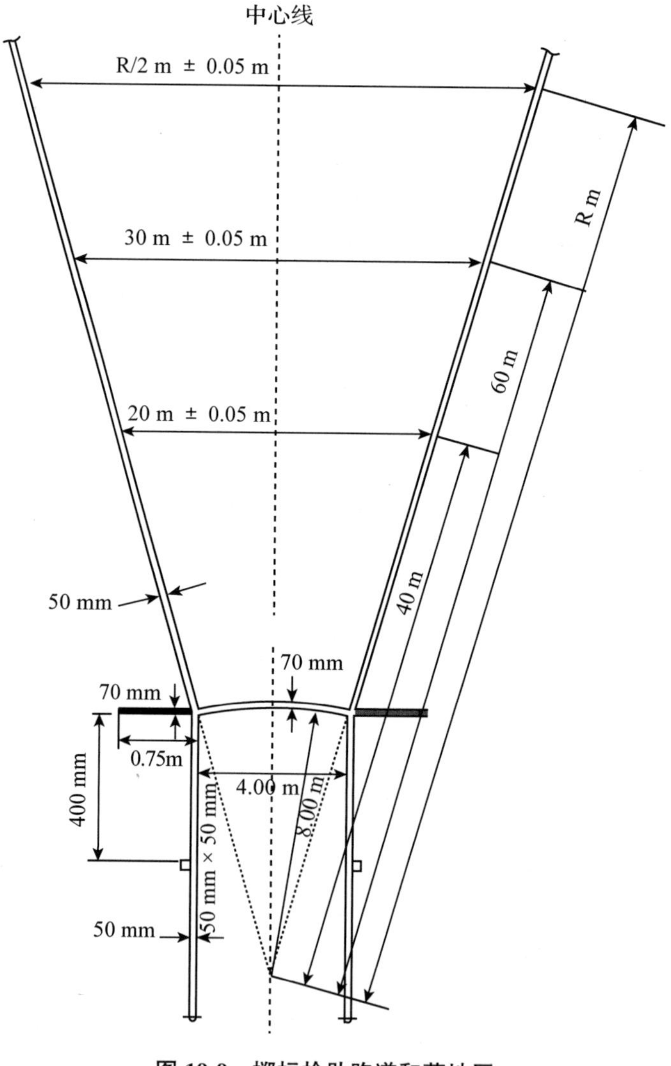

图 19-9　掷标枪助跑道和落地区

三、比赛

(1)投掷标枪时应用单手握在把手处，从肩部或投掷臂上臂的上方掷出，不得抛甩，不得采用非传统姿势进行投掷。

(2)只有标枪的金属枪头先于标枪的其他部位触地，试掷方为有效。

(3)运动员试掷时，在标枪出手以前的任何时间，身体不得完全转向背对投掷弧。

(4) 如果标枪在试掷或在空中飞行时折断，只要该次试掷符合规则，不应判为试掷失败。如果运动员因此失去平衡而违反本规则的任何规定，也不应判作试掷失败。以上两种情况应允许运动员重新进行一次试掷。

四、试掷失败

如果运动员在试掷中出现下列情况，判为试掷失败。

(1)掷标枪的出手姿势不符合规则规定。

(2)掷标枪时，身体的任何部分触及助跑道标志线或线外地面。

(3)标枪枪头第一次接触地面时，触及了落地区角度线或落在落地区角度线以外的地面，或触及了落地区角度线以外的任何物体。

思考与练习

1. 简述现代标枪技术发展的主要趋势。
2. 简述标枪各阶段技术的基本要求。
3. 标枪的握法有几种？每种握法的特点是什么？
4. 最后用力的技术要领。
5. 掷标枪技术的教学重点、难点。
6. 标枪成绩的测量方法。
7. 掷标枪教学中应注意的事项。
8. 简述掷标枪技术练习中易犯错误的原因和纠正方法。

第二十章
掷铁饼

本章要点与导学

本章详细分析了掷铁饼技术，阐明了掷铁饼教学步骤、练习方法、教法提示和注意事项。

通过本章学习，使学生了解掷铁饼的技术结构和技术特点，掌握掷铁饼的技术、教学程序和主要教学方法。本章学习重点是熟悉旋转过程中身体旋转轴的转换、以下肢为主导的加速转动动作节奏以及最后用力技术，学习难点是最后用力出手动作的身体正确用力顺序和准备时机。

第二十章数字资源

第一节　掷铁饼的起源与发展

一、掷铁饼的起源与演进

掷铁饼是田径运动中技术性较强的项目，其历史源远流长。早在远古时期，人们为了获取食物和避免猛兽的攻击而投掷物体，在进行各种狩猎和防御活动的过程中形成了自然的投掷能力。早在公元前708年古代奥林匹克运动会的五项比赛中就出现了掷铁饼项目。当时的投掷方法是站在石头台座上进行投掷，比赛中不仅比谁投得远，还比谁投得准。

在1896年希腊举行的第一届现代奥林匹克运动会上，就设有掷铁饼比赛项目。进入20

世纪以来，伴随着现代奥林匹克运动会的不断发展，在古希腊投掷技术的基础上，掷铁饼技术的演进主要经历了自由式、侧向转身、跳跃旋转、起跑式旋转、低腾空和连贯旋转等多种技术形式，逐步发展到突出连贯加速、加大半径动作和大幅度用力的背向旋转技术。掷铁饼技术的演进主要经历了三个不同的发展阶段。

(一)原始继承阶段(1896—1910年)

现代奥林匹克运动刚刚兴起时，掷铁饼技术和场地条件还很不规范。一些运动员甚至在技术上还沿袭古代的投掷方法。1896年希腊举行的第一届现代奥林匹克运动会上就采用方形场地，运动员也采用“古希腊式”和“自由式”两种投掷方法。采用自由式的选手格莱特以29.15 m成绩取得冠军后，人们开始注意到充分利用场地的面积做各种预备动作，有助于将铁饼投得更远，逐步淘汰了限制投掷动作的古希腊式投掷方法。到了1912年掷铁饼场地被改为直径为2.50 m的圆形场地，一直沿用至今。

(二)创新发展阶段(1910—1960年)

20世纪上半叶，掷铁饼技术不断创新，特别是旋转技术的出现和改进，使运动成绩有了重大突破。20世纪初，“侧向转身”技术出现，使投掷者身体左侧朝向投掷方向，以左脚掌为轴起转，保持较高的身体姿势，双脚不同时离地(无腾空)，主要以投掷臂力量掷出铁饼。20世纪30年代，“侧向转身”技术演进为“跳跃旋转”技术，使投掷者上肢做波浪式运动。1948年第十四届奥运会上，意大利的A. 康索里尼首次采用背向旋转掷铁饼技术，以52.18 m荣登榜首，此后他3次刷新世界纪录。

20世纪50年代掷铁饼技术又有了新的发展，人们试图获得更快的起转速度，出现了“起跑式旋转”技术。其代表人物是美国运动员F. 戈迪恩，他于1953年创造了当时59.28 m的世界纪录。

(三)成熟完善阶段(1960年至今)

进入20世纪60年代，人们更加注意到保持铁饼连贯加速和强化人体—器械系统平稳运动对增加用力实效和投掷成绩的重要作用，出现了“低腾空旋转”技术。这种技术强调旋转中右腿绕身体左侧旋转轴大半径、大幅度摆动并尽快落地支撑，以减少人体重心起伏和腾空时间，加大人体器械系统转动惯量和更好地保持旋转速度。其代表人物是美国运动员J. 西尔维斯特，他于1961年突破60 m大关，并创造了当时的世界纪录。这种低腾空、大半径的下肢摆动技术出现，很快也被众多女子运动员采用，如原联邦德国运动员L. 韦斯特曼在1976年突破了女子掷铁饼60 m大关，苏联女选手F. 麦尔尼克在1975年突破70 m大关。

与“低腾空旋转”技术同时出现的还有“连贯旋转”技术。这种技术强调控制右腿前摆动作，以求尽快获得支撑旋转更好的效果。其代表人物是捷克运动员L. 丹尼克，他于1966

年以 66.07 m 创造了世界纪录，美国运动员 J. 鲍威尔于 1975 年以 69.08 m 创造了世界纪录。60 年代后“低腾空旋转”和“连贯旋转”这两种掷铁饼技术的出现，标志着现代掷铁饼技术的基本形成。

也有人尝试了其他方面有关铁饼投掷技术的创新，其中也不乏在个人技术特点上的成功范例。例如，苏联女选手麦尔尼克在开始旋转时采用由左脚跟过渡到前脚掌支撑体重，以求更加平稳地进入旋转的方法。这种起转技术在 70 年代初曾一度流行，但由于在完成动作过程中占用投掷圈面积较大，现在已较少有人采用。还有一些投掷选手在旋转中把铁饼“背”在背后，如美国选手阿尔弗雷德·厄特就是采用这种持饼旋转方式，连续获得四届奥运会冠军并四次打破世界纪录，获得“铁饼之神”的美誉。

目前，男子掷铁饼世界纪录(74.08 m)，是德国运动员 J. 舒尔特于 1986 年 6 月 6 日在新勃兰登堡创造的，1988 年德国运动员 G. 莱因施也创造了 76.80 m 的女子掷铁饼世界纪录。我国的男子掷铁饼全国纪录和亚洲纪录是 65.16 m，是由山东运动员李绍杰于 1996 年创造的。女子掷铁饼的全国和亚洲纪录是由河北运动员肖艳玲在 1992 年创造的，成绩是 71.68 m。

二、掷铁饼世界纪录

世界上第一个男子掷铁饼的正式成绩是 1896 年在第一届奥运会上创造的 29.13 m(铁饼重量不详)。

1901 年，来自波斯尼亚的 F·扬达苏克将成绩提高到 39.42 m。

1912 年，美国选手创造了第一个铁饼世界纪录，成绩为 47.58 m。

1930 年，美国运动员埃·克兰茨采用上步侧旋的投掷技术，以 51.03 m 刷新世界纪录，第一个突破 50 m 大关。

1961 年，美国运动员威尔金斯第一个以 60.56 m 的成绩突破 60 m 大关。1976 年，又以 70.86 m 改写了世界纪录。

五六十年代，美国运动员厄特以其得天独厚的身材和非传统的合理的独特技术多次创造世界纪录，并连续获得 1956 年至 1968 年四届奥运会的铁饼冠军，成为奥运会单项赛中唯一四连冠的选手，被誉为“铁饼之神”和美国铁饼运动的“常青树”。

1962 年，厄特在洛杉矶以 61.10 m 的成绩首次打破世界纪录，之后又以 62.45 m、62.62 m 两次改写世界纪录。1964 年，他以 62.94 m 再创世界纪录。1980 年，在他 43 岁的时候，他将自己的最好成绩提高到 69.46 m，轰动了世界体坛。

男子铁饼现在的世界纪录是 74.08 m。是由德国选手 J. 舒尔特于 1986 年 6 月 6 日在新勃兰登堡创造的。

女子铁饼技术的发展主要受男子影响，但70年代初苏联运动员法·麦尔尼克取得了突破，率先采用了适合自己特点的用左脚跟旋转的投饼技术，取得了优异成绩，在1971—1976年，她11次刷新世界纪录，成为铁饼项目破纪录次数最多的运动员，成绩从64.22 m到70.50 m。

麦尔尼克的技术后来被德国选手埃·雅尔所沿用，她分别以70.72 m和71.50 m两次打破世界纪录。

女子铁饼现在的世界纪录是德国选手G. 莱因施于1988年7月9日在新勃兰登堡创造的76.80 m。

三、我国掷铁饼发展概况

1914年举行的新中国成立前第二届全国运动会上第一次设有掷铁饼的比赛，成绩仅为26.33 m。以后虽多次举行比赛，但是运动水平一直较低，到新中国成立时，男子纪录仅为42.15 m，女子纪录为30.05 m。

新中国成立后，掷铁饼运动迅速提高。1956年11月，石宝珠以50.93 m的成绩第12次刷新全国女子掷铁饼纪录，该成绩可列当年举行的第16届奥运会第四名。1965年、1966年刘德翠以55.10 m、55.89 m列当年世界前10名。1980年李晓惠以61.80 m在亚洲第一个突破60 m，并三次打破亚洲纪录。侯雪梅曾获世界大学生运动会冠军。闵春风曾获得第25届奥运会铜牌。肖艳玲于1992年投出了71.68 m的好成绩，排当年世界第一位。

男子铁饼运动员孙久远五次打破全国纪录，于1959年8月创造的53.48 m的全国纪录保持了18年之久，后被刘殿龙打破。李伟男第一个突破60 m，创造了60.40 m的好成绩，他七次刷新全国纪录，三次获得亚运会男子铁饼冠军。1990年张景龙以61.72 m的成绩打破了伊朗运动员保持16年之久的亚洲纪录。1992年5月于文革再次把这一纪录提高到了65.02 m。1996年李少杰以65.16 m的成绩创造了新的全国纪录。

我国的男子掷铁饼全国纪录是65.16 m，由山东运动员李绍杰创造。女子掷铁饼全国纪录是71.68 m，由河北运动员肖艳玲创造，也是当前亚洲纪录。

我国掷铁饼运动经过几代教练员、运动员和科研人员的努力，借鉴了国外先进技术和经验，形成了适合我国运动员特点的技术类型。一些科研人员和研究生多次运用生物力学测试方法对我国优秀运动员的技术进行分析和研究，加深了人们对掷铁饼技术内在规律的认识，对促进我国掷铁饼运动技术水平的提高和充分发挥我国运动员灵巧、协调、快速的特点起到了积极的作用，并不断创造新的全国纪录和亚洲纪录(表20-1)。

表 20-1　我国优秀铁饼运动员最好成绩(m)

组别	人物	籍贯	成绩	时间	比赛名称	地点
男子	李绍杰	山东	65.16	1996 年	全国田径锦标赛	南京
	努尔买买提	新疆	62.36	2001 年	第九届全国运动会	广州
	吴　涛	辽宁	64.28	2005 年	全国田径系列大奖赛	重庆
女子	肖艳玲	河北	71.68	1992 年	北京地区田径比赛	北京
	曹　琪	内蒙古	66.08	1993 年	第六届全国全运会	北京
	黎秋梅	山西	67.40	1994 年	北京地区田径比赛	北京
	于　鑫	辽宁	64.90	2000 年	全国田径大奖赛	锦州
	马雪君	山东	65.00	2006 年	全国田径锦标赛	石家庄
	宋爱民	河北	65.44	2009 年	第十一届全国运动会	济南

四、掷铁饼技术发展趋势

(1)在保证最后用力技术质量的基础上，提高旋转技术实效和速度利用率，追求整体技术的最佳效益。

(2)注重基本技术原理与优秀运动员条件和特点的完美结合，使优秀运动员的技术特点日益突出。

(3)技术训练与身体训练方法和手段紧密结合，努力提高铁饼出手速度。

(4)注重对铁饼出手最佳初始状态的探索，并在训练和比赛中进一步加强对铁饼出手相关因素的合理控制。

(5)技术分析的针对性和标准化水平日益提高，技术要点更加准确和具体。

第二节　掷铁饼技术

完整的掷铁饼技术主要包括握法、旋转、最后用力和维持身体平衡四个技术部分。

一、握法(以右手投掷为例)

五指自然分开，拇指和手掌平靠铁饼平面上，其余四指末端关节扣住铁饼边缘，手指微屈，铁饼边缘靠于前臂。铁饼握好后，持饼臂自然放松下垂于体侧，握持铁饼时，五指分开的大小及四指末端关节扣住铁饼边缘多少可根据自身情况适当调整(图 20-1)。

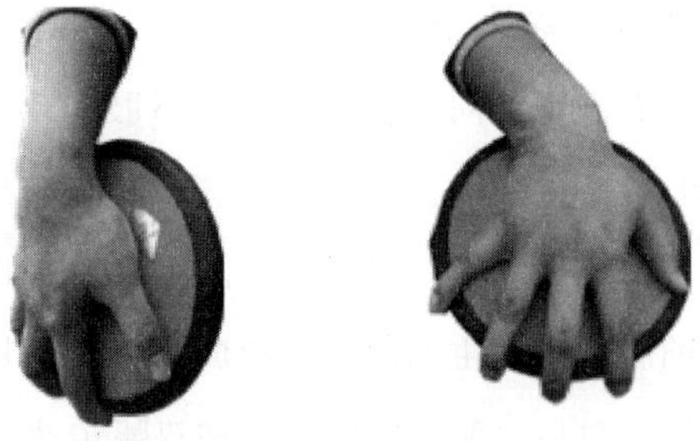

图 20-1　铁饼握法

二、旋转

(一)预备姿势和预摆动作

预摆的目的是为旋转前获得预先速度和身体扭紧提供良好的条件。预摆时背对投掷方向，右脚比左脚靠前半脚站立，稍宽于肩，站立于投掷圈投掷方向中线的两侧，双膝微屈，两脚平行，左脚尖稍离开投掷圈后沿。在预摆过程中要转动躯干，尽量将铁饼向右后方摆动，同时将身体重心逐渐移至右腿之上。预摆结束时形成人体的充分扭紧(图 20-2)。

图 20-2　预摆铁饼

(二)进入旋转

预摆结束后，右脚稍蹬地，身体重心向左脚移动，以左脚掌为旋转轴，左脚尖、左膝和左臂同时向投掷方向转动，投掷臂充分伸展并保持在身后。保持较低身体重心，躯干稍前倾，重心由右腿逐渐移向左腿，形成左侧旋转轴(图 20-3①～⑦)。进入旋转时，身体重心由右腿向左腿旋转移动得充分与否，以及人体能否保持良好的超越器械状态，对于后续技术动作的顺利完成尤为重要。

(三)旋转

旋转的目的是使人体和铁饼在最后用力之前获得一定的预先速度，并使人体充分扭紧，形成超越器械技术状态。同时，为最后用力形成有利的预备姿势。当重心移至左腿过程中，继续左转，使左膝、左肩和视线转向投掷方向，形成身体左侧旋转轴。右腿以大腿带动小腿沿大半径围绕左腿旋转轴摆动，摆动时右脚贴近地面。当身体重心移过弯曲的左腿时，左脚蹬地推动身体重心向投掷圈的中心移动(图 20-3⑧～⑩)，左脚蹬离地面进入人体腾空状态。在保持上肢充分伸展的同时，右髋迅速向内转扣，缩小下肢转动半径，提高角速度，取得身体的进步扭紧和超越器械(图 20-3⑪～⑫)。右脚以前脚掌积极着地于投掷圈中心附近，并且不停顿地快速转动。身体重心压在右脚上，形成以身体右侧为轴的单腿支撑旋转(图 20-3⑬)。同时左脚迅速后伸外旋，以前脚掌内侧主动落地，形成投掷最后用力前的预备姿势。整个旋转过程中注意投掷臂和铁饼置于身后，躯干跟随骨盆和双腿转动，保持较低的身体重心。

图 20-3　铁饼旋转

三、最后用力

最后用力是掷铁饼完整技术中最重要的阶段，它的主要目的是进一步为铁饼加速，并形成铁饼出手的适宜初始状态。在这个阶段中，人体用力作用于铁饼的工作距离越长、力量越大和速度越快，则铁饼出手时的初速度就越大，加之合理的出手角度和适宜的飞行状态，投掷距离就越远。最后用力动作完成的质量，主要取决于以下 3 方面的因素。

(1)形成正确最后用力的预备姿势。

(2)旋转与最后用力连贯衔接。

(3)动员全身最大力量，在人体一器械系统预先获得的旋转速度的基础上，继续大幅度地为铁饼加速，形成适宜的铁饼出手状态等。

在右脚落地之后不停顿的转动过程中，左脚在投掷圈投掷方向中线稍偏左贴近投掷圈内沿处积极落地。在右腿支撑体重、人体充分扭紧和超越器械的最后用力预备姿势的基础上，右髋、右腿迅速向投掷方向转动，有力地带动躯干和投掷臂运动，促使铁饼沿最大弧线向投掷方向加速转动。左侧身体形成有力支撑，使身体右侧和铁饼绕左侧轴转动。当右髋的转动接近投掷方向时，继续转动并向前送髋，蹬伸右腿。左肩和左臂也加速转向投掷方向，拉长胸部肌群。这时铁饼已沿大半径运动到右肩后方比肩略低的部位。随着右腿继续蹬转用力，身体重心向支撑的左腿移动。与鞭打出手动作相配合，身体左侧轴保持稳固并积极支撑用力，在此基础上躯干和投掷臂以爆发式迅猛用力完成以胸带臂的鞭打出手动作。铁饼出手时刻，身体重心达到较高的位置，铁饼与右肩同高。最后以右手食指末节拨饼，使铁饼沿顺时针转动约 35°角掷出(图 20-3⑭～⑯)。

四、维持身体平衡

铁饼出手后，为了避免犯规，投掷者应降低身体重心，及时交换两腿位置，并顺转动惯性转体以维持身体平衡。

第三节　掷铁饼教学

一、掷铁饼教学重点与难点

(一)教学重点

最后用力和旋转技术是决定铁饼投掷远度的主要技术环节。最后用力是运动员在旋转的过程中，有一定转动速度的情况下，快速完成持续再加速的动作过程。背向旋转技术比较复杂，特别是双腿支撑旋转进入单腿支撑旋转阶段时，既要控制手中的铁饼，又要考虑方向、位置、动作的平衡等。因此，在掷铁饼教学中应以最后用力和背向旋转技术为重点。

(二)教学难点

铁饼背向旋转技术中双支撑转入单支撑旋转技术，下肢积极转动，上下肢的配合，左右侧轴的要求，前后动作的方向、路线，以及重心移动和平衡都有一定的技术要求。旋转和最后用力技术的衔接，旋转腾空后，右脚着地到左脚着地，迅速形成双支撑用力，是旋转结束和进入最后用力动作的开始，这两个动作的连贯衔接，能够有效地提高旋转速度的利用率。因此，在掷铁饼教学中最后用力时双腿支撑用力动作、背向旋转技术中双腿支撑转入单腿支撑旋转技术、旋转和最后用力技术的衔接是教学难点。

二、掷铁饼教学步骤与练习方法

(一)学习掷铁饼一般知识，建立正确掷铁饼技术概念

采用讲解、示范及观看优秀运动员铁饼技术的图片和视频等方式，使学生建立完整的掷铁饼技术概念，了解掷铁饼运动的相关知识，调动学生学习掷铁饼技术的积极性和主动性。

(二)学习原地掷铁饼的技术

采用讲解、示范及观看铁饼技术视频等方式，使学生建立正确的原地掷铁饼技术概念，了解原地掷铁饼技术的要求、方法、要领和注意事项。

1. 学习铁饼的握法、预摆和拨饼技术(视频 20-1)

(1)练习目的。

学习握持铁饼的方法、投掷臂自然摆饼技术和出手拨饼动作，体会手指用力的方向及力量的控制。培养学生在身体运动过程中控制铁饼的能力。

(2)动作要领。

以右手持饼为例，五指自然分开，拇指和手掌平靠铁饼，其余四指末端环节扣住铁饼边缘，手腕微屈，铁饼上沿靠于前臂。铁饼握好后，持饼臂自然放松下垂于体侧。然后以躯干带动持饼臂向左前、右后做摆饼动作。身体重心随铁饼移动的方向移动。

(3)练习方法。

①握饼练习。五指自然分开，拇指和手掌平靠铁饼，其余四指末端环节扣住铁饼边缘，手腕微屈，铁饼上沿靠于前臂，持饼臂自然放松下垂于体侧。

②前后摆饼练习。体会正确的握饼与控饼技术。要求肩带自然放松。

③拨饼练习。铁饼平放在左手上，右手握饼，体会由小拇指、无名指、中指和食指依

次用力拨饼技术，使铁饼在左手掌上顺时针方向转动。6～8次一组，反复练习。

④滚饼练习。两脚前后站立，左脚在前，右脚在后，上体稍前倾，铁饼从食指离手，使铁饼沿顺时针向前滚动。铁饼在地面滚动的路线要直、正。6～8次一组，反复练习。

⑤向上抛掷铁饼练习。上体正直，体侧前后摆饼，随后向上抛掷铁饼。要求铁饼抛出后，饼面与地面垂直。6～8次一组，反复练习。

⑥平打练习。两脚前后开立。要求投掷臂积极向前挥摆，铁饼面朝与地面平行。

2. 学习原地正面掷铁饼技术(视频20-2)

(1)练习目的。

学习改进拨铁饼动作，体会摆饼、最后用力与出手拨饼技术的衔接。

(2)动作要领。

以右手持饼为例，面对投掷方向，两脚左右开立稍宽于肩。投掷臂向右后摆铁饼至最远端，躯干向右后扭转，然后直接蹬地用力，以胸带臂将铁饼向前上方平稳抛出。

(3)练习方法。

①徒手原地正面掷铁饼练习。体会原地徒手摆饼和最后用力技术，6～8次一组，反复练习。

②持饼原地正面掷铁饼练习。体会原地持饼摆饼和最后用力及手指拨饼技术，6～8次一组，反复练习。

3. 学习原地侧向掷铁饼技术(视频20-3)

(1)练习目的。

学习和掌握侧向原地掷铁饼的技术，为背向原地掷铁饼打下基础。

(2)动作要领。

身体侧对投掷方向，两脚左右开立，稍宽于肩，右脚比左脚靠前半脚站立。持饼臂预摆结束后，铁饼应尽量留在身体右后方，躯干扭紧，腰部肌肉充分拉长，身体重心落在弯曲的右腿上，然后积极用力蹬地、转、送右髋，以胸带臂将铁饼掷出。

(3)练习方法。

①徒手原地侧向掷铁饼练习。

侧对投掷方向，两脚左右开立，稍宽于肩，右脚比左脚靠前半脚站立。投掷臂向右后摆饼使躯干处于扭紧姿势，随后右腿积极蹬地发力，转、送右髋带动身体向投掷方向运动，最后以胸带臂将投掷臂挥出。6～8次一组，反复练习。

②持饼原地侧向掷铁饼练习。

侧对投掷方向，两脚左右开立，稍宽于肩，右脚比左脚靠前半脚站立。投掷臂向右后摆饼使躯干处于扭紧姿势，随后右腿积极蹬地发力，转、送右髋带动身体向投掷方向运动，最后以胸带臂将铁饼掷出。6～8次一组，反复练习。

4. 学习原地背向掷铁饼技术(视频 20-4)

(1)练习目的。

学习背向原地掷铁饼技术，为背向旋转掷铁饼最后用力打下基础。

(2)动作要领。

背对投掷方向，两脚左右开立，稍宽于肩，右脚比左脚靠前半脚站立。投掷臂预摆至右后方腰部最大限度扭紧时，身体重心在右腿上，紧接着左腿后撤一步用脚的前脚掌内侧着地，快速做最后用力。

(3)练习方法。

①原地背向投掷右腿右髋转蹬练习。

双手扶低杠或徒手原地站立，两脚左右开立，稍宽于肩，右脚比左脚靠前半脚站立。右腿屈膝体重在右腿上，反复练习右腿蹬地用力，转、送右髋动作。6～8 次一组，反复练习。

②徒手原地背向掷铁饼练习。

背对投掷方向站立，投掷臂预摆后，形成右腿屈膝前压，躯干充分扭转，上体微前倾。随后右腿蹬转送髋，由下至上发力，最后以胸带臂将投掷臂挥出。6～8 次一组，反复练习。

③持饼原地背向掷铁饼练习。

背对投掷方向站立，投掷臂预摆后，形成右腿屈膝前压，躯干充分扭转，上体微前倾。随后右腿蹬转送髋，由下至上发力，最后以胸带臂将铁饼掷出。6～8 次一组，反复练习。

④持饼后撤一步投。

主要体会单支撑转为双支撑的用力过程。6～8 次一组，反复练习。

(三)学习旋转掷铁饼技术

1. 学习正面旋转投掷的技术(视频 20-5)

(1)练习目的。

正面旋转技术是学习背向旋转技术的过渡练习，为完整的旋转技术打下基础。

(2)动作要领。

面对投掷方向，两脚前后站立，左脚在前，右脚在后。两脚依次以左、右脚为轴向投掷方向转动。

(3)练习方法。

①正面徒手直线旋转练习。6～8 次一组，反复练习。

②正面持铁饼直线旋转练习。6～8次一组，反复练习。

2. 学习背向旋转投掷(视频20-6)

(1)练习目的。

学习背向旋转掷铁饼技术，为提高铁饼成绩打下基础。

(2)动作要领。

背向投掷方向，左右站立，比肩稍宽。要求预摆动作放松，幅度大，旋转技术协调，身体重心移动平稳，充分超越器械，节奏明显。最后用力，动作幅度大，与旋转动作衔接紧密，用力顺序正确，出手速度快。

(3)练习方法。

①徒手背向旋转模仿练习。

左脚为轴，右腿旋转做左腿单支撑转动至右脚落地练习。然后以右脚为轴，左腿旋转成双腿支撑最后用力前姿势。6～8次一组，反复练习。

②背向旋转掷铁饼完整技术练习。

注意预摆、旋转、最后用力和身体平衡各技术环节之间的衔接，保证动作的连贯性。6～8次一组，反复练习。

三、掷铁饼教学提示与注意事项

第一，在教学中，要根据学生的具体情况，采取不同的措施，提出不同的要求。例如，对掌握技术比较差的学生，可采用一定的辅助练习或减小难度的练习，以帮助确定适合个人特点的技术细节。

第二，学习旋转技术时，首先要解决预摆后进入以左侧为轴的旋转动作，以便平稳而快速地进入旋转。

第三，在旋转中(无支撑阶段)，重点要解决右腿、右髋大幅度地积极内转下压和单腿支撑的继续旋转，这是旋转技术的关键，要多次反复练习。

第四，旋转中，要注意保持良好的水平拉引角和扭转角度，在整个动作的过程中，注意器械与身体的关系。

第五，在教学中应注意安全教育，同时要提醒学生重视技术的正确性。练习时要尽可能地在护笼内进行，如无护笼，可让其他学生站在投掷者开始时的右前方5～6 m处。

第六，在铁饼训练方面，铁饼因为扭转而产生力的变化，腰部肌肉必须发达，如侧方肌和腹背肌，要具备很强的柔韧性和幅度，从这些方面提供一些训练方法和手段。

四、掷铁饼教学中常见错误动作及其产生原因和纠正方法

(一)双腿支撑起动进入单腿支撑旋转阶段，身体失去平衡

1. 产生原因

(1)进入旋转时上体过早倒向圆心。

(2)身体还没有形成左侧支撑转动轴时左肩和上体过早倒向圆心。

2. 纠正方法

(1)徒手双支撑进入单支撑的模仿练习，体会身体由右向左向圆心转动的路线及单支撑时身体的平衡感觉。

(2)徒手或持辅助器械做旋转至双脚着地成用力姿势的练习，重点体会双支撑进入单支撑时身体平稳地转动。

(二)双腿支撑进入单腿支撑旋转阶段，上下肢的动作结构不合理

1. 产生原因

左肩左臂过早打开并过早向圆心方向摆动，使上体突然加速，破坏了上下肢的合理动作结构。

2. 纠正方法

(1)徒手做开始起转练习，强调下肢的积极主动转动，特别是左腿的屈膝转动。

(2)徒手旋转至双腿支撑成最后用力前姿势。

(三)旋转后两脚落地的位置过于偏左或偏右

1. 产生原因

起转时，左脚转动的方向没有到位，右脚弧形摆动转髋方向控制不准确。

2. 纠正方法

多做开始起转的练习，重点要求两腿支撑转动的程度和右腿弧形摆动与左腿支撑转蹬的配合，在圈内使用标志进行检查。

(四)最后用力前上体过早抬起使身体重心前移

1. 产生原因

(1)对最后用力技术的概念不清楚，上体发力时间过早。

(2)身体素质差，特别是腿部和腰背腹肌力量差。

2. 纠正方法

(1)明确技术概念，多做徒手或持辅助器械旋转至用力前的姿势，强调旋转过程中始终保持半蹲收腹扭转。

(2)发展腿部和腰背腹肌力量。

(五)最后用力前，髋轴与肩轴没有形成扭转的最后用力姿势，超越器械不明显

1. 产生原因

(1)旋转后没有控制好上体的继续旋转和有意识留住持饼臂，使饼过早前摆。

(2)下肢转动不积极。

2. 纠正方法

做徒手辅助练习，要求学生适当控制上体，让学生体会旋转过程中下肢的积极主动，特别是单腿支撑的转动要求前脚掌支撑转动，不能用全脚掌着地。

(六)旋转至右脚着地成单支撑阶段明显停顿或转不起来

1. 产生原因

(1)右腿摆动右髋转扣时，左腿蹬地力量不够，使重心没有移到右脚的支撑点上方。

(2)右腿弧形摆动与左腿转蹬过于向上，跳起过高，重心起伏较大，易使落地形成制动，从而造成旋转动作停顿。

(3)右脚落地时用全脚掌着地。

2. 纠正方法

(1)多做开始起转腾空后衔接单支撑的转动练习。要求低平摆动，防止高跳。

(2)多做单支撑转动的专门练习，要求学生做好单支撑转动阶段合理的身体结构，特别是重心、转动轴和左腿的积极后摆。

(七)最后用力上体过早发力，没有发挥下肢转动用力的能力

1. 产生原因

右腿右髋转动用力技术不熟练，上体和手臂用力时机掌握不成熟。

2. 纠正方法

(1)双人对抗练习，使学生体会右腿右髋主动用力的肌肉感觉。

(2)原地投，强调由下而上的用力顺序。

(3)投掷辅助器械，强调最后用力前半部分下肢的积极用力与后半部分上体爆发式用力的配合。

(八)最后用力向前不够

1. 产生原因

(1)最后用力两脚开立距离过小。

(2)右腿右髋转蹬前送不够，没有形成良好的左侧支撑用力。

2. 纠正方法

(1)徒手或持木棒做打标志物练习。两脚开立宽于肩，右腿右髋转动中推动身体重心靠近支撑的左腿，手或木棒接触标志物的那一点即出手点，以胸带臂向前平打，不要提肩。

(2)徒手或持辅助器械做旋转至双脚着地成最后用力姿势，重点体会双支撑进入单支撑身体平稳地转动。

(九)最后用力向左侧倒

1. 产生原因

左侧支撑用力意识差，左肩没有制动动作。

2. 纠正方法

徒手或持辅助器械做最后用力模仿练习，重点强调左腿的支撑用力动作和左肩的制动动作。

第四节　掷铁饼项目相关竞赛规则

一、铁饼的结构

铁饼的饼体可为实心或空心结构，应用木料或其他适宜的材料制成，周围镶以金属圈，金属圈边缘应呈圆形。外缘横断面应为标准圆形，半径约为 6 mm。铁饼的两面必须相同，制造时不得带有凹陷、凸起或明显边缘。从金属圈边缘弯曲处至饼心边沿，铁饼表面应呈直线倾斜，饼心的半径为 25～28.5 mm。

二、掷铁饼投掷圈

掷铁饼投掷圈内沿直径应为 2.50 m±0.005 mm(图 20-4)。

三、掷铁饼护笼

第一，所有的铁饼必须从挡网或护笼内掷出，以确保观众、工作人员和运动员的安全。

第二，在设计、制造和维护铁饼护笼时，必须使其能够阻挡重量为 2 kg、以速度 25 m/s 运行的铁饼。护笼的安放应使其消除铁饼弹出护笼、向运动员反弹或从护笼顶部飞

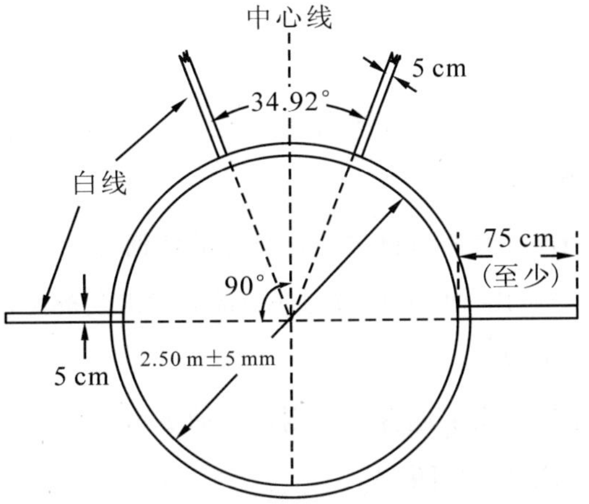

图 20-4　掷铁饼投掷圈

出的危险。

第三，护笼的俯视图应为 U 字形。护笼开口的宽度为 6 m，位于投掷圈圆心前方 7 m 处。护笼开口的宽度 6 m 需以挡网最前端内缘之间的距离为准。挡网或挂网最低点的高度至少应为 4 m，且两侧最靠前端 3 m 内的挡网高度应为 6 m(从 2020 年 1 月 1 日起)。护笼的设计与结构应能防止铁饼从护笼或挡网连接处、挡网或挂网下方冲出(图 20-5)。

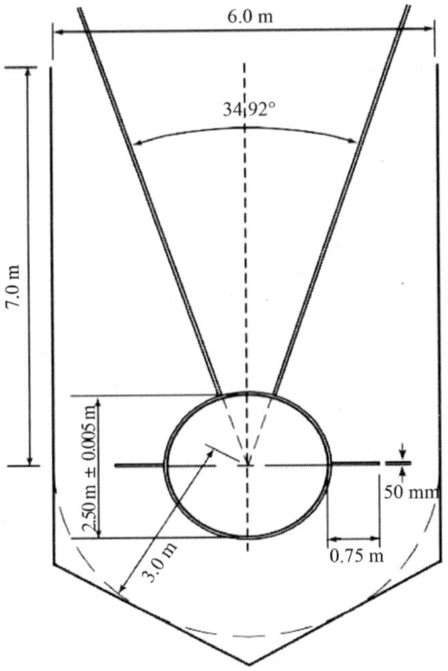

图 20-5　掷铁饼护笼

四、试掷

第一，器械应从投掷圈内掷出，在圈内进行试掷时，运动员应在圈内从静止姿势开始，允许运动员触及铁圈内侧。

第二，在进入投掷圈内并开始试掷之后，身体的任何部分触及铁圈上沿(或内侧上沿)或圈外地面，均为试掷失败(出手后的铁饼的任何部分撞击到护笼，如果在试掷过程中未违反有关规则，不视为试掷失败)。

第三，在试掷过程中未违反上述有关规则，运动员可中止已开始的试掷，可将器械放在投掷圈内或圈外，也可离开投掷圈。

第四，铁饼饼体第一次接触地面时，触及了落地区角度线或落在落地区角度线以外的地面，或触及了落地区角度线以外的任何物体，均判为失败。

第五，运动员在器械落地前离开投掷圈，应判为失败。

第六，在投掷圈内完成试掷，离开投掷圈时运动员首先触及的投掷圈上沿或投掷圈外地面并非完全在圈外白线的后面(该线后沿理论上通过投掷圈的圆心)。

第七，在每次试掷后，应将器械运回投掷圈附近的区域，不得掷回。

思考与练习

1. 简述掷铁饼技术的演进发展阶段。

2. 简述掷铁饼技术的发展趋势。

3. 简述掷铁饼技术的组成。

4. 简述掷铁饼的握法、预摆和背向旋转的基本要求。

5. 简述影响投掷铁饼最后用力完成质量的因素。

6. 简述掷铁饼教学的重点和难点。

7. 简述掷铁饼技术的教学步骤。

8. 简述掷铁饼技术教学提示与注意事项。

9. 简述投掷铁饼最后用力前，髋轴与肩轴没有形成扭转的最后用力姿势，超越器械不明显产生原因和纠正方法。

10. 简述铁饼试掷竞赛规则。

➡拓展篇

第二十一章　田径相关英汉词汇

第二十二章　田径组织机构和田径主要赛事

第二十三章　田径相关网站

第二十四章　田径运动员技术等级标准

第二十五章　世界、全国田径纪录

参考文献

[1]李鸿江．田径(第三版)[M]. 北京：高等教育出版社，2006.

[2]孙庆杰．田径(第二版)[M]. 北京：高等教育出版社，2001.

[3]文超．田径运动高级教程(第三版)[M]. 北京：人民体育出版社，2013.

[4]张贵敏．田径运动教程[M]. 北京：人民体育出版社，2008.

[5]刘建国，宫本庄，周铁军，等．田径运动[M]. 北京：高等教育出版社，2002.

[6]周兵．田径健身教程[M]. 北京：高等教育出版社，2001.

[7]马明彩，熊西北．田径运动技术教学理论与方法[M]. 北京：北京体育大学出版社，1999.

[8]李相如，王港．田径裁判新视角[M]. 北京：人民体育出版社，2004.

[9]中国田径协会．田径竞赛规则(2018—2019)[M]. 北京：人民体育出版社，2018.

[10]高等学校新世纪体育教材编写委员会．田径[M]. 北京：高等教育出版社，2006.

[11]王保成，王川．田径运动理论创新探索[M]. 北京：北京体育大学出版社，2003.

[12]王琳，牟少华．竞走运动及竞走运动员训练[M]. 北京：民族出版社，2005.

[13]姜建华．田径[M]. 北京：高等教育出版社，1988.

[14]张英波．现代田径运动训练方法[M]. 北京：北京体育大学出版社，2005.

[15]田径运动教程编写组．田径运动教程[M]. 北京：北京体育大学出版社，2016.

[16]陈晋．田径运动理论与实践研究[M]. 北京：北京体育大学出版社，2014.

[17]国家体育总局．田径[M]. 北京：北京体育大学出版社，1998.

[18]国家体育总局科教司．现代教练员科学训练理论与实践[M]. 北京：人民体育出版社，2015.

[19]孙楠，熊西北，张英波．现代田径训练高级教程[M]. 北京：北京体育大学出版社，2011.

[20]第十一届亚运会田径委员会．田径裁判工作手册[M]. 北京：北京体育学院出版社，1990.

[21]李鸿江．学校体能教程[M]. 北京：北京体育大学出版社，2003.

[22]宗华敬．田径词典[M]．上海：上海辞书出版社，1991.

[23]牛文路．田径名词术语[M]．西安：陕西师范大学出版社，1990.

[24]中国田径协会．中国田径竞赛裁判工作指南[M]．重庆：西南师范大学出版社，1995.

[25]孟刚．身体素质教学理论与实践[M]．贵阳：贵州人民出版社，2004.

[26]罗建新．田径运动技术教学理论与实践[M]．贵阳：贵州人民出版社，2005.

[27]朱波涌，周家全．田径运动教学与训练实践研究[M]．成都：西南交通大学出版社，2016.

[28]孟刚．和谐运动与健康[M]．贵阳：贵州人民出版社，2005.

[29]刘金凤．田径教学与训练[M]．成都：西南交通大学出版社，2014.

[30]王卫星．高水平运动员体能训练的新方法[M]．北京：北京体育大学出版社，2013.

[31]胡扬．体能训练新理念新方法[M]．北京：北京体育大学出版社，2011.

[32]杨桦．竞技体育与奥运备战重要问题的研究[M]．北京：北京体育大学出版社，2006.

[33][美]图德·邦帕，[美]格雷毛里·哈夫．周期：运动训练理论与方法[M]．李少丹，李艳翎，译．北京：北京体育大学出版社，2011.